A ASTROLOGIA
E A ARTE DE CURAR

A. T. MANN

A ASTROLOGIA
E A ARTE DE CURAR

Tradução
CECÍLIA CASAS

Editora Pensamento
São Paulo

Título do original:
Astrology and the Art of Healing

Copyright© A. T. Mann, 1989.

Publicado originalmente por Unwin Hyman Ltd. em 1989.

Edição	Ano
1-2-3-4-5-6-7-8-9-10	92-93-94-95-96-97

Direitos de tradução para a língua portuguesa
adquiridos com exclusividade pela
EDITORA PENSAMENTO LTDA.
Rua Dr. Mário Vicente, 374 – 04270 – São Paulo, SP – Fone: 272 1399
que se reserva a propriedade literária desta tradução.

Impresso em nossas oficinas gráficas.

*À memória de meus queridos amigos terapeutas,
John Da Monte, Rosemary Russell e David Tansley.*

Sumário

	Prefácio	9
1.	A Atual Crise no Campo da Saúde	11
2.	A Astrologia Como Arte de Curar	27
3.	O Novo Paradigma de Cura	47
4.	Astrologia do Tempo Biológico	59
5.	A Roda das Terapias	93
6.	Diagnóstico Astrológico	139
7.	Astrorradiônica	175
8.	A Cura no Futuro	203
	Conclusão	213
	Apêndice 1 Planetas em Signos e Aspectos Planetários	215
	Apêndice 2 Índice Astromédico	283
	Apêndice 3 As Partes do Corpo de Ebertin e os Graus do Zodíaco	305
	Apêndice 4 Como Datar os Planetas, as Casas e os Signos	315
	Apêndice 5 Como Corrigir a Hora Aproximada do Nascimento	321
	Apêndice 6 Serviços de Astrologia por Computador no Reino Unido	325
	Apêndice 7 Programas Astrológicos por Computador	327
	Interpretação Life-Time	328
	Notas	331
	Bibliografia	334

Prefácio

A tradição ligada à astrologia e à cura é quase tão antiga quanto a própria astrologia, uma vez que todos os povos primitivos atribuíam as mudanças em sua saúde à ação dos astros e dos deuses que os regiam. Cada época adaptou os conceitos básicos dessa ciência de modo a se encaixarem em suas crenças dominantes e, como resultado, a astrologia encerra toda a sabedoria do passado, codificada em uma linguagem simbólica, popular ainda em nossos dias.

Um dilema primário, característico de todos os livros que versam sobre as aplicações da astrologia, consiste no fato de que o autor não pode presumir que exista, por parte do leitor, um certo conhecimento de astrologia e, nesses termos, encontra-se muitas vezes diante do problema de dedicar ou não todo o seu trabalho (de astrologia) a esses neófitos nas artes e ciências cósmicas. Ao mesmo tempo, um livro dessa natureza é dirigido a astrólogos sofisticados. De forma a satisfazer aos dois tipos de leitores – pois este livro foi escrito para todas as pessoas interessadas em estender seus conhecimentos sobre as condições humanas em níveis mais elevados e relevantes –, a maioria do material básico referente à estrutura e à prática da astrologia natal está bastante simplificado. Seria de grande utilidade, se tal informação prévia se fizer necessária para um entendimento mais fecundo e profundo da astrologia, que o leitor se reportasse ao meu livro anterior *Life-Time Astro-*

logy (1984), no qual exponho o meu método incomparável de acompanhar o processo da vida desde a concepção até a morte, servindo-me de uma escala cronométrica de extrema simplicidade.

Este livro está composto de tal forma que as tábuas, indispensáveis a astrólogos praticantes e aos terapeutas que desejem utilizar plenamente as idéias nele apresentadas, estão colocadas em Apêndices. Neles o leitor poderá encontrar tábuas destinadas à determinação dos significados dos astros nos signos do zodíaco; um índice de mais de mil aspectos médicos e psicológicos e de suas correspondências astrológicas; técnicas desenvolvidas no livro *Life-Time Astrology*, pelas quais se pode precisar o registro dos astros e de suas entradas nos signos e casas zodiacais; uma técnica para corrigir horários de nascimento incorretos ou desconhecidos; e uma lista de endereços onde encomendar horóscopos por computador para pessoas que ignorem as posições do horóscopo em sua totalidade.

Esperamos que o texto em si seja acessível a estudantes e mestres de astrologia de todos os níveis.

1
A ATUAL CRISE NO CAMPO DA SAÚDE

Está bem claro que a postura contemporânea, em relação a tratamento e saúde, caracteriza-se por uma absoluta inadequação, a ponto mesmo de ser manifestamente perigosa aos habitantes da Terra. Em vez de observarmos uma tendência e um aprimoramento mundial de saúde, assistimos a uma alarmante deterioração em todos os níveis. As pragas hodiernas, representadas por doenças ocasionadas pelo *stress*, como úlceras, colites, pressão alta e afecções cardíacas, abundam e, mesmo elas, empalidecem face ao espectro da AIDS.

A causa desse "julgamento por pestilência", que nos está afetando, reside no âmago da sociedade moderna e nada simboliza melhor a degenerescência do mundo atual que a medicina. Os médicos, a quem caberia o dever de curar, são indubitavelmente os maiores responsáveis pelo declínio da saúde pública em escala maciça. Existe uma série de razões que explicam o porquê de os médicos e de nossas atitudes em relação a eles ser um problema. Como Richard Grossinger assinalou, em seu brilhante livro *Medicina Planetária*,[1] a medicina ocidental tem-se preocupado com as causas orgânicas da doença. A patologia da doença consiste numa série de etapas mecanicamente determinadas, conducentes à deterioração de um indivíduo naturalmente doente, e a cura é obtida por uma via através da qual todos os médicos deveriam estar aptos a curar uma determinada doença identificada. Tratamentos isolados nada significam e somente tratamentos generalizados, aplicáveis à maioria, são aceitos.

Uma pessoa, afligida por uma úlcera no estômago, espera ir ao médico, receber uma etiqueta descritiva do que está errado e uma receita que fará os sintomas desaparecerem. Se isso é alcançado, o médico correspondeu às expectativas do paciente e este se sente feliz. Ora, os psicoterapeutas sabem que as úlceras estomacais são causadas pela incapacidade de externar sentimentos. O estômago é o órgão naturalmente ligado aos sentimentos que digerimos e processamos como fazemos com o alimento. Quando emoções muito intensas não encontram vazão no mundo exterior, criam tumultos dentro do corpo e principalmente no estômago. Quanto mais dramática a vida emocional interior, maior a desordem interna e mais fortes se manifestarão os sintomas da úlcera. Sem nenhuma dúvida, os sintomas são, essencialmente, uma forma de comunicação do corpo com uma mente que não quer responder. Pouco importa quão eficiente seja a droga ministrada, sua única virtude será a de eliminar os sintomas. As causas primárias da úlcera, de ordem emocional, não são consideradas e, por conseguinte, não serão alteradas nem erradicadas. O organismo como um todo padecerá e o binômio corpo-mente, incapaz de extravasar o desequilíbrio emocional pelas vias apropriadas, encontrará no organismo algum lugar recôndito onde possa se expressar. O problema menor, porém comum, das emoções não-expressas pode interromper a função de órgãos importantes e, realmente, afetar todo o organismo. Essa situação extrema conduz, em última análise, a doenças crônicas, condição que existe, em maior ou menor grau, em muitos de nós. Ensinaram-nos a olvidar nosso vínculo natural com a terra, com nosso ser interior e com as forças centrais que atuam sobre a vida e a morte.

O paradoxo que reside no cerne dessa questão é que a revolução científica criou a ilusão de que a química e a tecnologia, por si mesmas, poderiam erradicar as doenças quando, na realidade, *criam, freqüentemente, doenças*. Muitos remédios não foram destinados e não têm condições de atuar sobre a natureza causal de um indivíduo; portanto, melhorar, com um tratamento de drogas, é uma raridade.

(Quando os doentes apresentam melhoras, é o seu próprio corpo que os cura, não as drogas.) A Causa permanece tão arraigada quanto antes; porém, o corpo dispendeu incontável energia no trato com as drogas postas em seu caminho. Quando os desequilíbrios não encontram expressão em suas sedes naturais, criam problemas em outro lugar, provocando, conseqüentemente, a emergência de novos sintomas que não passam de formas antinaturais de expressão. À medida que o estado piora, resta a solução de procurar um cirurgião para que opere o órgão lesado. Quando a porção do estômago que contém a úlcera é extirpada – assim reza a lógica – não há possibilidade de a úlcera voltar! Como observamos ao nosso redor, a remoção de órgãos apenas beneficia a conta bancária dos cirurgiões.

A aterrorizante infiltração das drogas farmacêuticas na sociedade moderna é equivalente à poluição ambiental por pesticidas. Em ambos os casos, julgam-se necessários os produtos químicos, mas os efeitos colaterais são subestimados e continuam a ser usados mesmo depois de conhecido o mal que causam ao meio ambiente e à cadeia alimentar. O problema ecológico resulta do uso de pesticidas e da poluição provocada pelo lixo industrial, da mesma forma que as doenças modernas se manifestam na maioria das pessoas que consomem aditivos alimentícios e adotam a medicina prescritiva. Se bem que não se possa negar que as drogas podem salvar vidas, também não se pode negar que, na maioria dos casos, morremos mais dos efeitos cumulativos do tratamento que da doença. Os cancerosos morrem, amiúde, do tratamento quimioterápico. "A medicina global apresenta os mesmos problemas ecológicos básicos que apresentam a agricultura global (com os pesticidas) e a economia global com o petróleo."[2]

Presentemente, métodos alternativos de tratamento oferecem uma nova maneira de entender e de curar as doenças. A tendência é mesmo a de se afastar do *tratamento dos sintomas* por meio da medicina prescritiva e da cirurgia rumo a um *tratamento holístico*, integrando fatores pessoais, emocionais, mentais, ambientais e até espirituais. Precisa-se é de uma *ecologia humana*, articulada à ecologia planetária absoluta.

Não há dúvida de que a verdadeira cura advém do tratamento que o binômio corpo-mente administra a si próprio. Médicos, técnicas de tratamento, dietas e outras terapias podem iniciar o processo de cura, apoiá-lo ou orientá-lo, mas o mecanismo essencial da saúde é constituído pelo referido binômio. O corpo sabe do que precisa e é capaz de corrigir muitos desequilíbrios ainda não totalmente degenerados, se tiver, ao menos, chance de atuar livremente, dentro de condições ideais. Como curas de câncer, auxiliadas por visualização, têm comprovado, o binômio corpo-mente pode mesmo reverter quadros extremos. O grande problema está em que somos os nossos piores inimigos, criando obstáculos ao processo natural de cura.

Terapia Alternativa e Medicina Complementar

Qual a alternativa para o sistema médico estabelecido? Recentemente, métodos de tratamento, existentes há várias centenas de anos, foram redescobertos e novas terapias criadas. A acupuntura é um exemplo frisante, havendo outros que incluem homeopatia, nutrição, osteopatia, quiroprática, radiestesia, psicoterapia, muitas formas de exercícios físicos, massagens e herbalismo. Essas artes curativas diferem da medicina tradicional pelo fato de alegarem ser "holísticas", o que significa que todo o ser é considerado como parte do problema e da cura. Mas, de que forma agem essas terapias holísticas?

Por exemplo, um médico homeopata preocupa-se com muito mais do que os sintomas "apresentados" por uma nova paciente. Ele precisa conhecer, de forma detalhada, toda a sua história médico-psíquica, assim como a sintomatologia atual, e o remédio é escolhido para abarcar, o quanto possível, toda a gama de sintomas. Na homeopatia, tanto as causas como os sintomas são tratados. Por trás da necessidade de reconstruir todo um "quadro clínico", está a idéia de que os remédios homeopáticos transmitem condutas comportamentais que mudam a qualidade de vida, eliminando ou corrigindo, subseqüentemente, os desequilíbrios que provocaram a doença. Enquanto esse desequilíbrio não for sanado, é inútil tentar eliminar os sintomas, pois estes retornarão, da próxima vez, com maior intensidade. A cura realiza-se gradualmente, acompanhada de uma correspondente mudança de conduta e de hábitos de vida. A homeopatia é um exemplo típico de tratamento holístico.

Mesmo quando o objetivo principal de uma terapia seja o de eliminar os sintomas perceptíveis e, a partir dos mesmos, tratar o paciente, ela não é verdadeiramente holística. A cura holística está além do que qualquer terapia pode oferecer: é um modo de vida.

É verdade que a medicina alternativa é melhor? Que razão existe para pensarmos que, simplesmente porque alguém se submeta à acupressão ou à reflexologia, ou tome remédios à base de ervas ou homeopáticos, está caminhando rumo a uma maior unidade corpo-mente-espírito?[3] Não existe razão nenhuma e, entretanto, essa presunção parece crescer dentro dos círculos que se preocupam com a saúde de uma forma holística. O problema reside na confusão existente entre formas de tratamento e enfoque de vida. Em lugar da fragmentação em miríades de especializações que não se sobrepõem umas às outras, como ocorre na medicina alopática tradicional, o movimento, conhecido como medicina complementar, parte do pressuposto de que a verdadeira cura só tem lugar quando o organismo é encarado como um todo, mesmo que as formas de tratamento sejam raramente holísticas. Isso não é uma presunção mecânica.

No leque de terapias alternativas, é freqüentemente difícil descobrir a terapia apropriada com que começar. Existem poucas referências médicas, sobretudo devido a fatores econômicos. As informações fortuitas disponíveis são contraditórias, porque cada uma, de per si, insiste em ser abrangente e capaz de curar todos os males. A pessoa vê-se diante da necessidade de procurar encontrar sozinha uma terapia alternativa.

O mais comum é que procuraremos uma recomendação pessoal, como o acupunturista em que nossa irmã esteve no ano passado, com sucesso. Uma vez iniciado o tratamento com o acupunturista, ele se caracterizará por uma tentativa holística de curar padrões profundamente arraigados. O problema reside em que, embora a acupuntura seja uma terapia holística, pode não ser a única ou a melhor para todos os males. Se a sua espinha está torta devido a uma postura incorreta, as deformações causadas pela prática de esportes ou por desequilíbrios congênitos, a acupuntura pode aliviar a dor ou começar a corrigir a estrutura corporal, mas um exercício físico como osteopatia ou quiroprática é provavelmente o mais correto e eficaz.

Muitas pessoas procuram terapias que não lhes são apropriadas devido à falta de uma orientação precisa. É necessário então um guia para a escolha das terapias mais recomendáveis. A astrologia oferece um modelo de referência para determinar qual terapia, ou combinação de terapias, é a mais apropriada.

Muitas terapias consideram o holismo como o princípio básico da sua metodologia, incluindo a acupuntura, a homeopatia, a osteopatia, a quiroprática, a iridologia, o *biofeedback*, o herbalismo e muitas formas de exercícios corporais como o Feldenkrais, o Rolfing, a terapia de polaridade, a reflexologia e a massagem biodinâmica. Essas formas de tratamento representam uma pequena fração das alternativas mais populares. Com tamanha gama de terapias alternativas disponíveis, todas elas holísticas, existe entre os neófitos no campo das terapias alternativas, uma confusão compreensível quanto a saber qual a mais apropriada.

As diferenças entre as terapias são profundas. Algumas têm a possibilidade de proporcionar a cura depois de umas poucas sessões, enquanto outras podem exigir anos de dedicação. Existem terapias poderosas em termos de impacto e profundidade – como o Rolfing – proporcionando alterações bem rápidas nos hábitos e nas posturas, enquanto que as terapias vitamínicas podem apresentar uma mudança muito lenta depois de uma série de anos. As terapias variam de acordo com as pessoas, e a proporção em que podem ser toleradas varia enormemente. A escolha é bem desnorteante.

Existe uma similar profusão de psicoterapias, cada qual dizendo-se adequada a qualquer pessoa, o que torna igualmente difícil, para quem necessita de ajuda, decidir por onde começar. O resultado dessa variedade de alternativas é espantosamente semelhante à dificuldade de escolher especialistas no campo da medicina tradicional.

O termo "medicina complementar" está se tornando mais popular que o termo "terapia alternativa", mas existe entre eles uma profunda diferença quanto ao sentido. A medicina complementar inclui os profissionais que tentam integrar sua maneira de encarar a medicina ortodoxa com sua prática médica, enquanto que a terapia alternativa inclui muitos cujas idéias e técnicas são claramente diferentes e não costumam, usualmente, cortejar a aprovação de médicos, preferindo, de um modo geral, seguir em outra direção. As terapias precisam se articular entre si e com alguns dos elementos efetivos da medicina tradicional a fim de dar início a uma cura efetiva e, portanto, a única integração possível inclui não só a medicina complementar como a terapia alternativa.

Muitas pessoas que se utilizam da terapia alternativa ou da medicina complementar o fazem porque as técnicas tradicionais falharam. O problema básico é que a medicina ortodoxa trata e, às vezes, cura os sintomas, mas não cria nem encoraja mudanças no modo de conduta que, antes de mais nada, os suscitou. Dada a complexidade do nosso mundo moderno, nosso estado de saúde é muito complicado, tornando obsoletos e enganadores os rótulos usados por gerações. Está ficando cada vez mais difícil dar nome às doenças modernas. O problema vem nitidamente ilustrado na pesquisa às causas de infecções aparentemente leves, do câncer, da leucemia, da AIDS e dos numerosos tipos de gripes endêmicas da nossa sociedade. As doenças modernas não são causadas por micróbios que nos infectam, mas por aditivos alimentares, pesticidas, cardápios requintados, toxinas ambientais, antibióticos e muitos outros fatores. Em resposta aos problemas causados por essa mudança de regras, as novas terapias holísticas têm como meta principal a introdução de mudanças determinadas pela pessoa, em contraste com as mudanças impostas pelo médico. Trata-se de um procedimento mais integrativo que interventivo.

Astrologia e Cura

A astrologia constituiu, através dos tempos, um poderoso guia para a vida humana e assim foi utilizada durante milhares de anos. Presentemente, a astrologia está passando por uma mudança profunda, pelo menos no domínio da astrologia médica. O vínculo emergente entre astrologia e biologia proporciona meios de a astrologia integrar seu mecanismo de ciclos de tempo à saúde, à cura e ao processo ecológico. Este livro abrangerá as ramificações dessas idéias sobre a astrologia médica tradicional, além de apresentar algumas propostas inéditas sobre astrologia e cura. Os parágrafos seguintes indicam a série de questões e enfoques a serem tratados em *A Astrologia e a Arte de Curar*.

Cada signo do zodíaco está relacionado com partes do corpo, com órgãos ou sistemas internos, com mecanismos psicológicos e fases do processo vital de crescimento. Os vários tipos de terapia também podem ser relacionados com os signos do zodíaco.

O capítulo 5 trata da Roda das Terapias, na qual cada terapia é classificada pelo signo cuja ação ela reflete mais completamente. Ao conhecermos qual o planeta responsável por um tipo particular de obstrução é fácil determinar os tipos de terapias que seriam adequadas porquanto serão consideradas do ponto de vista do signo no qual o planeta reside. Tensões podem surgir devido à ação dos planetas Marte, Urano ou Plutão, para citar apenas alguns. Quando ativos, eles porão em evidência a parte do corpo em que residem e produzirão sintomas. Males do estômago, particularmente úlceras ou câncer, estão emocionalmente relacionados com doenças que se manifestam pelo signo de Câncer, regente do estômago, e têm sua origem na estrutura do lar e do sistema familiar, que se reflete no estômago.

Virtualmente, todos os problemas estomacais estão relacionados com problemas ligados ao sistema familiar. As terapias apropriadas ao signo de Câncer são a psicoterapia, a terapia familiar e os Remédios Florais do Dr. Bach. Cada signo apresenta terapias associadas, próprias às suas influências. A roda das terapias é uma forma de entender como essas terapias atuam em conjunto para fornecer o potencial conducente à integração.

Life-Time Astrology (1984) descreve o meu modelo astrológico – único – do processo da vida no tempo, desde a concepção até a morte, tal como é visto ao redor da periferia do horóscopo. Um método direto para determinar o encontro dos planetas em períodos da vida em que eles estão ativos também é exposto, a par de uma orientação geral sobre esse novo sistema astrológico revolucionário que, pela primeira vez, integra a astrologia, a matemática e o mecanismo do tempo biológico, idéias modernas referentes à biologia e à genética e ao mais alto conhecimento da psicologia transpessoal. Na prática, A Astrologia do Tempo Biológico é um instrumento excelente porque todo o processo vital pode ser facilmente divisado em torno da roda do horóscopo, sendo superada a árdua datação de eventos da astrologia tradicional.

A Astrologia do Tempo Biológico divide a vida inteira, da concepção à transcendência, em quatro oitavas, como um guia multidimensional da vida no tempo. Através desse guia, torna-se fácil entender como surgem as doenças, que terapia escolher face a certos problemas e como a cura funciona.

Muitas terapias contemporâneas serão apresentadas, avaliadas astrologicamente e sua aplicabilidade demonstrada por meio de horóscopos-amostras. Embora possa ter sido verdade que a cada pessoa cabe um tipo particular de terapia que lhe é mais eficaz, o mundo moderno é tão complexo que necessitamos de uma série de terapias ao longo de nossas vidas que pode variar drasticamente, de acordo com a época e as circunstâncias. As necessidades de cada etapa do nosso desenvolvimento podem ser suplementadas por terapias apropriadas. Considerando que o processo de autodescoberta por tentativa e erro pode ser longo e penoso, não se deve, ser aleatório quanto à seleção de terapias alternativas.

A idéia de "plena confiança" na terapia será apresentada e suas implicações no processo curativo, descritas. De um modo geral, existe uma cega confiança entre terapeuta e cliente, assegurando que a informação transmitida durante uma sessão não passe dos dois participantes. Essa prática data do relacionamento freudiano entre terapeuta e paciente e é agora considerada uma forma obsoleta de encarar a terapia. O uso limitado das informações e sentimentos evocados durante a terapia é, freqüentemente, não só contraproducente, como prolonga a duração de problemas que precisam ser discutidos abertamente. O conceito de plena confiança é um conceito novo, no sentido de suscitar questões de terapia, sejam médicas ou psicoterapêuticas, e chamar a atenção de todos os terapeutas em atividade. Isso é fundamental para evitar o que ocorre comumente, isto é, o acupunturista trabalha na energização de uma pessoa toda terça-feira de manhã e depois o psicoterapeuta dirige suas energias no sentido de acalmá-la toda quinta-feira à tarde. Em prol de uma integração de terapias, é preciso que exista, por parte de terapeutas e clientes, o desejo de abrir o modelo terapêutico, de forma a incluir todos os terapeutas. A própria família do cliente precisa ser encorajada a ampliar seu conhecimento do sistema e dos meios pelos quais os problemas estão sendo enfocados.

Uma série de diagnósticos astrológicos ilustrará horóscopos de uma ampla gama de pessoas, portadoras de desequilíbrios ou de doenças, assim como de pessoas que sofrem de câncer, de leucemia, de AIDS, de doenças transmitidas sexualmente e de anorexia nervosa. Todo o mecanismo do nascimento é visto como um fator crítico e desvalorizado no que tange à subseqüente saúde física, mental e emocional.

A moderna arte de cura pela *Astrorradiônica*, desenvolvida pelo autor, será apresentada e demonstrará a possibilidade de diagnosticar e tratar uma pessoa a distância, através do modelo energético do horóscopo. Os mecanismos e a filosofia desta sutil arte de curar proporcionarão uma nova perspectiva em termos de saúde e anatomia.

Testes Médico-Astrológicos

Muitos livros apresentam informações e técnicas de astrologia médica e este – *A Astrologia e a Arte de Curar* – não pretende ser um substituto para esses textos, mas sim oferecer um contexto mais integrado no qual usar suas informações. Um rápido exame a alguns dos livros mais importantes dará uma idéia da variedade e da amplitude das obras existentes nesse ramo. Algumas representam fontes valiosas e fornecem informações básicas que suplantam os objetivos deste livro. Como verão, é variada a gama de enfoques.

The Astrological Judgement of Diseases (Londres, 1655), de autoria do grande herbolário, Nicholas Culpeper, é um trabalho clássico, usado como modelo por gerações de médicos. Culpeper combinou um profundo conhecimento das ervas (*Culpeper's Herbal*, 1649) com o conhecimento da medicina grega de Galeno, e seu livro buscava a prevenção da doença a partir de mapas de nascimento, assim como os métodos de cura para as pessoas já doentes. A obra de Culpeper é valiosa pelos princípios exarados em seu livro e pela classificação que fez das plantas medicinais.

A Encyclopedia of Medical Astrology (Nova York, 1933), da autoria do dr. H. L. Cornell, é uma obra antiquada e incrivelmente confusa, mas suas quase mil páginas constituem um guia valioso para iniciar um estudo sobre astrologia médica. Contém muitas informações úteis, e as correlações nela expostas entre as doenças e pontos localizados na espinha, de acordo com a quiroprática, são inigualáveis.

A obra *Astrology, Nutrition and Health* (Massachussetts, 1977), da autoria de Robert Jansky, é informativa, embora breve, e versa sobre as correlações entre nutrição e astrologia sob a égide de vitaminas e minerais. Os casos clínicos são tratados de um ponto de vista médico, e o estudo da sexualidade e da violência se baseia no ponto médio, um sistema muito elaborado de análise. Jansky escreveu uma série de livros sobre astrologia médica.

Mas, inegavelmente, o melhor e mais completo estudo sobre astrologia médica é *The American Book of Nutrition and Medical Astrology* (San Diego, 1982), no qual Eileen Nauman apresenta sua "Técnica de Diagnóstico Médico", um questionário que permite que se estude o estado de saúde de uma pessoa de uma forma organizada, em conjunto com a astrologia. As próprias partes informativas que tratam das funções médicas e astrológicas das vitaminas, minerais, ervas e sais minerais são excelentes. O único inconveniente está em que Nauman se baseia nos planetas (luas) de Urano, matematicamente prognosticados mas nunca fisicamente provados.[4] A astrologia uraniana é freqüentemente muito precisa, mas a natureza hipotética dos planetas não é aceita por todos os astrólogos. O livro é um trabalho marcante no campo da astrologia médica e permanecerá como modelo. Os casos clínicos apresentados são claros e usam as técnicas tradicionais dos trânsitos e da astrologia natal.

Os muitos volumes que compõem a obra *Textbook of Astrology: The Munich Rhythm Theory* (Munique, 1978), integram extensivamente a astrologia e a homeopatia, mas o sistema, como um todo, é canhestro e incoerente no que tange à interpretação, deixando o estudante mais com perguntas no ar que com sólidos princípios práticos.

O texto que ergue uma ponte entre a psicologia natal, médica e psicológica é intitulado *Combination of Stellar Influences* (Aalen, 1972), também conhecido como CSI, da autoria de Reinhold Ebertin. É um manual de Cosmobiologia, um estudo integrado de astrologia e biologia. Ebertin faz uma lista das correspondências de forma que os astrólogos aprendam a adaptar a informação do horóscopo à aplicação inteligente e benéfica do cosmograma no tratamento das doenças, nubladas por reservas mentais, ansiedades ou agressões.[5] Ebertin demonstra que o horóscopo tem grandes vantagens potenciais tanto para o psicoterapeuta como para o homeopata, assim como para o médico. Os cosmobiólogos são encorajados a tratar seus clientes como os médicos tratam seus pacientes, apresentando o problema simplesmente, sem mencionar as possíveis causas ou soluções. A informação é essencial mas a forma de tratar os doentes deixa muito a desejar.

As doenças revelam muitas coisas sobre uma pessoa, e suas causas estão sempre mais ligadas ao organismo como um todo que a incidentes isolados. Nesse contexto, a doença é inseparável da saúde e constitui uma forma essencial de comunicação entre o indivíduo e seu mundo. Ebertin investigou com detalhes o fluxo de doenças através dos canais familiares e hereditários e seu filho, Baldur Ebertin, psicoterapeuta praticante, continuou essa obra brilhante.

O manual CSI e a inteligência que o respalda constituem uma grande contribuição. Ebertin concedeu ênfase especial ao relacionamento dos planetas entre si e restringiu o valor do significado dos planetas em termos de signos e casas. CSI é composto de setenta e oito possíveis combinações de planetas entre si, isto é, Sol/Lua, Sol/Mercúrio, Sol/Vênus... ASC/MC. Cada combinação ocupa duas páginas de rosto (Figura 1) e contém seu princípio fundamental, correspondências psicológicas (positivas, negativas e neutras), correspondências biológicas, correspondências sociológicas e manifestações (ocorrências) prováveis. Na página oposta, o correspondente planetário é comparado a todos os outros planetas, de forma a incluir um total de mais de 1.100 desses aspectos. As qualidades psicológicas e biológicas referentes a cada combinação planetária podem ser vistas como aspectos correspondentes de cada um, refletindo nossas experiências na medida em que atuamos simultaneamente nos níveis psicológico e biológico. Sugerir tal separação é não somente artificial como enganador.

Desde 1950 tornou-se moda correlacionar psicologia com astrologia e, na realidade, muitas pessoas acreditam, de forma veemente, que a astrologia e a psicologia são suficientemente importantes para excluir todos os outros ramos da astrologia. Em seu entender, a astrologia médica ou a astrologia profética são cotraproducentes e danosas à saúde e ao bem-estar. O ponto de vista psicológico aparece muito bem delineado nas seguintes suposições:

• Primeira: o mundo da psique é fundamental para o ser e é da psique que os fatos exteriores emergem; portanto, a psicologia é mais importante que as terrenas realidades mundanas;

• Segunda: como a finalidade da vida é a de exercitar o "livre-arbítrio", qualquer vaticínio bloqueará ou eliminará essa liberdade de ação, quer evitando que os acontecimentos naturais se realizem quer influindo sobre o destino do indivíduo por meio do poder de sugestão inerente à própria predição;

• Terceira: a vida emocional é o mais importante aspecto do ser, e a psicologia é a ciência do mundo emocional;

• Quarta: o processo psicoterapêutico é subjetivo, pessoal, evocativo e inerentemente casual, não se prestando à estrutura da astrologia. A astrologia busca identificar padrões enquanto que a psicologia contenta-se com ser.

Pode parecer que a psicologia e a astrologia estão em conflito, mas existem muitos pontos de contato entre elas. Um número cada vez maior de psicoterapeutas está se servindo de material astrológico como base de seu trabalho, numa tentativa de descobrir a base da psicologia nos casos em que um trabalho de análise pessoal não aponta uma direção clara.

A razão pela qual o trabalho de Ebertin é tão valioso reside no fato de ele mostrar os princípios biológicos e psicológicos como componentes integrantes de todas as combinações planetárias. Embora existam muito mais livros sobre astrologia psicológica que sobre astrologia médica, seria interessante citar alguns dos mais importantes.

Dane Rudhyar foi o primeiro astrólogo psicólogo importante, como ficou demonstrado em sua obra clássica *Astrology of Personality* (Nova York, 1963)*. Ele aliou uma psicologia profunda ao conceito de holismo e desenvolveu uma astrologia simbólica de ciclos. Rudhyar investigou e alterou a distinção entre bons e maus aspectos, percebeu que toda uma série de acontecimentos deveria ser interpretada construtivamente, e integrou muitas idéias diversas sob o dossel da astrologia. Na obra *Astrology and the Modern Psyche* (Reno, 1976)** ele analisou o

---

* Publicado pela Ed. Pensamento com o nome de *Astrologia da Personalidade*, São Paulo, 1989.
** Publicado pela Ed. Pensamento com o nome de *Astrologia e a Psique Moderna*, São Paulo, 1989.

0866   ♄/♅   SATURNO/URANO

Princípio:
   Irritabilidade e inibição, tensão.

Correspondência Psicológica:
+ Habilidade para enfrentar qualquer situação, poder de atravessar e suportar adversidades, perseverança e paciência, incansabilidade, força de vontade, determinação.

− Tensões emocionais incomuns, irritabilidade, conflitos emocionais, revolta, ânsia de liberdade, conduta provocante, ato de violência.

C Natureza rebelde, tenacidade e firmeza, obstinação, fortes tensões emocionais.

Correspondência Biológica:
   Inibições rítmicas, bloqueio cardíaco, respiração Cheyne-Stoke. Processos arrítmicos. Súbita perda dos membros (nesse sentido, doença crônica); intervenções cirúrgicas acompanhadas de remoção de algo. (Remoção de partes do intestino, do baço, amputação, etc.)

Correspondência Sociológica:
   Indivíduos violentos.

Prováveis manifestações:
+ Aumento de energia derivada da superação de dificuldades, lutas difíceis na vida, mas bem-sucedidas, tendo por objetivo vencer uma situação perigosa. (Operação.)

− Revolta contra tutela e contra a limitação de liberdade, tendência a criar desassossego em seu próprio meio, briga, separação, uso de força, intervenções em seu destino, limitação de liberdade.

Figura 1. Uma página extraída da obra de Ebertin.

SATURNO/URANO ♄/♅

0867 = ☉ Exposição física a severos testes de força, poder de resistência, rebelião, inflexibilidade. Separação.

0868 = ☽ Fortes tensões emocionais, estados de depressão, inconstância. Súbito desejo de libertar-se de tensões emocionais, separação de membros do sexo feminino.

0869 = ☿ A imposição de grandes necessidades à sua própria energia nervosa, a habilidade de, sob provocação, reagir com vigor, a habilidade de organizar resistência, o ato de separar-se de outrem. Mudanças necessárias.

0870 = ♀ Tensões na vida amorosa, levando à separação.

0871 = ♂ Um ato de violência, o uso ocasionalmente errado de uma extraordinária energia, sujeição a grandes esforços e labuta. Libertação violenta ou forçada de tensões, o estágio de desafiar terceiros para uma luta ou confronto decisivo. Ferimento, acidente, privação da liberdade.

0872 = ♃ Capacidade de adaptar-se a qualquer situação, libertação afortunada de tensões. Súbita reviravolta (do destino), a infelicidade de meter-se em dificuldades. Perdas, dano em edificações, dano motor.

0873 = ♆ Incapacidade de enfrentar tensões emocionais, falsidade ou malignidade causadas por fraqueza. Resolução de resignar-se ante o inevitável, abandono de resistência, enfraquecimento da energia, separação, pesar e desolação.

0874 = ♀ Um ato de violência ou brutalidade. O desejo de superar uma situação difícil por meio de um esforço extraordinário. Revolta contra o destino, prejuízo advindo de força maior.

0875 = ☊ Incapacidade para se integrar numa comunidade, conduta provocante. Resistência conjunta contra um inimigo comum, separação.

0876 = A Necessidade de enfrentar situações difíceis, o destino de ficar sozinho no mundo, sofrer dificuldades causadas por terceiros, experimentar sofrimentos emocionais ao lado de terceiros, pesar e desolação.

0877 = M Exigir o máximo de sua própria força, revolta, provocação. O ato de separar-se dos outros.

Combination of Stellar Influences.

25

horóscopo de Freud, de Jung, de Adler, de Assagioli e de outros partindo do pressuposto de que eles *eram* seus conceitos psicológicos.

Stephen Arroyo fez sucesso com o livro *Astrology, Psychology and Four Elements* (Vancouver, 1975)* que apresentou um enfoque energético, reminiscente do conceito da libido de Jung. Arroyo criou uma nova atitude entre astrólogos com seus comentários diretos sobre consultas, educação e treinamento de conselheiros astrológicos e sua tentativa de criar uma linguagem anedótica para a integração da moderna psicologia e astrologia.

A obra de Liz Greene intitulada *Relating* (Londres, 1977)** apresentou conceitos astrológicos dentro de uma estrutura junguiana de tipos psicológicos relacionados com os elementos, o contraste e a coincidência com os "eus" internos e externos como uma forma de analisar os ciclos dos planetas externos, Saturno e Urano. Greene usa a astrologia exclusivamente como um instrumento de consulta, embora não a empregue abertamente em sua prática psicanalítica. Ela desencoraja a predição e encoraja a liberdade, na ordem direta da restrição auto-imposta. Em 1986, ela declarou, publicamente, que todos os astrólogos deveriam ser treinados como terapeutas e ser submetidos à terapia. Sua posição consolidou a determinação dos astrólogos psicólogos e forçou o confronto entre a psicologia e a astrologia tradicional.

Dessa forma, os astrólogos humanistas expuseram suas razões. Atualmente, os astrólogos precisam escolher entre o enfoque tradicional e o psicológico, o que transforma a astrologia médica numa enorme ala esquecida. A moderna astrologia precisa curar-se a si mesma, assim como precisa fazer com que a *cura* volte a ser uma característica de sua função integrada.

O ponto de vista astrológico tradicional é atraente e pode ser exato, porém um enfoque unificado, como o apresentado neste livro, representará o duplo papel de recolocar a psicologia em conexão com a biologia e de prover à astrologia uma base estrutural em todos os níveis do ser.

---

* Publicado pela Ed. Pensamento com o nome de *Astrologia, Psicologia e os Quatro Elementos,* São Paulo, 1989.
** Publicado pela Ed. Cultrix com o nome de *Relacionamentos,* São Paulo, 1989.

2
A ASTROLOGIA COMO ARTE DE CURAR

Os Planetas

Os elementos da medicina astrológica são os planetas, os signos, as casas e os aspectos. Os planetas estão relacionados com mecanismos físicos e sistemas corporais. Segue-se uma lista genérica:

Sol   Saúde, vitalidade, coração, circulação, o próprio corpo, a célula.
Lua   Fertilidade, fluidos corporais, soro sangüíneo, linfa, digestão.
Mercúrio Sistema nervoso, os sentidos, órgãos da fala e da audição.
Vênus   Substâncias glandulares, hormônios, rins, veias.
Marte   Energia, calor corporal, músculos, órgãos sexuais.
Júpiter   Nutrição, sistemas orgânicos, sangue, fígado, bílis.
Saturno Sistema ósseo, hereditariedade, formação de cálculos, velhice.
Urano   Ritmo corpóreo, pulsação, respiração, movimento peristáltico, sinopse.
Netuno Plexo solar, aura, paralisia, drogas.

Plutão   Regeneração, sistema imunológico, miasmas, genética, metabolismo.
ASC (Ascendente) Nascimento, aparência física, o meio.
MC (Meio-do-céu) Função cerebral, consciência do ego.

O significado dos planetas pode estender-se a outras funções. O desenvolvimento da psicologia foi amparado pela tipologia planetária dos antigos, pela correspondência dos planetas com tipos psicológicos genéricos, como saturninos, jupiterianos, lunáticos, marcianos, venusianos, mercurianos e solares. Toda essa terminologia introduziu-se na linguagem popular para descrever certos indivíduos ou formas de conduta.

A TEORIA DA INFLUÊNCIA CELESTE

O modelo de ordem cósmica proposto por Rodney Collin envolvia uma conexão entre os planetas e as glândulas endócrinas que modulava toda a atividade corpórea através de suas secreções. Usando a metáfora do "homem como um microcosmo", ele via os planetas executarem um movimento em espiral ao redor de um Sol existente dentro do corpo humano, tal como o fazem no espaço. A figura 2 mostra os planetas girando em espiral, de dentro para fora, a partir do Sol/Timo.

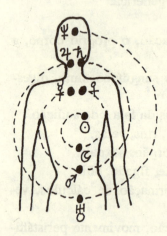

Figura 2. A espiral das glândulas, de dentro para fora, a partir do coração.

O que intriga nesta conexão é que os ciclos dos planetas correspondem às idades que se seguem à concepção, nas quais os planetas atingem o máximo de sua atividade. O horóscopo mostra onde, ao redor dos ciclos das idades, logaritmicamente/biologicamente graduados, se registram as posições dos planetas. A seqüência é um modelo importante que proporciona um grande entendimento da conexão entre biologia e astrologia. Os estágios de desenvolvimento da vida se encaixam dentro das três oitavas e elucidam o processo da vida.

Colocando os corpos celestiais e as funções humanas assim sincronizadas na ordem de sua freqüência ao redor do ciclo, emerge outro estranho paralelo. As duas primeiras funções – criação da forma física e movimento involuntário – que têm lugar antes do nascimento, atuam sem necessidade do ar. Somente na terceira etapa, ou nascimento, se faz necessário o choque do ar. Seguem-se outras duas funções – o movimento voluntário e o poder do pensamento. Então, na sexta etapa, ocorre novo choque de ar – o absoluto impacto emocional das impressões baseadas na luz – que conduz às outras funções da maturidade e à função em potencial da consciência.[1]

Cada glândula controla muitos plexos nervosos dentro de uma disposição de três oitavas correspondentes aos três principais sistemas do corpo – o cérebro-espinhal, ligado à consciência, o simpático ligado às operações inconscientes e o parassimpático, ao controle instintivo. As glândulas permanecem ativas durante toda a vida, mas sua atividade enfoca períodos específicos em que sua função é primordial. As posições dos planetas e suas influências relativas no importante momento do nascimento determinam o "tipo" da pessoa. Collin vinculou o processo a uma série de rodas giratórias semelhante a uma complexa combinação de cofre que, no nascimento, adota um determinado código numérico. Sempre que qualquer desses números é conseqüentemente ativado, o sistema glandular em questão se torna super ou subativo. O desdobramento do sistema endócrino-glandular ao redor do ciclo é bem preciso.

Tabela 1. Ciclos de Liberação Glandular

Planeta	Glândula	Idade correspondente
Lua	Pâncreas	58 dias após a concepção
Mercúrio	Tiróide	130 dias após a concepção
Sol	Timo	80 dias após o nascimento
Vênus	Paratiróide	10 meses e meio de idade
Marte	Supra-renais	2 anos e 1 mês
Júpiter	Pituitária posterior	12 anos e 6 meses
Saturno	Pituitária anterior	29 anos e 6 meses
Urano	Gônadas	84 anos
Netuno	Pineal	165 anos
Plutão	?	270 anos

O *Ciclo da Lua* ativa o pâncreas 58 dias após a concepção (Tabela 1). O pâncreas, por sua vez, ativa o sistema linfático, responsável pela reação imunológica do homem, e a digestão, correspondente ao equilíbrio líquido que afeta as emoções. A Lua simboliza os sentimentos derivados do relacionamento com a mãe, as qualidades herdadas da mãe e de seus antepassados, hábitos, sistemas familiares, fluidos corporais e substâncias residuais e a água que compõe muito do corpo. A Lua está relacionada com o estômago e o seio através da associação com Câncer, seu signo regente.

O *Ciclo de Mercúrio* aos 130 dias governa a operação da tiróide, que regula a combustão e o calor do corpo, correspondendo ao primeiro movimento involuntário e à circulação sangüínea individual. Mercúrio é comunicação, intelecto, mente e, naturalmente, funciona através do sistema nervoso e da transmissão de mensagens químicas. O sistema respiratório é também mercurial, através de sua associação com os pulmões em Gêmeos.

O *Ciclo Solar*, 365 dias depois da concepção ou 85 dias após o nascimento, ativa o timo pondo o crescimento em ação e dispondo o foco e a recepção da luz. O Sol é vida, força, vitalidade, consciência e resistência à doença, mas também revela qualidades, aspectos positivos e fraquezas herdadas do pai ou de ancestrais paternos.

O *Ciclo de Vênus* ocorre 10 meses e meio depois do nascimento, com a paratiróide governando os mecanismos de mediação e estabilidade, promovendo o tônus muscular e a formação nervosa. Vênus é o senso inato de harmonia do organismo, sua capacidade de manter equilíbrio e sua aparência, principalmente a que diz respeito aos cabelos.

O *Ciclo de Marte*, 25 meses após o nascimento, ativa a medula e o córtex das supra-renais, incrementando a sensibilidade e dando origem ao mecanismo de "luta e fuga". Marte é atividade física e movimento, o sistema muscular e, particularmente, os glóbulos vermelhos do sangue que dão energia ao corpo.

O *Ciclo de Júpiter*, aos 12 anos e meio, no auge do crescimento vital, controla os músculos involuntários e o sistema de nutrição do corpo por meio da pituitária posterior. Júpiter controla o crescimento em geral, a distribuição da gordura, o fígado e o sistema arterial.

O *Ciclo de Saturno*, aos 29 anos e meio, determina o fim do crescimento, a cristalização do esqueleto e a preponderância do pensamento abstrato. A esta altura, já estão bem claras quais as limitações dos corpos físico e mental, e estabelecer um controle sobre o corpo físico-mental torna-se muito importante. Saturno caracteriza os avós, particularmente aqueles de quem se recebe moldes hereditários, e o relacionamento dos minerais com o corpo e suas funções. Essas qualidades afetam a reação ao envelhecimento do corpo.

Esses primeiros sete planetas, os clássicos planetas dos antigos, são os únicos que completam seu ciclo dentro de um período de vida humana. Os planetas exteriores têm um ciclo muito mais longo e, como resultado, governam as qualidades coletivas, de geração e civilização, que os indivíduos carregam consigo. Na astrologia médica, os planetas exteriores correspondem aos *miasmas* identificados por Hahnemann, as aflições generativas que todos carregamos dentro de nós e que podem ou não ser ativadas por acontecimentos que tenham lugar em nossas vidas. De um modo geral, estes miasmas permanecem em estado de dormência no âmago de nossa saúde e são herdados geneticamente de nossos pais e antepassados.

O *Ciclo de Urano*, de 84 anos, relaciona-se às gônadas que regulam a sexualidade, modulada pela paratiróide venusiana e pelas suprarenais marcianas. Urano freqüentemente representa as expressões de forças impostas ao indivíduo como acidentes e intervenções cirúrgicas, que constituem alterações súbitas e extremas do ritmo corporal.

O *Ciclo de Netuno*, de 165 anos, relaciona-se à glândula pineal, ao "terceiro olho" do misticismo oriental, governando a percepção extra-sensorial, a sensibilidade e o equilíbrio psíquico, assim como a reação às drogas. Netuno é a vida da imaginação, a fantasia, a visualização e a capacidade do corpo de assimilar toxinas ou de se adaptar a anestésicos.

O *Ciclo de Plutão*, de 265 anos, não está associado a nenhuma glândula, embora todo o sistema imunológico lhe seja pertinente. Plutão está relacionado ao crescimento anormal das células e às funções excretoras.

As glândulas trabalham conjuntamente para regular todos os corpos físicos, emocionais e mentais. A saúde é, freqüentemente, a sincronização do trabalho glandular interno do corpo e de sua forma externa no mundo. A potência relativa das glândulas reflete a posição astrológica dos planetas a elas equivalentes no horóscopo.

No nível psicológico, os planetas são arquétipos e subpersonalidades; não só signos astrológicos da vida externa a nós, como também das formas de comportamento dentro de nós; no nível físico, glândulas e sistemas corporais; chakras, no nível psicoespiritual e modos de comportamento no nível emocional. A interação através de conexões de aspecto geométrico no interior do horóscopo constitui a teia de afinidades, de relações, através da qual nossa energia vital se desloca ou é bloqueada. A energia pura da concepção vai sendo canalizada e dirigida a formas mais e mais sublimes, à medida que ganhamos um corpo, depois é direcionada para o comportamento no seio da família e, na maturidade, testada no mundo exterior. Através desse conceito é possível ver exatamente onde, quando e como a energia pode retornar ao indivíduo – freqüentemente a causa primária da doença. A doença pode ser diagnosticada a partir do horóscopo, e todo o conceito de cronologia da criação e da libertação da doença encontra-se no bojo do tratamento astrológico.

Os Quatro Elementos

Os elementos fogo, terra, ar e água são metáforas que representam os modos pelos quais um indivíduo funciona. O fogo é energia, o corpo espiritual e a função psicológica intuitiva; a terra é substância, o corpo físico e a sensação; o ar é mente, comunicação, o corpo mental e o pensamento; e a água é emoção, o corpo emocional e o sentimento. Todo ser humano traz consigo estes quatro níveis e as doenças podem se manifestar em todos ou em cada um destes níveis. Por exemplo, algumas doenças são causadas por emoção, como a depressão. Outras são causadas pela mente, as assim chamadas doenças psicossomáticas ou preocupações, ansiedades e neuroses. Outras, no entanto, são claramente físicas, como acidentes, entorses e problemas funcionais. A categoria básica é constituída pelos problemas energéticos ou espirituais subjacentes aos outros e que originam uma falta de energia. Existem, na astrologia, dez planetas e é fácil ver quais e quantos planetas estão em cada um dos quatro elementos. Algumas vezes um elemento não terá nenhum planeta, caso em que a função que cabe a esse elemento será deficiente e demandará uma compensação.

Os Signos do Zodíaco

Os signos do zodíaco representam partes do corpo, qualidades condicionantes através das quais os planetas agem, períodos do ano, e os doze estágios do processo arquetípico de desenvolvimento da natureza. Embora muitos astrólogos imprimam maior valor ao signo no qual o Sol reside, na astrologia médica os planetas influenciam todos os signos em que os mesmos estão localizados, se bem que, obviamente, alguns mais que outros. Os signos determinam as partes do corpo em que a disfunção tem possibilidade de se manifestar. Como o fundador da homeopatia, Samuel Hahnemann, notou, muitas doenças ou afecções são de natureza sazonal, implicando que isso pode ser devido à passagem do Sol através de uma seqüência de signos e à ativação de partes do corpo nessa sucessão.

É também importante reconhecer que os signos do zodíaco não estão isolados mas intimamente ligados a seus opostos. As funções da garganta em Touro estão em reciprocidade com os órgãos sexuais em Escorpião, como os *castrati* poderiam atestar. Todos os signos estão continuamente agindo em consonância com seus opostos. Quando um signo é ativado, o signo oposto sempre recebe uma reação igual e contrária, se bem freqüentemente interiorizadas. Como exemplo dessa interação: o *stress* de lidar com um universo paternal externo capricorniano produz tensão que será sentida no interior do corpo como um mal-estar estomacal ou úlcera canceriana. Algumas vezes, signos opostos produzem efeitos muito similares. Tanto Gêmeos (pulmões e braços) como seu oposto Sagitário (nervo ciático e coxas) tendem a causar problemas pulmonares, respiratórios e fratura de membros. Leão é o coração e Aquário, o sistema circulatório, e as tensões derivadas das tendências autoconscientes de Leão podem gerar problemas cardíacos e disfunção circulatória. Uma das tendências mais óbvias e menos reconhecidas é o *stress* mental criado em Áries, quando relações librianas não saem tão bem quanto esperadas. Toda a prática curativa da reflexologia ou técnica metamórfica emprega massagem nos pés como forma de estimular não somente o trato digestivo em Virgem, como todo o organismo. Cada par tem sua própria dinâmica dentro do mecanismo dos opostos.

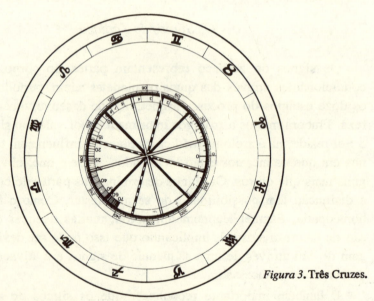

Figura 3. Três Cruzes.

Além das conexões entre os signos opostos do zodíaco, na astrologia médica, as *cruzes* ou quadruplicidades (Figura 3) são também decisivas. As cruzes correspondem à cruz fixa (Touro, Leão, Escorpião e Aquário) à cruz cardeal (Áries, Câncer, Libra e Capricórnio) e à cruz mutável (Gêmeos, Virgem, Sagitário e Peixes). Determinando-se qual a cruz especificamente ativada num momento crítico, o astrólogo médico pode ir mais longe na busca das raízes causadoras de muitas condições crônicas. De um modo geral, a cruz que contém o maior número de planetas é a que mais provavelmente será afetada, porém deve-se considerar todo o horóscopo. Ao determinar-se qual a cruz predominante, as posições do ASC e do MC não devem ser esquecidas.

Cada signo do zodíaco contém um sal mineral que garante seu mecanismo e, muitas vezes, a saúde pode ser restabelecida mediante a correta administração dos sais minerais apropriados. As correlações estão incluídas na seguinte tabela de signos. (As datas de cada signo são aproximadas.)

Áries – signo cardeal do fogo
Kali Phos e Nat Phos   21 de março a 21 de abril.

Áries rege a cabeça, o crânio e particularmente o cérebro, os centros motores do cérebro que regulam toda a atividade física e mental. Afecções de Áries são dores de cabeça, neuralgia, hemorragias cerebrais, deficiência mental e epilepsia. Áries é oposto a Libra.

Touro – signo fixo da terra
Nat Sulph e Calc Sulph   21 de abril a 21 de maio.

Touro rege os ouvidos, o nariz e a garganta, as adenóides, as amígdalas e a laringe, o cérebro, e a tiróide, em associação com Mercúrio, e determina o consumo e a eliminação do alimento. Afecções taurinas são amígdalas ou adenóides inflamadas, bócio, difteria, crupe, dor de garganta ou problemas dentários. Touro é oposto a Escorpião.

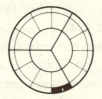

Gêmeos – signo mutável do ar

Kali Mur e Silica   21 de maio a 21 de junho.

Gêmeos rege os braços, as mãos, os pulmões e os ombros e o sistema nervoso central, ao mesmo tempo em que governa a função respiratória. Afecções de Gêmeos são bronquite, tuberculose, desordens nervosas, pleurisia e outras doenças pulmonares. Gêmeos é oposto a Sagitário.

Câncer – signo cardeal da água

Calc Fluor e Calc Phos   21 de junho a 21 de julho.

Câncer rege o estômago, os seios, o externo, o diafragma e também o revestimento do cérebro (as meninges), pulmão e coração, e processa e sustenta o corpo. Afecções de Câncer são desordens digestivas, úlceras, problemas gástricos, dispepsia, meningite, edema (hidropisia) e desordens das glândulas linfáticas. Câncer é oposto a Capricórnio.

Leão – signo fixo do fogo

Mag Phos e Nat Mur   21 de julho a 22 de agosto.

Leão rege o coração, a espinha dorsal, a veia cava e as artérias coronárias, exercendo domínio sobre o sistema vital e circulatório. Afecções de Leão são doenças cardíacas, arteriosclerose e dores lombares. Leão é oposto a Aquário.

36

Virgem – signo mutável da Terra
Kali Sulph e Ferr Phos   22 de agosto a 21 de setembro.

Virgem governa a região abdominal, os sucos digestivos, o baço, o trato intestinal e o duodeno, os lóbulos inferiores do fígado, e sua função é digestiva e assimilativa. Afecções de Virgem são peritonite, má nutrição, diabetes ou hipoglicemia, colite, diarréia, diverticulite, cólicas ou irregularidades intestinais. Virgem é oposto a Peixes.

Libra – signo cardeal do ar
Nat Phos e Kali Phos   21 de setembro a 21 de outubro.

Libra rege os rins, as supra-renais, a região lombar da espinha e, como centro de gravidade do corpo, suas funções são reguladoras e harmonizadoras. As afecções de Libra são, sobretudo, disfunções da capacidade do rim de eliminar toxinas do corpo, inflamação do rim, nefrite, dor na região lombar, edema, erupções da pele (exantema) ou eczema, desordens sangüíneas, acidose ou doença de Bright. Libra é oposto a Áries.

Escorpião – signo fixo da água
Calc Sulph e Nat Sulph   21 de outubro a 21 de novembro.

Escorpião rege a bexiga, a uretra, os órgãos genitais, o reto e o cólon descendente, a dobra sigmóide e a glândula da próstata, e suas funções são eliminatórias e reprodutoras. As afecções de Escorpião são alargamento da glândula da próstata, toda sorte de males oriundos de um mau funcionamento do cólon, doenças venéreas, infecções da bexiga, doenças da matriz, do colo do útero ou útero, problemas menstruais, constipação (prisão de ventre), hemorróidas, cistite, hérnias ou esterilidade. Escorpião é oposto a Touro e, freqüentemente, acusa catarro nasal, infecções da garganta, adenóides ou pólipos.

Sagitário – signo mutável do fogo

Silica e Kali Mur   21 de novembro a 21 de dezembro.

Sagitário rege as coxas, os quadris, o fêmur, o ilíaco, as regiões sacra e coccígea da espinha, o nervo ciático, os músculos glúteos e a grande veia safena, e tem funções locomotoras e de sustentação. Afecções de Sagitário são doenças dos quadris, problemas locomotores, ciática, reumatismo, dores nas costas, gota, paralisia, ruptura pélvica, espasmos e câimbras. Sagitário é oposto a Gêmeos e, sendo assim, tem relação com a expiração do ar, como Gêmeos tem com sua inspiração.

Capricórnio – signo cardeal da Terra

Calc Phos e Calc Fluor   21 de dezembro a 21 de janeiro.

Capricórnio rege os joelhos, a pele, o esqueleto e a vesícula biliar, e sua função é protetora e estrutural. Afecções de Capricórnio são reumatismos, artrite, fraturas ósseas, eczema e outras doenças de pele, parcialmente causadas pela ação reflexa do estômago canceriano. Capricórnio é oposto a Câncer.

Aquário – signo fixo do ar

Nat Mur e Mag Phos   21 de janeiro a 21 de fevereiro.

Aquário rege os tornozelos, a tíbia, o perônio, o tendão de Aquiles e o sistema circulatório que supre o corpo de oxigênio. Afecções de Aquário incluem veias varicosas, entorses no tornozelo, hidropisia, envenenamento sangüíneo, câimbras, toxemia, problemas de coordenação e de circulação. Aquário é oposto a Leão.

Peixes – signo mutável da água
Ferr Phos e Kali Sulph  21 de fevereiro a 21 de março.

Peixes rege os pés e os dedos, o sistema das glândulas linfáticas e daí o sistema imunológico e exerce uma função discriminativa e purificadora. Afecções de Peixes incluem envenenamento, *overdoses* de drogas, reações de drogas, condições das mucosas, catarro, glândulas inflamadas, circulação deficiente, pneumonia, pés deformados, joanetes ou arcadas caídas. Peixes é oposto a Virgem.

Casas

As casas descrevem os estágios vitais de desenvolvimento desde a concepção até à velhice e à morte. São as fases cronométricas da vida, as quais estruturam nossa vida e realidade. Na astrologia médica tradicional determinam o modo das condições se manifestarem, mas essa questão específica constitui o primeiro tema do capítulo 4 que trata da Astrologia do Tempo Biológico quando então será examinada com maiores detalhes.

Aspectos da Vida

Aspectos (Figura 4) são as interconexões geométricas que fornecem as "teias de relações" pelas quais os planetas se inter-relacionam, pelas quais acontecimentos em diferentes períodos da vida se entrelaçam e descrevem o trabalho dinâmico e energético do processo da vida. Os aspectos são determinados dividindo-se o círculo de 360° pelos números 1, 2, 3, 4, 5, 6, 8 e 12. Os ângulos resultantes em termos de aspectos apresentam uma gama de valores que transmitem aos planetas subentendidos por esses ângulos. Quando as relações angulares são as divisíveis por 2 (180°), 4 (90°) e 8 (45° e 135°) são consideradas difíceis e criadoras de tensão, enquanto que os aspectos divisíveis por 3

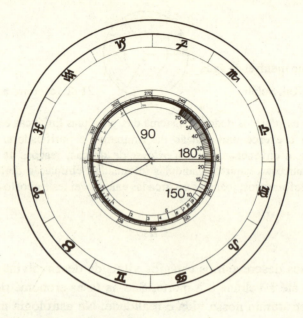

Figura 4. Aspectos rígidos associados
com a Astrologia Médica.

(120°), 6 (60°) e 12 (30°) são considerados harmoniosos e estabilizadores. A qualidade do aspecto da unidade, a conjunção de 0°, depende da natureza dos dois planetas envolvidos. O aspecto de 150°, o inconjunto, é de particular interesse para a astrologia médica, como um aspecto que denota frustrações e problemas crônicos. Na astrologia médica, os *aspectos difíceis* de 0°, 45°, 90°, 135°, 150° e 180° são considerados como causadores de doenças e de desequilíbrio total. Esses aspectos estão, comumente, envolvidos quando existem bloqueios, em qualquer nível. São difíceis, dominantes e freqüentemente dolorosos, porém, simultaneamente, possuem a chave do crescimento e do desenvolvimento mais elevado. A doença, via de regra, assinala períodos da vida em que são necessárias mudanças drásticas, mas que oferecem resistência. A energia na vida de uma pessoa move-se através das linhas dos aspectos no horóscopo, com facilidade, através do aspecto sextil e trino e com mais dificuldade através dos aspectos rígidos (Fig. 5).

Devido ao fato de cada componente do horóscopo astrológico cobrir parte do quadro total da vida de um indivíduo no transcurso do tempo, é muito útil como modelo para a colocação das várias terapias.

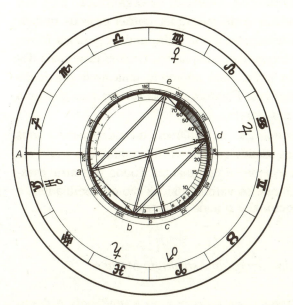

Figura 5. A energia flui através dos aspectos astrológicos.

O horóscopo indica quais os planetas (e suas equivalentes glândulas ou sistemas orgânicos) são os dominantes, fracos ou isolados do todo. Esta informação permite a possibilidade de determinar que parte do organismo psicofísico tem mais probabilidade de ser afetada durante a vida. Os signos ativados por planetas, sobretudo por planetas maléficos, indicam as partes do corpo com mais probabilidades de serem afetadas, os aspectos determinam a extensão ou gravidade do mal e o grau de *stress* em operação sobre o indivíduo, e as casas mostram o período do estágio de desenvolvimento vital em que tal atividade tem lugar.

As artes astrológicas de cura baseiam-se no uso da astrologia como um sistema organizado para a compreensão, o uso e a integração de terapias alternativas. O horóscopo astrológico é um modelo simbólico no

41

tempo, descrevendo a pessoa por inteiro, de acordo com as idéias expostas na obra *Life-Time Astrology* – um sistema que aplica o conceito de tempo biológico ao processo vital e cria um novo modelo revolucionário que permite que o horóscopo seja entendido em níveis físicos, emocionais, mentais e espirituais. O processo de vida, como visto no horóscopo, constitui um instrumento essencial de organização para uso de curandeiros, psicoterapeutas e de quaisquer outras pessoas que lidem com gente. Usando a astrologia como guia, muitas pessoas foram encaminhadas a terapias e terapeutas adequados. Uma síntese mais detalhada e sistemática destas idéias está liderando uma nova dimensão de entrecruzamentos terapêuticos. Existem muitas formas que tornam a astrologia apropriada para essa tarefa.

O processo vital, como descrito na seqüência das doze casas e seus signos integrados, mostra as idades em que certas qualidades estão em operação e quando cada elemento é dominante. Todos nós atravessamos fases em nossa vida em que os valores físicos são os dominantes, e outras em que o prazer emocional é o mais importante.

Vantagens e Limitações da Astrologia Médica

A astrologia médica diagnostica a doença ou a tendência à doença, com o uso do horóscopo, não sendo, porém, de modo algum completa ou infalível. É importante entender suas limitações, assim como suas vantagens.

Embora muitos médicos medievais fossem astrólogos, é preciso considerar que, nessa época, a medicina estava ainda muito atrasada. A série de doenças identificadas e as possíveis substâncias usadas como tratamento eram muito limitadas. Nos últimos séculos, especialmente a partir do desenvolvimento das drogas químicas produzidas pelo homem, surgiu uma profusão de substâncias, e com a rápida poluição do meio ambiente e com o alimento que ingerimos, todo o processo de diagnóstico tornou-se extremamente complexo. A complexidade é ainda mais exagerada pelo tratamento médico a que as pessoas são submetidas durante suas vidas.

Desde que a astrologia foi excluída das universidades, os astrólogos precisam aproximar-se da astrologia médica mais como amadores sensíveis, intuitivos e hábeis do que como médicos profissionais. Alguns médicos são astrólogos praticantes, mas são bem poucos e bem distantes uns dos outros. Por que iria, então, alguém consultar um astrólogo sobre problemas médicos?

A resposta está contida no contexto da própria astrologia. Ao descrever a vida de um indivíduo a partir de uma perspectiva psicológica ou de um ponto de vista astrológico tradicional de análise da personalidade, é inevitável que as correspondências entre o estado psicológico da pessoa e seu estado físico tornem-se óbvias.

Existe uma ciência de ciclos que abrange não só aspectos psicológicos como biológicos, em consonância com os aspectos astrológicos – a cosmobiologia de Ebertin. Sua obra, *Combinação de Influências Estelares*, pode ser usada como texto de consulta para determinar eventos astrológicos para a análise de um caráter ou para predição, e é óbvio que todo mecanismo caracteriológico ou psicológico tem correlação com um mecanismo biológico. Um exemplo está na combinação Vênus/Saturno. Vênus é equilíbrio hormonal e Saturno é restrição e a ação da glândula pituitária anterior. Quando Vênus e Saturno estão em contato, Saturno restringe o equilíbrio hormonal de Vênus, ocasionando depressão, difícil expressão de sexualidade e até mau funcionamento glandular. As qualidades psicológicas de Vênus/Saturno são: sobriedade, senso de dever, reserva, fidelidade, autocontrole, inibição da expressão emocional, insatisfação e uma atitude malsã a estímulos sexuais. Elas, freqüentemente, se manifestam como relações com pessoas idosas ou pessoas emocionalmente reprimidas, dificuldade no relacionamento amoroso ou separação da mãe, provavelmente a raiz mais profunda. A função glandular está em paralelo com a função psicológica.

Embora ao usar-se a astrologia tradicional seja possível encontrar o mecanismo planetário responsável por uma afecção e o modelo simbólico que ativa a doença, é freqüentemente difícil determinar qual mecanismo é a *causa* do problema. Quando Vênus ou Saturno, ou o ponto médio de Vênus/Saturno é ativado pelo trânsito (real passagem de um corpo no céu) de outros planetas, o mecanismo opera não só sobre o nível emocional como biológico. A implicação consiste em que nossa realidade emocional está intimamente ligada à nossa saúde física. A astrologia é usualmente mais útil após o fato, e não antes dele, se bem que, como se verá, isto está mudando.

Com o uso da astrologia médica é possível identificar no horóscopo tendências ligadas à saúde e padrões de comportamento. A maioria dos médicos pode identificar sintomas, mas raramente sabe (ou se importa em saber) que aspecto do mecanismo psicológico foi a causa. Um psicoterapeuta poderia, após um certo número de sessões terapêuticas, possibilitar a um indivíduo a identificação de questões emocionais ou mentais, ou bloqueios, por detrás de problemas pessoais, mas, de um modo geral, não poderia relacionar esses fatos aos sintomas evidentes da doença, nem determinar, mesmo aproximadamente, quando, provavelmente, repetir-se-ão. A astrologia tem a grande vantagem de estar apta a descrever a vida do indivíduo em todos esses níveis, simultaneamente, e, à medida que os planetas se movem através do espaço sideral em ciclos predizíveis, é possível determinar exatamente quando um certo procedimento será de novo ativado.

A astrologia pode identificar os períodos da vida em que desequilíbrios ou problemas, que poderiam manifestar-se como doenças, irão ocorrer, se bem que, com o emprego das técnicas tradicionais, isso requeira muito tempo para ser calculado com precisão. O tipo genérico da doença pode ser determinado juntamente com o período de tempo envolvido. Esta informação pode ser muito valiosa para alterarem-se hábitos e tomarem-se medidas preventivas. Por exemplo, pessoas com o Sol em Leão, em aspecto rígido em relação a Marte, estão propensas a ataques cardíacos da meia-idade em diante; portanto, é recomendável que diminuam o consumo de carnes gordas, de leite e derivados, álcool e tabaco. Muitos dos diagnósticos básicos de um astrólogo-médico são óbvios e envolvem o reconhecimento de quais os hábitos que garantem uma boa saúde e quais os hábitos que a minam, devido a um problema específico.

A astrologia médica, a menos que praticada por pessoas com treino médico ou terapêutico, não pode ir além da análise. A astrologia não é reconhecida, em si, como uma terapia, embora uma grande ajuda terapêutica possa resultar de uma leitura astrológica. O que a astrologia pode proporcionar é um contexto, dentro do qual qualquer outra terapia pode funcionar, e uma linguagem simbólica que dará suporte a outras terapias. Todo conselho médico-astrológico deveria ser verificado e corroborado pelo terapeuta apropriado. A astrologia médica não pode existir sem o contexto de outras terapias e, realmente, depende dessas conexões para sua efetividade. Freqüentemente a mais valiosa informação que um astrólogo pode fornecer a um cliente vem sob a forma de recomendação sobre quais terapias são apropriadas à prevenção e cura.

Um problema fundamental do movimento atual de terapias alternativas reside em que, embora muitas terapias pareçam ser holísticas, é, na verdade, impossível a qualquer terapia ser tudo mesmo para uma pessoa. As pessoas de hoje são tão complexas que é inevitável que requeiram muitas terapias assim como múltiplas relações. Um obstáculo reside no fato de que a perícia em aconselhar, muito necessária na terapia alternativa, acha-se, não raro, em falta, queixa idêntica freqüentemente dirigida aos médicos. Quando um adepto de Rolfer faz profunda massagem nos tecidos é comum que conteúdos emocionais bem poderosos aflorem e sejam mesmo expressos por meio de dor, choro, riso, trauma e muitas outras maneiras. Embora os melhores Rolfers estejam cientes e trabalhem com esses fenômenos, há alguns que, simplesmente, não atingiram o mesmo nível de perícia ou experiência em aconselhar que atingiram em manipular (e provavelmente nem seria de esperar isso deles). O mesmo acontece freqüentemente com terapeutas alternativos, embora muitos façam cursos de aconselhamento ou de psicoterapia para aumentar sua proficiência. Hoje muitos terapeutas precisam ter proficiência em aconselhamento e mesmo em psicoterapia para entender o material psicológico imensamente importante e valioso, que está sempre associado ao diagnóstico e ao tratamento, assim como à dinâmica do processo terapêutico em si. Como a astrologia é, em si mesma, um meio de consulta, lhe é possível integrar consulta e conselho terapêutico.

Os médicos alopatas freqüentemente descuram a própria saúde, ou se tratam com os mesmos remédios de seus pacientes, à base de drogas, mas, entre terapeutas alternativos seria mesmo raro que não usem e demonstrem a eficácia de sua terapia. Isso, porém, não evita que a moça, que só freqüente locais que vendem produtos naturais, venha a ter terríveis problemas de pele.

Embora seja pública e notória a alta porcentagem de suicídios provocados por médicos, a incidência de "inoperâncias" devido a terapeutas alternativos é também alta e possivelmente um problema de igual envergadura. A astrologia tem o grande mérito de proporcionar uma troca de informações entre terapeuta e paciente. A astrologia como linguagem tem sido usada durante milênios e pode expressar idéias e sentimentos que, de outra forma, seriam externados com grande dificuldade. Além disso, da comparação dos horóscopos do terapeuta e do cliente, muitos conceitos, mutuamente importantes, emergem.

O presente livro, *A Astrologia e a Arte de Curar*, focaliza, de forma unificada, a astrologia e a cura, de grande importância tanto para terapeutas, como para clientes, nestes tempos de mudanças revolucionárias.

3
O NOVO PARADIGMA DE CURA

O círculo é o símbolo dessa estrutura social que, desenvolvida pela humanidade para atender suas mais primitivas necessidades, é independente de todas as formas políticas. Existe um pré-requisito para uma organização de cura satisfatória à humanidade. Precisamos descer aos verdadeiros fundamentos da vida, pois qualquer ordenação meramente superficial da vida, que deixe seus mais profundos anseios irrealizados, seria tão infrutífera como se não tivéssemos feito jamais uma tentativa desse tipo.[1]

Sintomas são sinais pelos quais a mente-corpo se comunica e não deveriam ser encarados como irritações desagradáveis. Entendido este conceito, toda a idéia de tratamento sofre uma profunda alteração. Quando os sintomas são sumariamente descartados, suas causas arraigadas retornam sob formas mais estranhas e infinitamente mais penosas, freqüentemente em órgãos e sistemas orgânicos não-relacionados. Para a verdadeira cura surtir efeito, é necessário descobrir e contatar os problemas enraizados que originaram uma afecção. Em muitos casos, esses problemas não resultam, meramente, de desequilíbrios recentes mas de influências sofridas desde a infância ou mesmo durante a gestação.

Enquanto alguns tipos de psicoterapia são muito eficientes para localizar e lidar com esse material, poucas terapias reconhecem a existência de outros enfoques e muitos terapeutas não têm acesso a estas outras técnicas. O dilema está em integrar o físico e o psíquico.

A descoberta e a eliminação das causas primárias constitui o âmago do novo paradigma de cura. Um exemplo muito comum ilustrará essa afirmativa. Como resultado da dieta típica constante de leite e seus derivados, alimentos requintados e carne, reunimos e estocamos toxinas em nosso cólon. Com o tempo, as paredes do cólon ficam completamente entupidas de material tóxico residual. A partir de então, mesmo a melhor dieta possível não produzirá o efeito desejado pois os nutrientes não podem ser assimilados pela, agora impermeável, parede do cólon. Nem mesmo jejuns terão o efeito desejado porque a matéria tóxica trabalhará, simplesmente, de maneira mais concentrada para envenenar o sistema. Para que qualquer dieta funcione é preciso, antes, limpar o cólon. O cólon é a causa primária de muitas doenças que são usualmente atribuídas a outras fontes. Uma das primeiras técnicas recomendadas para a desintoxicação é a prática da lavagem de cólon, em que o cólon é lavado com água até que os bloqueios sejam eliminados. Nesse ponto, é de grande valor concentrar-se no tratamento das doenças originadas no cólon impuro. O processo de cura precisa atuar do ponto interno mais profundo para fora, até tocar a superfície da psique ou do corpo. A homeopatia cura da mesma forma, trazendo, gradualmente, à tona as irritações que jaziam no interior do corpo.

Na moderna psicoterapia, os problemas arraigados exercem incalculável importância, ainda que a mais sofisticada psicoterapia nem sempre consiga chegar aos traumas profundos, fontes dos males modernos. A razão está em que as causas residem não somente na infância, mas também na gestação. Herdamos de nossos pais muitas de nossas tendências comportamentais. Durante a gestação, reeditamos o processo da evolução e esse inconsciente coletivo contém miríades de imagens e instintos que todos nós carregamos. Nós criamos, em nossas vidas, uma história pessoal, mas guardamos, dentro de nós, uma história muito mais poderosa, encastoada no mundo dos arquétipos. Para identificar essas influências, a astrologia é essencial. Usando o método da Astrologia do Tempo Biológico, é possível chegar a um perfil de cura que atinja a própria concepção. Para situar a Astrologia do Tempo Biológico em sua devida perspectiva, é preciso estabelecer um contexto para relacionar a cura e a astrologia.

O Microcosmo e o Macrocosmo

A concepção medieval do mundo era muito diferente da de hoje. Na mente medieval o mundo criara-se e compunha-se de uma trama de misteriosas e poderosas forças espirituais, compreendida por poucos. Na antiguidade, muitos médicos eram também astrólogos, e por uma razão muito simples, já que a estrutura da medicina antiga era o herbalismo e que as ervas eram divididas em categorias e organizadas através de correspondências astrológicas. De acordo com o princípio das correspondências, também chamado de doutrina dos signos, tudo no mundo está organizado em categorias ou classes de fenômenos que estão mutuamente relacionados. Entender as relações dos corpos entre si e dos homens em relação ao cosmos, no seio do qual nascem e morrem, é um aspecto crucial de sua visão do mundo.

O diagrama renascentista (Figura 6) desenhado por Robert Fludd (1574-1637) ilustra o relacionamento entre o microcosmo (pequeno mundo) e o macrocosmo (grande mundo). No centro, um homem de pernas e braços abertos está montado nos círculos concêntricos (o microcosmo) dos planetas conhecidos àquela época, do Sol a Saturno, rodeados pelas estrelas fixas do zodíaco. Dentro do círculo das esferas planetárias jazem os níveis mais profundos e simbólicos dos elementos. Rodeando o homem microcósmico, existe uma outra camada circular de esferas planetárias concêntricas (o macrocosmo), exatamente igual à camada interior. Este segundo círculo é o macrocosmo, dentro do qual o Sol e a Lua são também mostrados. O mundo interior reflete e age de acordo com o mundo exterior, dando origem a expressões medievais como "assim em cima como embaixo" e "microcosmo é o macrocosmo". Fludd acreditava na existência de um mundo arquetípico dentro do qual os movimentos e ações do mundo exterior eram criados, formados e governados. Os dois mundos refletiam-se mutuamente e tinham uma relação de reciprocidade. O ser humano representava a ponte entre esses dois mundos, o divino e o profano.

O ponto mais impressionante e revelador do diagrama de Fludd, por ser um detalhe, passa facilmente despercebido. Envolvendo os dois mundos, existe uma tripla volta de uma corda ou fio em espiral, cuja ponta ruma para os céus, puxada por um anjo. Em meu ponto de vista, essa corda que prende o macro e o microcosmo é uma representação simbólica do código genético, DNA, fórmula espiralada e heloidal que cria a forma orgânica e governa o crescimento, sendo, no entender de Fludd, a rota espiralada dos planetas através dos tempos. Embora soe como idéia antiga, o movimento dos planetas, em contraposição às estrelas fixas, tem uma direta conotação com a vida e explica muitos importantes mecanismos de cura. O que mudou foi que esta relação pode ser definida matematicamente e é apoiada pela física, pela matemática, pela astronomia e pela biologia modernas.

Aprendemos que os planetas giram ao redor do Sol, que é uma estrela fixa no espaço. Esta imagem estática deriva das teorias do grego Euclides e das teorias astronômicas de Galileu, ponto de vista que prevaleceu até o advento de Einstein. Esse ponto de vista, entretanto, só de leve corresponde à realidade. O Sol viaja através do espaço, ao redor do centro da Via-Láctea, percorrendo cerca de 750.000 quilômetros por dia.

Quando as órbitas dos planetas são vistas descrevendo um movimento em espiral ao redor do filamento central do caminho do Sol (Figura 7), todo o conjunto funciona como um enorme transformador de energias cósmicas à medida que gira em sua rota através do espaço. Os planetas interiores, Mercúrio e Vênus, descrevem estreitas espirais ao redor do Sol, e a Terra descreve uma espiral completa no prazo de um ano. Os planetas além da Terra traçam suas órbitas mais gradativamente e a cadeia de asteróides se apresenta como um cilindro nebuloso entre Marte e Júpiter. Os planetas mais longínquos ainda levam centenas de anos para descrever uma órbita completa ao redor do Sol.

O Sol, por sua vez, descreve sua órbita ao redor de seu sol, que se acredita ser a estrela Sirius, em aproximadamente 50 milhões de anos, que por sua vez gira ao redor do centro da Via-Láctea. Esse sistema de espirais dentro de espirais é o responsável pela grande ordem de nosso universo, refletida em todas as coisas. A forma e a matemática da "música das esferas" é a fonte de todas as leis físicas e metafísicas. O que

Figura 6. Reprodução da capa do livro *Utriusque Cosmi . . . Historia*, de Robert Fludd.

não é comumente percebido é que o sistema solar em espiral é similar em forma à dupla hélice do código genético, DNA, que cria e rege todos os seres vivos sobre a Terra.

O modo pelo qual a espiral do sistema solar se comunica com o código genético de cada núcleo celular é através de *ressonância*. Ressonância é uma comunicação através do tempo e do espaço, por meio de vibração sincronizada, entre todos os corpos que apresentam condutas similares. Uma vez que todos os corpos do universo estão em contínuo movimento, existe ressonância em toda parte. A molécula de DNA que existe dentro de cada célula ressoa juntamente com o Sistema Solar no macrocosmo, criando e participando de um sistema simultâneo de transmissão e recepção de informações.

O horóscopo astrológico é uma fatia extraída do sistema solar em espiral, a partir do local do nascimento, ao centro, e disposto em um ângulo que reflita a hora do dia e o ano do nascimento. Todos os horóscopos individuais não passam de uma sucessão relativa de fatias, dispostas em vários ângulos. Num sentido cósmico, todos nós representamos uma série de pontos de vista relativos participando do mesmo mecanismo cósmico. A astrologia é a ciência e a arte de decifrar o significado relativo dessas fatias do tempo.

Embora muitos astrólogos só conheçam o horóscopo como um círculo, quando a espiral é diagramada, fica bem claro que a vida de um ser é bem mais que uma fatia, sendo antes um cilindro que corresponde em extensão à duração de uma existência. Embora costumemos dizer que a vida "começa" no nascimento, fomos concebidos nove meses antes e, no sistema da espiral, a espiral retroagiria ao nascimento. A duração da vida é uma continuação do padrão cósmico, adiante no tempo. Uma vida inteira é um cilindro que começa com a concepção e termina com a morte, embora mesmo isto seja uma simplificação. Num sentido muito verdadeiro, não somos criados do nada, nem a vida termina simplesmente com a morte. As causas que se transformaram em um ser, no momento da concepção, são uma continuação e um legado de nossos pais e antepassados, e toda a gama de nossa energia no tempo não pode desaparecer com a morte. Certamente se dissipa, mas nunca desaparece completamente. Todos os modelos de todas as vidas no tempo permanecem como partes do modelo contínuo de espirais de nosso sistema solar, podendo ser decifrados.

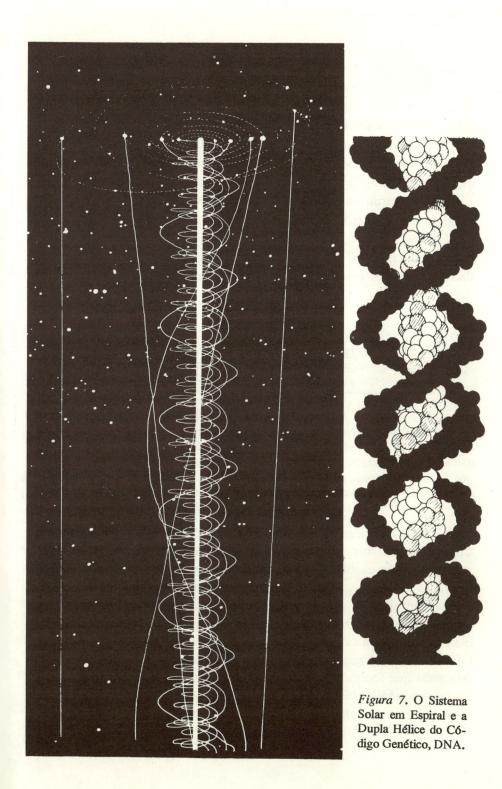

Figura 7. O Sistema Solar em Espiral e a Dupla Hélice do Código Genético, DNA.

A astrologia é um sistema de símbolos, comumente usado para descrever traços de caráter e predizer acontecimentos a partir do movimento dos planetas, mas que, em verdade, constitui uma forma de decifrar a genética. As semelhanças são impressionantes. O código genético apresenta quatro bases ácidas, tendo, cada uma delas, três modos de operação, enquanto a astrologia apresenta quatro elementos, cada qual atuando de três maneiras. A divisão em doze partes é comum a ambos os sistemas. Recente pesquisa feita pelo professor Percy Seymour[2], por Maurice Cotterell[3] e outros sustenta a hipótese de que a astrologia e a biologia são, em essência, sistemas correlatos.

Na história antiga, os egípcios, os hindus, os chineses e muitos outros reconheciam, inconscientemente, que a astrologia era, na verdade, um *código cósmico*. Uma escultura em pedra egípcia (Figura 8)

Figura 8. A Corda Dupla Egípcia.
"Aqueles que seguram a corda enrolada da qual surgiram as estrelas." Assim são designadas as doze pessoas que tiram a corda dupla da boca de Aken. Sabendo que a cada hora nasce uma estrela, podemos entender o resto do texto que diz que a cada nova volta, nasce uma hora e que, após a passagem do Grande Neter, Aken torna a engolir a corda (fazendo com que o tempo ande para trás).
(*Book of Gates*, 5ª parte.)

mostra as "doze pessoas que tiram, da boca de Aken[4], a corda dupla". Como podemos ver, as doze figuras, alternando-se com estrelas, seguram uma corda enrolada que nasce da boca de Aken, o Deus criador. Esta *cadeia* de causalidade, vida e atividade é a força motriz da vida. Muitas outras mais dessas imagens[5] são, inquestionavelmente, representações da dupla hélice genética dentro de um contexto astrológico. Elas simbolizam a origem formadora da vida como nascida das estrelas. Enquanto muitas pessoas interpretaram essas representações como significando que fomos aqui colocados por visitantes de outras galáxias, a verdadeira implicação está em que a forma do código genético deriva do movimento dos planetas ao redor do Sol, no transcurso do tempo.

Uma imagem relevante vem ilustrada em *Hamlet's Mill*,[6] livro que investiga as origens do conhecimento humano e sua transmissão através do mito. Um diagrama central mostra os deuses egípcios Hórus e Set no ato de semear ou desnatar. Trata-se de uma referência à Via-Láctea como tendo sido desnatada pelos deuses, mas, como se pode ver claramente, Hórus e Set estão dispostos em cada um dos lados de uma cauda espiralada que parece ser a trilha do sistema solar no transcurso do tempo, e também, quando o cartucho acima está incluído na imagem, esperma humano. Isso é surpreendente porque o esperma foi visto pela primeira vez no século XIX – antes disso sua estrutura estava envolta em mistério.

Existem muitas representações da figura humana, de braços e pernas abertos sobre o mundo, nos diagramas medievais, que simbolizavam o uso de correspondências por médicos, na antiguidade. Eles se serviam da astrologia para descobrir quais ervas seriam benéficas para determinadas partes do corpo. Esses diagramas (Figura 9) mos-

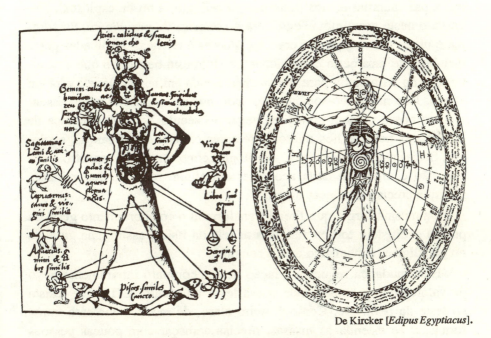

De Kircker [*Edipus Egyptiacus*].

Figura 9. A Concepção Medieval do Homem (dentro de um quadrado, de um círculo ou de uma moldura ovalada).

tram o homem dentro de um quadrado, de um círculo e de uma moldura ovalada. Em cada caso é estabelecida uma correspondência entre os signos do zodíaco e partes e órgãos do corpo. No diagrama ovalado, vê-se uma série completa de partes do corpo, doenças, ervas e outras substâncias.[7] As correspondências relacionam o mundo físico ao mundo energético e espiritual.

Trazendo o Passado para o Presente

As especulações de filósofos da Renascença, como Fludd, John Dee e Giordano Bruno, são indícios muito intrigantes de uma ciência baseada nos princípios esotéricos de correspondências. Infelizmente, a intolerância da Igreja pôs término às esperanças de tal ciência cósmica. Em anos recentes, surgiu um renovado interesse por idéias que apóiam a ecologia no meio ambiente, a purificação vegetariana nas dietas, as campanhas para abolir os aditivos nos alimentos, o holismo na medicina, a paz mundial e, nos domínios da religião, a busca espiritual. Engastado neste novo movimento está o conceito de *paradigma*. Paradigma é uma "constelação de crenças, valores e técnicas partilhadas pelos membros de uma certa comunidade".[8] Hoje está bem claro que uma alteração no paradigma para transformar a vida em nosso planeta está em atraso. Isso não é tão-somente desejado por uma minoria, como essencial, se nosso planeta pretende chegar ao século XXI. A mudança de atitude das pessoas nos muitos diferentes campos das finanças, ecologia, física, psicoterapia, cura, astrologia, consciência do espectro e outros não é algo que deva acontecer em algum futuro indeterminado, mas que precisa acontecer agora.

Da mesma forma que Freud transformou o comportamento geral da psique e Einstein tornou relativas as leis da física, assim uma guinada no paradigma humanístico está a caminho.

Essa mudança requer a criação de um conjunto inteiramente novo de valores que a humanidade possa levar ao século XXI e que resista ao teste da realidade. Como é muito claro, de modo a que essa transformação se estenda às massas, precisa começar com poucas pessoas mudando suas vidas. No momento, muitos terapeutas têm dificuldade para manifestar sua visão muito positiva da existência humana. Terapeutas transformistas precisam demonstrar o novo nível do relacionamento humano e curadores complementares precisam ser, eles mesmos, saudáveis. Esse é um grande desafio.

4
ASTROLOGIA DO TEMPO BIOLÓGICO

Tempo Biológico

Astrologia é "conhecimento do tempo", e uma nova forma de compreender o tempo está surgindo. Em meus livros *The Round Art: The Astrology of Time and Space* (1979) e *Life-Time Astrology* (1984), apresentei um sistema astrológico, baseado na relatividade do tempo que integrava idéias cientfficas ocidentais à filosofia oriental.

Na primeira parte deste século, Pierre Lecomte de Nouy investigou e formulou princípios referentes ao *tempo biológico*. Tempo biológico é a correlação matemática entre a velocidade em que o tempo é percebido por um ser vivente e o ritmo da sua respiração, seu metabolismo, peso corporal, ingestão de alimentos e idade. Ao estudar o tempo em que os ferimentos levavam para cicatrizar em soldados de diferentes idades, de Nouy descobriu que havia uma relação matemática entre esses fatores. Provou a correlação de duas maneiras: medindo a percepção através da cura de ferimentos relacionados com a idade do ferido e medindo a velocidade com que os olhos recebem as imagens. Quanto mais jovem a pessoa, menos tempo leva um ferimento para cicatrizar. Quanto mais velha uma pessoa, mais lento o metabolismo, mais lento o ritmo da respiração, mais lento o consumo e o processamento do oxigênio e mais tempo leva um ferimento para cicatrizar. O mais surpreendente é que a correlação matemática de Nouy não fora aritmética, mas logarítmica. Ele calculou que a impressão da passagem do tempo para um homem de 20 e de 50 anos de idade seria quatro ou seis vezes maior que para uma criança de 5 anos.[1] As implicações no que respeita à cura são profundas, como se vê que, quanto mais velha é a pessoa que necessita de cura mais lenta é a capacidade do corpo para se recuperar.

Tempo biológico é a relação entre metabolismo e percepção do tempo. Nós percebemos a passagem do tempo de duas maneiras distintas que, entretanto, são medidas pelas mesmas proporções matemáticas: uma é biológica, a outra psicológica.

Biologicamente, a passagem do tempo é calculada pelo número de imagens captadas pelo cérebro em um dado período de tempo. Quando o metabolismo aumenta, a velocidade em que as imagens são captadas também aumenta. Se, em estado normal numa certa idade, uma pessoa capta seis imagens por segundo, esse número é a regra geral. Quando excitado, o ritmo metabólico se acelera e pode captar nove imagens por segundo, o que seria interpretado pelo cérebro como um segundo e meio de duração, em vez de um segundo. O tempo pareceria transcorrer mais lentamente que o normal. Quando o metabolismo diminui o seu ritmo, somente três imagens são captadas por segundo, mas o cérebro mais uma vez interpretará esse fenômeno como a passagem de apenas meio segundo e o tempo parecerá transcorrer mais rapidamente. À medida que o ritmo decresce, o tempo parece passar mais depressa.

O ritmo do metabolismo está, antes de mais nada, relacionado com a idade. No momento da concepção, quando somos um óvulo microscópico de uma única célula fertilizada, o ritmo do metabolismo é incrivelmente rápido, a nível "molecular" de transformação. À medida que nos desenvolvemos dentro do útero, nosso corpo aumenta de tamanho e o ritmo metabólico decresce até que, finalmente, na velhice diminui tanto que vem a parar de uma vez, com a morte. Isto explica por que o tempo parece passar muito depressa quando, por exemplo, estamos na escola e um dia parece durar uma eternidade e porque certas, aparentemente insignificantes, percepções da infância permanecem extremamente vivas, como se cravadas em nosso cérebro. À medida que envelhecemos, nosso metabolismo vai decrescendo gradualmente, até que, ao fim da meia-idade, começamos a percebê-lo, embora nossa sensação a respeito da passagem do tempo continue a crescer.

A mudança metabólica é gradual com o avançar dos anos, mas existem sempre variações ocasionais. Excitação, estímulo e interesse ativam o metabolismo enquanto que fastio e depressão o reduzem. Nosso sentido de tempo altera-se continuamente devido à comida que comemos, pelas emoções que sentimos, pela variação de energia sensorial, pela nossa vida social, sexualidade, drogas, estados psicológicos e fatores fisiológicos. O que sempre é verdade é que a intensificação do metabolismo é própria da mocidade, ao passo que o decréscimo do metabolismo é próprio da velhice. Quando somos estimulados, sofremos um aumento de energia, como acontecia na infância, e nos engolfamos em atividades; porém, depois, os acontecimentos parecem ter fluido com extrema rapidez. Os dias, na infância, parecem anos na idade madura e décadas na velhice.

A medição psicológica do tempo atua dentro da mesma matemática e está engastada em nosso senso de memória. Erige-se, a partir da concepção, uma vida inteira de memórias, continuamente acrescidas. Cada percepção em nossa vida é naturalmente e instintivamente comparada às nossas memórias de outros acontecimentos, para ver se existem correlações. Como cada percepção soma-se ao todo, contamos com um fundo sempre crescente de memórias. A cada dia que passa mais memórias são acumuladas, de forma que, à medida que amadurecemos, o total cresce. Cada dia é completo em si mesmo, mas recapitula, também, todos os outros dias que passaram. Se uma lógica matemática fosse aplicada a esta passagem do tempo, medida pela memória, numa base dia-a-dia, o primeiro dia seria igual a 1/1 ou 100 por cento da vida de um indivíduo. O segundo dia seria então igual a 1/2, o terceiro, a 1/3, o sétimo dia, a 1/7 e assim por diante. Cada dia precisa ser comparado à memória de todos os dias passados. No primeiro aniversário, cada dia é igual a 1/365 do todo, e mais ou menos aos 30 anos cada dia corresponde a 1/10.000 do todo! A conclusão, pois, é que cada dia representa uma parte cada vez menor da vida inteira. Como resultado, o tempo parece diminuir, contrair e passar mais depressa à medida que envelhecemos.

Os Três Corpos

Os meios biológicos e psicológicos de perceber a passagem do tempo estão vinculados à mesma correlação matemática: a progressão logarítmica. A seqüência matemática 1, 2, 3 e 4 equivale a 1, 10, 100 e 1.000 numa progressão logarítmica (ver Tabela 2). Rodney Collin relacionou essa base de seqüência logarítmica decimal ao desenvolvimento da vida humana, argumentando que o tempo de vida do óvulo é de cerca de um mês lunar de 28 dias, enquanto que o tempo de vida do corpo celular é de aproximadamente 28.000 dias ou setenta e sete anos. As divisões intermediárias da vida estão fixadas nos dez meses lunares após a concepção, ao nascimento, e nos 100 meses lunares após a concepção, aos 7 anos de idade que marca o término da infância. Esta divisão cria 3 *oitavas* na vida, da concepção até a morte, que aumentam em duração em fatores de dez, mas que são perpetuamente iguais.

Tabela 2. A Escala Logarítmica do Tempo

Concepção	Nascimento	Término da Infância	Morte
1 ML	10 ML	100 ML	1000 ML
Gestação	*Infância*		*Maturidade*
corpo físico	corpo emocional		corpo mental

Na *Gestação*, da concepção ao nascimento, o corpo físico se cria dentro da mãe. Durante esse tempo passamos por todo o processo evolutivo, com traços do cérebro e das estruturas físicas reservados para exercer influência no produto final. Nos primeiros estágios passamos pelas fases que parecem ser a reptiliana, a dos primeiros vertebrados e outras pré-humanas, e retemos os instintos associados às mesmas. O cérebro é formado de camadas de embriões espiralados e contém um registro de todo nosso passado, codificado em sua estrutura. Durante a *Infância*, do nascimento até a idade de 7 anos, aproximadamente, formamos o corpo emocional, no seio do lar e do sistema familiar. Somos expostos a comportamentos emocionalmente padronizados derivados de pais, irmãs e irmãos e imitamos ou reagimos contrariamente aos condicionamentos familiares. A personalidade é o corpo emocional e carregamos em nossa personalidade os traços dos padrões emocionais infantis, codificados como mecanismos comportamentais e respostas condicionadas distintas dos padrões comportamentais instintivos da gestação. Portanto, infere-se que o corpo emocional é superior, mais sutil, menos denso e mais apto a mutações que o corpo físico, como de fato nossa experiência irá confirmar. Durante a *Maturidade*, desde o tempo em que começamos a ter relações externas ao ciclo familiar, na escola por exemplo, com cerca de 7 anos de idade, até o fim de nossa vida, com a morte, formamos, dentro do mundo, o corpo mental. A admissão a este estágio de desenvolvimento depende da combinação e da integração dos corpos físico e emocional a fim de criar uma síntese que manifestaremos no mundo exterior. O corpo mental incorpora todos os sistemas de crenças, idéias a respeito do mundo, relações, trabalho e casamento, e nossa estrutura intelectual. Este terceiro corpo é superior e mais sutil que os outros dois, além de mais flexível.

Cada um desses corpos é criado por todos os seres humanos na mesma seqüência, mas existe uma grande diferença quanto à importância relativa de cada oitava, e de muitos outros fatores. À medida que envelhecemos criamos, sucessivamente, corpos mais sutis e superiores com os quais apreendemos o mundo. Na concepção, o mundo inteiro está inerente e através do processo da vida manifestamos nosso potencial e criamos o ser em vida.

Astrologia do Tempo Biológico

A imagem do sistema solar, girando em espiral através do tempo, refletindo, repetidamente, a dupla hélice do código genético, conduz a um mais profundo entendimento da conexão entre o movimento dos planetas e a genética. O princípio de união entre os dois é a percepção do tempo e sua correlação com o ritmo metabólico. A integração da teoria geral de Collin sobre o tempo com aspectos específicos da astrologia é decisiva.

A vida de cada indivíduo pode ser representada como um segmento do movimento em espiral do sistema solar, como um cilindro que começa no nascimento e termina na morte, correspondendo ao que consideramos como o princípio e o fim da vida. O horóscopo astrológico é uma fatia extraída do círculo em espiral dos planetas (Figura 10) em um determinado período e pode ser decifrado para ilustrar o momento presente, se bem que a fatia aprovada seja a tirada ao nascimento. O horóscopo natal é uma fatia extraída do caminho em espiral do sistema solar, em um ângulo que reflita um tempo específico (ao longo do comprimento da espiral), uma determinada hora do dia (a orientação do Sol no momento do nascimento), e um lugar determinado da Terra (a latitude e a longitude do lugar de nascimento). O plano resultante se cruza com o momento do nascimento.

Os astrólogos tiram todos os tipos de deduções e conclusões a partir do horóscopo do nascimento, presumindo que toda a vida está condensada neste único momento. Realmente, muitos astrólogos interpretam um horóscopo de igual maneira, tenha a pessoa 5 ou 50 anos de idade. Existe um entendimento de que as qualidades se desenvolvem através da vida, mas o conceito do horóscopo natal é a primeira informação. Este é um ponto de vista estático do horóscopo e um legado da era pré-relativista. Presume-se, no caso, que o horóscopo natal carregue um modelo plenamente operacional ao nascimento. Esta hipótese é fundamental também para a ciência: a idéia de que o universo é predizível; de que o efeito se segue à causa e de que as regras que vigoram hoje, vigorarão amanhã.

Uma nova perspectiva suscitada pela Astrologia do Tempo Biológico é a de que a vida não é estática, bidimensional e flagrante, e que a leitura do caráter, a partir do horóscopo, não é suficiente, apesar do grau de sofisticação psicológica envolvido. A vida é um *processo no tempo*, começando com a concepção e terminando com a morte, e estendendo sua influência não só antes como depois desses momentos. É o percurso desse processo da vida que é fundamental para a Astrologia do Tempo Biológico.

Quando o processo das três oitavas referentes à gestação, à infância e à maturidade é superposto ao horóscopo natal, torna-se evidente uma única síntese de grande valor. Essa síntese consiste, antes de mais nada, numa relação entre a astrologia e a biologia e será reconhecida como sendo um fator integrante da psicologia, já que seria artificial separar a vida biológica da vida psicológica.

Existe um consenso unânime entre astrólogos (este é quase o único conceito astrológico sobre o qual existe esse consenso) de que o Ascendente (o ponto oriental do horizonte) equivale ao momento do nascimento. Quando as três oitavas estão alinhadas, de forma que o Ascendente coincida com o nascimento, resulta o seguinte diagrama (Figura 11).

O círculo do horóscopo é um plano de referência a partir do qual o modelo cilíndrico, acima e abaixo dele, pode ser interpretado. Esta questão suscita uma nova e importante perspectiva no campo da astrologia, com muitas implicações quanto à astrologia e à cura. O cilindro/vida não se origina no vazio, mas começa com a união do espermatozóide e do óvulo dos pais. Neste sentido, o cilindro da vida surge do cilindro da mãe.

Herdamos uma miríade de impulsos de nossos pais, de seus pais, retroagindo *ad infinitum* até a primeira vida, assim como influências de todos os seres humanos.[2] Portanto, no começo do cilindro, na concepção, não começamos do nada, mas herdamos toda uma história genético-astrológica. Adentramos o movimento em espiral do sistema solar na concepção e, nesse momento, recebemos o que os antigos chamavam de nosso *karma*, nossa herança de vidas passadas, que integramos ao código genético que herdamos. Adentramos o contínuo espaço-tempo e ficamos sujeitos às leis do plano físico.

O modelo ativado na concepção é um legado espiritual que encontra expressão através do código genético, influenciado pelos códigos morfogenéticos comuns,[3] partilhados por todos os seres humanos. A essa altura, a vida é toda potencial e atingirá sua plenitude no tempo. Os estágios de desenvolvimento da vida são transformações desse potencial em realidade concreta.

A escala logarítmica Vida-Tempo superposta ao horóscopo está dividida em três oitavas, cada uma delas subdividida em quatro estágios (Figura 11 e Tabela 2).

As doze casas do horóscopo ilustram o processo da vida, da concepção até a morte. Os doze símbolos do zodíaco são indicativos do significado arquetípico destes doze estágios da vida. Em cada está-

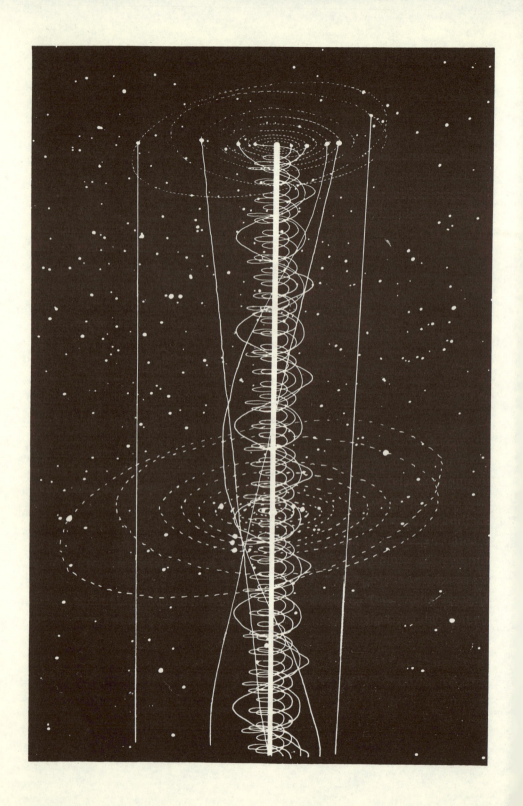

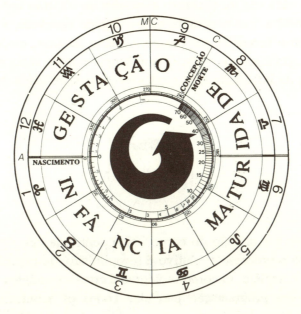

Figura 11.
As três oitavas e a Escala Cronológica da Astrologia do Tempo Biológico.

gio ocorrem fatores biológicos, fisiológicos, psicológicos e outros que precisam ser levados em consideração e integrados antes do novo estágio ser atingido. A energia vital sofre transformações e graduações quando, através da vida, passa de um nível para outro nível mais elevado, até atingir um estágio em que não haja possibilidade de progredir mais, forçando uma regressão a níveis antigos, ou terminando com a morte.

A integração do tempo biológico com as casas astrológicas cria uma imagem revolucionária da vida no tempo, baseada em medidas de-

Figura 10. Uma fatia extraída do Sistema Solar em Espiral.

O círculo de graduação logarítmica envolve o horóscopo de tal modo que o momento da concepção coincide com a cúspide da 9ª casa. O término da infância aos 7 anos de idade, aproximadamente, corresponde à cúspide da 5ª casa, e o fim da vida, com a morte, coincide de novo com a cúspide da 9ª casa.

rivadas da matemática. A partir do momento da concepção, quando o pai e a mãe fazem amor e se dá a concepção, os estágios de desenvolvimento da vida vão de encontro a influências internas sob a forma de herança genética, instintos arraigados e legado espiritual, e influências externas sob a forma de parentesco, sistema familiar, modelos educacionais e experiência de vida. O horóscopo contém vestígios de todos estes níveis de influência e os modelos têm possibilidade de serem decifrados.

Gestação é a criação do corpo físico dentro da mãe. Durante esse período todo o processo evolutivo é recapitulado, do organismo unicelular ao ser completo. O corpo biológico é criado a estágios e o cérebro passa por uma programação paralela. Todos os acontecimentos que ocorrem na gestação são sopesados pelas realidades físicas, emocionais, mentais e espirituais da mãe e as condições, saúde e atitudes desta são fundamentais ao desenvolvimento do corpo. Todas as influências registradas durante a gestação são armazenadas dentro do corpo, sob forma física ou como predisposição para certos padrões de comportamento físico, como movimento ou como instintos básicos.

A *Infância* corresponde à criação de um corpo emocional de acordo com as normas do lar e do sistema familiar. Ao nascimento, a personalidade, veículo do corpo emocional, adquire uma existência independente no mundo. Nos sete anos seguintes, a criança precisa estar, inicialmente, ligada à mãe de quem é totalmente dependente em matéria de comida e agasalho, depois entra em contato e começa a aceitar o caráter objetivo do mundo, então anda e fala comunicando-se com outrem e finalmente apreende as relações familiares e a total estrutura da família. Tudo isso acontece de encontro ao condicionamento dos valores familiares, atitudes emocionais, meios e níveis de expressão e muitos outros fatores. Todas as ocorrências da infância são armazenadas em modelos de comportamento emocional dentro da personalidade. Na infância, as características importantes são expressas como subpersonalidades que têm maior ou menor relevância na personalidade como um todo.

A *Maturidade* corresponde à criação de um corpo mental no seio do mundo exterior. Com 7 anos começamos a nos relacionar com pessoas alheias à imediata estrutura familiar. Essas relações são formadas dentro ou em reação aos sistemas escolares, raciais, religiosos, valores culturais e comportamentos históricos dominantes. Somos educados, encontramos um trabalho para dedicar nossas vidas, construímos relações permanentes, criamos uma família e vivemos o resto de nossa vida conservando uma série de valores que correspondem à nossa visão do mundo.

Uma quarta oitava é possível quando existe um impulso para viver além dos estreitos limites da vida física. A maioria das pessoas são concebidas, nascem, crescem e morrem sem nunca tentar estender sua realidade para além de sua situação virtual. Somente sob circunstâncias que ameaçam suas vidas, algumas pessoas questionam sua existência. Perto da morte em combate, em acidentes, numa intervenção cirúrgica, no parto, em caso de choque físico ou emocional ou ocorrências similares que forcem a pessoa a pensar no que existe além. Para uma imensa maioria, a vida é um eterno girar ao redor do círculo. Estão aprisionadas no tempo. Podem ter lutado, no começo da vida, para encontrar algo indefinível e, no entanto, maior e mais vívido, mas cedo desistem da luta. A vida bidimensional é uma prisão, comparada à liberdade que existe além das limitações do corpo. O modelo bidimensional de uma existência mecânica assemelha-se, exatamente, à compreensão da estrutura do sistema solar, como planetas girando ao redor de um sol fixo. A Astrologia do Tempo Biológico é um modo de encarar a astrologia e a vida que suplanta as fronteiras da vida que conhecemos, rumo a dimensões superiores nas quais o processo cilíndrico da vida no tempo acompanha paralelamente o movimento cósmico.

A mais alta dimensão corresponde a uma oitava *Transcendente* ou *Transpessoal* que implica reentrar em um período de gestação em nível mais elevado. Assim como a gestação tem início com uma integração macho-fêmea, a transcendência implica consciência da integração animus-anima, nossas essências masculina e feminina. E, como na gestação, quando nossa mãe torna-se ciente de estar carregando dentro de si um ser mais alto, nós reconhecemos que nossa mais alta realidade está dentro de nós. Precisamos passar por um período de gestação para trazer à luz do mundo nossa natureza superior, após tê-la carregado dentro de nós.

Literalmente, experimentamos, de novo, os sucessos de nossa própria gestação, como se estivessem acontecendo dentro de nós. A maneira pela qual fomos criados constitui uma metáfora da maneira pela qual criamos nossa própria realidade superior na vida. Se podemos reconstruir nossa própria gestação, estamos, assim, realçando a criatividade e reprogramando nosso mais alto ser, além do tempo. Problemas durante a gestação refletem bloqueios nos planos arquetípicos de nossa vida que podem estar nos impedindo de alcançar nosso Eu transcendental. Os eventos da gestação são um modelo que nós sancionamos ao viver nosso potencial criativo na vida.

A gestação não só dá início como põe fim à vida temporal; completa e encerra o ciclo e nos proporciona a oportunidade de ultrapassar os limites do ciclo. O objetivo de nossas vidas está em voltar ao princípio e reconhecê-lo pela primeira vez.

As Casas da Vida

Cada dia, cada fato significante, cada fase de desenvolvimento, cada idade da vida é uma etapa da transformação que é nossa vida temporal. O processo da vida começa com a concepção e se estende até morrermos. As doze casas do horóscopo descrevem este processo em minúcia.

Na concepção somos energia pura, energia espiritual – ainda destituída de forma, mas que irá rapidamente adquirir uma substância física, dentro da qual vai operar. A energia pura à concepção vai pouco a pouco se materializando em um corpo denso cada vez mais complexo. Assim que o corpo, ao nascer, se transforma num protótipo, começamos a desenvolver um corpo emocional, não tangível, mas provavelmente mais importante. E ao atingirmos a idade escolar, começamos a desenvolver nosso corpo mental, composto de idéias e conceitos.

Se optamos por ir além das três dimensões físicas da vida, o quarto nível transcendental consiste no desenvolvimento de uma alma que exercerá influência sobre o plano físico.

A energia vital recebeu muitos nomes, entre os quais *prana, kundalini, libido, élan vital* ou *pneuma, energia de Reichenbach* ou *orgônio*. Esta energia, em cada etapa de desenvolvimento, precisa transformar-se em formas mais elevadas e mais sutis. Freud notou que todo o empenho da primeira infância de mamar para se alimentar é transferido, mais tarde, na fase madura, para a função oral de falar. Quando confrontada com uma dificuldade em se comunicar, a criança, freqüentemente, regride ao estágio anterior de chupar o polegar. A regressão consiste no retorno a um nível anterior de expressão, juntamente com seus hábitos e maneirismos; um retorno a um tempo em que as energias eram expressas de modo mais fácil e cômodo. Nossas energias vão se transformando em ações cada vez mais exigentes e complexas que exprimem nossa natureza de maneira mais completa. Os primeiros estágios se desenvolvem em rápida sucessão, enquanto que mais tarde, na vida, levam cada vez mais tempo para se completarem e depois prosseguir.

Por exemplo, quando o casamento é problemático, a pessoa regredirá à 6ª casa do trabalho, da fase adolescente, do que resultará um temperamento totalmente voltado para o trabalho. Quando este estágio é insuficiente, a pessoa regredirá à 5ª casa da escola primária, quando a atividade criativa, a brincadeira e o esporte ocupavam o centro principal de energia – o resultado é um adulto obcecado pelo esporte.

Quando mesmo esta forma de expressão é insatisfatória, a pessoa regride à infância, ao estado em que era tutelada pela mãe, protegida pela família do mundo exterior adverso e em que não tinha responsabilidades. Todos nós estamos no processo de desenvolver nossa energia, rumo ao nível mais alto seguinte, mas somos sempre tentados a, especialmente em crise, regredir a níveis anteriores, menos estressantes.

Devido à matemática da tábua logarítmica cronométrica, cada casa na seqüência, embora igualmente ponderada em relação à anterior e à posterior, é proporcional em duração. As primeiras casas são curtas, refletindo a compactação do tempo de desenvolvimento na infância e a rapidez da criação, enquanto as outras e últimas casas são cada vez mais compridas, denotando a quantidade maior de tempo requerida para preencher suas necessidades. As casas, durante o período de gestação, duram semanas; na infância, meses e, na maturidade, anos ou décadas. A vida é cumulativa e, à medida que envelhecemos, armazenamos, no âmago de nossos corpos, de nossas emoções e idéias, as memórias dos estágios precedentes. Toda a subestrutura de nossa psicologia e saúde está consubstanciada nesse "pool" de memórias, armazenadas em nossa psique e em nosso corpo.

A matemática da escala cronométrica é tal que o estágio de desenvolvimento de cada casa tem, aproximadamente, o mesmo comprimento de todo o tempo precedente: do começo da casa até a concepção. Isto significa que, em cada estágio, temos acesso à experiência de toda uma nova unidade, à medida que integramos novos comportamentos adquiridos ao nosso fundo de memórias e de modelos comportamentais básicos. As idades em que as casas começam e terminam variam de pessoa a pessoa, devido à alteração no comprimento das casas, alteração essa causada pela localização geográfica, período do ano e dia do nascimento. Todos nós nos desenvolvemos obedecendo à mesma seqüência, mas em ritmos diferentes, e cada estágio de desenvolvimento é expresso por diferentes símbolos astrológicos.

A Tabela 3 ilustra as idades arquetípicas das casas, vistas como uma série de idades normais.

Cada casa, embora correspondendo a um estágio de desenvolvimento arquetípico, é diferente da outra. Existem muitas maneiras de poder identificar e expressar essas diferenças, da maior à menor. A maioria dos sistemas de divisão das casas são desiguais e "baseados no tempo", e a duração de cada casa varia (Figura 12). Casas mais curtas indicam estágios de desenvolvimento compactados, enquanto que casas mais compridas denotam períodos de desenvolvimento mais longos que os normais. Quanto mais distanciado o lugar de nascimento do norte ou do sul do equador, mais distorcida se torna a casa a certas horas do dia.

As casas ocupadas por um planeta são qualificadas de acordo com a natureza do planeta operando através do signo e da idade indicada pela casa. Saturno é sério, (constrangedor) e concentrado, portanto, quando Saturno se encontra na 7ª casa em Áries, as qualidades auto-afirmativas de Áries seriam duplamente exageradas devido à seriedade e concentração da energia.

Os planetas que ocupam a casa caracterizam sua atuação e são, por sua vez, caracterizados pelos planetas que determinam seu aspecto em outras casas do horóscopo. Por exemplo, se o planeta Saturno se encontra na 7ª Casa, regendo um período que vai de 23 a 42 anos quando as relações são muito importantes e está, logo após o nascimento, em oposição a Vênus, na 1ª Casa, as relações estarão sempre em oposição direta à necessidade de ser amado apenas por si mesmo (oposição à Vênus, na 1ª Casa). Os aspectos conectam os períodos e as características das outras casas com a casa de origem. Seria como transportar para o presente influências e características de tempos passados. No contexto médico, a busca das causas antigas dos males pode ser orientada para os seguintes aspectos-vínculos, constantes, regressivamente, da 9ª Casa de concepção.

Tabela 3. Idades Arquetípicas das Casas

Casa	Idades arquetípicas	Graus	Palavras-chaves
9ª	**Gestação** da concepção até + 7 semanas – Sagitário	240-270	Auto-realização da mãe; criado o sistema cerebral
10ª	+ 7 semanas até + 12 semanas – Capricórnio	270-300	Reconhecimento da concepção; criado o sistema ósseo
11ª	+ 12 semanas até + 23 semanas – Aquário	300-330	Idealismo e planejamento; criado o sistema nervoso

Tabela 3. Idades Arquetípicas das Casas   *Continuação*

Casa	Idades arquetípicas	Graus	Palavras-chaves
12ª	**Gestação** + 23 semanas até o nascimento – Peixes	330-360	Isolamento e sacrifício; sistema linfático
1ª	**Infância** Nascimento aos 7 meses – Áries	0-30	Personalidade e afirmação
2ª	7 meses a 1 ano e 8 meses – Touro	30-60	Realidade físico-sensorial
3ª	1 ano e 8 meses a 3 anos e 6 meses – Gêmeos	60-90	Mobilidade e comunicação
4ª	3 anos e 6 meses a 7 anos – Câncer	90-120	Lar e emoções familiares
5ª	**Maturidade** 7 anos a 13 anos – Leão	120-150	Autoconhecimento e escola
6ª	13 anos a 23 anos e 5 meses – Virgem	150-180	Educação superior e saúde
7ª	23 anos e 5 meses a 42 anos – Libra	180-210	Sociedade e negócios
8ª	42 anos até a morte – Escorpião	210-240	Separação e velhice

O Processo da Vida

O processo da vida descrito pelas casas começa na concepção, ponto de vista raro entre novos e velhos sistemas astrológicos. Mesmo aquelas formas de encarar a astrologia, as mais atuais no uso das escalas de tempo, como as de Hubers[4] e Dane Rudhyar[5], não consideram ou sequer fazem referência a este tão decisivo período de formação da vida. Está também ausente nos domínios da psicologia, sobretudo na psicoterapia freudiana. Sendo assim, uma descrição dos acontecimentos ocorridos durante a gestação pode parecer estranha para a maioria, mas mais compreensível para as mulheres que tiveram filhos.

Cada casa, para a finalidade das descrições arquetípicas, está relacionada com um signo zodiacal equivalente. A 1ª Casa está relacionada com o primeiro signo, Áries, etc. Este é um procedimento padrão e,

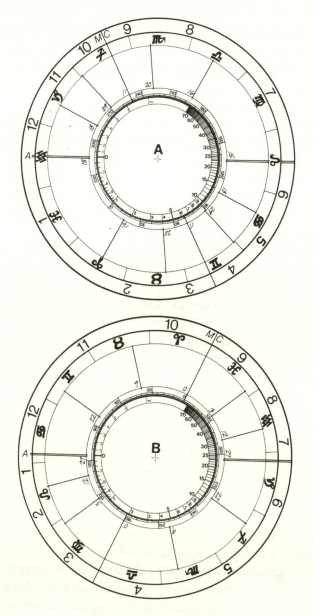

Figura 12. Casas desiguais.
Estes dois horóscopos são construídos para o mesmo dia, separados, porém, por uma diferença de sete horas e meia. No Horóscopo A a 5ª Cúspide da Casa indica 9 anos de idade, enquanto que no Horóscopo B a mesma indica menos de 5 anos de idade. Os dois horóscopos apresentam ritmos de desenvolvimento diferentes.

além disso, imprime uma nova dimensão ao significado das casas, que são, de um modo geral, desvalorizadas no pensamento astrológico comum. A primeira razão para isso está em que a maioria dos astrólogos modernos não questionaram a natureza do tempo, o que os levaria a entender o que as casas significam e como usá-las.

Ao descrever um "processo histórico" arquetípico, embora individual, estamos penetrando nos domínios da mitologia pessoal e numa área em que as histórias são muito importantes.

Do ponto de vista da cura, é importante notar os estágios biológicos de desenvolvimento que correspondem à seqüência das casas a fim de que essa correlação entre a biologia e a astrologia possa ser entendida sob uma nova luz.

A seqüência de oitavas será descrita com o objetivo precípuo de mostrar, em poucas palavras, o que acontece em cada etapa nos níveis astrológicos, biológicos e psicológicos. Os significados astrológicos tradicionais das casas continuam, mas colocados dentro de um quadro mais tangível e lógico. Uma lista mais completa das casas e do significado das suas curas consta do Capítulo 5.

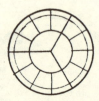

Oitava da Gestação

Gestação é o tempo que transcorre da concepção ao nascimento, durante o qual o corpo físico é criado dentro da mãe. A metamorfose de um óvulo unicelular fertilizado, até alcançar o estágio de um ser humano plenamente desenvolvido, é complexa e funciona em vários níveis simultaneamente. Os principais níveis, cujos eventos a Astrologia do Tempo Biológico pode descrever, são os seguintes:

O *Processo Espiritual* constitui a mais elevada forma de ser, e a concepção equivale a transformar uma vida espiritual num ser físico dotado de um corpo. O corpo espiritual impregna e, de certa forma, organiza todos os outros corpos mais densos.

O *Processo Biofisiológico* corresponde à criação de um corpo físico dentro do qual o espírito pode manifestar seu ser no mundo. Na concepção, o código genético do pai e da mãe combinam e se permutam para formar o veículo físico. Este modelo, no tempo, porta consigo não apenas características físicas dos dois progenitores, mas também um registro de suas vidas até o momento da concepção – na verdade, um registro completo da vida que retroage até a escala espiralada do DNA. Dentro do útero da mãe, todo o processo é recapitulado, não duplicado. Atravessamos etapas que correspondem às formas primitivas, subumanas da vida na Terra, com o pleno entendimento de que a humanidade, embora porte traços dessas formas, não é essas formas. Atravessamos etapas evolutivas semelhantes às dos primatas, mas não somos primatas. Possuímos um córtex reptiliano em nosso cérebro, córtex esse que rege nossas reações instintivas, mas não somos, nem nunca fomos, répteis.

Os estágios dos seres complexos, multicelulados, invertebrados, vertebrados, répteis primitivos, primeiros mamíferos e primatas estão marcados em nossa estrutura física e cerebral. Cada etapa deixa vestígios na nossa natureza, sob a forma de *instintos*. Instintos são formas de perceber o mundo, de agir, comportar-se e reagir. O processo cumulativo da criação, nossa história biológica, é virtualmente igual para todos os seres humanos. Damos a esse processo o nome de embriologia e o encaramos como, sobretudo, um processo físico, embora tenha profundas implicações psicológicas que serão analisadas. A gestação corresponde ao *inconsciente coletivo* descrito por Jung, herança primeira, comum a toda a humanidade, que forma o princípio fundamental da psique individual. Os conteúdos são instintos indiferenciados retidos na nossa estrutura biológica e psíquica, que, embora dentro de nós, não constituem, necessariamente, uma parte da nossa realidade consciente.

No horóscopo, é possível ver as influências internas e externas que agem sobre a mãe durante a gestação, através dos planetas registrados na 9ª e 12ª Casas.

PONTO DE CONCEPÇÃO – A CÚSPIDE DA 9ª CASA

O ponto de concepção é extremamente importante e não apenas porque sem ele não existiríamos. No horóscopo, a 9ª cúspide mostra a natureza da relação sexual-emocional entre os pais à época da concepção como uma metáfora para a união das energias masculinas e femininas. A concepção constitui um processo que é um protótipo do processo criativo do indivíduo. É simbólico da comunicação sexual e de sua qualidade.

O MEIO-DO-CÉU (MC)

Sete semanas depois da concepção, ou trinta e três semanas antes do nascimento. (Consciência do eu, objetivos de vida, percepção espiritual, individualidade, profissão, honra, confiança, reconhecimento.) O meio-do-céu aparece cerca de quarenta e nove dias depois da concepção. As religiões budista e hindu acreditam que a alma entre na matriz física quarenta e nove dias depois da concepção, que corresponde ao mesmo lapso de tempo depois da morte na encarnação precedente. No momento em que a alma entra, o novo corpo aceita o seu *karma* (resquícios de vidas passadas). Karma é um termo evocativo, mas pode ser definido como modelo genético, astrológico e espiritual herdado pela encarnação.

Astrologicamente, o MC são os objetivos, metas e anseios de vida, assim como é a sede da consciência do eu. Na escala cronométrica o MC surge no momento em que a mãe confirma o fato de estar grávida.

Oitava da Infância

O ascendente surge no momento do primeiro sopro, durante o parto. O processo do nascimento simboliza o modo pelo qual a personalidade age, e os indivíduos que participam do parto são as subpersonalidades. Um nascimento fácil promove a fácil expressão da personalidade, enquanto que um longo trabalho de parto pode dar origem a uma personalidade contida. O signo do Ascendente corresponde ao meio em que a criança nasce e ao meio que atrairá o indivíduo ou será por ele criado.

A oitava da infância se estende do nascimento a cerca de 7 anos de idade. Durante esse tempo, nascemos para o mundo, aceitamos uma personalidade relacionada com as circunstâncias do nascimento e começamos a desenvolver nosso corpo emocional dentro do lar e do sistema familiar. A personalidade é uma combinação de nossas reações instintivas em relação ao mundo, da maneira pela qual viemos ao mundo, de nossa aparência física e da maneira como passamos a enxergar a nós mesmos.

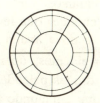

Oitava da Maturidade

Aos 7 anos, aproximadamente, desenvolvemos o corpo e a personalidade e precisamos começar a projetar a combinação de ambos no mundo exterior para, gradualmente, afastarmo-nos dos pais e criarmos nossas próprias relações no mundo. A autoconsciência conduz a um alinhamento com o trabalho e a vida, a competição intensifica-se nas formas materiais e emocionais e parceiros são procurados e obtidos. O corpo mental é criado, inicialmente, dentro do contexto da escola primária (5ª Casa), depois canalizado para o segundo grau e para as primeiras experiências trabalhistas (6ª Casa), adaptado ao mundo pelo casamento e pela profissão (7ª Casa) e reavaliado à medida que a velhice se aproxima. A visão desenvolvida do mundo é precursora da alma, o ser total descortinado através da experiência e do trabalhar em si mesmo. O principal objetivo da maturidade é o de transformar modelos pessoais, integrar suas projeções e ter acesso ao criativo mundo do transpessoal.

Oitava da Transcendência

Para os homens e mulheres comuns, a vida começa no nascimento e termina com a morte. A maioria das pessoas é bem mecânica pelo fato de se limitar às três oitavas: gestação, infância e maturidade, se é que de fato reconhece o período de gestação como significativo. É incapaz de ampliar sua percepção de modo a sobrepujar as tarefas e a "realidade" da vida diária. Porém existe uma quarta oitava à disposição de todos.

A quarta oitava torna-se possível quando um indivíduo, homem ou mulher, amplia sua realidade de forma a sobrepujar o mundo físico imediato. O acesso aos páramos superiores da existência se dá, freqüentemente, através de choques que levam o próprio ser a se questionar, forçam uma rápida e nova avaliação da vida ou representam uma ameaça à existência. Acidentes, operações, súbitas percepções, conversão religiosa, uso de drogas psicodélicas e muitos outros meios podem nos levar a experimentar um mundo além deste nosso.

A gênese da oitava superior está na gestação. As mulheres têm um acesso natural à realidade transcendental através da gravidez e do parto. Quando uma mulher fica grávida, presumindo-se que se trate da primeira gravidez, toda sua vida muda. Nunca será mais a mesma e depois lembrará para sempre dos sucessos desse tempo. Durante a gestação a mulher está mais profundamente em contato com seu âmago do que em qualquer outro tempo de sua vida, e o fato de que se pode morrer de parto intensifica o valor daquele período.

O ato da mãe fazer amor com o pai, durante a concepção, representa uma metáfora para a integração dos aspectos masculinos e femininos da natureza de cada um. A integração psicológica do animus (espírito masculino) com a anima (alma feminina) e os ritos de iniciação são paralelos entre si e incorporados na criação de nossos próprios corpos e realidades. Quando se anseia pela iniciação, uma viagem de volta à fonte torna-se obrigatória.

A importância da concepção não pode ser superestimada e a compreensão das mensagens que transmite é de vital importância ao processo de atingir a plenitude. Assim como a mãe correspondeu às mudanças internas que poderiam ter sido de ordem física ou emocional, olhando para dentro de si para descobrir a fonte de seus mais profundos sentimentos, assim precisamos olhar para dentro de nós mesmos, e também para nossa vida pregressa, a fim de descobrir o potencial de unidade que possuímos. A forma com que a mãe descobriu que estava grávida é o símbolo de nosso caminho para a autocompreensão, e as pessoas que ela escolheu para ajudá-la ou assisti-la no processo são partes de nossa própria natureza, as quais devemos invocar em nossa busca.

Desde que a oitava transcendental torna-se acessível além da 8ª Casa da morte, existe um elemento sacrifical e mortal em seu mecanismo. Acredita-se que, no momento da morte, as imagens de toda uma vida desfilam, imediatamente, diante dos olhos. Essa experiência tem sido relatada, em estados limítrofes da morte, por muitas pessoas, de todas as condições sociais, no mundo inteiro. A visão da vida, na hora da morte, corresponde ao *Juízo Final* de todas as principais religiões, uma avaliação da alma antes de ser liberada para a partida. Este juízo final é uma estimativa do sentido da vida, um chamamento à uma reavaliação e acredita-se ser o fator determinante das futuras encarnações. Simbolicamente é o passamento de uma realidade obsoleta que precisa morrer para que um novo e mais elevado ser venha à luz. As qualidades existenciais da morte e do renascimento constituem o cerne de todas as idéias e escolas místicas, e nós representamos esse mesmo mistério em nossas vidas.

De acordo com a imagem do sistema solar em espiral, o processo da vida está vinculado à entrada na sucessão contínua espaço-tempo e à saída para a morte. Quando o puro espírito encarna em um ovo fertilizado, fica sujeito, por um período de aproximadamente oitenta anos, às leis dos corpos físicos. Com a morte, o espírito liberta-se desses grilhões. A doutrina esotérica compara isso a uma crucificação, na cruz da matéria, como uma forma de mostrar que nossa vida está presa aos eixos horizontais e verticais do horóscopo. Nossa vida temporal constitui uma enorme limitação para a essência espiritual que é capaz de viver livre da matéria, e esse paradoxo jaz no âmago de todo processo curativo.

Em anos recentes, o *stress* tem sido identificado como o principal estopim da maioria das doenças críticas, às quais a humanidade tem estado sujeita. O *stress* está diretamente relacionado com o sentido do tempo – quando o *stress* é grave, o tempo se torna denso e ainda mais tenso. A meditação, por exemplo, constitui uma libertação consciente das cadeias do tempo e, comprovadamente, reduz o *stress*.

A realidade transcendente torna-se acessível através da morte e do ponto de concepção, a cúspide da 9ª Casa, e também do ponto central do círculo do horóscopo. A 9ª cúspide é ativada quando os planetas passam como trânsitos no tempo real e seguem rumo a fórmulas predizíveis, porém o centro da psique está sempre disponível.

As quatro casas da gestação equivalem a metáforas dos quatro estágios do processo transcendental ou transpessoal.

Zonas de Cura

As três oitavas do horóscopo e mais a quarta transpessoal podem representar um modelo de cura. Na Figura 13 vê-se uma série de círculos concêntricos a partir do centro do horóscopo. O centro do círculo é o *Centro da Psique* e, como tal, intemporal, não cerceado por qualidades nem categorias, e constituindo o centro dinâmico-energético de cada ser. Porém, no sentido mais exato, não é individual, mas universal.

A seqüência dos signos do zodíaco, de Áries a Peixes, indica as épocas do ano, as atividades adequadas a esses períodos anuais e as fases de desenvolvimento que afetam todos os seres vivos. Os signos são *divisões espaciais*, quais medidas nos céus, e maneiras pelas quais nos orientamos para a galáxia e para o universo. O anel das casas gira no sentido contrário dos signos. As casas são *divisões temporais*, pois descrevem o processo da vida ao redor do horóscopo. A progressão das casas não é aditiva, como no caso dos signos, mas biológica e logarítmica. Como resultado, cada casa, por seu turno, torna-se sucessivamente mais densa à medida que nos movemos ao redor do círculo. A gestação do corpo físico é a mais densa, a infância do corpo emocional, menos densa, e a maturidade do corpo mental não tem densidade nenhuma, pois se situa, propriamente, além e fora do tempo.

A combinação dos signos e das casas constitui o *espaço-tempo* contextual da vida. Os planetas ocupam o anel das casas medido contra o plano de fundo dos signos. Os planetas combinam as informações do signo e da casa, associando características e épocas. O planeta estruturador, Saturno, quando localizado em Touro e na 6ª Casa, dos 12 aos 23 anos de idade, acusa uma dieta taurina muito deficiente em termos de carne, leite e seus derivados, na época da adolescência. Isso pode indicar um mau funcionamento da glândula tiróide, manifestando-se sob a forma de dificuldade em ganhar peso, tendência para restrição na voz, sufocação e excesso de mucosidade, e uma natureza pessimista, inclinada à depressão. A habilidade em localizar qualquer tendência a afecções em uma idade determinada da vida vincula características pessoais e época conduzindo a um diagnóstico e a um tratamento mais corretos, do que aconteceria no caso de se desconhecer a época.

A seqüência dos planetas, ocupando casas e signos ao redor do horóscopo, desde a concepção até à velhice e à morte, equivale ao processo da vida no tempo. O processo de causa e efeito ao redor do círculo é linear. O centro do círculo, porém, se situa fora do tempo e é o campo dos aspectos, a *teia das relações*, que liga as diversas idades entre si, as características planetárias, as glândulas, os chakras, os arquétipos e as subpersonalidades. O conjunto de aspectos constitui o cerne da psique e mostra não só os canais através dos quais flui

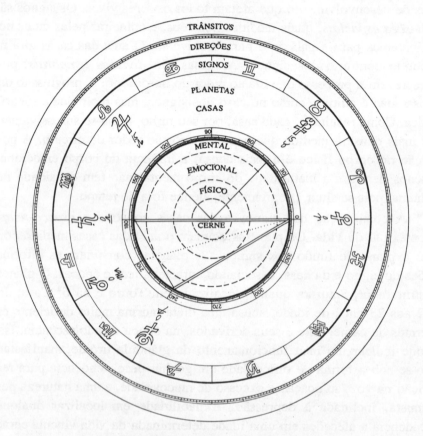

Figura 13. Zonas dos Aspectos de Cura.

a energia vital, como também o modelo global de energia, fundamental para o bem-estar do indivíduo.

O conjunto de aspectos está subdividido em uma série de círculos concêntricos que representam as camadas da psique. Estes círculos constituem as *zonas de cura* (ver Figura 13). Os tipos de conexões dos aspectos determinam as zonas de cura.

O aspecto considerado pelos astrólogos como sendo o mais poderoso é a *conjunção*, o aspecto de 0° e da unidade. Dois planetas com 7° entre si são considerados conjuntos e agem conjuntamente, harmonizando suas influências. Eles surgem na vida mais ou menos ao mesmo tempo e sempre que um é ativado, o outro também o é. Quanto mais próxima a conjunção entre dois planetas, mais forte o vínculo de suas características recíprocas, até que, numa conjunção perfeita, é quase sempre impossível distingui-los, exceto por sua seqüência. A conjunção está ligada à periferia do círculo e, portanto, à seqüência de causa e efeito. A zona mais periférica é a superfície da vida, ao redor da orla do círculo. A vida "interior" dos planetas em conjunção é somente expressa através de outros planetas com os quais compõe um aspecto que faz com que sua influência atue por sob a superfície e penetre o círculo. Planetas conjuntos não podem agir independentemente. Por exemplo, a conjunção de Vênus e Saturno une as secreções glandulares (Vênus) e o princípio de restrição (Saturno). A conjunção pode se explicar a si mesma como uma tendência a criar relações fiéis e leais com pessoas mais velhas que nós mesmos; restrição ao amor, conducente à depressão; expressão mórbida da necessidade sexual; o dever sobrepondo-se às tendências do coração; ou relações sacrificiais. Quando as relações assumem a característica Vênus/Saturno, o resultado biológico será o mau funcionamento das glândulas de secreção interna; atrofia ou hipertrofia das glândulas; e pode resultar em enfisema pulmonar ou bócio. A característica restritiva atuará tanto nas relações internas ou externas, como em ambas.

O sextil é um aspecto de 60°, 1/6 do círculo e é um aspecto periférico, já que somente entra no círculo a cerca de 1/8 do arco da circunferência. Os sextis ignoram os signos, portanto conectam ar com fogo ou fogo com ar, terra com água e água com terra, sempre um signo positivo com outro positivo e um negativo com outro negativo. Os sextis são pequenos movimentos de avanço e de recuo no tempo. A forma da qual o sextil deriva é um hexágono inscrito no círculo. O aspecto sextil define a *Zona Física* na periferia do círculo, onde a comunicação é fraterna, não especialmente profunda ou penetrante, mas localizada mais à superfície e freqüentemente superficial.

O trígono é um aspecto de 120°, 1/3 do círculo e penetra exatamente até a metade do círculo, definindo a *Zona Emocional*. Os trígonos conectam o signo de um elemento aos outros signos do mesmo elemento em diferentes oitavas. O trígono de um signo de fogo na infância apresentará um aspecto de planeta em gestação, no início da vida, ou de um planeta na maturidade, já na idade avançada. Sendo um aspecto que representa harmonia, equilíbrio, comunicação fluente e apoio, o trígono é considerado tranqüilo e estático.

Dentro do aspecto trígono está a *Zona Mental*, onde atuam as ações da vida, a visão do mundo e a motivação psíquica. É o centro organizacional do ser energético. Os aspectos mais freqüentemente indicativos de desequilíbrio e doenças são os *aspectos rígidos* que penetram na zona central do horóscopo, constituída pelos aspectos de 90°, 135°, 150° e 180°. Dentro da zona mental reside o centro da psique e o reino intemporal da *Zona Transpessoal* que está além das características, dos períodos ou personalidade.

A quadratura é um aspecto de 90°, um quarto do círculo, que penetra todo o centro do círculo e forma um ângulo reto antes de retornar à periferia. A quadratura conecta planetas cuja tensão ou pressão sobre o centro têm possibilidade de trazer mudanças, mas são capazes de resolução. Diz-se que as quadraturas ou são pedras de tropeço ou blocos de construção[6]. Os sextis e os trígonos são pacíficos e estáveis, mas a quadratura é extremamente motivada e potencialmente criativa.

A oposição é um aspecto de 180°, cortando o círculo pela metade e mostrando dois planetas, diretamente opostos um ao outro, ao redor do círculo. A oposição cria uma tensão máxima e força ou à resolução ou à polarização. Este aspecto pode ressaltar a atração que os opostos exercem entre si, ou pode significar diferenças irreconciliáveis dentro da psique, passíveis de serem extremamente antagônicas. Em uma oposição, a energia passa de um pólo para outro e pode captar toda a energia restante do todo, quando não integrado. A oposição atravessa ou apenas passa pelo ponto central do círculo e, portanto, está extremamente ligada à psique e seus mecanismos.

O aspecto rígido, muitas vezes assinalando doença, equivale ao inconjunto ou quincunce de 150°. O inconjunto passa o mais perto possível do centro sem, entretanto, alcançá-lo, o que justifica sua reputação de inflexível e frustrante. É uma combinação extremamente difícil e inalterável de dois planetas. As energias atraídas por seus aspectos são difíceis de exprimir e podem facilmente se manifestar como doenças. Em um nível nutricional, o inconjunto, freqüentemente, revela dificuldade em assimilar vitaminas e nutrientes, assim como dificuldade de exprimir emoções positivas.[7]

A sesquiquadratura é um aspecto de 135° situado a meio caminho entre uma quadratura e uma oposição. Aumenta um grau de tensão à medida que penetra na zona central, mas, geralmente, se expressa como uma tensão que não atinge uma fase crítica. A *semiquadratura* de 45° é um aspecto menor, a meio caminho entre a quadratura e a conjunção. Somente toca a periferia da zona emocional, de forma que sua tensão atua apenas sobre o corpo emocional como irritação nervosa ou desorientação.

O centro do círculo é o cerne poderoso e dinâmico da psique, disponível em todos os momentos da vida. Sendo contatado a qualquer momento da vida, dramáticas mudanças de estado ocorrerão. O centro está sobretudo disponível em tempos de crise.

O Cilindro da Vida

Quando o cilindro da vida é construído a partir de um horóscopo circular bidimensional, um verdadeiro modelo de cura torna-se evidente (Figura 14). O processo do cilindro da vida começa com a concepção, na base, e termina com a morte, no topo, com a oitava transcendental por cima de tudo. Dentro do cilindro viajam os planetas através da existência, à medida que prosseguem em sua dança através do espaço e do tempo. Uma vez que permanecemos dentro do ventre materno até o momento do nascimento, é como se seu cilindro fosse sincronizado com o nosso, e, com certeza, o cilindro paterno também se sobrepõe no momento da concepção. Ao nascer, nos libertamos da prisão física da mãe e, gradualmente, da vida emocional da família. Na infância, nosso relacionamento com os pais não passa de um desvencilhar gradual dos mesmos, para chegarmos a uma vida e uma personalidade próprias.

Mais tarde, as relações da vida começam com relações tangentes entre o cilindro de outrem e o nosso próprio, sendo que relações mais íntimas implicam uma sobreposição de cilindros, e quando alguém permite que outra pessoa entre no seu centro, eles se intersectam mutuamente. Em algumas fases dessas relações íntimas, o contacto parece

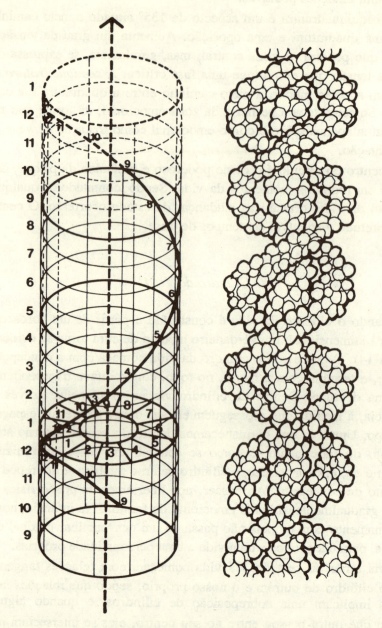

Figura 14. O Cilindro da Vida.

a sincronização total de dois cilindros, tais conexões, porém, são de breve duração.

A base do cilindro é a concepção, e à medida que envelhecemos, o cilindro vai se enchendo de experiências e memórias, como se o enchêssemos de água. A superfície da água, em qualquer idade, corresponde à superfície da consciência a essa época. As memórias são armazenadas, como se na camada apropriada ao tempo no qual sucederam; mas sempre que sua linha na periferia do cilindro é atravessada por planetas, o fato é reativado.

Os aspectos dentro do cilindro se movem, em diagonal, para cima e para baixo, através do cerne central. A partir de uma certa idade, alguns acontecimentos relativos a esses aspectos podem retroagir à gestação, ocasionando problemas físicos; outros à infância, acarretando problemas emocionais ou vinculados ao sistema familiar, enquanto outros ainda podem mesmo refletir premonições de futuros eventos. Nós retroagimos continuamente a certos padrões de comportamento vitais em nosso "momento presente".

O horóscopo 1 (Figura 15) é o de Neil Armstrong, o primeiro homem a pisar na Lua. Quando a Lua estava em Sagitário (o signo das longas viagens), conforme apareceu (fixado na escala do tempo) no horóscopo de Armstrong, ele tinha 37 anos de idade, ocasião em que foi à Lua. Interessante é que os aspectos retrógrados anteriores da vida de Armstrong foram ativados a essa época. A Lua estava em trígono, com o nodo (associação ou cooperação) em Áries (afirmação, estar sob controle), o que foi registrado quando a mãe de Armstrong estava na última fase da gravidez, cerca de vinte semanas antes do seu nascimento, quando ele boiava, imponderado, no fluido amniótico, dentro de uma cápsula, como a nave que o levou à Lua. Durante a gestação ele deve ter sido uma criança muito ativa, e o vôo lunar deve ter ativado essa lembrança recôndita.

A Lua também apresenta um aspecto trígono quando da conjunção de Mercúrio e Netuno em Virgem na 4ª Casa do lar e da família, que surge à idade de 3 anos e 6 meses. Durante a missão, Armstrong sentia fortes emoções que evocavam suas próprias fantasias infantis (o que é indicado pelo aspecto Lua/Mercúrio) e experiências psíquicas (Lua/Netuno). O aspecto constelação também indica extrema sensibilidade após o acontecimento.

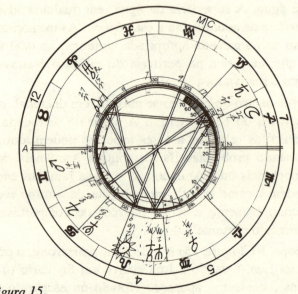

Figura 15.

Complexos Planetários

Os componentes do horóscopo constituem partes essenciais do todo, mas o quadro precisa ser apreendido por inteiro. Aspectos simples se associam para formar *constelações* de diversos graus de complexidade. Os aspectos nas constelações são muito parecidos aos "complexos" na psicologia, isto é, são grupos de características aglutinadas na psique. Alguns horóscopos são muito retilíneos, diretos e claramente ordenados por aspectos, enquanto outros podem apresentar tantas interconexões e complexos ligados em cadeias de planetas que é quase impossível conseguir ordená-los.

Na maioria das vezes, um planeta no horóscopo apresentará dois, três ou mais aspectos a partir de outros planetas, na mesma ou em diferentes fases de desenvolvimento da vida. Os diferentes aspectos indicam as múltiplas oportunidades possíveis de utilizar a energia de outros planetas. Alguns canais são fáceis de a energia atravessar, enquanto outros são estreitos ou bloqueados. Como no mundo que nos rodeia, a energia tende a seguir a linha de menor resistência. Quando a constelação (Figura 16) compõe-se de planetas em oposição a um terceiro planeta ao mesmo tempo nos aspectos trígono e sextil, ocorrerá quase

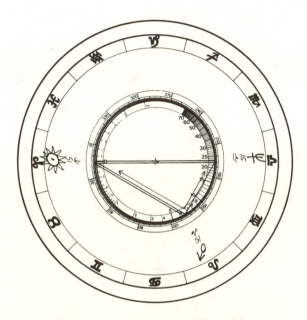

Figura 16. A Constelação Planetária.

sempre que a energia evitará a oposição e percorrerá a circunvizinhança ou a linha superficial, em vez de buscar o centro. A dinâmica dos aspectos destas configurações é geralmente mais importante para manter a saúde que as posições individuais dos planetas. Quando o fluxo total de energia que existe dentro do indivíduo e o de fontes externas é fluido, os sistemas imunológico e estruturador são geralmente sadios e capazes de estabilizar os maiores desequilíbrios.

5
A RODA DAS TERAPIAS

O capítulo publicado em *The Round Art* (1979), que suscitou o mais vivo interesse, foi o referente a "A Leitura Astrológica", e particularmente o diagrama denominado *A Roda da Psicologia* (Figura 17). Desde então a Roda foi ampliada para abranger outras terapias (Figura 18).

A Astrologia do Tempo Biológico mostra o desenvolvimento do processo da vida ao redor da periferia do círculo do horóscopo, da concepção à morte, e além, rumo ao domínio transpessoal ou transcendental. Terapeutas de todas as escolas sentem-se tentados a abordar aspectos ligados à psique, como a energia vital, o corpo, as emoções, a mente e o espírito que refletem sua própria história interior, necessidades e aspirações, assim como sua astrologia.[1] Jung acreditava que "Cada psicoterapeuta não tinha apenas o seu próprio método – ele mesmo era esse método."[2]

A escolha da terapia mais apropriada para um indivíduo constitui um processo casual, se é que podemos, realmente, chamar a isso de processo. As terapias são muito diferentes, e é axiomático que certas terapias sejam recomendadas a certas pessoas e não a outras. À luz da Astrologia do Tempo Biológico é geralmente possível fazer uma

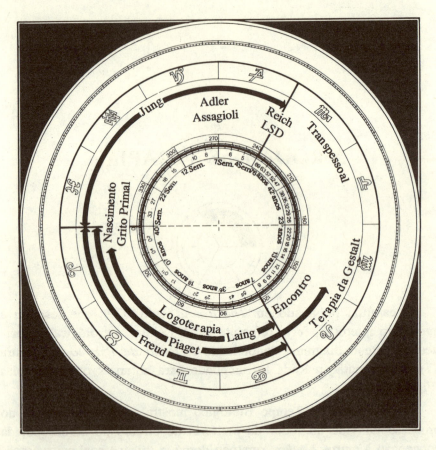

Figura 17. A Roda da Psicologia.

avaliação das terapias, de acordo com a época da vida a que a terapia se refere. Cada tipo de terapia pode dizer respeito a épocas específicas, ligadas ao transcurso do processo vital, e, portanto, atribuídas a partes da roda astrológica das casas. Essas atribuições provaram ser muito estimulantes a terapeutas e úteis para aqueles cuja especialidade requeira que se recomendem terapias a clientes, terapias essas baseadas em estudos de caso ou horóscopos.

As terapias não precisam ficar confinadas a um único signo ou a uma dada abertura no tempo, porém as áreas sobre as quais a terapia é dirigida são usualmente nítidas. Por exemplo, a terapia do Grito

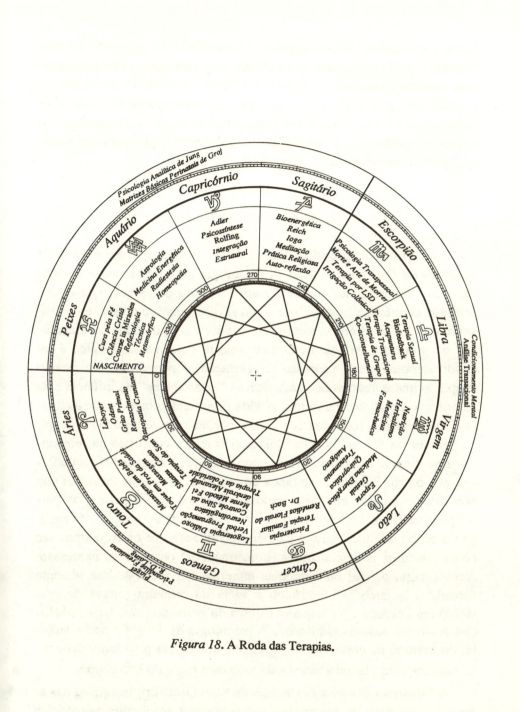

Figura 18. A Roda das Terapias.

Primal, de Arthur Janov, implica revivescência do processo do nascimento e está intimamente relacionada com esse tempo da vida, como uma metáfora referente a todo o processo da vida. O renascimento guarda certa similitude com o processo do nascimento. O modo mais interessante de organizar a roda das terapias é pelo agrupamento dos signos astrológicos em oitavas, começando com a gestação e o ponto arquetípico concepcional da cúspide da 9ª Casa.

Terapias da Oitava da Gestação

A terapia mais apropriada para a oitava da gestação é a *Psicologia Analítica* de Carl Gustav Jung. A psicologia de Jung baseia-se no conceito do "inconsciente coletivo", um substrato da psique, que é propriedade comum da humanidade — um nível formativo do ser, transcendente a todas as diferenças culturais e individuais, de onde emanam todos os processos psíquicos. O inconsciente coletivo arquetípico é recriado durante nosso processo de gestação, e permanece, ao mesmo tempo, acima e abaixo das duas oitavas "conscientes" da infância e da maturidade do cilindro da vida. A vida consciente corresponde às duas camadas centrais, rodeadas por cima e por baixo pelo mundo arquetípico gerador da forma. "Conteúdos inconscientes conectam-na *retroativamente* com estados fisiológicos, por um lado, e com dados arquetípicos, por outro. Porém ela se lança *para frente*, graças às intuições que são condicionadas, em parte pelos arquétipos e em parte por percepções subliminares, dependendo da relatividade do tempo e do espaço no subconsciente".[3] Jung também reconheceu que os arquétipos são como remédios potencializados (homeopáticos) os quais se expressam como planta, animal ou essências minerais por meio de sua semente formal.[4] Ele também identificou a idéia da primeira (oitava da gestação) em unidade com a quarta (oitava da gestação como transcendência) como um axioma alquímico. A psicologia de Jung é a pedra angular do período da gestação e é extremamente efetiva para indivíduos relacionados com planetas através de toda esta parte do horóscopo.

As *Matrizes Básicas Perinatais* de Stan Grof[5] originaram-se das etapas do processo de nascimento e descrevem a arquitetura psicológica das desordens emocionais, descoberta por meio de extensa pesquisa com alucinógenos. O nível perinatal do inconsciente consiste na intersecção entre os inconscientes individual e coletivo, ou entre a psicologia tradicional e a psicologia mística transpessoal. Essas matrizes dinâmicas constituem modelos organizadores, operando sobre os corpos físicos e emocionais que nos afetam em profundidade. Os acontecimentos biográficos da vida são estruturados inconscientemente por sistemas de arquétipos, revelando-se através de acontecimentos externos. A progressão de quatro MBPs descreve o processo de abandonar a unidade original simbiótica e de entrar no mundo da multiplicidade. As idéias de Grof mostram que os acontecimentos da gestação são, psicológica e fisiologicamente, a gênese e os arquétipos da vida na maturidade.

SAGITÁRIO E A 9ª CASA – SIGNO MUTÁVEL DO FOGO

Da concepção até 7 semanas após a concepção.
(Mente superior, meditação, religião, lei, longas viagens, influências externas, filosofia, psicologia, iniciação e auto-realização.)

Após o momento da concepção em que o espermatozóide fertiliza um óvulo, inicia-se um processo muito rápido e complexo. A célula inicial se subdivide e se diferencia, gradualmente, para formar três substratos de embriões espiralados, correspondentes aos três principais sistemas do corpo. Um substrato produzirá o cérebro, a coluna vertebral, os nervos e a pele; o segundo criará o sistema digestivo, o fígado e o pâncreas; e o terceiro formará o esqueleto, o sistema circulatório e a musculatura. Este sistema de tripla oitava é uma antecipação das três oitavas do processo da vida, e é um microcosmo de todo o corpo físico.

Astrologicamente, a 9ª Casa rege as longas viagens, a filosofia e a psicologia da vida, a religião e a mente superior. A mãe passa por mudanças hormonais e durante todo o período vai chegando, gradativamente, à realização de sua vida criativa interior. Todas suas atitudes, crenças e, especialmente, a forma pela qual descobre a si mesma, servem de subsídio à metáfora da *autodescoberta*, tão típica desta casa e do signo de Sagitário.

O ponto de concepção da 9ª cúspide do horóscopo é uma metáfora da sexualidade, criatividade e integração das metades masculina e feminina da psique. O cerne dos instintos são aqui gerados e a longa viagem do espermatozóide para fertilizar o óvulo e a viagem do óvulo fertilizado até o útero são codificadas no ponto de concepção.

A mais impressionante psicoterapia de Sagitário é a *terapia reichiana ou bioenergética*, criada por Wilhelm Reich, aluno de Freud, que baseou seu trabalho terapêutico sobre a função e a necessidade da liberação sexual e, portanto, energética, através do orgasmo. Muito naturalmente, já que a concepção e a morte ocupam a mesma posição no horóscopo, Reich estudou e formulou teorias e métodos de tratamento que refletem a unidade do começo e do fim da vida. O orgasmo é um esforço para ir além do "eu", além dos limites do corpo físico, rumo a um reino superior e mais vital. A terapia reichiana trata a sexualidade como uma forma de libertar a couraça criada como um mecanismo de defesa a fim de proteger o indivíduo contra os envolvimentos e a perversão da sociedade. Reich também pressupôs a psique como camadas circulares sucessivas, rodeando um centro de impulsos saudáveis, modelo surpreendentemente semelhante ao da Astrologia do Tempo Biológico.

A *Yoga* é uma disciplina espiritual oriental que abrange a busca da unidade mente/corpo, através de experiências consigo mesma, por meio de uma ampla série de técnicas. A sintonização do corpo com os mais altos graus de sensibilidade e percepção conduz a um estado em que a doença torna-se estranha e, finalmente, a uma senda preventiva, além do sofrimento consciente. Especialmente quando exercícios respiratórios são adotados, um estado de paz absoluta pode ser alcançado interna e externamente, a ansiedade eliminada e ímpetos equilibrados. Em nível mais profundo, a yoga é o retorno a um estado imediatamente após à concepção, anterior à ruptura mente/corpo.

A *Meditação* favorece o contato com o material inconsciente, profundo da psique, existente sob a superfície da consciência e o transforma pela força da concentração. Pensamentos, imagens, viagens mágicas e padrões de consciência podem irromper através do materialismo espiritual, falta de lucidez e confusão criados pela vida cotidiana. A respiração é um foco central e, ao mesmo tempo, uma energia curativa liberada pela meditação, podendo ser dirigida a órgãos necessitados de renovação ou de regeneração. A meditação é raramente um mecanismo em si, excetuando o seu uso na redução do *stress*, mas pode ser adotada, com proveito, em conjunto com qualquer outra terapia, para assegurar que o cerne do ser esteja em consonância com as formas exteriores de vida e com a percepção.

As *Práticas Religiosas* mostram o caminho que leva à percepção e representam um núcleo que, uma vez erigido, pode representar uma base sobre a qual toda uma vida pode ser construída. Estas podem ser religiões organizadas ou Sufi, que abraça todas as religiões e a síntese dos sistemas de crenças. Freqüentemente as práticas religiosas incluem meditação, oração, respiração, cânticos e outras atividades usualmente praticadas sem a necessidade de uma estrutura religiosa.

A *Auto-Reflexão* é uma forma de entender e potencialmente alterar o contexto do eu, através do qual a vida é percebida. A internalização de acontecimentos, e sua organização dentro da psique, proporciona um grau de objetividade capaz de reestruturar a realidade e de prover uma matriz essencial para a cura.

Como o tempo sagitariano corresponde ao primeiro estágio da evolução biológica dentro do útero, é também, naturalmente, a zona central dentro da qual o código biológico entra em colapso com relação a algumas doenças. Algumas terapias podem reparar tais desordens profundas, introduzindo uma realidade nova e mais elevada. O caminho da realização é fundamental em todas as terapias aqui mencionadas.

CAPRICÓRNIO E A 10ª CASA – SIGNO CARDEAL DA TERRA
De 33 semanas a 28 semanas antes do nascimento.
(Matéria aperfeiçoada, relações concretas, organização, pai, negócios públicos, fama e fortuna, ambição, aspirações.)

As primeiras células ósseas aparecem, o embrião passa a ser, em terminologia médica, um feto, o sexo é definido, todos os componentes do corpo são formados e as feições do rosto, reconhecidas. Os nervos e os músculos, embora fracos, começam a trabalhar juntos. Seguem-se movimentos espontâneos, à medida que os braços e as pernas se flexionam, acompanhados de total mobilidade. O feto vive dentro do fluido amniótico, mas a mãe ainda não percebe sua existência. Os fluidos digestivos pancreáticos são ativados pela ingestão do fluido amniótico, e outras funções vitais, como a de urinar e comer, são ensaiadas.

Na 10ª Casa, nossos pais tomam consciência de que vão ter um filho, anunciam o fato ao mundo exterior, entram em contato com pressões sociais e propagam o que antes estava escondido dentro da mãe. Decisões precisam ser tomadas quanto ao procedimento a ser observado durante a gestação, quanto à escolha de médicos ou técnicas referentes ao parto, dieta, e todas as outras alterações requeridas pela ocasião. A realidade é confrontada e completa-se a transição das formas internas para externas. Capricórnio e a 10ª Casa começam com o MC, momento em que a alma penetra na matriz física para encarnar, quando o embrião se transforma em feto e quando a mãe percebe, pela primeira vez, que está grávida.

Alfred *Adler* rompeu com Freud por insistir em que a normalidade requer a aplicação do poder individual, através do condicionamento à adaptação social. O conceito de poder em questão tende a reduzir ao mínimo a importância do inconsciente e, no entanto, baseia-se no fortalecimento do ego e na vontade de sobreviver.

Após estudar com Freud, Jung e Alice Bailey, Roberto *Assagioli* desenvolveu a *Psicossíntese*, estrutura dinâmica para chegar à síntese pela integração do inconsciente e pela reorganização de seus conteúdos e subpersonalidades anexas, ao derredor do Eu transpessoal, que reina no topo de um campo psíquico ovóide (Figura 19). O Eu transpessoal é uma integração de amor e vontade, tal como descrito em seu livro *The Act of Will*.[6] Assagioli não se concentrou nos sintomas mórbidos da doença, antes, porém, trabalhou no sentido de reestruturar os desequilíbrios temporários do que ele denominava "neuróticos saudáveis", isto é, a maioria dos modernos ocidentais. Os ensinamentos de Assagioli constituem uma adaptação dos princípios esotéricos de Alice Bailey à psicoterapia transpessoal, acrescidos de uma dimensão espiritual.

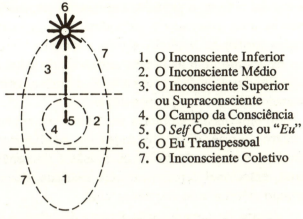

1. O Inconsciente Inferior
2. O Inconsciente Médio
3. O Inconsciente Superior ou Supraconsciente
4. O Campo da Consciência
5. O *Self* Consciente ou *"Eu"*
6. O Eu Transpessoal
7. O Inconsciente Coletivo

Figura 19. Diagrama Oval da Psicossíntese extraído da obra de Assagioli – *The Act of Will*, p. 14.

Capricórnio é o sistema ósseo do corpo formado no útero e relaciona-se com profundos exercícios físicos estruturais. O *Rolfing* ou *Integração Estrutural* desenvolvido pela Dr.ª Ida Rolf como um tipo de massagem profunda para corrigir a fáscia muscular, no sentido de regenerar deformações causadas por lesões, *stress* e má postura ou acontecimentos traumáticos. A correção da rigidez subseqüente e da falta de elasticidade conduz ao uso mais eficiente da energia e freqüentemente libera um sofrimento emocional, memórias de episódios traumáticos do passado e mudanças comportamentais.[7] As lembranças da gestação são freqüentemente evocadas e memórias intra-uterinas são comuns durante e após o tratamento. O Rolfing é mais uma terapia preventiva que uma correção da desordem.

AQUÁRIO E A 11ª CASA – SIGNO FIXO DO AR

De 28 semanas a 17 semanas antes do nascimento.
(Altruísmo, desprendimento, humanitarismo, idealismo, planejamento, amizades, relações, preocupações sociais, abstração e desapego.)

A 11ª Casa começa quando a mulher sente os primeiros movimentos do feto, à medida que este se eleva acima do osso ilíaco. Ele começa a engolir e dá-se o primeiro movimento respiratório, os movimentos tornam-se mais graciosos e individualizados, as características faciais herdadas tornam-se visíveis, e todo o sistema neuromuscular torna-se ativo, de acordo com as ordens emanadas do sistema nervoso simpático. Ao fim deste período, formam-se os órgãos reprodutores e criam-se os primeiros óvulos e espermatozóides.

Astrologicamente a criança se desenvolve em um sistema placentário dentro da mãe, cujas atividades são condicionadas pela nova sensação de movimento dentro de si. A mãe é diferente de todas as outras pessoas, emocional e psiquicamente apartada, devido à sua condição, do mundo exterior e do seu antigo eu.

O sistema de comunicação interna do corpo é criado por meio de sutis interconexões entre órgãos, glândulas e partes do corpo. O feto em desenvolvimento torna-se gradualmente sujeito às forças astrológicas e portanto adquire suas formas esotéricas de espírito, de alma, de corpo astral e de corpo etérico.

A *Astrologia* oferece, no máximo, um modelo que mostra a possibilidade de integração em todos os níveis do ser. A astrologia registra e ordena, de forma única, as associações da vida, tentando compreender e controlar a passagem do tempo, inquirindo sobre a afinidade de todas as coisas, e procurando transformar alquimicamente o eu através da orientação consciente da vontade. Muitos psicólogos modernos se servem da astrologia como uma arma vital no trato com experiências pessoais e a têm usado como uma linguagem valiosa para a interpretação e aplicação dos níveis arquetípicos da realidade.

As ciências ocultas cósmicas interagem e coincidem parcialmente com a *Medicina Energética*, que inclui a radiestesia e a eletrônica, que é o diagnóstico e o tratamento por meio da energia do corpo. A *Radiestesia* é relativamente moderna, tendo surgido nos últimos cem anos, mas baseia-se em princípios que parecem, ao mesmo tempo, primitivos[8] e altamente sofisticados. Os antigos pesquisadores acreditavam que haviam descoberto e estavam trabalhando com uma força enérgica vital emanada da natureza (*prana*, *élan vital*, força de Reichenbach, kundalini, energia psíquica ou orgônio). A radiestesia opera sobre o "corpo sutil" que jaz além do campo eletromagnético do corpo. O uso dos chakras, que são centros de energia sutis, sem nenhuma réplica física no corpo, revelou-se muito eficaz e um passo além do diagnóstico e tratamento tradicionais. Os chakras sofrem alteração e são afetados antes que o corpo físico acuse os sintomas e podem ser tratados mediante padrões de conduta ou de pensamentos harmoniosos. Esse enfoque é representativo do enfoque espiritual de tratamento e sofreu, recentemente, influência do tratamento esotérico, preconizado por Alice Bailey.[9]

A *Homeopatia* está baseada no princípio de que "o semelhante cura o semelhante". Os sintomas são encarados como expressões comportamentais de desarmonia, como uma indicação de que o corpo está lutando contra uma doença ou uma infecção, e são vistos como aspectos de um conjunto que incorpora todas as tendências para a doença. Os sintomas constituem uma informação valiosa e, devem, portanto, ser encorajados em sua manifestação, e não suprimidos. Os remédios são escolhidos para combinar com a sintomatologia e ministrados sob forma muitíssimo diluída (potencializada) de modo que as impurezas e efeitos colaterais das substâncias naturais são eliminados e a potência aumentada. Considera-se o aparecimento desses sintomas como um sinal de que um organismo saudável está procurando recuperar seu equilíbrio.

PEIXES E A 12ª CASA – SIGNO MUTÁVEL DA ÁGUA

De 17 semanas antes do nascimento ao nascimento.
(Auto-sacrifício, extrema receptividade, atividade psíquica, sensibilidade, karma, destino, escapismo, instituições, isolamento, drogas, solidão.)

Desde o começo da 12ª Casa, uma criança pode nascer e sobreviver, embora o aparelho respiratório, o fígado e o aparelho digestivo estejam ainda incipientes. A criança vive, respira e move-se dentro do âmnio, que é renovado a cada 3 horas. Muito da energia e do pensamento da mãe estão voltados para dentro de si, aumentando seu contato psíquico com a criança. Embora muitas pessoas a rodeiem, ela deve, eventualmente, compreender que, no momento do nascimento, estará sozinha e que a situação será de vida ou morte. A aceitação e a liberação dos profundos sentimentos que caracterizam o nascimento entram finalmente em jogo e coincidem com o começo dos trabalhos de parto. As reações maternais instintivas e a confiança nos humores e modulações hormonais, que subjazem à superfície, são de grande valor e garantem uma criança saudável.

Durante a segunda metade da gestação, a criança estabelece um contato psíquico mais forte com a mãe. O sistema linfático desabrocha e a criança está pronta para nascer. Esta casa é, tradicionalmente, o domínio dos fenômenos psíquicos, das percepções extra-sensoriais dos sonhos e fantasias.

O *Tratamento pela Fé* era, originalmente, executado por xamãs que retornavam ao mundo espiritual, para ajudar os doentes. As práticas xamânicas estavam difundidas em todas as culturas primitivas, incluindo a dos índios americanos, a européia, céltica, tibetana, mongólica, chinesa, japonesa, russa, esquimó, africana e muitas outras. Dons xamânicos podem estar latentes na pessoa, desde o nascimento, ou serem adquiridos durante a vida. Existem também abordagens "científicas" para curas espirituais que implicam orientação e manifestação da vontade, como acontece com a *Ciência da Mente*, a *Ciência Cristã* ou com o *Curso sobre Milagres*.

A *Oração* é o direcionamento do impulso espiritual na busca da paz e da harmonia.

A *Reflexologia* e a *Técnica Metamórfica* (outrora terapia pré-natal) são métodos de massagem no pé que partem do princípio de que toda a estrutura dos corpos físico, emocional, mental e espiritual encontra-se refletida nos pés e que um indivíduo pode aprender a ajudá-los atuando sobre seus pontos reflexos. Tal atuação freqüentemente evoca experiências pré-natais que podem, então, ser integradas. A técnica metamórfica está ligada ao toque, processo intuitivo que, seguido, conduz ao âmago do ser e pode levar à libertação de condutas estratificadas e à criação de novos hábitos.

Terapias da Oitava da Infância

A infância começa com o processo do nascimento, experiência que, para a maioria das pessoas e a quase maioria dos terapeutas, marca o começo da vida, estendendo-se até a idade de 7 anos quando o relacionamento ultrapassa o círculo familiar e se inicia o processo de afastamento do lar.

A primeira terapia que se ocupa da infância é, inquestionavelmente, a *Psicanálise* de Sigmund Freud, baseada na livre associação e que atribui o desenvolvimento desequilibrado da psique a fatores biológicos e sociais, afetados pela sexualidade infantil e pelo relacionamento com os pais. A contribuição notável de Freud foi a da conexão quase matemática que ele traçou entre a psique e a economia energética do corpo, suscitando a compreensão das doenças psicossomáticas. Algumas outras características da psicologia freudiana incluem a análise dos sonhos, o relacionamento desapegado do analista em relação ao analisando, os complexos de Édipo e de Electra, a criação de leis descritivas dos domínios da psique humana, leis estas amplamente consagradas pelo mundo científico atual.

Virtualmente, todos os distúrbios psicológicos parecem retroagir à época da infância, e Freud se comprazia em ser o "pai" de todos seus pacientes, atitude paternal que, realmente, criava obstáculos à sua humanidade. Um dos mais poderosos de seus conceitos era o de que, em nosso desenvolvimento infantil, recapitulamos a evolução de toda a humanidade, etapa por etapa, até o ponto em que nossa energia encontra uma barreira e regredimos a estágios anteriores em que nos sentíamos melhor. A psicanálise freudiana abrange todo o período da gestação. É interessante que numerosos casos de incesto relatados por suas pacientes foram, realmente, invalidados, e, no entanto, como podiam elas ter um conhecimento tão profundo, mesmo em nível fantasioso, da sexualidade se não a tivessem experimentado na infância? A primeira oitava da gestação e sua estrutura astrológica fazem-nos compreender que todos nós, seres humanos, trazemos, profundamente arraigadas, memórias sexuais correspondentes a nossos pais fazendo amor durante nossa concepção e, possivelmente, durante toda nossa gestação. Estes aspectos constituem, freqüentemente, informações essenciais para a Astrologia do Tempo Biológico.

O psicólogo *Piaget* formulou uma teoria referente a estágios desenvolvimentais distintos do nascimento até a adolescência que, embora não totalmente aceitos, constituem modelos valiosos sobre a evolução da criança.

O psiquiatra R. D. *Laing* começou por estudar a família como fonte da loucura e/ou sanidade e, durante toda sua vida, foi retroagindo cada vez mais e mais no que dizia respeito ao processo da vida até que, atualmente, está enfronhado no poder do período da concepção e suas implicações.

As idéias de Laing e os novos centros de tratamento libertaram a psiquiatria de uma camisa-de-força auto-imposta e abriram caminho para uma terapia familiar e para a necessidade de colocar a realidade psíquica individual dentro de um contexto.

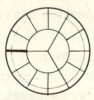

ASCENDENTE

Nascimento
(Personalidade, meio, circunstâncias do nascimento, pessoas presentes ao nascimento, reações quanto ao mundo, a máscara, modos de agir, atitudes pessoais.)

É quase universalmente aceito que os traumas de nascimento são responsáveis por muitos tipos de doenças, tanto psicológicas como físicas. A razão principal reside em que, no último século, com a ascensão e o aumento do poder da classe médica, o nascimento transformou-se, de processo natural, em procedimento médico-patológico. A desumanização do nascimento é encarada por muitos como sendo o principal fator das dificuldades da nossa sociedade moderna.

A correlação astrológica entre Ascendente/personalidade e o nascimento é fundamental e muito elucidativa. Quando um bebê nasce por meio de intervenção cirúrgica, os planetas Marte, Urano, Plutão ou Saturno estão, freqüentemente, presentes, ou em conjunção ou em aspecto com o Ascendente, indicando o médico-parteiro ou o cirurgião. Infelizmente, os mesmos indicadores são, também, portadores de violência, discórdia e de traumas para a personalidade da criança. A Tabela 4 da página 154 mostra a série de influências presentes ao nascimento que dizem respeito aos planetas em aspecto direto ou indireto em relação ao Ascendente. As primeiras terapias relacionadas com o nascimento tentam reativar o processo com a intenção de abolir os traumas, os sentimentos de medo e dor e a proximidade da morte. Os movimentos femininos reagiram no sentido de desenvolver formas alternativas de parto.

A terapia de Janov, do *Grito Primal*, recria as sensações do nascimento, tais como a de duplicar a pressão sobre a parte superior da cabeça, pressão essa experimentada durante o nascimento e, assim, o fazendo, libera a experiência do nascimento pela emissão de um grito. A catarse pode libertar a energia aprisionada na personalidade, de modo a permitir mais ampla expressão.

O *Renascimento* de Leonard Orr se refere a uma reexperiência do processo do nascimento, através de exercícios de respiração, visualização evocativa ou fatores ambientais, que podem ser muito úteis para a identificação e elucidação de traumas natais. Tal liberação através do som acontece em certos estágios de muitas terapias, acidentalmente ou não.

A *Osteopatia Craniana* é uma técnica de massagem na cabeça que traz alívio contra traumas natais e podem corrigir desequilíbrios do fluido energético.

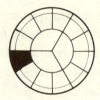

ÁRIES E A 1ª CASA – SIGNO CARDEAL DO FOGO

Do nascimento até 7 anos de idade.

(Auto-afirmação, desenvolvimento da personalidade, forma e aparência do corpo físico, primeiro círculo familiar, independência, dependência da mãe.)

O recém-nascido depende da mãe para a nutrição, a proteção, o calor e o amor. Todas as suas necessidades têm de ser supridas pela mãe ou por alguém que faça o papel dela, e a energia da criança está voltada a obter o que precisa, o mais rapidamente possível. A criança não se vincula a nenhuma outra pessoa que esteja por perto e ainda não as distingue separadamente.

A glândula timo estimula o coração e todas as atividades do crescimento que sejam motivadas pela capacidade de focalizar e receber luz após o terceiro mês.

As primeiras terapias incidem na 1ª Casa quanto a tratamentos de traumas associados a partos difíceis, ao primeiro sorvo de ar e à dor de entrar no mundo. Frederick *Leboyer* sublinhou a importância de estabelecer um forte vínculo entre a mãe e o filho, o qual pode ser favorecido por lugares suavemente iluminados, ambiente agradável e pelo contato imediato após o nascimento. E Michel *Odent* recomendou o parto líquido, como meio de criar um forte vínculo mãe-filho, o qual manter-se-á continuamente da gestação até a primeira infância.

TOURO E A 2ª CASA – SIGNO FIXO DA TERRA

De sete meses até um ano e meio de idade.

(Fisicalidade, matéria indiferenciada, substância pura, os sentidos, percepção passiva, segurança e propriedade.)

A fase de transição do desmame para a ingestão de alimento sólido assinala a primeira separação entre a mãe e o infante que se torna um ser-objeto independente, num mundo de outros objetos. O objetivo está em aprender a usar os sentidos para explorar o mundo físico e desenvolver padrões possessivos e sensuais. As glândulas paratiróides se tornam ativas e conduzem a uma vida de estabilidade, de passividade e segurança, em harmonia com o mundo material. Chegou o tempo de engatinhar e de estabelecer uma relação com o corpo e, através do corpo, com o mundo material. Os sentidos são investigados e sujeitos a todas as experiências. As terapias taurinas são físicas, usam o toque e são básicas.

A *Massagem em Bebês* e o *Toque-em-prol-da-Saúde* são formas de tratar bebês e crianças pequenas a fim de estabelecer sólidos vínculos e um forte relacionamento com a mãe.

A massagem apresenta múltiplas formas, e o que a diferencia é saber se ela tem fins prazerosos ou terapêuticos. A massagem terapêutica é freqüentemente dolorida, se bem que prazerosa em níveis mais profundos. Quaisquer que sejam as técnicas, a massagem estimula a pele e os órgãos internos, quebra a tensão da musculatura e proporciona uma sensação de bem-estar. O *Shiatsu*, forma mais complicada de massagem, usa pontos da acupuntura chinesa e abrange uma ampla série de curas.

As *Terapias Musical, Canora ou Sonora* são, na maioria, tipos de terapia freqüentemente subestimados, embora, através do som, seja possível atingir a criança nos muitos níveis profundos da psique que estão, de um modo geral, cerrados à consciência.

GÊMEOS E A 3ª CASA – SIGNO MUTÁVEL DO AR

De 1 ano e 8 meses a 3 anos e 6 meses de idade.
(Mente instintiva, comunicação, marcha e fala, adaptabilidade, imitação, irmãos, diversidade, pequenas viagens.)

O uso da energia no mundo físico se transforma em andar, falar e outras formas de comunicação. Os campos dos objetos são percebidos e a dualidade sujeito-objeto torna-se característica, pois muitos objetos parecem ter uma vida própria. As pessoas são copiadas e imitadas, enquanto nossa identidade flutua entre os mundos internos e externos da fantasia. As glândulas supra-renais suscitam arrojo e briga, raiva e apego e uma alta sensibilidade para a autopreservação. A necessidade de que nos comuniquemos exerce sobre nós uma forte pressão para estabelecermos alguma forma de contato.

A *Logoterapia* foi desenvolvida por Victor Frankl e envolve o mecanismo da linguagem como uma matriz dentro da qual armazenamos sentimentos e atitudes básicas em relação ao mundo.

A terapia *Diálogo Vocal* trabalha com as subpersonalidades que emergem durante toda a infância, especialmente quando aprendemos a falar e a imitar e a nos identificar com todas as pessoas de nosso meio. O processo de aprendizagem se concretiza à custa de uma grande confusão de identidades que demandam, em um estágio posterior da vida, a devida separação. Por estarmos aptos a identificarmo-nos e depois a desidentificarmo-nos com essas partes de nós mesmos, podemos dar início ao processo de cura.

A *Programação Neurolingüística* (PNL) trabalha com o modo pelo qual a língua é aprendida e usada para exprimir, ou não, sentimentos. Reações condicionadas a palavras ou meios de expressão podem ser entendidas, modificadas e usadas como canais mais livres.

O *Controle Silva da Mente* adota o sistema de pistas visuais para descobrir meios auto-hipnóticos a fim de aperfeiçoar a memória, entrando em contato com antigas experiências emocionais, e de compreender e trabalhar com o mecanismo da mente.

O *Método Feldenkrais* é uma forma de procedimento ligado a um aprendizado centrado no corpo e alcançado através do domínio de seqüências de novos movimentos que incentivam esse aprendizado. Baseado nos movimentos feitos pelas crianças nos primeiros anos da infância, o método Feldenkrais é uma redescoberta da possibilidade de movimentos graciosos. Freqüentemente liberador do *stress*, possibilita o relaxamento de músculos cronicamente enrijecidos e uma maior liberdade de movimentos.

A *Técnica Alexander* é uma técnica destinada a reintegração e harmonização da postura através de novos movimentos e de uma consciência mais desenvolvida dos tipos de movimentos existentes.

A *Terapia da Polaridade* afeta, igualmente, todo o organismo, fazendo o indivíduo reaprender a integrar e harmonizar os movimentos internos do corpo.

CÂNCER E A 4ª CASA – SIGNO CARDEAL DA ÁGUA

Dos 3 anos e 6 meses até 7 anos de idade.
(Parentes, identificação com a mãe, sistema familiar, sentimentos, vida no lar, receptividade, hereditariedade, intuição, o mundo psíquico, sentimentos pessoais, posses.)

As respostas emocionais à capacidade de comunicação estão condicionadas a atitudes dominantes e à influência dos pais, dentro do sistema familiar. Uma escala de valores é criada, devido à reação aos sentimentos alimentados em relação aos pais, amigos, família, religião e parentes. As relações se tornam mais complexas e os pais são diferenciados. Gera-se uma sensação crescente de segurança ou de insegurança em função da aceitação ou rejeição dos próprios sentimentos no seio da família.

Quando as estruturas emocionais se tornam definidas pela vez primeira e são excluídas ou integradas aos padrões sentimentais da família, essas estruturas são freqüentemente determinadas pelo relacionamento com o pai e a mãe. As terapias cancerianas são emocionais, orientadas para a família e intensamente pessoais.

As *Psicoterapias* são terapias emocionais em que a livre vazão dos sentimentos é considerada necessária para o bem-estar físico e mental (ver Figura 18 – A Roda das Terapias).

A *Terapia Familiar* é um método de tratar os problemas psicológicos individuais pela investigação e alteração dos procedimentos do grupo. As sessões incluem toda a família, e o foco da terapia volta-se, freqüentemente, para membros da família que não os que parecem, à primeira vista, ter problemas psicológicos. Muitas desordens psicológicas são provocadas pela família e perpetuadas por suas posições morais, atitudes, crenças religiosas e condutas comportamentais. Muito do antigo pensamento, que conduziu ao modelo da terapia familiar, derivou de teorias gerais de sistemas, um conceito primário das ciências matemáticas.

Remédios Florais do Dr. Bach e *Remédios Florais da Califórnia* são essências diluídas de flores que podem ser usadas para modular os padrões comportamentais emocionais pela introdução de um padrão de conduta saudável e pelo reestabelecimento de contato entre a alma e a mente.

Terapias da Oitava da Maturidade

A oitava da maturidade abrange o desenvolvimento do corpo mental, nossa forma de entender e de nos relacionarmos com o mundo, e é posta em prática durante toda nossa vida após a infância. Os quatro estágios da maturidade são, em si mesmos, muito diferentes e importantes porque nossa energia desenvolve-se e transmuta-se para formas ainda mais elevadas. A oitava da maturidade ocorre quando, virtualmente, todas as pessoas atingem o topo de seu foco energético e portanto o ponto de regressão mais provável.

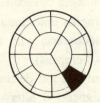

LEÃO E A 5ª CASA – SIGNO FIXO DO FOGO

Dos 7 anos até 13 anos de idade.

(Autoconsciência, criatividade, participação em jogos, competição, orgulho, afeições, amor por si mesmo e pelos outros, representação, confiança, educação, publicação, especulação.)

Na escola primária aprendemos as regras do jogo de nossa sociedade, da religião e do mundo, uma vez que, através de jogos, aprendemos a fazer contatos e a forjar relações com terceiros, para que possamos nos exprimir na totalidade. As relações pessoais prosseguem a partir de contextos cada vez mais amplos de jogos e, em todos os estágios de nossa existência, encontramos modelos de representação sobre os quais moldamos nossa vida de fantasias. A autoconsciência predomina e a aceitação é a meta da grande energia existente, além da grande expansão do crescimento, ativado pela glândula pituitária posterior.

O *esporte* é uma terapia fundamental e pessoas de todas as idades se beneficiariam com a prática de um esporte apropriado que lhes proporcione um canal para a evasão de energias agressivas ou grupais – o que está faltando em nossa moderna sociedade. O esporte representa, freqüentemente, um estágio, recordado na velhice, quando, em suas poltronas, em substituição a ele, os atletas recordam as vitórias e honrarias passadas.

A *Gestalt* foi criada por Fritz Perls como uma forma interativa de dar expressão a nossos processos de personalidade e deles participar de uma forma dinâmica. O desempenho da gestalt pode ser muito útil no sentido de permitir um nível bem mais profundo de observação e participação em relação a nosso próprio ser. Mudanças de atuações produzem uma alteração no caráter e podem conduzir a transformações biológicas.

Todas as formas de *Medicina Energética* baseiam-se numa atividade criativa dos corpos físico e emocional em relação ao mundo exterior. As energias que fluíram durante uma infância superprotegida freqüentemente incorrem em bloqueios generalizados, quando confrontadas com as realidades do mundo.

Andrew Still desenvolveu a *Quiroprática* como uma forma de diagnóstico e tratamento das desordens musculares e do esqueleto, causadoras de dores crônicas ou agudas e de desequilíbrios psicológicos provenientes da coluna vertebral e das articulações do corpo. A manipulação é a forma adotada para corrigir a coluna e ajustamentos são realizados para melhorar o movimento ou a flexibilidade nas áreas necessitadas.

O *Treinamento Autógeno* é uma forma de auto-hipnose que tem por incumbência liberar os impulsos antagônicos de coragem e covardia das supra-renais e eliminar a dependência do paciente para com o terapeuta, práticas não muito recomendadas pela maioria deles. A liberdade de escolha e as partes físicas que correspondem tanto a aberturas como a bloqueios podem atingir um ideal em se aliando a mente à matéria. Tratando-se do tempo em que começamos a deixar o lar, torna-se evidente que a liberação da figura paterna é aqui fundamental.

VIRGEM E A 6ª CASA – SIGNO MUTÁVEL DA TERRA

Dos 13 aos 23 anos e 5 meses de idade.
(Purificação, discriminação, ingenuidade, puberdade, hábitos de dieta e saúde, educação secundária, trabalho, emprego.)

À medida que o adolescente cresce, a sexualidade entra em cena e é o principal fator nessa época em que o emprego de habilidades naturais conduz a escolhas quanto ao modo em que nosso corpo se relaciona com o mundo e nós com ele. Os jogos tornam-se disputas sérias, os vencedores realmente vencem, e precisamos começar a responder por nossas ações. As exigências exteriores da vida são exageradas e os ideais se chocam com a realidade, barreiras sociais, mobilidade e o mundo real. Onde a especialização é estimulada, requer-se flexibilidade e valoriza-se a experiência em todas as áreas, principalmente na área de relações. O criticismo pode ser externado ou aceito internamente, enquanto que a auto-organização é aprendida como uma preparação para o mundo.

Este é um dos períodos mais importantes para a saúde, porque muitos hábitos alimentares e comportamentais são criados e inseridos no processo de afastamento do lar. A quantidade e os tipos de exercícios são estabelecidos, especialmente após a escola secundária. O relacionamento com o corpo se forma na e após a puberdade quando começa a experiência sexual, amplia-se o mecanismo das relações e são ensaiados os primeiros passos rumo à independência.

A *Nutrição* constitui uma das terapias mais importantes porque afeta a todos. A dieta da maioria das pessoas não é salutar devido ou à qualidade da comida escolhida ou ao uso disseminado de hormônios, aditivos, radiação, pesticidas, processamentos e outros venenos. Estudos recentes atribuíram a maioria de nossas doenças, tanto mentais como físicas e emocionais a uma dieta imperfeita. A nutrição correta é a que compreende os nutrientes certos e elimina substâncias causadoras de desequilíbrio, e inclui o uso de vitaminas e de suplementos minerais. Devido à maneira pela qual o alimento é cultivado, armazenado e embalado, torna-se, em regra, difícil poder contar com nutrientes adequados, mesmo em se tratando de uma dieta balanceada. A dieta pode, inicialmente, ser terapêutica, mas uma vez alcançado o equilíbrio, pode tornar-se menos rígida, mantendo-se, porém, a intenção de guardar o equilíbrio.

A arte do *Herbalismo Medicinal* consiste no uso de substâncias ou extratos vegetais para atenuar os sintomas e fortalecer a saúde. Todos os remédios vegetais são freqüentemente misturados a outros para criar alterações individuais que incentivem a cura natural.

A *Medicina Farmacêutica*, embora situada no cerne dos problemas criados pela medicina alopática, é essencial, porque algumas doenças demandam drogas. Algumas vezes são necessários antibióticos, porém a destruição resultante, e em grande escala, da flora intestinal, criará a necessidade da reintrodução de bactérias intestinais, a fim de restaurar o equilíbrio. Quando há necessidade de quimioterapia, no caso de câncer ou leucemia, o sistema imunológico precisa ser reconstruído mediante dieta, suplementos vitamínicos e medicina energética.

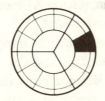

LIBRA E A 7ª CASA – SIGNO CARDEAL DO AR

Dos 23 anos e 5 meses aos 42 anos de idade.
(Sublimação, equilíbrio, sociedade, casamento e família, o público, obrigações, justiça, relações comunitárias, sociais e comerciais.)

Com a cúspide da 7ª Casa, entramos na metade superior, consciente do horóscopo. A objetividade se concretiza através de afinidades, das relações societárias e com o mundo exterior. O equilíbrio é alcançado através da sublimação da própria personalidade em favor de uma maior plenitude. O tipo de equilíbrio que buscamos está refletido nas pessoas, idéias e organizações que escolhemos para associar-nos. O equilíbrio entre os mundos interior e exterior é também alcançado ou pela projeção de qualidades, de dentro para fora, em relação a terceiros ou assumindo, nós mesmos, a responsabilidade por elas. A síntese implica mesclar qualidades positivas e negativas e transformar nossas heranças familiares inconscientes em relações produtivas e carinhosas para com o mundo.

Como a 7ª Casa corresponde ao mais alto nível que a maioria das pessoas irá atingir, é muito comum que os relacionamentos sejam a causa dos últimos bloqueios, após uma vida de progresso contínuo. Quando as relações são de difícil solução, dá-se a regressão para o inconsciente, regressão essa associada às primeiras cinco casas.

Sendo um período de sociedade e negócios, muitas das doenças causadas por *stress* irrompem durante a 7ª Casa. Como uma casa ligada ao ar, o foco se encontra em doenças imaginárias e em dificuldades nas relações. É a época em que muitas pessoas necessitam de psicoterapia e em que o objetivo de alcançar o equilíbrio na vida reveste-se de extraordinária importância.

Conselhos e a *Sexoterapia*, com fins terapêuticos, são importantes complementos de muitas formas de terapia física e psicológica. A função e o significado do orgasmo e de liberação sexual constituem o principal aspecto da terapia reichiana, assim como o componente sexual em outras terapias é fundamental.

A *Biofeedback* refere-se ao uso de instrumentos para medir o ritmo cardíaco, a temperatura, a tensão muscular, as ondas cerebrais e depois passar essa informação ao cliente, através de sinais sensoriais, de forma a que ele possa aprender a controlar e alterar esses ritmos básicos de funcionamento. O controle pode ser exercido para diminuir ou eliminar o *stress* e seus correspondentes indicadores fisiológicos como doenças cardíacas ou epilepsia. A disciplina e a instrução que acompanham a *biofeedback* são a meditação, a visualização criativa, a pintura de mandalas ou a livre associação, a composição poética e outras.

A *Acupuntura* e a *Massagem por Acupressão* são técnicas chinesas para a manutenção do equilíbrio do organismo em todos os níveis, o que se consegue estimulando os canais de energia que correm através do corpo. A medicina chinesa tem um sistema sofisticado de diagnóstico que usa muita vibração e outras técnicas para determinar o estado de saúde, em um nível energético, algumas vezes antes mesmo das manifestações se tornarem patentes. A filosofia do Yin e do Yang é fundamental na acupuntura e diz que a primeira causa da doença é o desequilíbrio entre as energias masculinas e femininas, essencial para se descobrir a distorção original; que a dieta é fundamental para conservar o equilíbrio uma vez alcançado e que os extremos são as causas primárias dos males. A acupuntura faz uso de agulhas finas, massagem ou moxabustão (queima de ervas) para restaurar o fluxo do *chi*. No Ocidente, a acupuntura está sendo usada como anestésico.

A *Massagem Shiatsu* é uma forma japonesa de acupuntura, freqüentemente empregada em conjunto com a mesma. Tem características semelhantes ao Rolfing que modifica as reações de tecidos profundos e cria novos padrões.

A *Terapia em Grupo* é um tipo de psicoterapia que trabalha com energias grupais e cria um novo contexto no qual a vida e suas relações essenciais podem funcionar.

O *Co-aconselhamento* é um método de psicoterapia pelo qual as pessoas podem ajudar umas às outras sem a intervenção de psicoterapeutas. Isso geralmente implica que o conselheiro e o cliente mudem de posições, em um intercâmbio sereno, que pode levar à libertação das emoções.

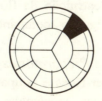

ESCORPIÃO E A 8ª CASA – SIGNO FIXO DA ÁGUA
Dos 42 anos até a morte.
(Meia-idade e velhice, processos vitais, karma, separação, metafísica, ocultismo, partilha de bens, legados, perversidade, morte.)

A partir da instauração da crise da meia-idade, ocorre uma gradual separação do mundo, uma procura interior de seus próprios caminhos e necessidades e uma tendência a ponderar sobre a natureza do mundo, conducente, em última análise, à antecipação da morte.

Os sentidos, desenvolvidos na 2ª Casa oposta, vão enfraquecendo pouco a pouco até, afinal, sucumbirem; maus hábitos de toda uma existência retornam, perseguindo-nos e torturando-nos, quando precisamos fazer as pazes com o mundo. Isso pode significar isolamento, repercussões kármicas de más ações passadas ou uma despedida graciosa do palco da vida. Ao fim de nossos dias, a sensação da passagem do tempo se acelera tremendamente: até parece voar. A senilidade pode, freqüentemente, resultar da distorção do sentido do tempo.

A procura de um sentido, a revivescência ou reestruturação das relações matrimoniais após a partida dos filhos e a necessidade de ir ao encontro de valores vitais básicos e mais elevados adquirem primordial importância. As psicoterapias transpessoais prevalecem a esta altura.

As *Psicoterapias Transpessoais* concentram-se na integração da psique após terem, os assuntos mundanos da vida, sido resolvidos e quando, então, a busca se transforma no próximo estágio. Isso pode assumir a forma de um trabalho criativo, de atividades em grupo ou estudos esotéricos, conversão ao budismo, taoísmo e outras buscas religiosas.

A *Terapia de Irrigação Intestinal* limpa o cólon nos locais em que as toxinas se acumularam devido a alimentos processados (enlatados, congelados, beneficiados), carne, leite e seus derivados e, sobretudo, a uma dieta falha. De um modo geral, os lactobacilos são repostos para contrabalançar a destruição da flora intestinal causada pelos antibióticos. Esse tipo de irrigação acompanha, geralmente, tratamentos de desintoxicação.

As *Terapias Terminais e Preparatórias para a Morte* foram introduzidas por Elisabeth Kubler-Ross e ocupam-se do trabalho com pessoas desenganadas, cancerosas, leucêmicas e idosas. A *Terapia LSD* implica o uso clínico de alucinógenos, no caso de doentes idosos ou terminais, a fim de ajudá-los em sua viagem para o além.

Terapias da Oitava Transpessoal

A última oitava do ser está em ressonância com a gestação e as terapias da gestação são, simultaneamente, de natureza transpessoal ou transcendental. Muitas terapias neste nível estão preocupadas com iniciar o indivíduo no aprendizado de ampliar a realidade para além das estreitas fronteiras materiais.

O *Budismo Tibetano* é uma teologia multiescalonada que se estende para além dos confins das concepções ocidentais de vida. Mesmo os modelos místicos ocidentais, que reconhecem a realidade transpessoal, apenas tocam as fímbrias da psicologia budista que se alça a páramos sublimes e mais diáfanos. Muitas correntes de terapia são grandemente influenciadas pelo budismo tibetano.

A *Psicologia Esotérica* também alcança esferas que suplantam os mundos físico, emocional e mental e, baseada nos ensinamentos de Alice Bailey, atinge o domínio da consciência planetária.

A obra de *Gurdjieff – Ouspensky* considera os problemas da vida individual e do mundo físico mecânicos e sem importância, afirmando que A Obra começa com o reconhecimento de que o esforço grupal e as realidades transpessoais estão situados além, nos planos mais elevados do ser.

Famílias de Terapias

Embora tenha sido aqui apresentada uma síntese bem ampla de terapias alternativas e complementares, muitas não foram mencionadas.

A sensibilidade aliada às características gerais de cada signo do zodíaco e casas equivalentes devem capacitar o leitor a incluir quaisquer terapias adicionais, sistemas religiosos, etc., na lista da roda.

A correlação entre as terapias e os signos zodiacais não pretende ser absoluta. Muitas terapias se encaixam em mais de um signo, e a maioria incorpora elementos de outras técnicas terapêuticas. As características, portanto, destinam-se mais a ser um ponto de partida para futuras investigações que um sistema rígido. Cada indivíduo é diferente do outro e a complexidade dos tempos modernos torna qualquer sistema de características rígidas muito restrito e genérico.

Tendo em vista o cilindro da vida, torna-se claro que o desenvolvimento da doença se processa de "cima" para "baixo". A doença resulta do afastamento do caminho da plena percepção espiritual e do mergulho na esfera do desequilíbrio. Alice Bailey descreveu a doença como "um reflexo distorcido das possibilidades divinas".[10] Quando o enfoque total da vida sofre distorção, seus efeitos são mais facilmente reconhecidos, no nível energético, sob a forma de falta de energia ou dificuldade para encontrar seu próprio centro. O desequilíbrio espiritual se estende rapidamente aos níveis mentais que, por estarem inseguros, manifestam, quando as idéias estão distorcidas, falta de compreensão ou dificuldade de comunicação. O desequilíbrio mental transfere-se para os níveis emocionais (oitava da infância) quando as relações se rompem e se tornam doentias e quando os sentimentos não encontram canais adequados de expressão. Somente então, os sintomas começam a aparecer no plano físico. E, conseqüentemente, quando os sintomas físicos surgem, é claro que a doença já conquistou uma firme posição nos níveis emocional, mental e espiritual.

Muitas terapias que parecem ser holísticas mostram-se inadequadas quando vistas no contexto do modelo escalonado do organismo psicofísico, porque, quando sintomas físicos, indicativos de desequilíbrios mais profundos (e mais elevados) são suprimidos ou eliminados, torna-se praticamente impossível corrigi-los e restaurar o equilíbrio a menos que *todos* os níveis sejam profundamente remexidos o que se dá no caso de doenças crônicas ou mortais.

É essencial que se selecione a terapia sabendo-se de antemão que, freqüentemente, uma série delas será necessária, a não ser que a terapia escolhida contenha as qualidades requeridas.

Franca Confiança

A primeira questão que surge no caso de curas holísticas ou complementares é a da natureza da relação (transferência) entre terapeuta e cliente. A doutrina de Freud afirmava que o terapeuta deveria manter uma atitude "objetiva", distante e, às vezes, superior ao cliente para evitar transferência ou identificação deste com o terapeuta. Embora o movimento holístico não aceite que um contato mais próximo seja essencial, existe um espaço crítico, no qual a comunicação é sabotada. No contexto terapêutico, presume-se existir confiança entre o terapeuta e o cliente, o que significa que a nenhum dos dois é permitido comentar os sucessos da sessão. Essa confiança levou, na verdade, à clara negação da comunicação.

As pessoas recorrem, muitas vezes, a dois ou mais terapeutas que não se conhecem, ou se submetem a múltiplas terapias tão diferentes que dá para perceber que agem sobre partes diferentes do indivíduo. A confusão e mistura de sinais que essa situação gera é muito comum e muito semelhante às mensagens mixadas que, sabidamente, estimulam a esquizofrenia. Esta situação se repete continuamente, devido à falta de comunicação entre terapeuta e cliente e entre os terapeutas entre si. Pelo menos, na área médica, o dossiê passa para outro profissional, acompanhado de um relatório.

Um mecanismo que eliminaria muitas das dificuldades provenientes de sinais terapêuticos mixados seria aquilo que denominamos de *Franca Confiança*, que é a troca consciente de informações, previamente autorizada, tanto fisiológicas como psicológicas, entre todos os terapeutas que trabalham com um mesmo indivíduo. Na melhor das hipóteses, isso envolveria um intercâmbio de introvisões e informações entre os terapeutas para se chegar a um consenso sobre o tratamento mais satisfatório para cada indivíduo. Essa abertura dissiparia o problema fundamental que a confiança cria, a saber, que até que os problemas e introvisões pessoais não se tornem conhecidos da própria pessoa e das pessoas que a rodeiam, continuarão a constituir bloqueios.

Na prática, o conceito de franca confiança equivale ao reconhecimento de que nenhum terapeuta isolado, pouco importa quão profundo ou eficiente ele seja, tem capacidade para ser tudo para o seu cliente.

Muitos terapeutas e muitas terapias afirmam ser holísticas, no sentido de que podem, eficientemente, tratar todas as pessoas, o que, porém, raia à megalomania e é, muitas vezes, uma atitude de defesa ou uma prova do espírito de competição no que diz respeito às outras terapias. A realidade subjacente a esse aspecto de terapias complementares é a de que ainda existe, para muitos, uma insegurança quanto a seu trabalho, agravada pela falta de reconhecimento por parte da medicina ortodoxa. Adotar um método abrangente, quando as possibilidades são restritas, é um problema que exige solução a curto prazo.

O reconhecimento de que o terapeuta não pode fazer tudo tira um grande peso de cima não só do terapeuta, como do cliente. No presente meio terapêutico, ligado à medicina complementar ou alternativa (e a confusão que reina quanto à denominação é simbólica do problema quanto ao que seja realmente o novo movimento) existe um perigo muito grande: o de recriar o mesmo emaranhado de especialidades destituídas de uma visão global, integrante das terapias. Uma possível solução para esse impasse seria introduzir a franca confiança no processo.

Idealmente, cada pessoa precisa de uma série de terapias, cada qual aceitando a responsabilidade por uma parte do todo. As terapias transmitem técnicas empíricas que nos permitem criar nossos próprios circuitos de *feedback* (realimentação) e começar a nos curar a nós mesmos. Tirar o controle dos médicos, ortodoxos ou não, constitui um sério desafio para a visão alternativa da saúde e da cura. A cura não é realizada por uma outra pessoa a nosso favor, mas antes é a recuperação da harmonia graças ao nosso próprio esforço.

Um número muito grande de terapeutas consideram suas terapias como um fim em si mesmas. Eles encorajam os clientes a participar de programas de treinamento para também se tornarem terapeutas, em vez de admitir que as técnicas psicoterapêuticas são meios. Embora os programas de treinamento sejam essenciais para ensinar técnicas de autoajuda, a tendência a se tornar terapeuta, considerando a terapia como um todo universal, constitui realmente um problema. Os meios são necessários, mas não devem ser confundidos com os fins.

Muitos terapeutas estão começando a reconhecer que têm necessidade do apoio de outras terapias para melhor se desincumbirem de suas tarefas. Os que adotam a técnica Rolf conscientizam-se de que seus clientes começam a externar emoções de raiva ou frustração e, no entanto, a menos que tenham conhecimentos de psicoterapia, que a maioria não tem, não podem orientá-los nessa direção. Para trabalhar com sucesso, é necessário que os adeptos da técnica Rolf sejam treinados em psicoterapia (o que muitos são). Uma ótima opção seria, se pudessem, a de encaminhar os clientes a um psicoterapeuta, cônscio dos propósitos e objetivos da técnica Rolf, e que possa criar uma superfície de contato com o processo de terapia corporal em benefício de ambas.

O inverso também é verdadeiro. Os psicoterapeutas sentem a necessidade de certos exercícios físicos para dar um fundamento sólido às experiências emocionais, mas, freqüentemente, falta-lhes o treinamento devido. Neste caso, novamente, o problema *não* está em passar o cliente para alguém mais capacitado, mas em admitir a *integração* com outras terapias, no momento exato. É nesta área que a astrologia é extremamente valiosa. É possível ver em que níveis e, portanto, quais terapias são as provavelmente necessárias ao indivíduo no início da sua jornada. Além disso, a sincronização das mudanças das fases geralmente coincide com as fases da vida definidas astrologicamente.[11]

Como Descobrir as Causas Originais da Doença

A forma tradicional da medicina astrológica consubstancia-se num processo de diagnóstico e referência que dá pouca atenção ao fator tempo. Quando o horóscopo acusa a tendência a uma determinada doença, a questão de quando essa doença possa vir a se manifestar é, freqüentemente, deixada em aberto. Os sistemas pelos quais esses momentos podem ser descobertos correspondem às camadas situadas no topo do horóscopo do nascimento, o qual, por sua vez, não tem uma escala inerente de tempo, como acontece com a Astrologia do Tempo Biológico.

Os dois sistemas principais são os trânsitos e as direções. *Trânsitos* são as posições atuais dos planetas no céu, comparadas com as posições vigentes à época do nascimento (Horóscopo 3, *ver* Figura 21). Quando Urano, o planeta desestabilizador transita pelo horóscopo do nascimento, em oposição a Saturno, planeta estabilizador, irritação, tensão e movimento tornam-se inevitáveis. A influência dirimente de Urano não alterará a característica de Saturno, pelo contrário, aumentará a tensão. Os trânsitos qualificam os planetas natais e podem transformá-los, quando o fato transiente é conscientemente analisado. De um modo geral, os trânsitos são usados pelos astrólogos mais para determinar o momento de ocorrência dos eventos na vida que a qualidade dos mesmos.

Direções são fórmulas pelas quais os planetas natais são levados a avançar através do horóscopo visando descobrir e antecipar os anos em que as mudanças possam vir a ocorrer. As direções mais usuais são as do Arco Solar, que avança, para cada planeta, um grau, a cada ano da vida. À idade de 32 anos, cada planeta ter-se-á movido 32° ao longo do zodíaco e, quando um planeta dirigido forma um aspecto com um planeta natal, a qualidade básica é reativada.

Para fazer uso dos trânsitos e das direções, é importante compreender o horóscopo natal, e este conhecimento mostra-se, com freqüência, insatisfatório na moderna astrologia. A escala Vida-Tempo possibilita o entendimento de uma sincronização básica, antes de ser ativado qualquer sistema direcional. Quando Saturno, visto no Horóscopo 2, paira sobre a 2ª Casa e é registrado à idade de 1 ano e 3 meses, época em que, sendo pequenina, uma criança se apega à avó em busca de segurança, passando aquele planeta a sofrer oposição de Urano, pode acontecer que as figuras avoengas desapareçam ou se insurjam, fazendo com que a criatura se sinta abandonada. Se bem que a compreensão dos fatos não recrie uma avó, pode, no entanto, permitir ao indivíduo que recrie uma avó dentro de si que, se não proporcionar a segurança requerida, estará sempre presente quando necessária. O vínculo de um planeta com sua própria idade de registro inicial é essencial para detectar a causa primordial da doença. Freqüentemente, o desassossego, a intranqüilidade pode remontar diretamente ao mais primitivo registro de planetas causadores do desequilíbrio, desequilíbrio que pode curar-se naturalmente sem intervenção.

O modo de descobrir a "raiz causal" da doença está em observar a configuração do aspecto do horóscopo. O ponto de partida está na idade em que a pessoa, pela primeira vez, identifica os sintomas. No horóscopo 2 (Figura 20), um homem de 35 anos sentiu o que ele jul-

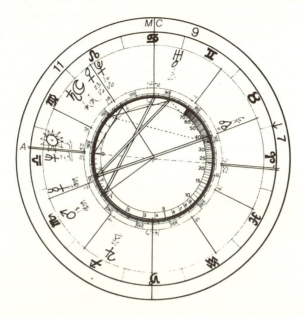

Figura 20.

gava ser uma "possessão demoníaca", que resultou de uma árdua experiência com drogas e da morte acidental de sua amada. Embora a causa de seu estado fosse, sem dúvida, atribuível ao uso de drogas, a causa subjacente existia muito anteriormente em sua vida. Aos 34 anos, ocorreu um trígono sensitivo advindo da Lua e aos 34 anos e 9 meses advindo de Saturno em Virgem na 11ª Casa, ambos acompanhando sua entrada no signo de Touro aos 34 anos. Como a conexão Lua/Saturno está especialmente identificada com "doenças psíquicas ou depressão; doenças hereditárias; pessoas tristes, inibidas, solitárias; mãe ou mulher solitária; ansiedade; alterações de humor; afastamento da esposa ou mãe",[12] está claro que a causa primordial reside nas dezoito semanas anteriores ao nascimento. Sua mãe estava, sem dúvida, só, sentindo-se abandonada, e muito possivelmente sofrendo, em seu corpo, de perturbações crônicas, freqüentemente provocadas pelo uso excessivo de drogas ou álcool. O sensitivo aspecto sextil de Urano na 9ª Casa, logo após a concepção, e portanto ainda mais anterior, acarreta um pendor ainda mais profundo para a "esquizofrenia hereditária; o interesse por páramos e ciências metafísicas; tendência ao exagero, fanatismo e à sobrecarga dos nervos; e a contactos com mulheres inquietas, ambiciosas e nervosas".[13] Os males herdados de sua mãe o afetaram enquanto ela o estava carregando e foram reativados devido à combinação do uso de drogas e de um "caso" com uma mulher nervosa como sua mãe. A ansiedade e o medo inconsciente criados pela situação demonstraram, assim, constituir herança materna e, para ele, a terapia correta realizar-se-ia através da astrologia, a terapia da 11ª Casa, que forneceu informações esclarecedoras do problema a partir de um ponto exato.

A história de uma doença é freqüentemente traçada ao longo das linhas do aspecto, retroagindo-se da idade atual à infância e concepção. Podem surgir duas forças diversas e igualmente poderosas, indicadas por constelações distintas. No Horóscopo 3 (Figura 21) uma mulher

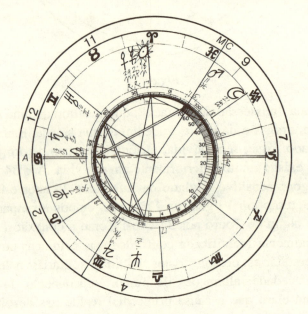

Figura 21.

que tivera uma série de abortos, filhos natimortos e tentativas de suicídio, era regida por duas constelações de aspectos diferentes e também por duas personalidades distintas, uma de mulher quieta e gorducha e outra, de loura glamourosa e sensualíssima. Havia suspeitas de que havia tido meningite ou tuberculose na infância. Ambas as constelações conduziam à gestação e ao registro da Lua em sextil com o Sol. Embora este aspecto, em si, seja muito bom, o fato de estarem os aspectos vinculantes em sesquiquadratura em relação a Saturno (ansiedade, separatismo, doenças hereditárias) e a Netuno (consciência deturpada, preocupação, auto-engano, instabilidade) a partir da Lua; e em relação a um Júpiter inconjunto (fracas funções regenerativas) e a um Nodo quadrado (disfunções do sistema nervoso vegetativo, afastamento dos seres humanos) a partir do Sol revelam a existência de uma deficiência congênita, herdada tanto do pai como da mãe. Traçar o problema dessa mulher a partir das mais remotas influências planetárias e permitir que se identificasse com os aspectos positivos dos planetas envolvidos foi-lhe uma revelação, à luz de sua vida de dores. Ambos os lados de sua personalidade precisavam da atenção de um companheiro, mas como isso não foi possível, ela acabou, após dois casamentos frustrados, vivendo com três crianças adotadas, que representavam as partes de si mesma que não puderam ser previamente integradas.

A Escolha da Terapia a Partir do Horóscopo

Uma das maiores virtudes da astrologia associada às terapias alternativas está em que é freqüentemente possível determinar, a partir do horóscopo, as terapias mais eficientes para uma pessoa. Isto pode acarretar a escolha de uma única terapia ou de uma série de terapias que, conjugadas, proporcionam um incentivo de cura em muitos níveis. Embora seja fácil generalizar no tocante às terapias mais recomendáveis para cada oitava ou elemento do horóscopo, a realidade é que a maioria das pessoas têm planetas em todas as três oitavas e em todos os quatro elementos, o que, conseqüentemente, acarretará mais de uma terapia na vida. À medida que se continua a crescer, existe uma grande probabilidade de que uma sucessão de terapias venha a se tornar essencial.

O processo da vida determina, em grande parte, qual a terapia requerida em um dado momento, uma vez estabelecido o planeta ou constelação de planetas responsáveis por uma certa etapa da vida. O fato de que, na vida, mudamos, alicerça esta maneira de compreendermos a terapia. Embora nossa essência possa permanecer, geralmente, a mesma através de toda a existência, devido à marca impressa na gestação, as formas exteriores de nossa vida, a velocidade com que crescemos e a natureza de nossa compreensão da vida podem variar tremendamente, e isso deve ser levado em consideração.

Muitas terapias tratam suas funções como permanentes, como se representassem o último recurso, a última fonte de entendimento. Isto pode estar subentendido ou ser inconscientemente transmitido, mas está lá. Poucas terapias reconhecem serem apenas instrumentos úteis para um trecho da jornada. A ânsia do definitivo está profundamente arraigada em nós e é difícil extirpá-la.

O primeiro contato com a terapia é, freqüentemente, miraculoso, mas com o tempo chega-se ao reconhecimento de que a "solução" representa apenas uma solução a uma série de circunstâncias presentes, e raramente uma equação que encerre uma verdade eterna. E, uma vez compenetrados de que os problemas da vida podem ser trabalhados, torna-se claro que esse trabalho deve ser realizado em todos os níveis.

A estrutura do horóscopo indica o *potencial* para a doença. Cada planeta representa o sistema orgânico, a glândula e parte do corpo com os quais tem afinidade. Somente quando o planeta é ativado de forma negativa ou bloqueado em sua atividade a doença aparece. Torna-se, então, necessário averiguar quais são os planetas causadores do problema.

Os planetas considerados *maléficos* são Marte, Saturno, Urano, Netuno e Plutão, todos, com exceção de Marte, planetas externos que se movem mui lentamente através dos signos. Os signos regidos por estes planetas maléficos estão, freqüentemente, relacionados com os mais frágeis estágios psicológicos da vida e com as partes mais vulneráveis do corpo. Isto torna-se sobremodo evidente quando mais de um desses planetas se apresenta em comunhão com qualquer signo.

As conjunções dos planetas maléficos são especialmente críticas, em parte porque tendem a compor o dilema e em parte porque não é fácil separar os efeitos de dois ou mais planetas envolvidos. Suas ações tornam-se confusas e entrelaçadas de forma que é muito difícil distinguir com clareza. Certas combinações são antagônicas entre si. No

Horóscopo 4 (Figura 22) Marte e Urano estão ambos em conjunção no ASC, revelando que seus princípios de "súbita aplicação de esforço, ação, ânsia de liberdade e independência, tensões e compulsões ou espírito de luta", causados por seu parto cirúrgico, estão ligados à sua personalidade.

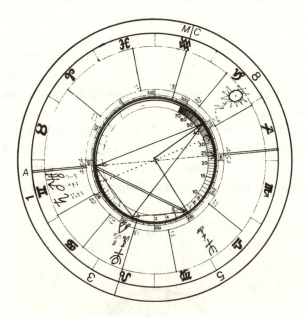

Figura 22.

O parto foi induzido, o que o exato trígono de Netuno indica, e extremamente traumático, demonstrado pelo sextil de Plutão com o Nodo. A constelação ligada ao Ascendente/Personalidade é de natureza muito difícil porque, cada vez que ela se expressa, toda a tensão do nascimento vem à tona.

O fato de o Ascendente, Marte e Urano estarem todos no signo de Gêmeos indica que os pulmões encontravam-se particularmente afetados quando ativada a constelação. Ambos os planetas provocam grande tensão e implicam grande perigo no caso de qualquer doença pulmonar. A dificuldade em expressar-se deslocar-se-á para os pulmões.

Devido ao fato de Marte, Urano, Plutão e do Nodo próximo ao nascimento estarem na oitava da infância, as experiências e tensões estão ligadas ao corpo emocional. Por estarem todos situados abaixo da linha do horizonte, do plano da consciência, ele, provavelmente, não terá consciência do problema e, em todo caso, não se tornará ciente de que algo está errado até atingir o ponto de oposição ao Ascendente, quando contar, no mínimo, com 24 anos de idade. A pessoa em questão começou com psicanálise freudiana no ponto oposto a Saturno na 1ª Casa (concentração sobre a personalidade), mas, após cinco anos de análise, sentiu necessidade de um esquema mais aberto para sua terapia. Como indivíduo criativo, a natureza dessa terapia foi indicada pelo signo de Sagitário, que o regeu dos 21 aos 38 anos e 4 meses de idade, oferecendo possibilidades terapêuticas ligadas à ioga, à meditação e à psicologia transpessoal.

Pode suceder que a terapia mais apropriada seja determinada por uma constelação do horóscopo ainda não ativada à época do reconhecimento de um problema. Este é o caso em que o trabalho requerido, para ser proveitoso, necessita de uma firme base anterior.

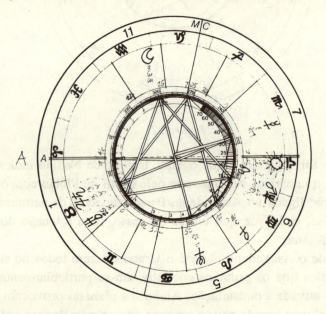

Figura 23.

No caso de John Lennon (Horóscopo 5; Figura 23) é bem conhecido, devido a seu relacionamento com Yoko Ono e às letras de várias de suas canções, notavelmente "Mãe" que clamava contra sua separação da mãe – que o foco primordial de sua vida psicológica eram as mulheres e, por extensão, questões maternas. A entrada de Lennon no signo de Escorpião aos 28 anos e 6 meses assinalou o fim do seu relacionamento com os Beatles e com sua primeira esposa, e o início da ligação com Yoko Ono. Lennon começou também a trabalhar com Janov, submetendo-se à Terapia do Grito Primal. A dificuldade está dirigida à personalidade, como podemos ver pela posição do Ascendente em Áries. O Ascendente em Áries, em si, indica trauma ao nascimento, enquanto que a oposição por parte do Sol, mostrando que seu pai não estava presente naquele momento, enfatiza esse aspecto. A separação ao nascimento e a subseqüente revolta contra o princípio masculino foi o tema central que o acompanhou durante toda a sua vida e que jamais superou. Como a Terapia do Gripo Primal é uma terapia particularmente indicada no caso de nascimentos traumáticos, ele fez a escolha certa para a primeira fase de seu tratamento psicoterápico. Procurou pessoas que correspondessem à configuração do seu Sol em Libra em oposição ao Ascendente em Áries, tais como Brian Epstein, George Martin, Yogue Maharishi Mahesh e, finalmente, Janov que pôs um ponto final à sua busca do pai perdido.

O registro de Mercúrio, juntamente com a quadratura a partir de Plutão, dá origem à tendência da pessoa ser muitíssimo afetada pela publicidade e pela propaganda. Os terapeutas pelos quais Lennon se sentia atraído eram propagandistas do mais alto gabarito, preenchendo suas próprias necessidades nessa área.

Assim como os signos podem se encontrar sob a égide dos planetas maléficos, esses mesmos signos, quando regidos por planetas não considerados maléficos, também podem fornecer pistas às necessidades terapêuticas. O Horóscopo 6 (Figura 24) refere-se a um jovem que, aos 20 anos de idade, padecia de câncer no pulmão. Essa condição remonta à constelação do exemplo anterior – a conjunção Urano/Plutão em Virgem – e ele já sofrera a extirpação de uma grande parte de seus intestinos, pouco depois dos 4 anos, quando ocorreu a conjunção referida. A causa reside na outra conjunção de Lua/Vênus que se registrou antes de Urano/Plutão, também em Virgem. Sua mãe negou amor ao filho, quando ele necessitava, o que conduziu à frieza e à doença, indicadas pela sesquiquadratura de Saturno à época da gestação. O ponto crucial está em que ele não era desejado nem amado. Quando a conjunção Lua/Vênus foi reativada pelo ponto sensitivo em quadratura a 0° e 1° de Sagitário, à idade de 19 anos e 2 meses, sua mãe voltou a casar-se e eclipsou-se totalmente. A esta altura ele caiu mortalmente doente. O signo sagitariano de residência indica a filosofia budista, a ioga ou a meditação, como requeridas para a compreensão e a liberação dessa circunstância. Como os males localizam-se em signos mutáveis, todo o cruzamento dos mutáveis é ativado.

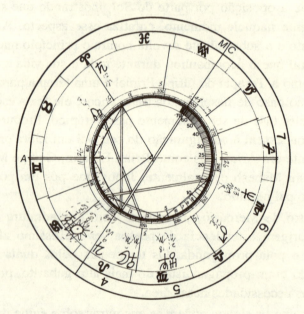

Figura 24.

Outra norma empírica consiste em que, freqüentemente, o signo oposto é também afetado. A incapacidade para adotar uma atitude mais filosófica (como ilustrada em Sagitário) desencadeou a doença nos pulmões, indicada pelo Ascendente em Gêmeos.

As doenças podem também ser causadas por uma exacerbação na ativação e atuação de um planeta. Júpiter operando em seu signo exaltado de Câncer pode produzir obesidade e Mercúrio, esplendidamente localizado em Virgem, pode indicar identificação mental como um substituto à experiência mundana.

Integração de Terapias

É comum que mais de uma terapia seja necessária para atuar, simultaneamente, em mais de um plano. No Horóscopo 7 (Figura 25), a pessoa sofria do mal de Khron, indicado pela conjunção de Urano e Plutão (alterações no ritmo do processo biológico) em Virgem (o cólon) em sextil com o Ascendente (afetando a personalidade) e em oposição ao Meio-do-Céu (desejo de viver perigosamente), e em inconjunção à Lua (esquizofrenia inerente ao relacionamento mãe/filho). Urano/Plutão enfatizavam o cólon (Virgem) e causaram distúrbios de tal ordem que vinte polegadas de cólon dessa mulher tiveram que ser extirpadas cirurgicamente. Embora o problema seja claramente devido à dieta e tensão, como se vê pelos aspectos em relação ao Ascendente,

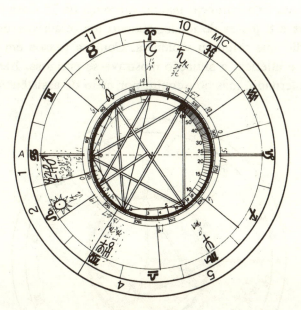

Figura 25.

ele apresenta outras ramificações. O sextil na direção de Vênus e Marte sobre o Ascendente traz à tona a sexualidade – especificamente competição dela com o irmão mais velho. Estando toda a constelação, com exceção da Lua, localizada na infância, a competição entre sexos a essa época é muitíssimo responsável pelo recrudescimento do problema. Era-lhe necessário adoecer para receber tanta atenção quanto recebia seu irmão.

A constelação com Ascendente em Câncer mostra a necessidade de proteção materna e a necessidade de externar o ódio pela mãe por lhe ter frustrado essa necessidade de amor. A solução foi encontrada em uma mulher especialista em cólon, que lhe proporcionou não apenas apoio terapêutico no caso da desintoxicação, mas também assistência psicológica, provendo uma terapia simultânea que abarcou os níveis emocional/infantil e físico/gestativo. A melhora foi rápida e espontânea.

O Horóscopo 8 (Figura 26) foi adotado imediatamente após o nascimento quando o Sol indicava estar na 1ª Casa, a pouco mais de 2 meses de idade. Os óbvios dilemas psicológicos começaram a transparecer, ao Netuno (insegurança) marcar presença na 7ª Casa (sociedades) aos 23 anos e 8 meses de idade, quando um relacionamento suscitou tamanho ódio que originou violência. Como a pessoa em questão era muito forte e atlética, a situação mostrava-se perigosa. Ele quase chegou a ser internado, mas conseguiu, por meio de assistência psiquiátri-

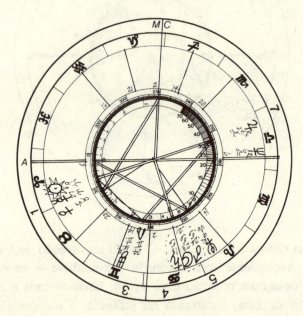

Figura 26.

ca, manter-se em sociedade; então, quando Júpiter predominava, ele começou a terapia, analisando os sentimentos ligados à sua adoção. A essa altura, a hora do nascimento mantinha-se imprecisa, porém certos fatos da vida permitiram uma correção do Ascendente (ver Apêndice 5). Júpiter impôs-se e ativou a oposição Áries/Sol na infância e a quadratura de Saturno, Lua e Marte na 5ª Casa. O grau de "jogo" a partir do envolvimento da 5ª Casa foi surpreendente, pois cada exercício psicológico era encarado como uma competição. O problema ficou confinado à época delimitada entre a infância e a primeira parte da maturidade e as terapias sugeridas foram meditação Zen-budista, Grito Primal, Osteopatia Craniana e alongamento, assim como a prática de tênis e de tanto esporte quanto possível com o intuito de abrir um canal através do qual sua agressividade pudesse ter vazão.

Doenças na *gestação* indicam doenças hereditárias, doenças ou males derivados da dieta, do desequilíbrio ou de acidentes sofridos pela mãe durante a gestação, sentimentos muito profundos de insegurança ou outro medo arquetípico, tudo isso armazenado no *corpo físico*. Freqüentemente, o próprio código genético armazena o desequilíbrio e requer-se, então, o emprego da medicina energética para estabelecer comunicação com esse elemento de equilíbrio interno. Se tais males não forem evidentes ao nascimento, e somente uns poucos deles o são, serão ativados quando a pessoa atravessar um aspecto rígido, provocado por eles, na infância ou na maturidade. Dieta durante a gestação e drogas ingeridas durante esse período podem fazer com que o sistema imunológico não se instaure, o que resultará em problemas futuros. Todas as dificuldades aqui visualizadas requerem trabalho corporal, toque profundo como Rolfing, Shiatsu e massagem biodinâmica, osteopatia ou quiropatia e medicina energética para atingir a energia armazenada internamente durante tanto tempo.

Doenças na *infância* afetam, primordialmente, o *corpo emocional*. Um grande número desses problemas se origina dos métodos de parto, comuns desde a Segunda Guerra Mundial. Brutalidade, acidentes, cirurgia imprópria, fórceps canhestro, anestesia desnecessária, indução e negligência nos primeiros anos podem danificar o corpo emocional ou a personalidade. Freqüentemente tais males não transparecem até que se manifestem os aspectos rígidos, que têm início, sobretudo, na segunda metade dos vinte anos e após. Quanto mais tarde ocorram, mais difíceis de tratar, por faltar a energia necessária. As doenças infantis são muito mais graves do que parecem, pois constituem a base do funcionamento do sistema imunológico. A criança que não teve nenhuma das clássicas doenças infantis como catapora, sarampo, cachumba ou amigdalite está menos preparada para enfrentar doenças mais ou menos graves no futuro, porque o sistema imunológico não funciona à altura e porque a bagagem emocional de aceitação da crise inexiste.

Doenças durante a *maturidade* têm maior efeito sobre o *corpo mental* como sua matriz, se bem possamos inferir que a maioria delas são preexistentes, por terem sido geradas durante a gestação ou durante a infância. Embora pareça que as doenças ocorrem apenas na maturidade, visto que a maioria das doenças sérias surgem, pela primeira vez, durante esse período, isso não significa que não tivessem existido antes.

O reconhecimento das causas primordiais dos sintomas físicos constitui a primeira diferença entre a Astrologia do Tempo Biológico e os outros sistemas astrológicos. Doenças psicossomáticas, perturbações nervosas, doenças ligadas a *stress*, degenerescência do coração, do pulmão ou de outros sistemas orgânicos e outras mais são, sem dúvida, ativadas pelos maus hábitos, porém suas sementes já haviam sido lançadas. A resistência à doença requer a recuperação da elasticidade da infância destituída, porém, da imaturidade emocional da criança. A maioria das pessoas começa a firmar e a consolidar seus pontos de vista após o ciclo de Saturno, aos 29 anos de idade, ao passo que sua capacidade de impor-se no mundo diminui, vindo a refletir-se em seu estado de saúde. Os males da vista estão relacionados com um desequilíbrio do lado masculino ou feminino de sua própria natureza. O câncer é a falta de vazão adequada para o ódio ou para o amor. Devido à extensão do tempo perceptivo na maturidade, as doenças podem levar mais tempo para se formarem e também para se curarem, até que, na velhice, não mais podem ser realmente curadas, apenas minoradas em seus efeitos.

Doenças da *transcendência* são condicionadas pelos fatores da gestação. O acesso à transcendência ou ao transpessoal depende da utilização de todos os planos da constituição, como um todo. O fato de se ter boa ou má saúde não é uma barreira, apenas deve vigorar o desejo de utilizar todas as experiências do universo. A aceitação de toda uma gama de energias e fraquezas próprias distingue o indivíduo centrado e o verdadeiro artista. A constituição individual precisa ser integrada ao todo coletivo e o corpo encarado mais como um veículo destinado a uma maior percepção que como uma barra de chumbo atravancando o progresso.

Existe o pressuposto de que, antes ou durante a morte, a pessoa rememora todos os sentimentos nutridos durante uma vida inteira e a incapacidade de coordenar certos trechos ou querer esquecer certos trechos pode, justamente, relevá-los. Todos os traumas e males da juventude retornam para vingar-se e devem ser enfrentados conscientemente.

O modo de morrer constitui justa e necessária compensação para o tipo de existência vivida às portas da morte. A velhice traz sabedoria, mas traz também falta de resistência; resta a esperança de desligar-se oportunamente e ser recebido no seio da excelsa unidade que nos aguarda a todos.

6
DIAGNÓSTICO ASTROLÓGICO

A seqüência que vai da concepção até a morte na Astrologia do Tempo Biológico constitui o primeiro requisito para o diagnóstico de uma doença a partir do horóscopo. Assim como as terapias estão relacionadas a momentos da vida, as doenças podem, freqüentemente, estar vinculadas aos momentos da vida nos quais elas surgiram, para distingui-los dos momentos em que os sintomas apareceram. As secções e sub-secções deste capítulo descreverão as quatro oitavas e os pontos críticos da concepção, nascimento, puberdade e morte que definem sua duração. Em cada secção muitos exemplos sob a forma de horóscopos serão apresentados, para ilustrar os princípios da diagnose. Também estão incluídas informações quanto às terapias selecionadas e se estas surtiram ou não efeito.

ANTES DA CONCEPÇÃO

Como vem descrito em detalhe na *Life-Time Astrology*,[1] a tabela logarítmica do tempo tem início no fim do primeiro mês lunar, época em que o óvulo fertilizado adere à parede uterina e começa o desenvolvimento do corpo celular. A cúspide da 9ª Casa corresponde ao ponto da concepção, uma compactação dos fatos do ciclo do mês lunar precedente, que inclui o período que vai do final do último ciclo menstrual materno até a fertilização e depois até o começo da criação do corpo celular (Figura 27). O vigésimo oitavo dia de existência do óvulo comporta as mesmas características de todo o mapa natal, compactado milhares de vezes.

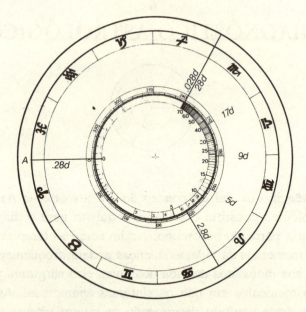

Figura 27. O Tempo de Vida do Óvulo.

O óvulo guarda em si um registro microcósmico do desenvolvimento subseqüente do corpo celular.

Desde que o óvulo contém em si a memória do ato sexual que levou à concepção, pode-se ver no horóscopo qual o tipo de relacionamento dos pais antes, durante e após a concepção. A condição dos pais, seu mútuo relacionamento, a natureza da sua sexualidade, e suas tendências de ação naquele momento são altamente significativas, pois constituem parte do motivo primordial da própria vida. Sem o desejo de acasalamento, nenhum de nós estaria aqui, agora. Embora seja algo não investigado por muitos, os fatos antecedentes à concepção desempenham um profundo papel na vida futura.

Na primeira etapa do diagnóstico por horóscopo, a única preocupação que devemos ter é com o Sol e a Lua e com os planetas que lhe são conjuntos. As influências qualificativas básicas, referentes aos dois astros, são as quadraturas que ocupam, seu signo e casa, e seus aspectos mútuos, se houver.

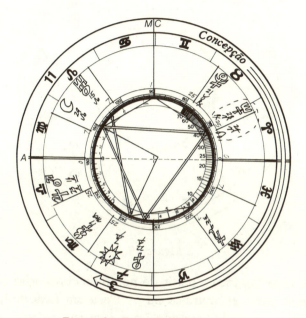

Figura 28. De volta à concepção.

Retrocedendo no sentido horário, a partir do ponto de concepção da 9ª cúspide, o primeiro astro que aparece é o do pai, responsável pelo impulso inicial de conceber a criança (Figura 28). Isto, em si, pode constituir uma profunda causa de desassossego e uma conseqüente tendência à doença. Tradicionalmente, a 8ª Casa está associada a dores e pressões ocultas, intensas, profundas e penosas, insegurança emocional, grande mas distorcida intensidade e reencarnação. Tal acontece porque a 8ª Casa precede exatamente a concepção. Na natureza, o 8º signo, Escorpião, governa a vida da semente e a implacável luta pela sobrevivência sustentada pelo espermatozóide e pelo óvulo enquanto porfiam para preparar-se para o encontro, para a fertilização e para sobreviver à jornada até as trompas de Falópio e daí ao útero.

141

O Horóscopo 9 (Figura 29) é o de Louise Brown, o primeiro bebê de proveta, e mostra um quadro interessante. Examinando-se o horós-

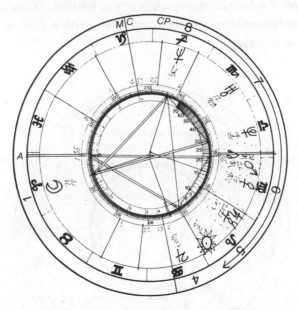

Figura 29.

copo (no sentido horário) a partir do ponto de concepção na 9ª cúspide, o primeiro astro encontra-se na 5ª Casa em Leão/Sol, revelando que o pai estava muito interessado em provar sua própria criatividade, apesar da impotência (sesquiquadratura a partir da 8ª Casa em Netuno). Isso casa com a ausência de qualquer aspecto de ajuda da Lua (mãe de Louise) e também com o trígono de Netuno. Netuno rege ambas as luminárias e é o elo comum entre elas já que inexiste um aspecto mútuo. Netuno é o indicador do momento da pré-concepção e paira exatamente antes do ponto de concepção. A causa primordial do problema da concepção seria a quadratura de Netuno em relação a Vênus, mostrando existir dificuldade em exprimir amor. O sextil de Plutão representa o começo gradativo de uma terapia: o trígono em relação à Lua mostra a mãe mal-humorada, pronta para novas influências e experiências incomuns. Plutão é o médico que realizou a inseminação artificial, em oposição direta à Lua (mãe), implicando uma intervenção. É pena que os horóscopos do pai e da mãe não sejam conhecidos.

As doenças hereditárias são geralmente indicadas na 8ª Casa, como existentes já antes da concepção. O horóscopo 10 (Figura 30) é o do czaréviche Príncipe Alexis da Rússia que herdou hemofilia, dificuldade de coagulação sangüínea. Sua 8ª Casa de Netuno em Câncer (debilidade proveniente de herança familiar) apresenta-se justamente antes da concepção em quadratura com Júpiter, regente do sangue. Que isso afeta seu destino está patente no sextil para o MC.

Estudos recentes[2] têm demonstrado que o consumo de álcool antes da gravidez pode afetar a genética da criança. Em termos astrológicos, o alcoolismo hereditário pode ser detectado pela passagem de Netuno perto do ponto de concepção. O Horóscopo 11 (Figura 31) é o do filho de uma mãe alcoólatra que deu à luz várias crianças seriamente debilitadas. Este sofria de leucemia e outros dois eram mentalmente retardados. O clássico indicador da leucemia é Netuno na 8ª Casa, assim como também um sinal de alcoolismo. Netuno está em aflita oposição a Marte (paralisia, sistemas tóxicos, alcoolismo), em quadratura com o Sol (deficiências hereditárias e alcoolismo por parte do pai) e em inconjunção com a Lua (defeitos físicos e mentais por parte da mãe). A oposição Marte/Netuno é particularmente considerada por Nauman[3] como um indicador de doenças relacionadas com a linfa que podem resultar em uma alta porcentagem de glóbulos brancos. Como Saturno significa restrição, torna o problema muito resistente ao tratamento. O Ascendente em Aquário (má circulação e coração fraco) e Plutão em oposição ao Ascendente (ameaça à vitalidade) são também indicadores de leucemia. A influência de Netuno sobre a vulnerabilidade, sobretudo quanto a drogas e álcool, estava bem pronunciada e a leucemia em tenra idade foi a conseqüência, apresentando-se os primeiros sinais aos 5 anos quando Saturno e Urano registraram-se na 3ª e 4ª Casas, e revelando-se plenamente quando Plutão registrou-se aos 21 anos na 6ª Casa, época em que os problemas de saúde tendem a tornar-se patentes.

A Oitava da Gestação

O psicólogo e pesquisador francês Michel Gauquelin investigou os vínculos astrológicos da hereditariedade de geração a geração, somados

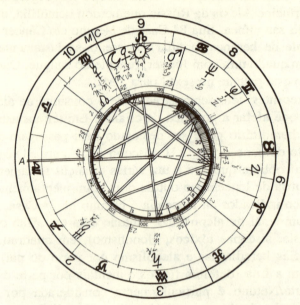

Figura 30.

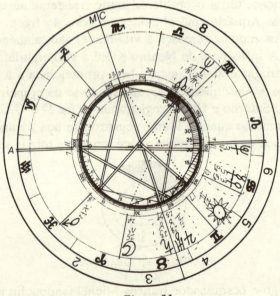

Figura 31.

às suas melhores pesquisas relativas às posições de certos planetas e às profissões de atletas, doutores e artistas famosos. A 9ª Casa ocupa uma zona denominada por Gauquelin de "zona plus" (Figura 32) ao redor do MC do horóscopo. Gauquelin descobriu que esta área e uma zona similar de 20° antes do ASC até 10° depois do ASC são as mais críticas no que tange às qualidades hereditárias que determinam a profissão e as tendências a doenças. Embora de pouca importância na prática da astrologia tradicional, na Astrologia do Tempo Biológico ambas as áreas são essenciais para o diagnóstico da tendência a doenças. A área que

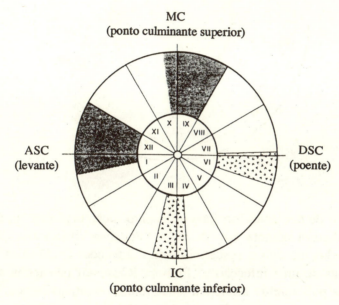

Figura 32. As "Zonas Plus" de Gauquelin.

circunda o MC é crítica no que se refere a males hereditários, e a área que circunda o nascimento afeta o desenvolvimento pré-natal, o próprio nascimento e os meses pós-nascimento.

O Presidente Franklin D. Roosevelt (Horóscopo 12; Figura 33) ficou aleijado devido à poliomielite que o acometeu aos 39 anos de idade, no entanto, a tendência a esse mal crucial existia desde o início de sua gestação. A configuração é mais informativa porque a conjunção Saturno/Netuno enquadra-se pronunciadamente no ponto de concepção da 9ª Casa, com Netuno registrando-se no início da gestação e Saturno na idade madura. A conjunção Saturno/Netuno corresponde a "doenças

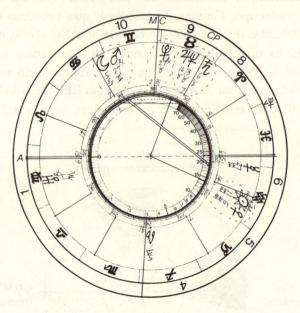

Figura 33.

crônicas e de evolução inevitável; decomposição orgânica" e, devido à semiquadratura adiante em Marte, a "doenças infecciosas; paralisia; desgaste dos músculos; suscetibilidade a infecções epidêmicas; as conseqüências de uma infecção".[4] Embora Roosevelt não tenha sido atacado pela poliomielite senão em idade relativamente avançada, tudo indica que sua mãe tenha sido exposta a uma infecção logo após sua concepção, o que o marcou com uma sensibilidade congênita a infecções. Conseqüentemente, quando exposto à poliomielite, constituía um alvo já maduro e a ela sucumbiu imediatamente. Que ele foi atacado subitamente e, ao que parece, ao acaso, é demonstrado pelo inconjunto sensitivo de Urano na 1ª Casa, seguido por um ponto sensível na semiquadratura de Netuno aos 35 anos e 5 meses, durante a Primeira Guerra Mundial. Tendências inerentes aos primórdios da gestação podem se manifestar de forma vingativa na idade madura e na velhice, sendo, porém, igualmente possível detectar essas tendências bem cedo, antes que tenham a oportunidade de se manifestar severamente.

O Horóscopo 13 (Figura 34) é um outro exemplo de potência de Netuno como indicador do abuso de álcool e de drogas durante a gestação. Nesse caso, existem duas pistas para a mão deformada que surgiu ao nascimento. Netuno está em conjunção com MC e a meia distância (metade do caminho entre) do Ascendente e de Plutão, revelando o choque e o trauma ligados à deformidade. A posição de Netuno no MC, quando a alma encarnou no corpo físico, mostra que existia um significado kármico para a deformação, o que, realmente, é verdade, pois o indivíduo em questão tornou-se um cirurgião e acupunturista extremamente competente. O inconjunto entre Marte e Saturno está também freqüentemente em ação quando graves perturbações afetam a psique. Saturno, registrando-se na 8ª Casa, justamente antes da concepção, está em oposição a Vênus, mostrando que a mãe sentia-se não-amada e que transmitira sua raiva (Marte inconjunto) à criança que trazia no ventre.

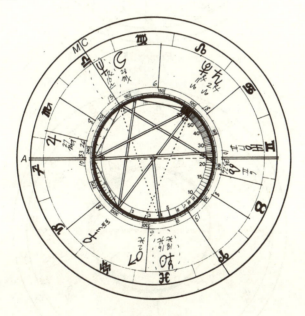

Figura 34.

As duas glândulas responsáveis pelo crescimento são geralmente ativadas quando ocorre uma disfunção no crescimento. No Horóscopo 14 (Figura 35), uma moça nasceu anã numa família de pais e de irmã

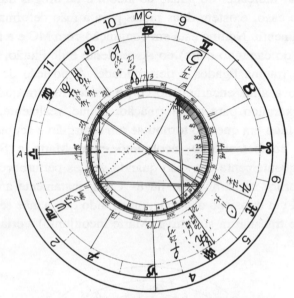

Figura 35.

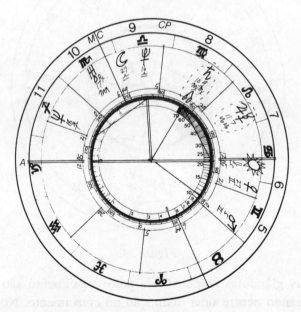

Figura 36.

perfeitos, embora não atinasse ser completamente diferente das outras crianças até cerca dos 7 anos de idade. Os indicadores clássicos são males ligados a Mercúrio, regente da tiróide, e a Saturno, regente da glândula pituitária anterior. Nesse caso, eles entraram em conjunção na idade em que ela descobriu que era diferente e também em quadratura com Netuno e em trígono com a Lua, mostrando, ineludivelmente, que a causa partira de uma falha herdada do lado da família materna (a Lua, logo após a concepção, inconjunta em relação a Netuno). Apesar disso, ela tinha um horóscopo muito forte, poderoso mesmo, e após superar a barreira de se comparar com terceiros quando passou pelo Sol aos 12 anos de idade (em oposição a Plutão aos 11 anos que destacava a diferença entre ela e seus amigos) prosseguiu rumo a uma brilhante carreira pública.

Em um caso de Síndrome de Down, o Horóscopo 15 (Figura 36), assinalou uma razão para ter o mongolismo ocorrido. A mãe, ao conceber, tinha 39 anos e sofrera um aborto imediatamente antes da concepção, como se vê do registro de Saturno na 8ª Casa bem próximo do ponto de concepção. Saturno está em firme quadratura a partir de Marte, o eixo da morte, e também em sextil em relação ao Sol e à Lua, o que implica debilidade hereditária, herdada tanto do lado da família paterna como materna. Além disso, a quadratura em T do Ascendente, a quadratura de Plutão e a quadratura do Sol é um indicador de hipotiroidismo e mongolismo. O Sol é também o coração, e essa criança desafortunada nasceu com um buraco no coração que quase a matou na primeira semana. E, como nascera de oito meses, os problemas se acumulavam. É possível que houvesse ocorrido violência por parte do pai durante as primeiras semanas após a concepção (Plutão na 9ª Casa) que tivesse reforçado a inviabilidade do infante.

Quase-abortos são um problema mais comum do que se pode imaginar, e seus indicadores são os planetas Marte, Urano ou Plutão em posição de destaque ao redor do MC, momento em que a mãe reconhece que está grávida. O Horóscopo 16 (Figura 37) é o do filho de uma mãe solteira, ingênua e idealista quanto à sexualidade, seduzida pelo amante, no impulso de um momento (quadratura a partir de Urano rumo a 9ª cúspide) engravidou. Sua reação foi a de ignorar o fato, o que freqüentemente acontece com Netuno bem antes do MC e, de qualquer

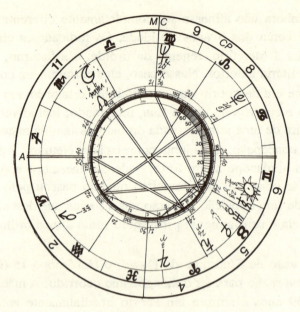

Figura 37.

modo, o pai sumira (Sol em aspecto somente em relação a Marte e Júpiter). Quando as implicações se lhe tornaram patentes, ela decidiu que não queria a criança. A 11ª Casa, Lua em Escorpião, quinze semanas após a concepção, é uma casa perigosa, principalmente se em quadratura com Marte e com Plutão, e, durante a gestação, freqüentemente indica tentativa de aborto. Com a Lua em conjunção com o Nodo existe grande poder de autodefesa, de forma que o feto em desenvolvimento salvou-se miraculosamente e, obviamente, sobreviveu. Pouco antes do nascimento, o pai, que era estrangeiro, teve conhecimento de que sua amada estava doente devido à tentativa de aborto, voltou e casou-se com ela. Subseqüentemente, a criança, uma menina, foi criada como "um fruto do amor" e adorada desde o nascimento, símbolo da fertilidade e da felicidade do relacionamento. Infelizmente, a jovem cresceu sentindo um medo inconsciente e incontrolável de mulheres, inclusive da mulher que ela era. Isso afetou completamente o equilíbrio dos seus relacionamentos naturais e gerou uma série de problemas psicológicos. À época em que se fez a leitura, estava completamente desorientada (pontos sextis sensitivos em relação a Netuno e Urano) e prestes a fazer uma visita à mãe, que estava sofrendo de câncer. Em um espaço catártico de tempo, a ameaça primitiva do aborto quase fatal surgiu à tona, produzindo uma mudança fenomenal na jovem e trazendo alívio para a mãe, que pôde finalmente desabafar sua dor e se livrar do grande segredo. Acontece, com freqüência, que verdades muito básicas tornam-se disponíveis ao se recontar a história de uma vida, descortinando áreas da psique para a terapia.

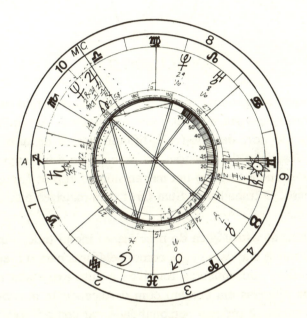

Figura 38.

Como curiosidade médica, o Horóscopo 17 (Figura 38) pertence a um homem que nasceu com dois pênis e dois conjuntos de rins, sendo um conjunto menor que o outro. Novamente, Netuno é o responsável por isso devido à sua posição em Escorpião na gestação – dezesseis semanas após a concepção – e sua sesquiquadratura com o Sol mostra que o pai é o parceiro genético de onde emanou o defeito. Embora apenas uma suposição, o fato de Netuno estar em conjunção com o Nodo, em sesquiquadratura com o Sol e em semiquadratura com o Ascendente, tudo em signos duplos, pode ser o indicador da duplicação dos órgãos sexuais e dos rins, especialmente porque os rins pertencem ao domínio de Libra. É indubitável que esse problema irá afetar sua vida sexual, como, aliás, afetou, conforme se vê pela oposição a Vênus a partir de Netuno e pelo trígono com a Lua em Peixes, indicando isolamento e solidão. Neste caso, é de se aconselhar uma intervenção cirúrgica.

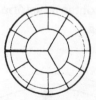

NASCIMENTO

O nascimento é provavelmente o período mais crítico da vida, tanto sob o ponto de vista médico como astrológico. A estréia no mundo é repleta de dor, de possíveis dificuldades, e de uma necessária pressão. A descrição do processo do nascimento é um microcosmo da personalidade, que é também um mecanismo sujeito às leis e à dinâmica do processo. O trabalho de Stan Grof com matrizes perinatais apóia essa assertiva.[5]

A constelação astrológica do nascimento inclui tudo o que aconteceu antes, durante e após o parto, como metáforas para o preparo, atualização e efeitos subseqüentes relativos à auto-expressão no mundo. Em geral, os planetas em contato com o Ascendente mostram subpersonalidades presas à própria personalidade, tal como vistas pelo signo Ascendente, e qualificam a personalidade básica sob uma série de aspectos. Planetas em conjunção com o Ascendente correspondem a pessoas fisicamente presentes no momento do parto e constituem componentes integrantes da personalidade. Por exemplo, quando Marte está em conjunção com o Ascendente indica cirurgia e também uma subpersonalidade relacionada com o cirurgião.

Planetas em aspecto com o Ascendente são influências que fazem parte da personalidade como um todo, mas também capazes de desprendimento. Planetas em aspecto com o Ascendente, situados acima da linha do horizonte, são subpersonalidades das quais o indivíduo tem, provavelmente, consciência, enquanto os situados abaixo da linha do horizonte são subpersonalidades das quais o indivíduo, provavelmente, não tem consciência. A distribuição dos planetas constitui uma indicação sobre se a personalidade é primariamente consciente ou inconsciente. As duas tabelas seguintes mostram os fatores de interpretação do nascimento, enfatizando os paralelos médicos e psicológicos. No caso dos aspectos do Ascendente a partir dos planetas, tanto as possíveis bases das subpersonalidades, como os possíveis efeitos adversos à hora do nascimento, estão patentes. Um nascimento problemático quase que invariavelmente conduz a dificuldades alojadas na personalidade ou diretamente na saúde.

Ao nascimento, os indicadores mais críticos são: Saturno quando há um trabalho de parto difícil, criando constrição, tensão e nervosismo; Marte, indicando a probabilidade de um parto mediante intervenção médica com a possibilidade de fórceps, cirurgia, episiotomia ou cesariana; Plutão que mostra o uso de força e pressão e que pode também indicar uma operação cesariana; Urano que mostra acidentes, o uso de tecnologia, indução mecânica, gotejamento, máquinas, monitores ou incidentes inesperados; e Netuno, o indicador primordial da anestesia, da indução, do uso de drogas, dos efeitos do fumo e do álcool provocados pela mãe, das incubadeiras, dos nascimentos aquáticos e das deformidades. A Lua é tipicamente a própria mãe, a anestesia, os alcalóides, as drogas, a indução ou os nascimentos aquáticos.

O fato determinante para descrever o nascimento, quando uma série de planetas estão em vários aspectos em relação ao Ascendente, consiste numa mistura do *tipo* de aspecto, da *proximidade* da exatidão e da *seqüência* das posições em graus. Um exemplo concreto irá ilustrar a maneira pela qual o Ascendente e seus efeitos médicos e psicológicos podem ser interpretados a partir de horóscopos.

O Horóscopo 18 (Figura 39) diz respeito ao filho do meio de um parto de trigêmeos, sendo que o primeiro, um menino, morreu. A terceira criança, a irmã, seguiu-o quatro minutos depois e o primeiro irmão nascera seis minutos antes dela. Os nascimentos tiveram lugar em tempo muito curto, devido a uma cesariana realizada no anfiteatro cirúrgico de uma universidade. A seqüência dos aspectos ao redor do Ascendente indica a ordem dos acontecimentos antes, durante e após o nascimento, como se vê no impresso anexo (Figura 40). Plutão 5° antes

Tabela 4. Interpretação do Ascendente ao Nascimento

Áries	Inquieto; enérgico; auto-afirmativo; impetuoso; agressivo; egoísta; impaciente; e sob a regência de Marte, cirurgia e cirurgiões; médicos e parteiras agressivos; gente impaciente; injúrias causadas por fórceps; hospitais.
Touro	Estável; quieto; seguro; doméstico; sensual; belo; atraente; simples; e sob a regência de Vênus, mulheres; parteiras; gente atraente; artistas; pessoas afetuosas; atenciosas; crianças.
Gêmeos	Mutável; ambíguo; adaptável; superficial; instável; falante; observador; dualístico; e sob a regência de Mercúrio, crianças; multidões; pensadores; tagarelice; precipitados; faladores; conversadores.
Câncer	Melancolia; despretensão; simplicidade; maturidade; passividade; calor humano; conservadorismo; confiança no próximo; sensibilidade; e sob a regência da Lua, sentindo as pessoas; o instintivo; parteiras; mulheres; mães; enfermeiras; amas-de-leite; feministas.
Leão	Autoritário; confiante; mente aberta; jovial; autoconfiante; franco; ativo; orgulhoso; proeminente; de espírito esportivo; e sob a regência do Sol, caloroso; dominador; objetivo; audaz; extrovertido.
Virgem	Ingênuo; original; estável; crítico; nervoso; hospitais; reserva; limpo; higiênico; estéril; cauteloso; atento; pedante; e sob a regência de Mercúrio, intelectual; estudantes de medicina; médicos; enfermeiras; observadores; críticos; problemas digestivos; colaborações; times.
Libra	Equilibrado; harmonioso; despretensioso; vivo; autoritário; cômodo; vaidoso; atento; conversador; melancólico; polido; sociável; e sob a regência de Vênus, jovens; mulheres; enfermeiras; parteiras; médicas; beldades; amigos.
Escorpião	Desarmonioso; úmido; exaltado; cauteloso; laborioso; apaixonado; separatista; violento; cirúrgico; impulsivo; perigoso; brutal; poderoso; convincente; e sob a regência de Marte, sobrevivente; cirurgiões e cirurgia; cesárias; técnicos; fórceps; brutalidade; perigo; força; e sob a regência de Plutão, acontecimentos trágicos; capacidade de suportar; grandes hospitais; partos eficazes; ocorrências públicas violentas; circuncisão.
Sagitário	Entusiástico; atlético; jovial; bem-humorado; expansivo; exótico; natural; dispersivo; sociável; desordenado; vivo; aventureiro; falante; religioso; e sob a regência de Júpiter, expansivo; médicos; avós e parentes; hospitais religiosos; e freiras; enfermeiras; hospitais e países estrangeiros; tolerância.

Tabela 4. Interpretação do Ascendente ao Nascimento   *Continuação*

Capricórnio	Concentração; seriedade; praticidade; trabalhos longos; inibição; trabalho pesado; metas; reserva; pragmatismo; ansiedade; fisicalidade; e sob a regência de Saturno, força de vontade; contenção; médicos e cirurgiões; pessoas mais idosas; austeridade; paternalismo; masculinidade; lentidão; método; repressão; frieza; materialista; dispendioso.
Aquário	Comunal; abstrato; amigável; desapegado; sociável; progressista; compassivo; inventivo; excêntrico; idealista; utópico; ordenado; e sob a regência de Saturno, planos realizados; seriedade; médicos mais idosos ou avós; e sob a regência de Urano, inventivo; tecnológico; instrumentativo; original; não-ortodoxo; mecânico; rebelde; científico; mutável; rítmico.
Peixes	Auto-sacrificante; falta de confiança; externamente influenciável; insensível; deprimido; vago; preguiçoso; confortável; peculiar; passivo; sonolento; fraco; drogado; induzido; gentil; simples; e sob a regência de Júpiter, institucional; isolado; satisfeito; visionário; perdulário; religioso; e sob a regência de Netuno; psíquico; sonhador; drogado; idealista; reservado e utópico; sensitivo; místico; evasivo; superemotivo; vago.

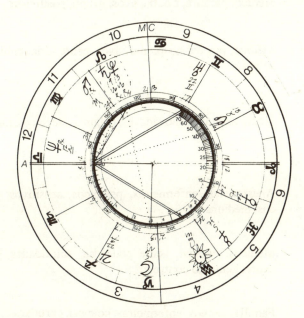

Figura 39.

Tabela 5. Interpretação ASC/Planeta

Aspecto	Personificação
ASC/SOL	Pai, homens, médico, avô.
ASC/Lua	Mãe, avó, parteira, enfermeira, mulheres.
ASC/Mercúrio	Amigos, palradores, enfermeiras, crianças pequenas, tagarelice.
ASC/Vênus	Mulheres, irmãs, enfermeiras, meninas, gente atraente, amantes, parteira.
ASC/Marte	Cirurgião, médico, parteira, homens, lutadores, agressores, meninos.
ASC/Júpiter	Médico, parteira, tio, tia, avós, grupo, positivistas, padres.
ASC/Saturno	Médico, pessoal hospitalar, avós, gente séria, inibidores, gente solitária.
ASC/Urano	Gente excitável, inovadores, originais, técnicos, enfermeiros.
ASC/Netuno	Anestesistas, enfermeiras, psíquicos, sensitivos, farmacêuticos, médiuns.
ASC/Plutão	Médicos, pessoal, gente poderosa, autoridades, gente fascinante, gente no controle.
ASC/Nodo	Família, amigos, enfermeiras, colegas, partidários, trabalhadores sociais.

Influências

Relacionamento com homens, reconhecimento, popularidade, atitudes pessoais em relação a terceiros, autoconfiança, relações físicas, o público, masculinidade.

Sentimentos pessoais em relação a terceiros, influência feminina, maternidade, proteção, amamentação natural, sensibilidade, receptividade, adaptabilidade (alcalóides, indução, anestesia, drogas, nascimento aquático).

Pensamentos ao nascer, definição, fala, mudança de pontos de vista, idéias, criticismo (estímulos dos sentidos, nervos).

Personalidade harmônica, atmosfera encantadora, arte, adorno, lindos arredores, nascimento fácil, prazer, boa índole, (boa compleição, boa aparência e boas proporções).

Luta, trabalho em grupo, sucesso lutado, força física, desassossego, decisão (cirurgia, força, circuncisão, violência, episiotomia, fórceps, cicatriz facial, acidentes, cesárias, aparelho para o nascimento).

Nascimento fácil, experiências agradáveis, maneiras gentis, conciliação, generosidade, atitudes corretas, operações de sucesso (bebês grandes, icterícia, difícil amamentação natural).

Isolamento, restrição, inibição, seriedade, experiência, obstrução, depressão, reclusão (separação, isolamento, longo trabalho de parto, aparelho para o nascimento, problemas dérmicos, bloqueios, tensão, amputação, disfunção sensorial, marca facial, nascimento prematuro, nascimento mudo, falta de atenção).

Excitação, originalidade, nascimento científico, movimento, rítmico, incidentes, inquietude, acontecimentos inesperados, circunstâncias inesperadas (nascimento súbito, indução para curto trabalho de parto, máquinas, monitores, dores de cabeça, fórceps, acidentes, pele sensível, sistema nervoso responsivo, circuncisão).

Impressionável, sensitivo, inseguro, contatos peculiares, desilusão, condescendente, exploração (indução, anestesia, álcool, drogas, nascimento peculiar, sonho, nascimento aquático, engano sensorial, deformações, incubadoras).

Personalidade fascinante, ambição, força psíquica, influências raras, reajustamento, mudanças dramáticas, alterações radicais (força, cesária, fórceps, nascimento brutal, nascimento forçado, transformação física, cirurgia, acidentes, circuncisão).

Contatos coletivos, relações pessoais, influências familiares, contato social, trabalho em grupo, relativo a (respiração, metabolismo, nascimento em hospital, comportamento anti-social).

0 Marte	Ago.	**1947**	**01.58**	VIR............
45 Ascendente	Ago.	1947	03.06	VIR............
180 Mercúrio	Set.	1947	05.08	VIR............
90 Urano	Out.	1947	22.20	VIR............
90 Júpiter	Out.	1947	22.26	VIR............
0 Cúspide 12	**Out.**	**1947**	**23.42**	VIR............
180 Vênus	Out.	1947	24.25	VIR............
45 Plutão	Nov.	1947	28.42	VIR............
0 Libra	**Nov.**	**1947**	**00.00**	LIB............
30 Marte	Nov.	1947	01.58	LIB............
135 Sol	Nov.	1947	02.17	LIB............
0 Netuno	**Jan.**	**1948**	**12.51**	LIB............
60 Plutão	Jan.	1948	13.42	LIB............
90 Lua	Jan.	1948	15.03	LIB............
45 Marte	Fev.	1948	16.58	LIB............
120 Sol	Fev.	1948	17.17	LIB............
0 Ascendente	**Fev.**	**1948**	**18.06**	LIB............
150 Nodo	Fev.	1948	18.51	LIB............
60 Saturno	Fev.	1948	19.24	LIB............
150 Vênus	Mar.	1948	24.25	LIB............
0 Escorpião	**Abr.**	**1948**	**00.00**	ESC............
60 Marte	Mai.	1948	01.58	ESC............
120 Mercúrio	Mai.	1948	05.08	ESC............
90 Plutão	Ago.	1948	13.42	ESC............
60 Lua	Ago.	1948	15.03	ESC............
0 Cúspide 2	**Ag.**	**1948**	**15.31**	ESC............
90 Sol	Set.	1948	17.17	ESC............
30 Ascendente	Set.	1948	18.06	ESC............
120 Vênus	Nov.	1948	24.25	ESC............
45 Netuno	Dez.	1948	27.51	ESC............
0 Sagitário	**Jan.**	**1949**	**00.00**	SAG............
45 Lua	Jan.	1949	00.03	SAG............
90 Marte	Fev.	1949	01.58	SAG............

Figura 40. O Impresso de Elkus.

do ASC mostra a presença de um especialista, o fato de estarem muitas pessoas presentes, o alarme ligado e a consciência de que o nascimento era muito especial. A quadratura a partir da Lua mostra o mal-estar da mãe, sua crise e a dificuldade que cercou o nascimento, havendo necessidade de empregar a anestesia geral. A semiquadratura de Marte representa o médico chamado a dar parecer no caso o qual, efetivamente, se encarregou do parto e assistiu à morte do primeiro menino. O trígono do Sol representa a energia paterna infundida na mãe logo antes do parto e seu alívio ao saber que as outras crianças estavam bem. O Nodo inconjunto, logo após o parto, representa a confusão e frustração dos médicos e enfermeiras, diante das dificuldades apresentadas pelo parto, e o menino que sobreviveu, gêmeo da sua irmã. O sextil de Saturno mostra o triste resultado do parto.

Alguns dos elementos deste nascimento manifestaram-se sob a forma de problemas de saúde para o menino. Ele sofre de um eczema irritante e constante em quase todo o corpo, o que é, quase sempre, conseqüência de anestesia durante o parto, sendo indicada pela quadratura da Lua no signo de Capricórnio, que governa a derme. O Ascendente em quadratura com a Lua também significa anestesia. O Ascendente em Libra pode indicar incapacidade para eliminar toxinas através dos rins e do cólon, causa primeira e profunda do eczema. A cura miraculosa seria a da irrigação colônica que descongestiona as paredes do cólon. Outra é a do renascimento ou do Grito Primal para reviver o trauma. Como o ASC está em Libra, os efeitos psicológicos do nascimento fazem-se sentir, sobretudo, nos relacionamentos. A pessoa tem um jeito todo especial para lidar com mulheres distantes ou inatingíveis (Saturno e Plutão em contato com a Lua inconjunta, todos três em aspecto com o ASC), escolha que corresponde às características de sua irmã. Esta tem a conjunção na 12ª Casa e é tão introvertida quanto ele é extrovertido e vive, virtualmente, como uma reclusa.

Quando os nascimentos são múltiplos, existem, freqüentemente, muitos planetas ligados ao ASC. O Horóscopo 19 (Figura 41) é o da primogênita dentre duas gêmeas e tem Urano na 1ª Casa, enquanto que sua irmã, idêntica, tem Urano na 12ª Casa. A diferença é marcante pois aquela é uma protetora das artes e esta, viciada em heroína. As qualidades explosivas e irracionais de Urano manifestaram-se sob a forma

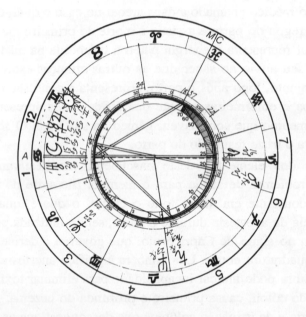

Figura 41.

de uma personalidade excêntrica e nada ortodoxa, em relação a uma e sob a forma de um problema médico que constitui, potencialmente, um perigo de vida, em relação à outra. A constelação de planetas na 12ª Casa revela, efetivamente, uma grande suscetibilidade quanto a influências externas, e Lua e Júpiter, no signo de Câncer, indicam a tendência a uma excessiva complacência. Neste caso, a terapia indicada é a psicoterapia.

A Oitava da Infância

Do nascimento até cerca de 7 anos de idade, a infância mostra o desenvolvimento da personalidade dentro da estrutura do lar e da família. A influência dos pais é primordial e o sistema familiar é formador e causa de toda uma série de influências positivas sobre a personalidade da criança, assim como de traumas e dificuldades – sendo que tudo isso fica armazenado na personalidade. As influências, nesse período, derivam do tipo de vínculo mantido com a mãe durante a 1ª Casa, da natureza do processo de lactação, via seio ou não, da primeira dieta, da forma de ensinar-lhe a ir ao banheiro e do processo desenvolvido no caminhar e no falar, conducentes a uma independência suficiente para que, ao final do treino, esteja apta a ir à escola e começar a ter vida própria.

O Horóscopo 20 (Figura 42) mostra Plutão logo após o ASC, não tão próximo de modo a formar uma conjunção e efetivar o nascimento, mas suficientemente próximo para causar uma grave ruptura dentro do mecanismo da personalidade, particularmente quanto à capacidade de auto-afirmação, própria da 1ª Casa. A semiquadratura de Urano em Câncer mostra que o problema deriva da dieta e os problemas digestivos originam-se do fato de a mãe ter-se sentido presa durante os últimos meses da gravidez, o que vem indicando pelo trígono da Lua e Marte na 5ª Casa. A mãe não se livrou de seu filho indesejado até que ele foi para a escola, à época da 5ª Casa. Ele sentia necessidade desse grave problema de saúde para atrair-lhe a atenção. O problema retornou na fase oposta na 7ª Casa e, com 27 anos de idade, quando questões de identidade sexual surgiram, ele voltou a ser atacado por gastrite, úlcera e constrição. O fato de que Saturno e Urano estão em combinação mostra que os problemas são ativados pelo *stress* e que as terapias indicadas são a psicoterapia devido a problemas emocionais com a mãe, *biofeedback* devido ao *stress* e dieta e nutrição adequadas, por Saturno estar em Virgem.

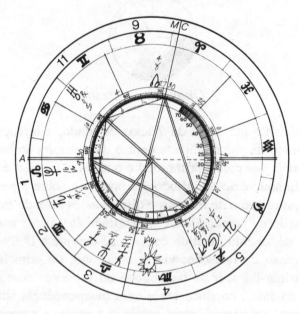

Figura 42.

ANOREXIA E BULIMIA NERVOSA

Dois casos de anorexia nervosa e um de bulimia servirão para ilustrar uma teoria sobre a origem desta doença moderna. O Horóscopo 21 (Figura 43) é o de uma jovem que se tornou anoréxica à idade de 16 anos, aproximadamente no ponto sensível do 17° de Peixes. Sua 1ª Casa, Netuno em Libra, mostrava que ela tinha um trato digestivo muito sensível desde o nascimento e que fora criada com leite materno. O fato de que Netuno somente forme aspecto com Plutão cria um círculo fechado de energia que retrocede à gestação. Neste caso, a mãe queria ver-se livre da responsabilidade de cuidar da filha, que fora, inicialmente, desejada pelo pai (o Sol é o primeiro planeta, da frente para trás, a partir do ponto de concepção da cúspide da 9ª Casa, em oposição à Lua), mas não pela mãe. Esta diferença de pontos de vista sobre ter ou não um filho é característica dos horóscopos em que está presente a anorexia.

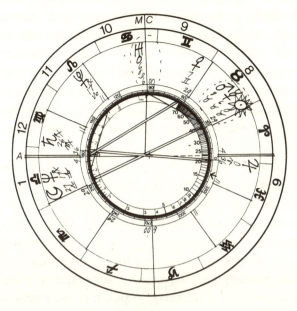

Figura 43.

Durante a 1ª Casa, que corresponde arquetipicamente aos primeiros 7 meses de vida, uma criança chora pedindo comida ou qualquer outra coisa que queira, sobretudo afeto. Quando uma criança está sendo alimentada no peito, o choro pode manifestar fome e também desejo do calor do colo. Ambos os desejos e sua resultante satisfação estão inevitavelmente para sempre amalgamados entre si e associados à auto-afirmação e à força da personalidade. O tempo natural de amamentação vai até o final da 1ª Casa mas, freqüentemente, ou o próprio tipo de amamentação ou outras causas de emagrecimento podem criar problemas conducentes à anorexia. A presença de Netuno implica que a amamentação natural foi interrompida, possivelmente por insegurança emocional ou dúvida por parte da mãe, criando na criança uma incerteza similar quanto a ser amada. Neste caso, a anorexia pode ter surgido devido a outras circunstâncias (através de Plutão). Algumas vezes a cólica resulta do fato de a criança absorver, emocionalmente, energias discordantes através do leite materno. Sucede que, quando a criança chora por afeto e aconchego, a resposta é a de lhe dar mamadeira ou comida.

163

Para ser mimada ou pegada ao colo, ou para receber o mesmo grau de atenção já recebida, *é necessário rejeitar a comida*! Assim, a anorexia é, antes de tudo, uma doença netuniana causada por erro ou associação falha feita entre afeição e comida. Neste caso, a anorexia originou-se no ponto inconjunto sensível a partir de Netuno. A solução em seu caso veio através de um interesse pela astrologia e do reconhecimento de que a responsabilidade de gerar filhos não fazia parte, inerentemente, de seus maiores desejos, a fim de não cair em esparrela, como aconteceu com sua mãe.

O Horóscopo 22 (Figura 44) é o de uma jovem com anorexia, causada quando Netuno em Escorpião foi ativado pelo afastamento da mãe, indicado pela quadratura da Lua, e, como conseqüência, ela foi confiada a uma avó idosa, indicada pelo sextil de Saturno. Em seu caso, o afastamento e abstenção da mãe foi grave e passou-lhe a mensagem de que, por ter perdido contato com a possibilidade de um encontro através da comida, isso significava separação e morte. Ela, com quase dois anos, reagiu, procurando o pai, e o pai a deixou para viajar ao estrangeiro (Sol em conjunção com Júpiter em Sagitário). Novamente, Saturno representa sua avó cuidando dela na ausência de seus pais.

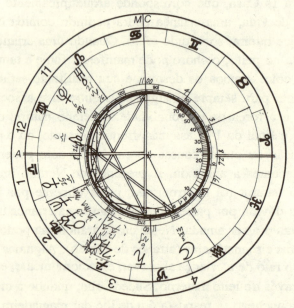

Figura 44.

Subseqüentemente, quando o inconjunto sensitivo de Netuno registrou-se a 7° de Peixes, à idade de 13 anos, a anorexia nervosa começou. Contato com médicos se seguiram (quadratura sensitiva do Sol e Marte), e o problema agravou-se. A solução foi psicologia transpessoal e gestalt, combinadas com trabalho corporal, para que superasse essa sensação.

A anorexia pode também ocorrer quando a mãe se desapega do filho, o que é indicado pela Lua aquariana, entre outras coisas. O Horóscopo 23 (Figura 45) é o de uma jovem que aos 30 anos passou a sofrer de bulimia nervosa e de alcoolismo. Netuno está envolvido na 2ª Casa e intensificado pelo distanciamento do pai que ela adorava, o que é indicado pela quadratura em relação a Sol/Urano na 10ª Casa. O contato Sol/Netuno inclina ao alcoolismo, abuso de drogas e a uma sensibilidade psíquica anormal, e tudo isso ela atravessou na primeira metade de seus vinte anos, imediatamente antes do Descendente do 23° a 26° de Aquário, quando Sol/Urano estavam inconjuntos, Netuno em trí-

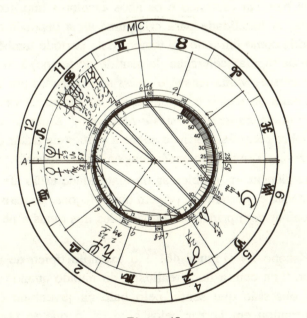

Figura 45.

gono, Plutão em oposição e Marte em sextil. Esta combinação ocasionou uma progressão de severas restrições em matéria de dieta a uma extrema autocomiseração seguida de vômito. A única ajuda possível foi a de apelar para os Alcoólicos Anônimos, uma clássica organização pisciana, dotada de poderoso componente espiritual capaz de dominar a energia netuniana.

A Oitava da Maturidade

A primeira função da oitava da maturidade é a de combinar e integrar o corpo físico, desenvolvido durante a gestação, à personalidade criada durante a infância e projetar a combinação resultante para o mundo, a fim de testar suas várias possibilidades. Pouco a pouco, a influência dos pais vai cessando e os anos escolares imprimem uma direção à vida. A habilidade para criar uma alma depende do entendimento da vida como um todo no tempo. Este período também contempla o início da rápida aceleração do sentido do tempo, à medida que a consciência cresce. Muita tensão e *stress* são causados por uma atitude irracional diante do tempo e da passagem do tempo. A obra de Larry Dossey, intitulada *Espaço, Tempo e Medicina*,[6] é um livro excelente que versa sobre recentes teorias e sobre a prática de tratar doenças relacionadas com o Tempo, tão endêmicas em nossa época.

Com freqüência, os problemas da maturidade estão afetos à meninice e à gestação e, portanto, a origem das soluções, no mais das vezes, implica trabalhar com princípios já passados nos quais a pessoa esteve envolvida.

O Horóscopo 24 (Figura 46) é o exemplo típico de uma jovem idealista que topa com a dura realidade do mundo quando deixa o lar paterno. A obsessão que sentia pelo balé na juventude (Júpiter em Aquário) terminou em horror pelos homens, o que se registrou com Marte em Touro e em quadratura com Plutão. Uma ligação com um homem mais velho, no registro de Vênus, aos 19 anos, com Saturno em quadratura e a Lua em oposição, levou a um aborto secreto (Lua em

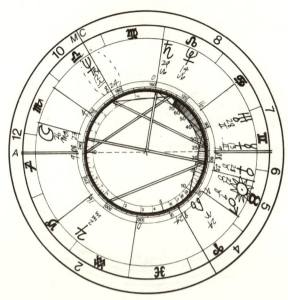

Figura 46.

Escorpião na 12ª Casa). O resultado da tensão foi um problema crônico de pulmão, quando Mercúrio se manifestou em Gêmeos (signo do pulmão) devido à incapacidade de extravasar sua raiva, raiva dos homens e raiva do mundo. Como Mercúrio é Netuno em trígono, sua insegurança adivinha do medo de expor-se se, e quando, tivesse que ter filhos. A mensagem inconsciente residia em que sua mãe deixou de seguir uma carreira artística por tê-la concebido vinte e três anos antes. Ela passou por tratamento psicoterapêutico aos 25, com o registro de Mercúrio. Os sintomas começaram a ceder e seguiu-se uma transformação (Plutão em sextil com Mercúrio), mas ela achou as sessões iniciais levemente superficiais. Sua verdadeira transformação ocorreu quando Urano se registrou aos 34 anos.

O Horóscopo 25 (Figura 47) é ímpar porque oferece uma solução astrológica a um dilema aparentemente insolúvel. Uma jovem, cheia de vida e de saúde, descobriu ao casar que era incapaz de fazer sexo por sofrer de um mal chamado vaginite que a tornava tão tensa e dura que impossibilitava as relações sexuais, pouco importando a posição que

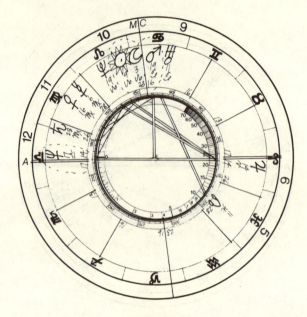

Figura 47.

tomasse. Isto perdurou durante oito anos de casamento, frustrando tanto a ela como a seu paciente marido. A conjunção entre Sol e Lua no forte signo de Leão e a 10ª Casa mostrava poderosa capacidade criativa, mas é justamente nesse ponto que residia a questão. A causa não é médica, mas deu-se simplesmente porque, ao ver que estava grávida, sua mãe recusou-se, terminantemente, a ter relação sexual com o marido a partir desse momento. O outro único aspecto da Lua em Leão, na 10ª Casa (controle) é o sextil com Mercúrio na 11ª Casa, mostrando propensão à mentira. A ausência de outros aspectos significa que a mãe não permitiu nenhuma demonstração de emoções que não as relativas a seu "problema" e, mesmo assim, só com amigos. A única válvula de escape que o marido tinha era o trabalho (Sol somente em aspecto com Júpiter na 6ª Casa). Sendo assim, seus pais estavam presos um ao outro, apesar das trágicas e difíceis circunstâncias. Como o problema remontava a dificuldades ancestrais, a terapia da gestalt indicada por Leão foi necessária para romper uma história de resistência que data dos tempos do Velho Testamento.

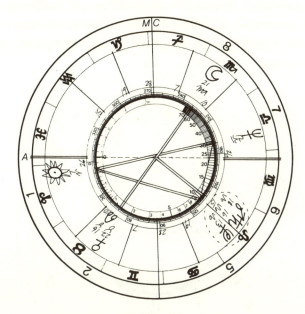

Figura 48.

O Horóscopo 26 (Figura 48) é o horóscopo de uma jovem, cujo diagnóstico era de diabetes, à época do registro de sua 7ª Casa com Netuno em Libra, aos 31 anos e 6 meses de idade. Embora a causa aparente fosse o rompimento de uma relação (Netuno em oposição ao Sol), a causa oculta se encontrava no passado, relacionada à morte súbita de sua mãe ao dar à luz, quando ela, a primogênita, contava 12 anos, o choque e a dor resultantes foram profundos e vieram a transformar-se em um trauma, não facilmente superável. Neste caso, a terapia da gestalt, ministrada por um terapeuta particularmente capaz, poria fim ao ódio aprisionado devido a seu abandono e conseqüente insegurança. O diabetes evitou que ela passasse pelo terror do parto, fazendo com que perdesse qualquer esperança de ter filhos.

O Horóscopo 27 (Figura 49) é o de uma mulher cujo diagnóstico era o de câncer terminal na garganta, conforme demonstrado na quadratura sensível de Plutão e no ponto médio[7] de Marte/Saturno, aos 39 anos de idade. Quando aconselhada astrologicamente a mudar de vida de forma tão radical, que a levaria a "morrer para seu antigo modo de viver", ela respondeu de maneira tão positiva que dentro de um ano estava curada, encontrou e casou-se com o homem de seus sonhos (Vênus inconjunta a partir da 3ª) e, apesar de um aborto logo após o casamento, reconquistou seu lugar na vida.

Figura 49.

MORTE

O diagnóstico da morte é o mais difícil de fazer, pois existem, na vida das pessoas, muitos momentos críticos, passíveis de oferecer grandes provações. Em muitos casos, o exato momento da morte é menos importante que o momento em que a doença fatal assume o controle.

No caso de duas vítimas de AIDS, o planeta Urano estava envolvido, embora seja leviano sugerir que Urano seja o único planeta a favorecer tão crítica opção, sobretudo porque Plutão é comumente conhecido como o regente do sistema imunológico. No Horóscopo 28 (Figura 50), o registro de Urano em Touro na 8ª Casa acusa o momento da grave infecção, embora a doença permanecesse escondida da família e amigos até o último instante possível. Quando se tornou insuportável,

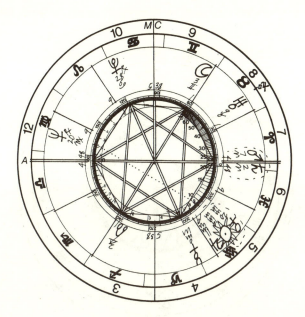

Figura 50.

o doente matou-se com um tiro, no exato ponto sensitivo da quadratura de Júpiter em Aquário, aos 48 anos e 6 meses de idade.

O Horóscopo 29 (Figura 51) é o de uma pessoa que morreu de AIDS, no sextil sensível de Urano aos 40 anos de idade, após experimentar o inconjunto sensível de Júpiter e Vênus em Escorpião na 3ª Casa, mostrando interesse em sentir prazer mesmo diante da visão da morte. A tragédia ocorreu nos pontos sensíveis do trígono Saturno/Plutão na 11ª Casa, indicando que a infecção fatal proveio de muitos amigos.

Trânsitos são movimentos contínuos de planetas em um dado momento comparado às suas posições natais. Eles, em si, não criam os fatos, mas atuam como um sistema para cronometrar a ativação de configurações natais, as mais profundas. Em caso de morte, os trânsitos podem revelar a natureza dos últimos momentos.

No Horóscopo 30 (Figura 52) um homem, morrendo de leucemia, havia sofrido, progressivamente, de outras doenças mais críticas, como se vê na sesquiquadratura de Urano seguido pela sesquiquadratura de

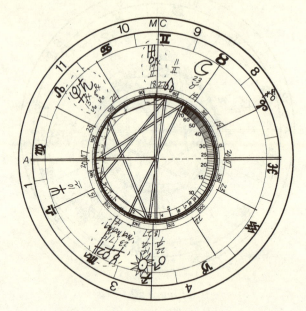

Figura 51.

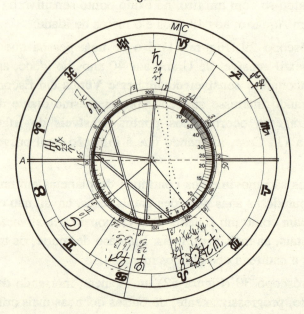

Figura 52.

Plutão e pela quadratura de Netuno. Como a Lua em oposição aproximou-se e estava dentro do orbe, o trânsito a partir de Urano em quadratura com o Sol (vitalidade e perfeito estado de saúde) provocou um *coup de grâce* que pôs fim a anos de luta corajosa.

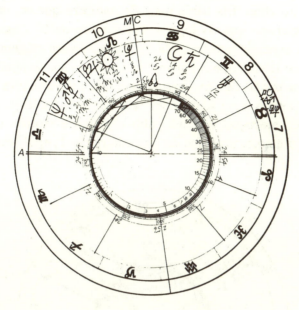

Figura 53.

Após uma história de anos de luta contra a morte, o Horóscopo 31 (Figura 53) adiou o fim, com apenas parte do intestino e do estômago, através da sesquiquadratura de Netuno e trígono de Marte, após uma sucessão de difíceis pontos de aspectos sensíveis. Quando, entretanto, a quadratura do Sol registrou-se aos 42 anos e 5 meses de idade, a vitalidade se esgotara e o fim chegou, acompanhado pela semiquadratura de Saturno, o próprio timão do tempo.

A Oitava Transcendente

Acontece, de vez em quando, que uma pessoa ultrapasse a longe-

173

vidade média, entrando na quarta oitava, via de regra como resultado da compactação da 7ª e da 8ª Casas. O Horóscopo 32 (Figura 54) é o de uma mulher extraordinária que dedicou sua vida à procura da liberdade e da espiritualidade, permanecendo, embora, dentro da realidade, com os pés no chão. Ela sabia mais da natureza que os naturalistas e mais de misticismo que os iogues. Na cúspide da 9ª Casa, ponto arquetípico da concepção/morte, ela fez sua primeira viagem com LSD, em um parque londrino, e foi além disso, rumo a sua desejada excentricidade. A frustração de uma artrite cada vez pior abateu-a (Urano em oposição a Netuno e em sextil com Saturno) mas ela lutou até que, ao atingir o MC, alcançou seu mais alto objetivo e morreu subitamente após perder o ânimo, no ápice da quadratura em T, envolvendo o Sol e a Lua.

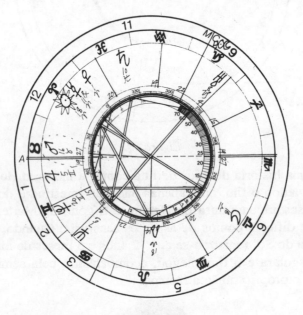

Figura 54.

O processo da vida e da morte é sagrado porque suas rotas e jornadas estão dentro e acima de nosso controle. Freqüentemente, o único consolo reside em que, para entendermos o significado da vida, não precisamos mais que o laivo de um sorriso ao abandonarmos a cena.

7
ASTRORRADIÔNICA

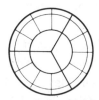

A Radiestesia Clássica

O propósito da radiônica é o de ensinar o corpo a se curar a si mesmo.
Malcolm Rae

A radiônica é uma técnica empregada para o diagnóstico e o tratamento a distância, através do campo energético do indivíduo, usando a faculdade de percepção extra-sensorial, (PES) inerente ao curandeiro. Todo indivíduo irradia campos que são continuamente alimentados pelos campos eletromagnéticos da terra com os quais interagem, campos estes que, constantemente flutuam entre alterações mínimas de polaridade e modulação. Os campos energéticos formam o corpo físico e sofrem alteração quando qualquer bloqueio ou ruptura ocorre, mesmo em níveis mais sutis. Quando o campo de energia sofre uma distorção em grau extremo, as doenças se manifestam nos planos espiritual, mental, emocional e físico do organismo.

Dentro de cada um de nós, os órgãos individuais, as glândulas, partes do corpo, e as doenças e desequilíbrios que os afetam a todos, obedecem a características padrões e regimes de vibração que podem ser detectados por alguns paranormais ou por meio de um pêndulo. A arte deste diagnóstico é a *radiestesia*, uma arte curativa que remonta há centenas de anos. Quando um desequilíbrio ou uma doença é detectada, é possível curá-los transmitindo ao corpo sutil uma dose de vibração corretiva por meio de padrões, objetos piramidais, circuitos de ressonância ou pensamento direto.

O mais importante instrumento radiestético é o cérebro humano, capaz de criar ação a distância, que por sua vez ativa os padrões que vão suscitar a reação desejada.[1] Centenas de tipos de padrões foram criados e empregados para várias funções. O tratamento consiste na introdução de um padrão de tratamento que pode constar de remédios homeopáticos, cores, formas ou nomes. Quando administrado ao paciente por ingestão oral ou simplesmente em se preparando um padrão geométrico, em consonância com todos os outros fatores, esse tratamento contribuirá para o retorno da saúde.

O brilhante trabalho do Dr. David V. Tansley revolucionou, nestes últimos anos, a teoria e a prática da radiônica porque descobriu que o mecanismo do diagnóstico e do tratamento pela radiônica por meio de seus amplificadores, magnetos e caixas pretas, consiste, realmente, em ampliar a consciência e eficiência do praticante que, por sua vez, contará com o aumento da potência e da eficácia de todos os remédios receitados, a ativação dos padrões e a energização dos pensamentos-formas. O ímpeto curativo é mais conferido pelo curandeiro que pelo próprio instrumento, ao contrário do que geralmente se crê.

A Radiônica como sistema de diagnóstico e tratamento utiliza técnicas homeopáticas. Cada remédio homeopático tem um cunho individual que consiste na soma total dos efeitos que produz quando administrado a um indivíduo saudável. A *materia medica*, como desenvolvida pelo criador da homeopatia, Samuel Hahnemann, descreve esses efeitos sobre o corpo físico emocional, mental e psíquico, de acordo com o princípio de Paracelso, "o semelhante cura o semelhante". Quando um indivíduo adoece, a série de sintomas detectados são comparados o mais aproximadamente possível aos remédios constantes da *materia medica* e administrados até chegar a cura. Os remédios incluem substâncias animais, minerais, elementais, vegetais, cores, chakras, glândulas, partes do corpo potencializadas e doenças (como vacinas, porém bem mais diluídas) e muitos outros. Um remédio é diluído tantas vezes (milionésimas) que sua substância física deixa de existir em quantidade mensurável, mas seu padrão energético se mantém na estrutura cristalina do meio, como água destilada com um pouquinho de álcool ou em pílulas de açúcar e leite.

A homeopatia trata da pessoa como um todo e, pelo fato de usar uma técnica metódica de seleção de remédios, a fórmula correta pode ser encontrada e administrada. A cura consiste na ativação e remoção dos sintomas – na ordem inversa de sua aparição – do corpo físico, emocional e mental. Os instrumentos de ampliação na radiônica corroboram no tratamento e na descoberta dos corretos remédios homeopáticos.

Como resultado de quinze anos de tratamento, observação e estudo com o dr. Westlake e o dr. Tansley, assim como com outros praticantes, familiarizei-me com a teoria e a prática da radiônica, com o pêndulo, a homeopatia e a radiestesia. Parecia existir um elo valioso entre a astrologia e a radiônica. O que se segue é um breve relato deste vínculo e suas ramificações.

Ao aprender, em 1974, que consultar o pêndulo representa uma possibilidade de detectar qualquer tipo de energia em seres animados ou em objetos aparentemente inanimados, tornou-se natural para mim investigar se o diagrama do horóscopo (um sinal cósmico) pode ser considerado como um padrão energético representativo de um indivíduo e atuante como fonte de informação. O que ficou claro de imediato é que cada horóscopo, quando orientado numa única direção, isto é, a uma busca, apresenta um eixo próprio, simbólico do horóscopo. Quando se segura um pêndulo sobre o centro do horóscopo, o pêndulo oscila ao longo de um dado eixo, pouco importando o momento ou a orientação. Quando vários horóscopos são sobrepostos, mediante um comando mental, o pêndulo pode selecionar o eixo do indivíduo que, por exemplo, é o que domina mentalmente ou o que apresenta as qualidades específicas requeridas.

O eixo do horóscopo corresponde ao que Edward Russell denominou *Padrão Crítico de Rotatividade*, ou PCR, de que toda a forma material é dotada. Portanto, o horóscopo como padrão está infuso em todos os outros padrões e seres da natureza, e as respostas referentes ao indivíduo em questão podem ser detectadas através do horóscopo pelo processo da ressonância.

Ficou claro que o eixo rotativo dos horóscopos situava-se, na maioria das vezes, ao longo de um eixo astrológico que continha cada importante planeta ou oposições significativas. Se um horóscopo individual contém uma oposição como a do Sol em oposição a Plutão, pode-se quase esperar que seja este o eixo principal do horóscopo.

Como Consultar o Círculo com a Ajuda de um Pêndulo

A dificuldade para consultar o círculo com a ajuda de um pêndulo está em que, quando o pêndulo gira através do ponto central de 10° em Áries até seu ponto oposto de 10° em Libra, é impossível dizer para que direção ele está apontado. Esse problema levou ao uso de pêndulos em forma de leque e de diagramas radiônicos a fim de evitar confusões. Existe, porém, um modo de abranger todo o círculo por meio de um pêndulo em combinação com a astrologia.

Na Figura 55, o círculo central do horóscopo é preenchido com doze círculos concêntricos do centro para a periferia. O primeiro círculo do centro corresponde a Sagitário e seu símbolo está colocado na direção do signo e de sua residência, a 9ª Casa. O círculo seguinte corresponde a Capricórnio; o próximo a Aquário, depois a Peixes, etc. O círculo final que desenha a periferia é o anel de Escorpião.

O primeiro passo para usar este diagrama astrológico de consulta, a que se refere o livro, está em segurar o pêndulo, com o cotovelo em paralelo ao solo, acima do ponto central. Então, sem mover conscientemente o pêndulo ou o braço, ordene à sua mente inconsciente, primeiro em voz alta e depois silenciosamente, que mova o pêndulo de Sagitário a Gêmeos, absolutamente *dentro dessa área*. Após alguns instantes, o pêndulo oscilará infinitesimalmente dentro do círculo. A seguir, instrua o pêndulo a mover-se de Capricórnio a Câncer e a retornar para dentro do segundo círculo. Depois, dê ordem ao pêndulo para que se mova dentro do raio do terceiro círculo de Aquário a Leão e que retorne. Repita a operação até que o pêndulo oscile de Escorpião a Touro, nos anéis extremos.

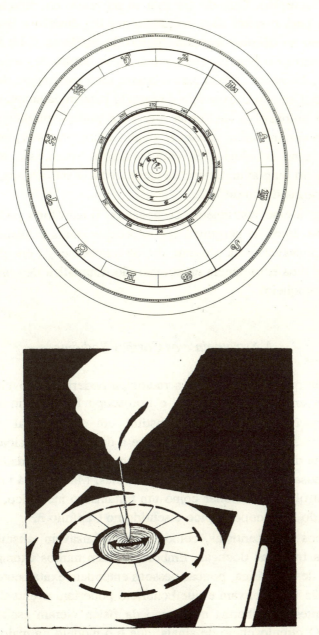

Figura 55. Consultando o Círculo por meio de um Pêndulo.

É óbvio que existe uma diferença entre o pêndulo oscilar entre Touro e Escorpião. Quando ele está se movendo em direção a Touro, ele oscila para o sexto anel, enquanto que em direção a Escorpião ele oscila rumo ao décimo segundo círculo da periferia. Com a prática, é possível instruir o pêndulo para que se mova dentro de parâmetros programados, do menor círculo para o maior, num movimento de ida e volta perfeito. Quando o exercício é repetido indefinidamente, com o tempo ele se automatiza, de forma que você poderá simplesmente fazer o pêndulo oscilar sobre qualquer objeto e compreender, de imediato, para que signo astrológico ele está apontado. Nesse caso, assume-se a existência do diagrama, dentro da mente, bem diante de nós, defronte a um ponto arquetípico do MC.

Graças a esse instrumento de consulta, o astrólogo pode formular os seguintes tipos de perguntas ao horóscopo: quais os planetas diretamente responsáveis pela presente dor de (em branco)?; em que momento da vida uma experiência emocional tão traumática deu origem a tão poderoso bloqueio?

A Astrologia e os Cartões Radiônicos

Parecia que a astrologia e a radiônica poderiam, proveitosamente, ser usadas em conjunto, porque o horóscopo funcionaria como fonte de informação. A astrologia constitui um excepcional sistema de diagnóstico, sobretudo no que se refere à descrição dos ciclos periódicos da vida de um determinado indivíduo e à sua capacidade de investigar as causas primárias das doenças tardias. Mas não há um modo de fazer a astrologia funcionar como um tratamento mecânico, sem ajuda da leitura do horóscopo, tópico discutido no Capítulo 3.

Médicos renascentistas, como Paracelso, usavam talismãs astrológicos para tratar as doenças. Embora existam muitos exemplos remanescentes dessa prática, poucas pessoas entendem exatamente como esses talismãs funcionavam e que benefício poderiam eventualmente trazer. Recentes descobertas no campo da física vieram esclarecer esse mistério. O círculo cheio de sinais, que é o modelo da maioria dos talismãs médicos da Renascença, usa *quadrados mágicos* para determinar

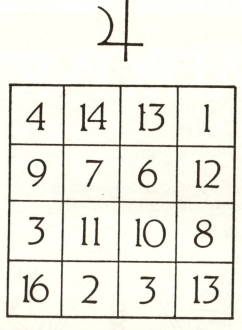

Figura 56. O Quadrado Mágico de Júpiter.

as linhas e curvas aparentemente traçadas ao acaso, típicas da magia talismânica. Os quadrados mágicos estavam relacionados à numerologia dos planetas. Como o número de Júpiter é o quatro, o quadrado mágico de Júpiter é de quatro por quatro igual a dezesseis (Figura 56). Dentro de cada quadrado existe um número e uma letra, geralmente em hebraico ou em grego. O nome da parte do corpo responsável pela cura ou o remédio estavam traduzidos para a linguagem do quadrado e unidos em seqüência por linhas retas e curvas. O fascinante é que estas linhas e curvas aparecem hoje em direta correspondência com os modelos das câmaras de bolhas criadas pelas partículas subatômicas, aceleradas pelos ultramodernos sincrotrons dos físicos. Esta correspondência está representada na capa que desenhei para o livro de autoria de David, Tansley, intitulado *Radiônica: Ciência ou Magia?*[2] (Figura 57). A ilustração mostra a figura de um homem dentro de um círculo e de um triângulo com as mãos sobre o diagrama de uma câmara de bolha à esquerda e sobre desenhos de poderes mágicos à direita. Em ambos os

Figura 57. Radiônica: Ciência ou Magia?

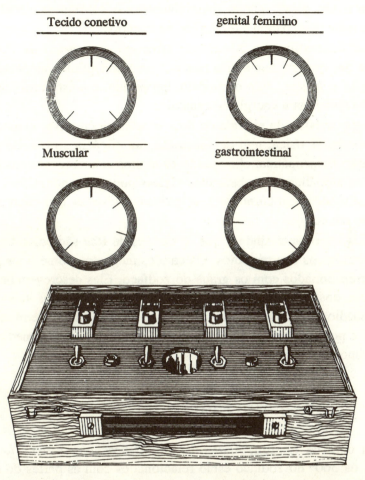

Figura 58. O Simulador Magneto-Geométrico de Potência.

casos, a energia contida nas partículas elementares é aproveitada e usada a serviço da humanidade.

Quando li pela primeira vez os livros de David Tansley,[3] em que ele descrevia os trabalhos radiônicos de Malcolm Rae, imediatamente reconheci a conexão que existia entre astrologia e radiônica. Rae descobriu que os remédios homeopáticos e outras substâncias podiam ser cifrados em cartões como raios parciais dentro de círculos. Como existem 360 desses pontos em um círculo, e a maioria dos remédios tem de cinco a nove raios parciais, existem bilhões de permutações possíveis. De um modo geral, quanto mais complexa a substância cifrada pelo cartão, mais raios parciais tornam-se necessários.

Rae desenvolveu o *Simulador Magneto-geométrico de Potência* (Figura 58) que impregna uma matriz, como uma pílula umedecida com leite puro e açúcar, com o remédio apropriado, e a estrutura cristalina do meio aprisiona a energia do remédio.

A transmissão da energia de uma substância curativa, mais do que sua substância física, tem demonstrado sua eficácia através da potencialização homeopática, eliminando os efeitos colaterais prejudiciais da medicina alopática. As substâncias tóxicas podem ser homeopaticamente transformadas em curativas e as toxinas ambientais não impregnam o remédio em si.

Mais importante ainda é que os cartões de Rae são como horóscopos astrológicos dos remédios. Os cartões magneto-geométricos podem ser correlacionados com os graus do zodíaco. Eles descrevem os sinais cósmicos dos remédios homeopáticos, dos elementos, dos sais celulares, remédios animais, vegetais e minerais, cores, chakras e muitos outros. E é possível estabelecer uma correlação entre esses remédios e os horóscopos individuais.

GRAUS E PARTES DO CORPO

Na obra de Ebertin, *Anatomische Entsprechungen der Tierkreisgrade*, os 360° do zodíaco estão relacionados com as partes do corpo, com as glândulas, os ossos, os nervos e a musculatura. Embora, como já foi demonstrado, cada signo, de um modo geral, se refira a uma determinada parte do corpo, amplas pesquisas têm fornecido uma versão mais precisa. As correlações entre as partes do corpo e os graus do zodíaco são discriminadas no Anexo 3.[4] Usando-se esses dados é possível determinar, a partir do horóscopo, as partes do corpo mais prováveis de serem afetadas durante a vida e pesquisar retrospectivamente, partindo da parte afetada, até chegar à causa astrológica.

Há muitas maneiras de usar as caracterizações gradativas de Ebertin, especialmente quando se conta com a localização do sintoma e se investiga a raiz do mal. Dores de cabeça, como doença de Áries, revelarão problemas relacionados com a auto-afirmação ou com matérias tradicionais da 1ª Casa. O mesmo se pode dizer dos doze signos e de suas respectivas casas.

COMO DECIFRAR OS CARTÕES RADIÔNICOS

É possível decifrar os cartões de Rae interpretando seus raios, na medida em que estes correspondem às partes do corpo atacadas por um remédio. Essas partes podem estar correlacionadas com todo o quadro doentio, como vem descrito na *Materia Medica*.[5] Considerando que os remédios em geral produzem muito mais efeitos do que os que podem ser atribuídos aos raios parciais do cartão, deduz-se que o código necessário para reproduzir o remédio é muito mais simples que o efeito total do remédio – algo como os dez planetas descrevendo toda uma vida ou as quatro bases ácidas todo o código genético. Minha pesquisa consiste, pois, numa tentativa básica visando uma correlação mais precisa.

Tabela 6. Análise do *Aconitum Napellus*

Grau	Parte do Corpo	Materia Medica
12º de Áries	Língua	Língua inchada; formigamento na ponta da língua; pressão na cabeça; nevralgia.
21º de Touro	Artéria Nasal	Dor na base do nariz; amígdalas inchadas; garganta seca, vermelha e apertada; menstruação agitada com sangramento nasal.
03º de Leão	R. da Artéria Coronária	Irrupção violenta; pressão arterial; taquicardia; dor no peito; vertigem; males cardíacos acompanhados de dor; espinha rígida e dolorida.
13º de Capricórnio	Juntas em L do Joelho	Joelhos bambos; ligamentos das juntas fracos e lassos; inflamação pneumática.

Segue-se uma comparação entre os sintomas do remédio comum conhecido como *Aconitum Napellus* e os raios parciais do cartão do acônito face a seus sintomas primários expostos na *Materia Medica* (Figura 59).

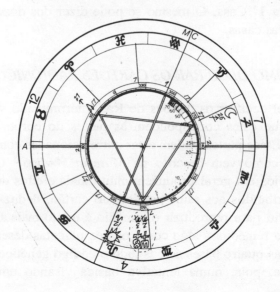

Aconitum Napellus

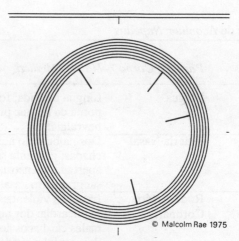

Figura 59. Horóscopo e o Cartão do *Aconitum Napellus*.

Os traços do *Aconitum Napellus* coincidem favoravelmente com os raios do cartão de Rae com relação ao mesmo remédio. Segue-se daí que, quando os planetas estão situados em graus abrangidos por um dado remédio, este remédio deve ser considerado como um possível tratamento.

Os remédios *Arsenicum Iodatum* e *Arsenicum Album* têm dois raios em comum. Um deles está a 10° de Escorpião, signo da morte e da putrefação, indicando neurastenia. Sob o *Arsenicum Album* divisamos sintomas próprios do Escorpião como "envenenamento ptomaínico; picadas; tabaco; doença motivada por comida ou matéria animal estragada; evacuação pútrida; alterações degenerativas; infecção séptica".[6] O Escorpião ativa certa sintomatologia em relação a seu signo oposto Touro, que rege o nariz, os ouvidos e a garganta. O *Arsenicum Iodatum* indica descargas irritantes e cáusticas enfatizando o nariz, o tubo de Eustáquio e tosse. O ponto comum, a 2° de Capricórnio, provoca problemas aflitivos no signo oposto, Câncer, precisamente na área do estômago. Os remédios derivados do *Arsenicum* devem, portanto, ser recomendados às pessoas cujos planetas sejam Escorpião e Touro, Câncer e Capricórnio.

Outro exemplo pertence à série de remédios *Calcarea* que compartilha de 21° de Aquário, indicando doença da espinha. O *calc. arsenicum*, o *calc. carbonate*, o *calc. fluoridum* e o *calc. phosphate* todos causam doenças de origem espinhal. Entre estas inclui-se costas fracas, curvatura espinhal, lumbago crônico, tumores ósseos e dores na parte inferior das costas.

O inventor da homeopatia, Samuel Hahnemann, reconheceu que era preciso testar os remédios não apenas no nível físico, mas também nos níveis emocional e mental, de forma a que o perfil total do remédio pudesse estar disponível. Este modelo é compatível com o modelo astrológico apresentado, pelo fato de as substâncias atuarem nos mesmos três planos em que são detectados os sintomas. O plano dinâmico de atividade que interpenetra todos os organismos por meio dos campos eletromagnéticos é a fonte de saúde e de doença corpórea. A *Astrorradiônica* é o meio de transmitir a informação correta sobre o tratamento adequado, designando um remédio que corresponda ao padrão astrológico.

Considerando que as substâncias curativas estão em harmonia com a pessoa a ser curada, segue-se que a compatibilidade astrológica deveria ser extremamente desejada. Surge então a questão: como correlacionar os remédios na matéria médica homeopática com os signos do zodíaco e os segmentos gradativos de Ebertin?

Os meios para a investigação de assunto tão importante não estão disponíveis até hoje, de forma que, com exceção de alguns remédios mais comumente usados, essa correlação não foi feita. A técnica envolveria basicamente computadores nos quais os raios astrológicos (e seus graus) de todos os remédios ficassem armazenados. Cada horóscopo pode ser analisado, os planetas, responsáveis por uma dor ou bloqueio particular, determinados, e uma série de remédios que tivessem contato com tantos raios parciais quanto possível selecionados. Os remédios resultantes proporcionariam o remédio homeopático correto e também a ressonância requerida para estimular a comunicação curativa a todo o organismo.

Cada remédio descreve um padrão constelado de efeitos no organismo psicofísico, e das combinações resulta, claramente, um total maior que a soma das partes, assim como os planetas de um cartão natalício fornecem informações para toda uma vida. Em seu livro maravilhosamente evocativo, intitulado *Psyche and Substance*,[7] Edward Whitmont, renomado analista junguiano, descreve seu modo de entender os remédios homeopáticos como arquétipos do comportamento. Assim como os planetas, os remédios são símbolos de processos psíquicos que correspondem a imagens externas de uma dinâmica funcional interna. Seu enfoque abre de par em par as portas da astrologia psicológica para a homeopatia.

Cartões Astrorradiônicos

Na prática, o profissional especializado em Astrorradiônica determina por métodos tradicionais ou com o auxílio de um pêndulo que planetas ou ângulos do horóscopo natal atuam positivamente numa dada situação. Um cartão de Rae pode então ser providenciado para preparar uma potência homeopática da constelação que seja a causa pri-

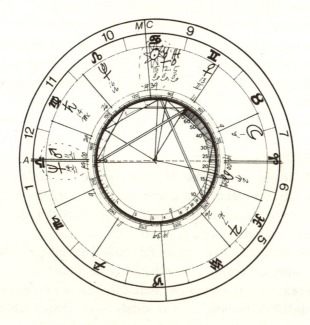

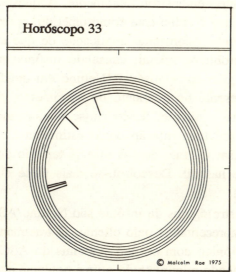

Horóscopo 33

Figura 60.

mordial do problema e que esteja transmitindo informação perigosa a níveis mais baixos. Em se reativando a energia discordante, é possível restabelecer o fluxo e dar início ao processo de cura.

O horóscopo 33 (Figura 60) é o de uma pessoa que apresentava um sintoma de insônia constante, tanto que não lhe fora possível dormir nada na maioria das noites de sua vida adulta. Nenhum tratamento à base de drogas, psicoterapia ou curas sutis parecia minorar o problema. Nenhum dos clínicos consultados descobrira a causa. Está claro que o planeta causador da insônia era Netuno, que estava em conjunção com Marte e com o Ascendente. Ebertin descreve Marte/Netuno como: "Atividade paralisada; forças e agentes autodestrutivos; melancolia; irritabilidade; sentimento de inferioridade".[8] O que é interessante e alarmante são os aspectos em quadratura do Sol e Mercúrio, e o sextil de Plutão para o Ascendente. O Sol, como portador da vitalidade e transmissor de energia, aflige o poder vital, conduzindo a uma "psique fraca, pouca vitalidade, debilitação da saúde" e ainda, em situações extremas, "à ruína do corpo". A quadratura de Plutão pode causar destruição e morte. A quadratura de Mercúrio cria um excesso de energia nervosa, debilidade mental, nervos sensíveis e outros problemas do gênero, que o cliente demonstrou claramente. A questão que parece ser crítica, uma vez que Netuno está comprometido, apresenta dois aspectos. Primeiro: existe a constante implicação de que as drogas estejam envolvidas no problema inicial, causando insônia; segundo: que um médico ou cirurgião irresponsável (Netuno em quadratura com Mercúrio) esteve presente no momento do nascimento. Ao descortinar-se a questão perante o cliente, descobriu-se que, quando ele nasceu, o médico administrou uma injeção como estimulante e gás como anestésico geral, apesar do fato de sua mãe já ter tido dois filhos de modo perfeitamente natural. Descobriu-se mais tarde que o médico fora um irresponsável.

Os fatores astrológicos da insônia são Netuno/ASC e Marte/Netuno/ASC, todos apresentados pelo cliente. O tratamento consistiu num cartão Astrorradiônico com os raios parciais do ASC, Netuno, Marte, Sol e Plutão. Quando administrado a uma potência muito elevada, ocasionou imediata reação positiva do cliente, que começou a dormir, pesadamente, em muitas noites. O esclarecimento de que a causa primária do problema derivara mais do nascimento do que das constantes ansiedades e tensões – embora a situação então vigente apoiasse o problema –, aliado ao tratamento Astrorradiônico, resultou satisfatório.

O Horóscopo 34 (Figura 61) é o de uma jovem em quem se manifestou anorexia nervosa aos 14 anos e 8 meses. Os pontos sensíveis que atuam nessa faixa etária são a seqüência da semiquadratura sensitiva de Marte aos 13 anos de idade, o sextil sensitivo do Sol e Júpiter e a semiquadratura sensitiva de Saturno. A causa da anorexia não reside em Netuno na 1ª e 2ª Casas, que acusam problemas de amamentação pela mãe, como aconteceu em exemplos precedentes, mas envolve a sensitiva oposição a Netuno num futuro próximo, aos 17 anos e 4 meses. O estopim, em seu caso, foi acionado pelos planetas Marte e Saturno, considerados por Ebertin como o eixo da morte, com o sextil sensitivo do Sol e de Júpiter entre eles. Esta combinação indica "fraca vitalidade, incapacidade para atender a todas as necessidades ou dominar todas as situações, a necessidade de vencer a doença" e "uma separação afortunada".[9] Só podemos presumir que o afastamento por parte do pai tenha sido a causa e a solução da anorexia. De fato, para ela, o pai era uma criatura esquiva e seu distanciamento lhe causava uma falta profunda que motivou a doença, assim como lhe trouxe a atenção desejada.

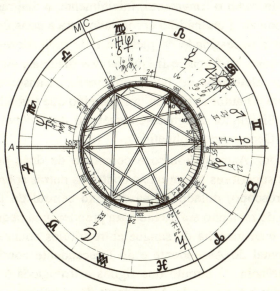

Figura 61.

A análise do pêndulo indicou que os planetas Netuno, Marte, Saturno e Sol teriam suas influências anuladas, já que a via da solução compreendia a reconciliação com o pai verdadeiro e um adeus à infância dado por ambos. Acontece, freqüentemente, no caso de a anorexia afetar um adolescente, ter o pai uma personalidade infantil.

O cartão Astrorradiônico serve para fixar a mente do curandeiro sobre as questões planetárias suscitadas pela doença, de ordem física ou psíquica. Porém, a cura resultante, embora possível em muitos casos, não cria necessariamente uma unidade no indivíduo. A separação das partes do ser total, para então curá-las, é ainda uma questão artificial e temporária, porque a seu tempo o todo ansiará por recuperar a parte saudável e o desequilíbrio voltará a impregnar a parte restante.

O Analisador Astrorradiônico

A história da eletrônica e da medicina energética está documentada em uma série de padrões usados para curar e como instrumentos de energias curativas. Freqüentemente os padrões de cura fazem o diagnóstico e indicam o tratamento. Inicialmente, o diagrama do horóscopo, em si, constitui um padrão apropriado para a consulta médico-astrológica. Mas a necessidade de padrões e de indicadores mais acurados sobre os quais as forças e fraquezas dos planetas, signos ou outra combinação de elementos do horóscopo melhor transparecessem, tornou-se evidente. O autor desenhou um aparelho que trabalhava em conjunto com o Simulador Magneto-Geométrico de Potência, produzido pela Magneto-Geometric Applications.

O analisador Astrorradiônico é composto de duas partes (Figura 62). As rodas superiores giram umas contra as outras sobre o diagrama básico do horóscopo, dotado acima do eixo central de uma pequena protuberância de tamanho suficiente para prender uma pequena amostra de cabelo ou uma mancha de sangue entre rótulos colantes circulares. O eixo horizontal do Ascendente e do Descendente continua sendo o plano de referência. O círculo dos signos astrológicos é giratório, de forma que o signo e o grau do Ascendente do indivíduo a ser analisado podem ser colocados no lugar do Ascendente à esquerda. Esta colocação orienta o zodíaco para a mesma posição existente à época do nascimento. Partindo do horóscopo do indivíduo, é possível estudar, detidamente, os planetas e determinar o estado de saúde de cada um deles.

A terceira roda interna a partir dos signos do zodíaco apresenta uma série de símbolos na metade superior da roda, -/+ a cada lado dos signos situados no topo. A seqüência de valores vai de -6 à esquerda a +6 à direita. Quando o ponteiro é orientado para um determinado planeta, o pêndulo é colocado sobre o centro do círculo e a seguinte pergunta lhe é formulada: "Qual é a carga energética do Sol?" Os números positivos acusam superatividade e os negativos subatividade. O perfil resultante mostra claramente o estado de todos os planetas, permitindo ao astrólogo aconselhar devidamente.

Embora os astrólogos tenham sistemas muito precisos de predição, esses sistemas astrológicos não são absolutos. Quase sempre o diagnóstico correto depende de uma intuição apurada, não tanto para a descoberta do que deu *errado*, mas para determinar *qual* das características indicadas ou dos fatos ocorridos é o verdadeiramente responsável pelos sintomas das doenças. O analisador Astrorradiônico pode ser usado para indicar quais planetas estavam em atividade num dado momento, e seus dados comparados com os resultados apresentados por técnicas mais tradicionais.

É também possível usar o pêndulo para perguntar que combinação de planetas está em atividade num dado momento. O pêndulo é colocado sobre o centro do círculo e a pergunta formulada. Ele, por sua vez, pode apontar para um, dois, três ou mais planetas envolvidos. As combinações resultantes podem ser confirmadas em Ebertin. Se, por exemplo, os planetas Marte, Urano, e Netuno são os implicados, as combinações em Ebertin são as seguintes:

Marte/Urano = Netuno	Delírio, desmaios, acidentes automobilísticos.
Marte/Netuno = Urano	Alteração nos níveis energéticos, fraqueza, falta de energia, crise causada por acidente ou agressão.
Urano/Netuno = Marte	Energia mal-orientada, impotência, paralisia, falta de estamina.

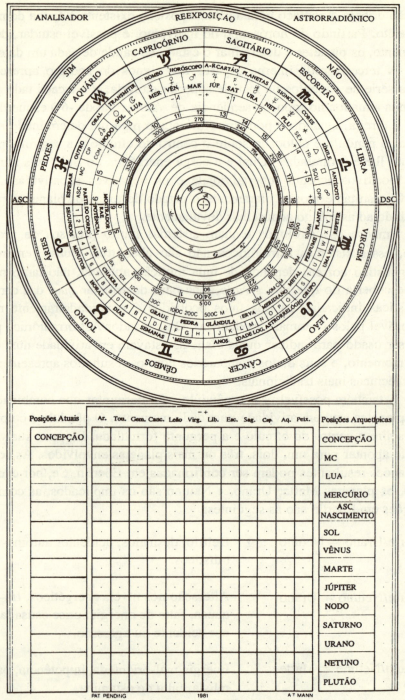

Figura 62. Analisador Astrorradiônico e Cartão de Análise inventado por Tansley.

Advanced Radionic Consultants
Dr. David V. Tansley, D.C.
38 South Street, Chichester, Sussex, England   Tel.(0423) 775383

Índice de Vitalidade		Nome	Data
Índice de Saúde Física Índice de Saúde Psicológica		Endereço	
Congestão		Data de Nascimento	dia mês ano lugar
Superestímulo		Sintomas	
Falta de Coordenação		Miasmas	Toxinas

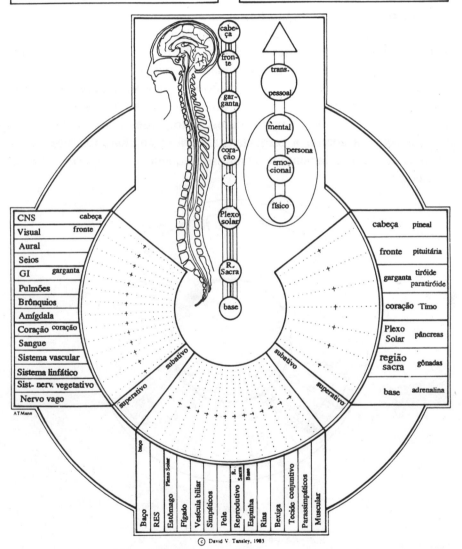

© David V. Tansley, 1983

Com isto, pode-se traçar um quadro que inclua uma série de possibilidades ocorrentes no momento. Como vem exemplificado acima, quando a primeira combinação abarca planetas internos como o Sol, a Lua, Mercúrio, Vênus ou Marte, as indicações por eles fornecidas são geralmente as causas, enquanto, em se tratando de planetas externos, como Júpiter através de Plutão, os estados são mais patológicos, reflexos de causas antigas. No exemplo, o trauma da paralisia pode provir do choque de um acidente sofrido na mocidade, vindo a manifestar-se muito mais tarde.

O Horóscopo 35 (Figura 63) mostra um acidente ocorrido com um bebê de 1 ano e 5 meses, quase afogado na banheira pelo irmão mais velho, como se vê da conjunção Saturno/Marte em Câncer. Que o pai, presente, nada fez para evitar o acidente é indicado pela oposição do Sol e do MC. O cliente ficou marcado por uma profunda sensação de ameaça tão poderosa que, quando tinha que enfrentar pessoas importantes (Sol/MC), como empregadores, autoridades civis ou policiais, ele começava a apertar a garganta e atirava-se ao chão. Os resultantes ataques de estrangulamento tornaram-se freqüentes e insuportáveis para o cliente.

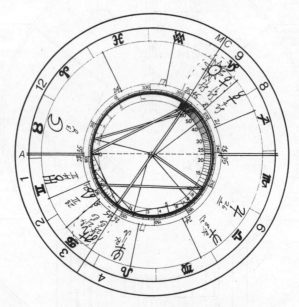

Figura 63.

A psicoterapia minorou os sintomas mas não localizou a causa. À época da consulta, o cliente tinha 30 anos: momento preciso do registro do ponto sensitivo em trígono a partir de Plutão, também em sesquiquadratura tensa (135°) a partir de Saturno/Marte e de uma semiquadratura (45° do MC, isto é, no exato ponto de reconciliação, atingindo ambos os extremos da oposição. A psicoterapia foi suficiente para afastar os sintomas que foram sendo paulatinamente eliminados no espaço de um ano mais ou menos.

Surpreendente em relação ao exemplo anterior foi que, durante a leitura do horóscopo, o cliente agarrou a própria garganta e começou a apertá-la quando foi aventado o incidente da infância. Ao voltar ao normal, precisou descansar e recuperar-se antes de ir para casa. Umas seis horas depois, recebi um telefonema de um amigo cuja amante estava sofrendo de uma sensação similar de estrangulamento, provocada por briga em família. Ficou-se sabendo que ela havia nascido um dia depois e apresentava o mesmo quadro, só que este configurou-se à idade de 6 anos, quando presenciara violência em família. Ela exibia sintomas semelhantes que, em seu caso, eram ativados pelos menores sinais de divergência doméstica. Em ambos os casos, o trauma em questão resultou de choques ocorridos na infância e que não afetaram imediatamente o indivíduo, mas que foram, *a posteriori*, facilmente reativados. Se bem que o socorro terapêutico proporcionado pela leitura do horóscopo tenha sido parcialmente responsável pela cura, foi-lhe também administrado o tratamento Astrorradiônico para servir de base à liberação da energia ligada ao fato remoto.

A grande vantagem de se recorrer ao tratamento Astrorradiônico está em que antigos fatos traumáticos podem ser trabalhados e suas energias, bloqueadas ou aprisionadas, realinhadas em direções mais proveitosas. A questão do "livre-arbítrio" na astrologia diz respeito exatamente a isso. O bloqueio existe a partir do momento em que é descoberto, e a controvérsia reside no fato de ser ou não possível atravessar essa situação difícil, seja ele reativado ou não. A liberdade está em descobrir bloqueios e em identificar-lhes as causas e, a seguir, partindo da identificação inicial, obedecer às técnicas ou terapias que permitirão a desidentificação que conduzirá à eliminação do problema.

Freqüentemente as combinações dos planetas não são conectadas por aspectos, trânsitos ou sistemas direcionais, mas, apesar disso, exercem ação recíproca. As perspectivas, assim consideradas, podem ser de grande utilidade, no caso de situações inusitadas e de curas por catálise.

Uma vez escolhida a combinação dos planetas, existem maneiras opcionais de irradiar a energia requisitada pelo indivíduo necessitado. Pode-se fazer um cartão Astrorradiônico com apenas os raios parciais dos planetas que requerem ilustração. Outra possibilidade está em empregar o conjunto de cartões astrológicos de remédios, feitos para serem usados nos aparelhos de Rae. Exemplos de cartões planetários ou de signos são vistos na Figura 64. Os signos são definidos por dois raios parciais que definem a localização do domínio dos signos no tempo e no espaço, enquanto que os cartões planetários são definidos pelos raios parciais na posição dos graus associados às suas regências e exaltações. É, portanto, possível tratar um cliente com um forte componente de Mercúrio para estimular processos mentais, ou com um básico Netuno para incrementar a criatividade. A energia de irradiação dos planetas aproxima-se das técnicas visionárias dos curandeiros e mágicos celestiais do Renascimento.

Embora o analisador Astrorradiônico seja muito útil como coadjuvante do diagnóstico em astrologia, existe, à disposição, um modo muito mais poderoso de usar a Astrorradiônica.

Cartão Simulador do Paciente

Na prática da homeopatia, uma série de remédios são usados durante um período de meses ou anos à medida que se concretiza um quadro cada vez mais completo da complexidade da constituição do paciente como um todo. O remédio final a ser administrado a uma pessoa chama-se *simillimum*. O *simillimum* representa a soma total de todas as disposições fisiológicas e psicológicas de um indivíduo através de toda a sua vida.

Em astrologia, o horóscopo é equivalente ao *simillimum* porque contém a soma de todas as características apresentadas pelo indivíduo no decurso de sua vida, se essas características puderem ser decifradas. Ocorreu-me que o mais importante cartão de cura seria um cartão Astrorradiônico do horóscopo de um indivíduo. Os cartões obtidos mostraram resultados surpreendentes quando testados por profissionais especializados em radiônica. Na verdade, esse cartão possibilita a restauração do equilíbrio, mesmo em casos muito difíceis.

O maior problema do século XX reside no fato de que está cada vez mais difícil aceitarmos a nós mesmos. Estamos cada vez mais afastados do nosso próprio centro e, em última análise, transformamo-nos em seres sem pátria e sem teto. Uma afirmação constante na psicoterapia e na psicologia profundas é a de que a pessoa se sente completamente apartada de seu verdadeiro lar. O cartão Astrorradiônico do horóscopo permite ao especialista ministrar ao cliente, para que seja assimilada, uma dose em versão extremamente diluída e potencializada de si mesmo. Com o passar do tempo, essa dose pode ser aumentada até que o cliente possa olhar para dentro de si e aceitar-se a si mesmo.

Os cartões revelam-se de grande utilidade no início de uma terapia, na iminência de uma ruptura e diante de problemas intratáveis, cuja melhora parece impossível.

O uso da Astrorradiônica, de cartões planetários, do analisador e dos cartões de horóscopos individuais está em harmonia com a doutrina das assinaturas de Paracelso, e incorpora a máxima de Malcolm Rae citada na abertura deste capítulo.

Os cartões Astrorradiônicos e os aparelhos de tratamento estão ao alcance dos especialistas, embora esses testes tenham sido severamente circunscritos no passado, por falta de gente habilitada para trabalhar tanto com a astrologia como com a eletrônica. Isso, felizmente, mudará no futuro. Um dos resultados visados pelas minhas investigações é o de que os astrólogos venham a se transformar em curandeiros novamente, e que os profissionais em eletrônica passem a investigar o contexto espaço-tempo da sua maravilhosa arte de curar. A integração da astrologia e da eletrônica implica nada menos que na essência da vida e na própria unidade do universo. Sendo o código genético semelhante ao movimento que os planetas descrevem através do tempo, ao redor do Sol, pode residir aí a chave de novos métodos menos intervenientes, levando o indivíduo a assumir uma posição de responsabilidade pela sua própria cura e a um novo enfoque da vida em nosso universo.

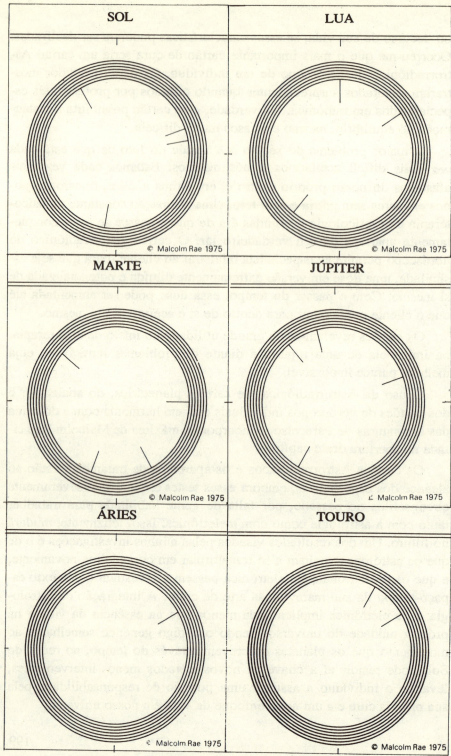

Figura 64. Os Cartões Astrorradiônicos – Planetas e Signos.

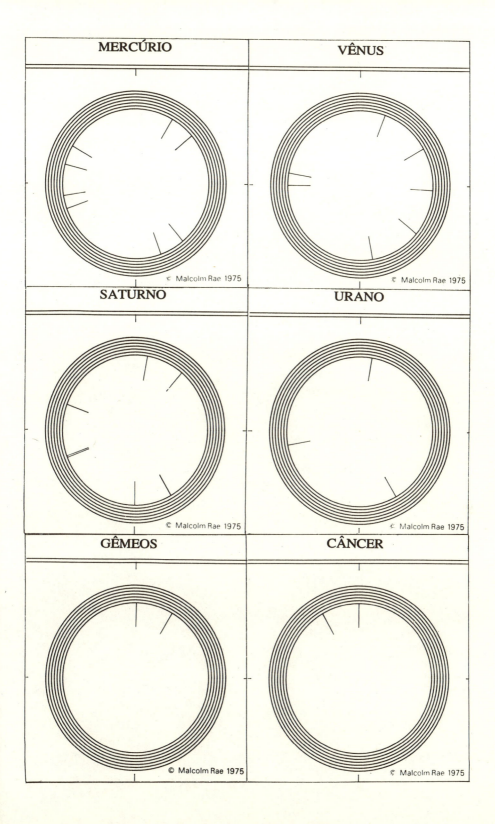

8
A CURA NO FUTURO

No futuro, muitos estudos que estão sendo feitos atualmente tornar-se-ão realidade e a cura planetária poderá e deverá ter lugar. Para sobrevivermos em nosso pequeno planeta, é essencial que o curemos, o que só irá acontecer se aprendermos a nos curar a nós mesmos. Isso começa ao assumirmos a responsabilidade pelo nosso próprio corpo, pelas nossas emoções, pela nossa mente e busca espiritual.

Muitos fatos que estão se difundindo têm influenciado a qualidade e a essência de nossas vidas. O primeiro fator é a dieta. O grau excessivo de aditivos, de hormônios, de antibióticos e de pesticidas em nossos alimentos, apesar de todo nosso cuidado, nos torna altamente tóxicos. De forma mais sutil, o emprego ainda mais perigoso da cozinha à base de microondas, que destrói o campo energético da vida que existe nos alimentos, e da comida irradiada que, para durar mais tempo nas prateleiras, também está dando margem a condições perigosas.

A qualidade da comida por nós ingerida é tão baixa e perigosa que se torna essencial ou viver exclusivamente no campo e cultivar as próprias verduras ou tomar vitaminas para suplementar a falta de agentes nutritivos na alimentação. Mesmo o cultivo orgânico está ameaçado pelo espectro de vazamentos de usinas nucleares, que cobrem largas áreas

203

da superfície terrestre com radiação que se infiltra em todos os aspectos do ecossistema, incluindo nossos corpos.

Parece que a civilização está forçando o indivíduo para que escolha uma forma de viver em nível de sobrevivência, tomando providências para conduzir a humanidade aos caminhos que lhes são próprios. Muitas pessoas estão se conscientizando cada vez mais desses problemas ambientais; mas a vasta maioria os ignora e continua a utilizar seus métodos mortais para matar a terra. A conscientização crescente que vem do vegetarianismo, dos hábitos saudáveis, do controle da sexualidade, da abstenção ao álcool e às drogas e de uma atitude pacífica diante das questões mundiais está, de certo modo, criando uma vulnerabilidade difícil de defender, mas que, no entanto, constitui a única saída. Torna-se cada vez mais necessário fazer uso dos novos conhecimentos tecnológicos em prol desses indivíduos para que se mantenham vivos e saudáveis. O primeiro instrumento dessa conscientização são as vitaminas.

Quando um indivíduo está bem de saúde, a harmonia entre seu corpo e os movimentos do sistema solar permanece inalterada, os dados são transmitidos e as respostas às forças resultantes são adequadas, naturais e saudáveis. Devido a hábitos artificiais, *stress* e outros fatores discordantes, característicos de nossa época, é possível subverter esse processo harmônico. Quando isso acontece, todas as mensagens recebidas são distorcidas, o que afeta o campo de vivência do corpo mental e o desequilíbrio encontra vazão, inexoravelmente, através do corpo mental, no plano físico. Quando o sistema natural de comunicação entra em colapso, acontece o mesmo que com o sistema imunológico, e ambos podem estar bem vinculados.

Não é por acaso que o planeta Plutão rege o sistema imunológico do corpo, como também as transformações em larga escala da consciência de massa. Para apoio do sistema imunológico existe uma série de providências coerentes que devem ser tomadas para restaurar a comunicação natural dentro do corpo e, em última análise, com o sistema solar em rotação, o sistema metafísico além de nós.

Desintoxicação

Em primeiro lugar, é absolutamente necessário desintoxicar o sistema. A desintoxicação envolve mais que uma mudança de dieta; exige uma mudança na própria qualidade e hábitos de vida. Para iniciar o processo é preciso, antes de tudo, limpar o cólon. De acordo com a opinião de vários médicos eminentes, a "Morte Começa pelo Cólon",[1] devido ao uso de conservantes, de açúcar e de grãos refinados, ao consumo de álcool e drogas, aos derivados do leite, à carne e muita tensão; as paredes do cólon vão acumulando restos de alimentos em deterioração, como acontece com as artérias, que conduzem o sangue para e do coração e ficam bloqueadas por causa do colesterol. Sendo o cólon o segundo maior órgão de eliminação que existe no corpo depois da pele, esse meio secundário de desintoxicação fica anulado. Resultado: o cólon transmite lixo tóxico para o corpo, causando uma infinidade de problemas, incluindo úlceras, prisão de ventre, distensão e dilatação do estômago e da área intestinal, inflamações e câncer no fígado. As paredes abdominais do intestino atrofiam, de forma que a passagem dos dejetos é impedida e a resultante perda dos movimentos peristálticos causa ainda mais problemas; catarro, gases fétidos, colite, enterite, apendicite, distensão do abdômen, gastrite, pedras biliares, gengivite, dentes deteriorados, úlceras, dores de cabeça e uma série de outros males endêmicos da sociedade moderna são diretamente causados por essa toxidade.

Os sintomas que surgem são, via de regra, atribuídos a outras causas - quando as causas, quaisquer que sejam, pareçam evidentes - mas todo o mal provém da relutância dos médicos em reconhecer a importância dessa lavagem do cólon.

Reconhece-se comumente que parte da cura natural do câncer consiste em fazer irrigação colônica – lavagem do cólon com água morna – que permite ao corpo começar a assimilar alimentos mais saudáveis, outra parte da cura. O perigo da mudança de dieta sem essa lavagem é resumido como segue:

> O cólon é um sistema de esgoto que, por abuso ou negligência, se transforma numa latrina. Quando limpo e em ordem, sentimo-nos felizes e bem de saúde; se permitimos que se estagne, ele destila os venenos da decomposição, da fermentação e da putrefação para a corrente sangüínea, envenenando o cérebro e o sistema nervoso, de forma que nos tornamos mentalmente deprimidos e irritá-

veis; envenena o coração, tornando-nos débeis e desagradáveis; os pulmões, tornando nosso hálito mal-cheiroso; os órgãos da digestão, tornando-nos angustiados e inchados; o sangue, tornando a pele descorada e doentia. Em suma, cada órgão do corpo é envenenado; envelhecemos prematuramente; parecemos e nos sentimos velhos; as juntas tornam-se duras e doloridas; neurite, olhos baços e preguiça mental nos acometem – foi-se o prazer de viver.[2]

Como Reconstituir a Flora Intestinal

Uma vez limpo o cólon, é possível restaurar a vitalidade do sistema imunológico. O segundo passo a ser tomado é o de reconstituir a flora intestinal.

Sabe-se de longa data que o sistema imunológico melhora quando o trato intestinal funciona melhor. Por outro lado, a absorção intestinal, assim como a digestão e a desintoxicação dos intestinos, são suscitadas pela presença e pela ação de microorganismos, principalmente do *Lactobacillus acidophilus*. Este organismo inibe a proliferação de outros organismos prejudiciais, produtores de toxinas, e desintoxica materiais tóxicos que, por acaso, existam na dieta. Ele produz enzimas que facilitam a digestão dos alimentos e são necessárias à decomposição da lactose (açúcar láctico). Produz também vitaminas B que atuam na digestão dos alimentos e são necessárias em estados tensos e na luta contra doenças nervosas. É considerado útil por fortalecer a imunidade natural do corpo, combater viroses e infecções de ordem bacteriana e fúngica.

Muitas crianças acusam desequilíbrio na biocultura intestinal, freqüentemente por não terem sido amamentadas no peito ou, então, não o tempo suficiente. Até a idade de 7 anos, a bactéria *bifido* constitui a variedade predominante entre as bactérias "amigas", encontradas naturalmente no trato gastrointestinal das crianças salutarmente alimentadas no peito. À medida que elas vão desmamando, a bactéria *bifido* vai sendo gradualmente substituída pelo *acidophilus*. Considerando que muitas crianças não são amamentadas no peito, quando adultos terão, por assim dizer, que começar do começo.

Má nutrição, doença, água da torneira tratada com cloro ou crivada de pesticidas, o uso do álcool e drogas têm, através dos tempos, agido fatalmente sobre os *acidophilus*. Como se isso não bastasse, em anos mais recentes, o uso de antibióticos e remédios, o consumo ignorado de antibióticos nos derivados de leite, de carnes, de frangos etc. e os efeitos da poluição química e industrial sobre o alimento e sobre a atmosfera têm sido causa de danos ainda mais letais, acrescidos da tensão excessiva da vida hodierna, do fumo, do álcool, das dietas ricas em açúcar, gorduras e químicas ocultas nos produtos alimentícios consumidos diariamente, contribuem para a erradicação do *acidophilus* de nossos intestinos. Portanto, com a falta do *acidophilus*, os intestinos se tornam um terreno fértil para a proliferação de bactérias putrefacientes, o que deixa o intestino completamente desprotegido e vulnerável a numerosos tipos de infecções e problemas digestivos.

Existem aproximadamente, 3,5 lb. de microorganismos vivos nos intestinos. Para criar um impacto significativo sobre essa população, bilhões de células compatíveis de *acidophilus* são necessárias. A pesquisa clínica e científica conclui que a ingestão oral de grandes quantidades de organismos vivos é essencial a um intestino sadio e para evitar problemas oriundos do trato intestinal. O *acidophilus* é um organismo vivo que precisa sobreviver (se tomado oralmente) à passagem pelo estômago que normalmente o destrói com seus sucos ácidos. A cultura do *L. acidophilus*, pó que contém bilhões de microorganismos de *acidophilus* por grama, é um excelente meio de reestabelecer a correta cultura do intestino.[3] Um grande número de organismos por dose assegura que um número suficientemente viável atinja o intestino delgado.

A maioria das pessoas vivas hoje no Ocidente está sujeita, no curso de sua existência, a tratamento com antibióticos. O que não está suficientemente difundido a respeito dos antibióticos é que sua ação é não-específica, o que significa que, quando uma pessoa toma um antibiótico para curar uma infecção sem importância, no dedo, por exemplo, o antibiótico ataca para matar todas as bactérias do corpo. Isto afeta, sobretudo, a flora intestinal que precisa ser reposta mediante a ingestão do *acidophilus*.

Harmonia Vitamínica

Embora seja notório que, devido às dificuldades em extrair a nutrição adequada dos alimentos, as vitaminas são necessárias, não se sabe, entretanto, que elas podem ficar rançosas como qualquer outro produto natural. Isso diz respeito especialmente às vitaminas B essenciais que não somente não atuam como deveriam, como também varrem outros nutrientes essenciais do organismo. Mediante um teste rigoroso, feito com a ajuda do pêndulo, é possível constatar que muitas vitaminas e suplementos estão rançosos e, portanto, são ineficazes.

O segundo problema essencial, quanto à recepção dos benefícios trazidos pelas vitaminas, diz respeito a seu grau de absorção (Tabela 7). Existe uma cadeia de estruturas químicas que contém vitaminas e minerais que oscilam entre os não-digeríveis, na base da escala, e os aminoácidos queliformes, extremamente fáceis de serem absorvidos pelo corpo, no topo da escala.

Tabela 7. A Escala de Absorção Mineral

Aminoácidos queliformes	os mais absorvíveis
Ascorbatos	
Orotatos	
Gluconatos	
Carbonatos	
Óxidos	
Cloretos	
Sulfatos	os menos absorvíveis

As substâncias puras vitamínicas e minerais podem ser avaliadas de acordo com essa hierarquia de valores. Naturalmente, quanto mais a cadeia se aproximar dos aminoácidos queliformes mais dispendiosa será a sua produção e mais sensível à ação do tempo e a outras condições. O que é interessante notar, de um ponto de vista astrológico, é que os aminoácidos queliformes se harmonizam com cada célula do código genético e, portanto, com o padrão astrológico do cosmos. O uso de vitaminas da mais alta qualidade pode fomentar o contato, em todos os níveis, com as estruturas de informação hierárquica de nosso sistema solar. O próximo passo da cura é instituir uma *harmonia vitamínica* a fim de que todos nós voltemos a contatar nossos supremos centros de informação.

O Assentamento da Psicologia

O enfoque psicológico mundial sofreu uma distorção sem que se tivesse apercebido desse fato. O âmago da questão reside em que aqueles que adotaram esse processo terapêutico tendem mais a mergulhar no processo do que a entendê-lo como um meio para chegar a um fim. A terapia em si se transforma na meta, o que dá origem a um vida em círculo, em última análise, extremamente frustrante. A ânsia de uma busca transpessoal reflete a necessidade de ir além dos ideais psicoterapêuticos tradicionais.

Da mesma forma, as escolas psicológicas de astrologia procedem, inversamente, considerando o corpo das pessoas como insignificante, quando ele é o veículo através do qual a psique atua. Nas culturas orientais, sabe-se que o corpo é o *templo da alma* e, como tal, deve ser adorado tanto quanto uma divindade. A necessária correlação entre idéias biológicas e psicológicas é a próxima etapa para o desenvolvimento de uma vida adequada em nosso planeta. As duas são inseparáveis e precisam ser postas em prática de uma maneira eficiente, como foi esboçado na teoria e na prática da Astrologia do Tempo Biológico. A Psicologia tem a cabeça nos céus e precisa baixar à terra.

A grande virtude da astrologia está na sua capacidade de, a partir de um defeito físico, de uma doença, de um acidente ou dificuldade de relacionamento, descobrir a configuração astrológica apropriada e, por extensão, a expressão psicológica das características essenciais envolvidas, sua duração e significado. As correspondências imprimem maior profundidade e força à astrologia psicológica tradicional, e até mais valor ao entendimento médico. A direta correlação entre as doenças, estado psicológico e padrão astrológico pode trazer incontáveis benefícios.[4]

O Futuro da Cura Astrológica

A etapa seguinte na criação da cura astrológica consiste em reunir a informação e sintetizá-la sob uma forma praticável, a fim de que terapeutas e astrólogos possam tirar vantagem das descobertas disponíveis e encontrar um meio de aplicar os conhecimentos adquiridos. A criação de um circuito integrado de informações sobre astrologia médica e psicológica é de suma importância.

No presente, grande parte da astrologia, assim como da astrologia gerada por computação, é um processo sem retorno, pelo fato de que há pouco interesse em reciclar a informação resultante fornecida pelo cliente. Não há um mecanismo para permitir que tal aconteça. O que é necessário é que, num futuro próximo, sejam alcançados dois objetivos distintos para facilitar a disponibilidade das informações:

1º) Organizar um extenso e completo índice de dados interpretativos astrológicos, provavelmente sob a forma de banco de dados computadorizados, que seja interativo. É essencial estabelecer uma correlação entre a informação interpretativa dos vários trabalhos astrológicos de valor e a infinidade de pontos de vista da psicoterapia, da medicina astrológica, da astrologia tradicional, da análise nutricional e de outras áreas. Uma fonte de informações, posta à disposição de médicos e especialistas, tornaria possível, mediante o aperto de um botão, ter às mãos não somente toda a série correta de dados disponíveis como também testá-los com mais rigor que no presente.

2º) Precisa também ser criado um banco de dados que armazene toda a história médica, psicológica e terapêutica de muitos indivíduos, de tal forma que a história de suas vidas astrológicas se torne disponível para uma comparação. Somente quando esse campo de informações for criado e jungido à próxima etapa de processamento, a suprema e verdadeira arte da astrologia se terá concretizado. Acreditamos que esse procedimento será muito bem-vindo num futuro próximo.

A Cura da Vida da Humanidade

Sendo atualmente adotado por um número incontável de pessoas na

Terra, o processo de cura reflete também o mais abrangente método de tratamento do planeta, o que não deixa de ser necessário. Para tornar realidade o sonho da consciência planetária, recentemente batizado de *Gaia*, é preciso eliminar os aspectos tóxicos do nosso estilo de vida. Os pesticidas emocionais e intelectuais devem ser banidos, assim como os venenos externos. Nosso planeta requer que seus níveis elevados sejam purificados para complementar sua reconstrução física.

Além disso, os seres da Terra não podem mais desconsiderar o seu próximo, uma vez que todos somos necessários à tarefa monumental de reconstrução deste planeta e do nosso eu espiritual. Compreender e manifestar o ser total em nós mesmos é o primeiro passo requerido para encontrarmos o caminho de transformar o nosso mundo.

> O homem segue a Terra.
> A terra segue o céu.
> O céu segue o Tao.
> O Tao segue o que é natural.

Tao Te Ching

CONCLUSÃO

O Centro de Saúde

A idéia do Centro de Saúde, concebida em conjunto com meus colegas Lola de Gelabert e dr. Robert Jacobs, é um conceito de cura novo e original, destinado a atender às necessidades globais dos homens, mulheres e crianças de hoje. A idéia básica consiste em que cada pessoa que procurar o centro terá à sua disposição assistência e tratamento integrados, graças a um grupo de nutricionistas, terapeutas corporais, acupunturistas, homeopatas, consultores, terapeutas especializados em questões de família, psicoterapeutas, especialistas em medicina energética e astrólogos experientes, para definir e criar uma nova *ecologia humana*.

As mais modernas clínicas alternativas ou complementares baseiam-se no modelo tradicional introduzido pela Harley Street, que abre espaço a qualquer terapeuta desejoso de alugar um canto lá. O que se precisa é de uma orientação terapêutica que sintetize todas as terapias e apresente um modelo para esse fim. O Centro de Saúde é uma experiência nesse sentido. Sua premissa básica é a de que a assistência e tratamento verdadeiros dependem da cooperação de muitos especialistas trabalhando em conjunto com os vários níveis de um mesmo cliente. A escolha dos tratamentos e a avaliação do tipo de assistência partiria de um contexto astrológico.

Este novo enfoque terapêutico envolve um grande número de modelos terapêuticos já existentes, de forma que todos dão sua contribuição em prol de um processo de cura global.

O modelo do Centro de Saúde é mais do que apenas a idéia de uma clínica particular: é também um modelo para uma ação terapêutica em escala planetária. Isto em parte porque a primeira responsabilidade, no contexto de uma clínica holística, baseada no princípio da verdadeira integração das terapias, é colocada diretamente sobre os ombros dos próprios terapeutas. Cada tratamento individual terá de ser alterado para que continue a respeitar e atuar em harmonia com outras técnicas e terapias com as quais tenha ressonância. E os terapeutas têm a obrigação de alargar seus horizontes, para abranger os níveis físicos, emocionais, mentais e espirituais de ação dentro de cada alteração terapêutica. O novo tipo de cura também se volta para a necessidade de recriar uma forma saudável de convivermos com nós mesmos, com nossa família e pessoas queridas e com o mundo que habitamos.

Apêndice 1
PLANETAS EM SIGNOS E ASPECTOS PLANETÁRIOS

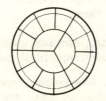

Sol

Princípios	Espírito; mente; energia; plenitude; abrangência; decisão; individualidade; vida; vitalidade; organização; consciência; libido; kundalini; objetividade; vida consciente; simpatia.
Signo	**Interpretação**
Áries *Exaltação*	Afirmação; energia; ousadia; liderança; masculinidade; impaciência; esportividade; empreendimento; egotismo; orgulho. *Congestão sangüínea; desmaio; cefaléia; acne; insanidade; histeria.*
Touro	Perseverança; materialista; prático; seguro; natural; obstinado; possessivo; ciumento. *Difteria; pólipos nasais; doenças oculares (29º); dor de garganta; crupe; doença venérea; melancolia; escrofulose; hipertiroidismo.*
Gêmeos	Hábil; claro; educável; dual; crises de identidade; nervoso; escorregadio; superficial; temperamental; mutável; vivaz. *Pleurisia; tuberculose; bronquite; anemia pulmonar; congestão pulmonar; lesões nas mãos; pulmões defeituosos.*
Câncer	Domesticidade; sagacidade; conservador; paternal; confortável; religioso; psicológico; tato; profundidade. *Anemia; hidropisia; febre gástrica; males estomacais; dispepsia; defeitos estomacais orgânicos; estômago inchado.*
Leão *Regra*	Confiante; dominador; seguro; ascendendo na vida; promulgador; proteção; especulativo; docente; mandão; arrogante. *Dor nas costas; palpitação cardíaca; loucura; males das vértebras dorsais; problemas cardíacos orgânicos; doença dos olhos (6º).*
Virgem	Eficiente; detalhista; ordenado; atento; crítico; censor; serviçal; exigente; curandeiro. *Assimilação incorreta dos alimentos; obstrução colônica; doenças intestinais; febre tifóide; disenteria.*

Sol

Personificações	Administração; administrador; governador; político; líder; capitão; especulação; homens públicos; pai; avós; médico; personalidade nos meios de comunicação; oficial; gente famosa.
Casas	**Interpretação**

Infância

1ª
Atenção; aprovação dos pais; força de vontade; vitalidade; percepção; recuperação; têmpera; egoísmo; saúde física; compulsivo.

2ª
Capacidade de resistência; humor; contentamento; gentil; constante; sensual; seguro; retraído; teimoso; sólido; possessivo; indulgente; protegido pelos pais.

3ª
Inteligência rápida; verbosidade; curiosidade; versátil; adaptável; instruído; alteração; irmãos; expressão; inquisitivo; encantador.

4ª
Família bem-constituída; base emocional; orgulho; pais; belo; possessivo; doméstico; natural; amante do conforto; benevolente.

Maturidade

5ª
Auto-expressão; autoconsciência; fanfarrão; dominador; líder; artístico; prático; exigente; virginal; discriminador.

6ª
Metódico; analítico; ingênuo, simples; crítico; meticuloso; estudioso; falador; prático; exigente; virginal; discriminador.

Libra
Queda

Equilíbrio; calmo, consistente; sociável; político; encantador; responsável; indiviso; não-confiável; preguiçoso; dominado; amigo leal.

Erupção de pele; doença de Bright, rins delicados.

Escorpião

Apaixonado; dependente; temperamental; vingativo; ciumento; convincente; autodestrutivo; dinâmico; moderado; magnético; imperturbável.

Doenças gênito-urinárias; desordens menstruais; males ovarianos e uterinos.

Sagitário

Altaneiro; livre; descuidado; imaginativo; sucesso no exterior; indisciplinado; aberto; realizado; investigador; hedonista; esquizóide.

Ciática; paralisia dos membros; doença dos olhos (8°); doença pulmonar; úlceras nas pernas; artrite no quadril e na coxa.

Capricórnio

Consciente de um objetivo; egocêntrico; inibido; zeloso; trabalhador; egoísta; industrioso; leal; inflexível; nobre; essencial.

Reumatismo; doenças ósseas; doenças da pele; problemas digestivos; joelhos defeituosos; entorses.

Aquário
Em detrimento

Abstrato; humanitário; inteligente; de natureza bondosa; compreensivo; sociável; metódico; necessitando da ajuda de terceiros; egoísta.

Torção nos tornozelos; veias varicosas; hidropisia; palpitações cardíacas; problemas circulatórios; doenças sangüíneas.

Peixes

Piedoso; universal; amoroso; apegado; empático; poético; embusteiro; absorvente; negligente; restrito.

Febre tifóide; problemas intestinais; gripes; pé deformado; letargia; doenças do sistema linfático; acidentes natatórios.

7ª	Sublimativo; sociedade; adaptável; vão; mundano; constância; associações importantes; popular; dependente; diplomático; amistoso.
8ª	Separatista; limitado; emotivo; metafísico; misterioso; reservado; obstinado; desconfiado; esotérico; fanático; intrépido.

Gestação (Transcendência)

9ª	Volúvel; entusiástico; versátil; dualístico; religioso-espiritual; inspirado; forasteiro; ético; positivo; aberto; sonhador; não-confiável.
10ª	Pragmático; paternal; prático; calculista; reservado; impenetrável; deprimido; autoconcentrado; inversões; tenaz; apegado; consistência.
11ª	Idealista; associativo; observador; despojado; afeição; intuitivo; planejador; irritadiço; independente; reformista; errático.
12ª	Compreensivo; impressionável; discreto; retraído; solitário; alienado; institucional (que mantém instituições de caridade, educativas); drogado; sacrificável; passivo; reservado; avulso.

Lua

Princípios	O feminino; mãe; sentimento; emoção; lar; família; reflexo; ritmo; instinto; mudança; ânsias protetoras; ação catalítica; criação de crianças; integração.
Signo	**Interpretação**
Áries	Volátil; inquieto; apressado; confusão; forte apetite sexual; primitivo; saudável; rebelde; sentimento espontâneo; impaciente. *Insônia; cefaléia; letargia; olhos fracos; convulsões; pulso acelerado.*
Touro *Exaltação*	Constância; gosto pela arte; contentamento; firmeza; cautela; proteção; teimosia; jardineiro; riqueza; preguiçoso. *Câncer na garganta; inchaços do pescoço; dor de garganta; perturbações menstruais; bronquite; doença dos olhos (29°); problemas gênito-urinários; laringite; aborto; gula.*
Gêmeos	Imprevisível; vacilação; palrador; relações múltiplas; sentimental; imitador; inconstante; instintivo. *Catarro nos pulmões; asma; pneumonia; reumatismo nos braços e nas pernas; câncer do pulmão; braços fracos; úlceras nas mãos; doenças nervosas; inchaço das mãos; alergias.*
Câncer *Regra*	Relacionado; seguro; obsessivo; apegado a um clã; dispéptico; ulcerado; hipersensível; contido; inibido; dissoluto. *Câncer do estômago; hidropisia; obesidade; inchaço; epilepsia; distúrbios digestivos; convulsões; câncer do seio; cólica; seios fartos.*
Leão	Jogador; fértil; infantil; divertido; faustoso; sociável; magnânimo; aberto; impressionável; esportivo; hospedeiro. *Dor nas costas; má circulação; convulsões; problema visual (6°); escrofulose; azia; dilatação do coração; palpitações.*

Lua

Personificações	Mãe; mulheres em geral; parteira; avó; tia; esposa; pessoas emotivas; ginecologistas; obstetras; cozinheira; colecionador; domésticos; jardineiro.

Casas	Interpretação
1ª	*Infância* Autoconsciência; influenciável; impressionável; impulsivo; personalidade forte; suscetível; força maternal; corpulência; irritável.
2ª	Lar estável; conforto; foco físico; alimento; profundos laços emocionais; beleza; firmeza; estável; possessivo; ciumento; costumeiro; crescimento.
3ª	Diversas expressões emocionais; instável; mudança na mãe; fantasia; sonho; curioso; amante dos irmãos; inquieto; contraditório; superficial.
4ª	Família; afeiçoado; impressionável; profundidade de sentimentos; doméstico; inconsciente; mediúnico; apegado; sensível; contido; retraído.
5ª	*Maturidade* Tendência especulatória; intuitivo; confiante; apaixonado; vão; imponente; romântico; imaginoso; hedonista; caloroso; popular.

Virgem	Exigente; metódico; trabalhador; asseado; organizado; tímido; emocionalmente difícil; útil; perfeccionista.
	Desordens intestinais; prisão de ventre; tumores abdominais; disenteria; peritonite; câncer do cólon; mau funcionamento intestinal.
Libra	Reativo; sociedade fechada; encanto; elegância; necessidade de aprovação; relações públicas; dependente de terceiros; sociável.
	Doença de Bright; doença dos rins; uremia; insônia; perturbações no funcionamento renal.
Escorpião *Queda*	Desejo de morrer; licenciosidade; controle; influência predisponente; seriedade; ciúme exacerbado; vingança; dominação; sutileza.
	Distúrbio menstrual; infecções da bexiga; problemas de garganta; envenenamento por alimento; sífilis; abortos.
Sagitário	Imaginativo; sentimentos estranhos; bom; hedonista; jovial; altivo; tradicionalista; viagem; mobilidade; melhor-que-os-outros.
	Infecções do sangue, doença dos quadris; fratura nas pernas; asma; estômago superativo; coxeadura; gota; deformações nas coxas.
Capricórnio *Em detrimento*	Austeridade; inacessível; reservado; materialista; ambicioso; pretensioso; influência predisponente pessoal; egoísta; calculista.
	Reumatismo nas articulações; erupções da pele; eczema; psoríase; fraqueza nos joelhos.
Aquário	Sociável; refinado; humano; frio; tolo; distraído; desapegado; faccioso; fingido; não-confiável.
	Veias varicosas; úlceras nas pernas; hidropisia; fratura dos tornozelos; sangue fraco; envenenamento no sangue; coxeadura.
Peixes	Submisso; inquieto; sedutor; poético; discreto; oculto; complacente; vulnerável; só; misterioso; extrovertido.
	Alcoolismo; vício de drogas; letargia; furunculose.

6ª	A cabeça comanda o coração; psicossomático; prático; cuidadoso; correto; ingênuo; pedante; frieza; reservado; modesto; contido; comedido.
7ª	Dependência emocional; conciliação; evasiva; irresponsável; sócios fiéis; expressão vívida; sensível; figura materna; inconstante.
8ª	Separação; relação destrutivas; ardente; morte da mãe; possessivo; reservado; profundo; sensibilidade psíquica; ressentido; dependente.

Gestação (Transcendência)

9ª	Intensa vida interior; humor variável; esforçado; idealista; alterações; abundância; franqueza; liberdade; inquietude; atento; apego emocional; descuido; espontâneo.
10ª	Reconhecimento; paternalismo; reprimido; paciente; zeloso; sobriedade; descontente; deprimido; cauteloso; reservado; leal; possessivo.
11ª	Amigável; de pouco significado; atividades em grupo; amigos da mulher; idealismo; influenciável; teimoso; muitos planos; indulgente; esperançoso; desejos.
12ª	Humor instável; sentimentos de isolamento; isolamento; sacrifício; psíquico; médium; drogado; induzido; facilmente magoável; hipnótico; relutante; susceptível; sonhador.

Mercúrio

Princípios	Mentalidade; inteligência; comunicação; compreensão; mediação; neutralidade; nervosismo; equilíbrio; senso comercial; criticismo; trabalho científico; lógica; auto-expressão; adaptável.
Signo	**Interpretação**
Áries	Agilidade de raciocínio; presteza em dar respostas espirituosas; criativo; precipitado; excesso de atividade mental; decidido; questionador; impulsivo; colérico; irritadiço.
	Doença cerebral; vertigem; espasmos; dores de cabeça nervosas; nevralgia facial.
Touro	Lógico; materialista; decidido; dotado de senso comum; organizado; voltado ao comércio; cego; seguro; estruturado; obstinado; introvertido.
	Gagueira; defeitos da fala; rouquidão; surdez; doenças nervosas gênito-urinárias; inchaço do pescoço.
Gêmeos *Regra*	Voltado ao comércio; contratualista; escritor; diversidade; mutável; inconstante; talentoso; esperto; franco; perfunctório.
	Gota nos braços e nos ombros; bronquite; asma; asfixia; pleurisia; doenças nos braços; paralisia nos braços; nevralgia.
Câncer	Psicológico; intuitivo; caprichoso; sentimental; idéias paternais; raciocínio lento; conservador; profundo.
	Indigestão nervosa; dispepsia; apatia; catarro; flatulência; alcoolismo; gula.
Leão	Determinado; idéias fixas; prudente; organizado; previdente; digno; expansivo; tolerante; intelectual; egocêntrico.
	Dores nas costas; desmaios; palpitações; nevralgia cardíaca.

Mercúrio

Personificações	Irmãos; amigo; intelectuais; pensadores; conciliadores; professor; escritor; artesão; arquiteto.
Casas	**Interpretação**

Infância

1ª Atividade mental; observação; rapidez; nervoso; precoce; barulhento; positivo; entusiasmo; alerta; superativo; que se expressa por si.

2ª Paciência, lógica; possessivo; ponderado; unilateral; falante; pesado; denso; sensível; vagaroso; ganancioso; formal; persistência.

3ª Versátil; conversador; ativo; adaptável; imitativo; irmãos; travesso; afável; inteligente; amigo; fofoqueiro; fluente; superficial.

4ª Perceptivo; familiar; sentimentos refletidos; memória; concentrável; individual; despretensioso; fala; briguento; irracional; tenaz; acanhado.

Maturidade

5ª Entusiástico; criativo; extrovertido; falante; mandão; crítico; mentalmente competitivo; jogos; professores; convencimento; organizado; dogmático; rude.

225

Virgem
Regra
Exaltação

Ímpio; nervoso; colaborador; arguto; paciente; organizado; sedentário; preciso; científico; psicossomático.

Flatulência, cólica, respiração afanosa; doenças nervosas; gases; dispepsia nervosa; dores nevrálgicas no intestino.

Libra

Sociável; aprende com os outros; insípido; eclético; banal; racional; enjoativo; comparativo.

Cólica renal; doenças nos rins; desordens nervosas dos rins.

Escorpião

Crítico; fanático; prático; cético; engenhoso; astuto; profundo; perspicaz; inquisitivo; penetrante; ácido.

Dores na bexiga; dores genitais; problemas nervosos menstruais; PMT.

Sagitário
Em detrimento

Franco; versátil; previdente; instável; profundidade de pensamento; interesses variados; filosófico; justo; pontos de vista conflitantes.

Nevralgia nas pernas; tosse; pernas fracas.

Capricórnio

Organizado; de mente prática; capaz; idéias materialistas; consciente de seus objetivos; realista; destituído de senso de humor; engenhoso; astuto.

Reumatismo nos joelhos; juntas endurecidas; doenças da pele; melancolia; nevralgia nas pernas e joelhos; dores nos joelhos.

Aquário

Instruído; coletivo; abstrato; frio; inconstante; dispersivo; captação rápida; científico; idéias arquetípicas; oculto.

Pontadas de dor nas pernas; veias varicosas, coxeadura.

Peixes
Em detrimento
Queda

Receptivo quanto a terceiros; imaginativo; planos destituídos de energia; irracional; inconsciente; kármico; tato; psíquico.

Gota; pé aleijado; pé torto; calos; neuroses.

6ª	Especializado; habilidades; metódico; paciente; atento; intelecto superior; analítico; crítico; sarcástico; ingênuo; asseado; saudável.
7ª	Sublimativo; trabalho em grupo; justo; de mente equilibrada; preocupação com terceiros; cooperativo; popular; intelectual; árbitros; obstinado; encantado.
8ª	Profundo; oculto; escondido; espiritualista; mortal; integrante; ressentidos; interesse na morte; penetrante; senil; desconfiado.

Gestação (Transcendência)

9ª	Mente profunda; mente superior; renascimento; ética; moral; curiosidade; inteligente; religioso; gurus; profético; disperso; evasivo; livre; erudição.
10ª	Ambição; pensamentos egoístas; prestígio; poder; planejamento; preocupação com carreira; concentração; paciência; reserva; racional; sério; exato.
11ª	Interessado; despojado; progressivo; grupos; reforma; invenção; envolvido; utópico; planejador; inquisitivo; excêntrico; contrário; trabalho solitário.
12ª	Influenciado; sacrificial; reprodutivo; sonhador; imaginação; tenaz; mediúnico; poético; impressionável; refinado; influenciado por terceiros.

♀

Vênus

Princípios	Relacionamento; harmonia; amor; estética; amor físico; beleza; arte; unidade; integração; aberração; mau gosto; sentimentalidade; indulgência; afeição; afetação; ilusão.
Signo	**Interpretação**
Áries *Em detrimento*	Amor agressivo; demissionário; paixão; ardente; poderes criativos; personalidade atraente; erótico; egocêntrico.
	Catarro; muco; congestão renal; letargia; desordens da cabeça; inchaço facial; tumores da cabeça.
Touro *Regra*	Amor pelo luxo; gosto; constância; conservador; artístico; musical; amante; indolente; leal; comovedor; valor inato.
	Dores de cabeça occipitais; bócio; amigdalite; inflamação genital; glândulas da garganta inchadas; úlceras na garganta; veias do pescoço saltadas.
Gêmeos	Muitos amores; sociável; namorador; atraente; encantador; acomodatício; pessoa que discute idéias; relações superficiais; romântico.
	Hidropisia; verrugas; insuficiência pulmonar; erupções nas mãos.
Câncer	Doméstico; delicado; feminino; sentimental; indigesto; exuberante; terno; indulgente; explorado; afetuoso; generoso.
Leão	Relações prematuras; ardente; fidelidade; relacionamentos fogosos; gosto espalhafatoso; esbanjador; indulgente; orgulho.
	Doença espinhal; dores nas costas; coração aumentado; coração partido; coração dilatado; palpitações devido a excessiva indulgência.

Vênus

Personificações	Amantes; donzelas; mulheres; o belo; artistas; músicos; anfitriões; fabricante de roupas.
Casa	**Interpretação**

Infância

Casa	Interpretação
1ª	Beleza; graça pessoal; proporcionado; feliz; amor; expansivo; popular, amor à primeira vista; vida social; roupas, realce.
2ª	Beleza física; objetos; carente de amor; bom gosto; ganancioso; sentimentos profundos; atração pessoal; possessivo; fiel; perseverante.
3ª	Amor à palavra; desenho; sociável; irmãos; relações íntimas; variedade; curiosidade; amigo de todos; inconstante; caprichoso.
4ª	Amor profundo; familiar; amante do lar; amor; sonhador; imaginativo; possessivo; leal; terno; lisonjeado; envergonhado; profundamente sensível; estável.

Maturidade

5ª	Relações amorosas; jogos; prazer; divertido; hedonista; vivo; criativo; orgulhoso; ciumento; romântico; popular; caloroso; sociável.

Virgem
Queda

Sentimento reprimido; exigente; polido; perfeccionista; indeciso; trabalho partilhado; hipercrítico; exterior frio; beleza.

Ação peristáltica suspensa; vermes, tênia; disenteria; tumores intestinais; constipação.

Libra
Regra

Vigoroso; astuto; afável; compromissos; habilidade artística; afeições importantes; aglutinante; beleza; dinheiro; conformista; sociável.

Uremia; poliuria; dores de cabeça; gonorréia; flatulência.

Escorpião
Em detrimento

Intemperança; legados; amor refreado; sentimento profundo; imoral; reservado; relações sérias; ódio; indiferença; artes ocultas.

Doenças venéreas; males femininos; tumores ou prolapse uterina; menstruação dolorida.

Sagitário

Amor espiritual; franco; mau humor; muitos amores; efusivo; relações objetivas; ético; estética incomum.

Tumor no quadril; gota; erupções nas pernas.

Capricórnio

Materialista; desconfiado; ciumento; maturidade; apegado; experiente; supercontrolado; separado; orgulhoso; reservado.

Gota nos joelhos; doenças da pele nos joelhos.

Aquário

Contatos fáceis; amor livre; refinado; agradável; sem preconceitos; inconvencional; alegre; patrocínio; efervescente.

Veias varicosas; tornozelos inchados; sangue fraco.

Peixes
Exaltação

Ânsia de amor; explorado; terno; fidalguia; sentimental; musical; romântico; religioso; sentimento cósmico; sofrimento.

Pés delicados; frieiras; gota.

6ª	Amor pelo trabalho; afeições críticas; ingenuidade; cooperação amistosa; moral; considerações práticas; puritano; refinado; modesto.
7ª	Grande amor; casos; infidelidade; atraente; amoroso; amigável; artístico; enlace feliz; popular; encantador; gentil; amável; frívolo.
8ª	Forte atração; amor pela separação; luxúria; amor fanático; paixão; ciúme; oscilante; licencioso; sexual; magnético; encantador.

Gestação (Transcendência)

9ª	Amor à arte; religião; filosofia; anseio; romântico; receptivo; emoções dispersas; idealista; fantasias; instável; cultural.
10ª	Ambição social; boas relações; lícito; frieza de emoção; crente; constante; controle; senso formal; leal; reservado.
11ª	Amor abstrato; frigidez; homossexualidade; idealista; moderno; sociável; bom amigo; atividades em grupo; grupos femininos; protegido.
12ª	Discreto; solitário; masturbador; artístico; sedutor; impressionável; sensível; suave; amor psíquico; repressão sexual; caridoso.

Marte

Princípios	Energia; agressão; vontade; atividade; desejo de mudança; conflito; intervenção; aventura; impulso; competição; ímpeto sexual; força iniciática; paixão; violência; crueldade.
Signo	**Interpretação**
Áries	Luta; espírito; ambição; temperamento; zelo; independente; irascível; brutal; teimoso; competitivo; egotismo.
	Febres; violentas dores de cabeça; insolação; congestão; tumores cerebrais; delírio; dor de cabeça; insônia; ferimentos e cicatrizes na cabeça; inflamações.
Touro *Em detrimento*	Capacidade de trabalho; prático; prospectivo; executivo; aquisitivo; industrioso; material; perito; agressivo; forte.
	Amigdalite; sarampo; sufocação; adenóide; difteria; epistaxis; laringe infeccionada; regras menstruais abundantes; doenças e remoção da próstata; escrófula; dores no pescoço; ferimentos e cicatrizes no pescoço; cirurgia; nascimentos cirúrgicos.
Gêmeos	Mobilidade; comunicativo; sarcástico; dotes versáteis; ágil; vivo; pronto; mental; controverso; jornalístico; rude.
	Hemorragias pulmonares; doenças causadas por stress nervoso; eczema; efisema pulmonar; pneumonia; tosse; mãos e clavículas fraturadas ou arrebentadas; coceira; febre; exântemas de origem nervosa; acidentes com os pés e com as mãos.
Câncer *Queda*	Ações instintivas; temperamento; falta de persistência; irritável; sensual; tenaz; frustração; úlceras.
Leão	Confiante; possessivo; ardente; franco; dominante; criativo; de vontade forte; líder; competitivo; de crenças fortes; força.
	Reumatismo das costas; coração dilatado; doenças por stress; dores cardíacas; sufocação; danos cardíacos; artérias endurecidas; arteriosclerose.

Marte

Personificações	Guerreiros; soldados; cirurgiões; atletas; mecânicos; artesãos; homens em geral; mulheres fortes; engenheiros; metalúrgicos; técnicos; construtores; polícia.
Casas	**Interpretação**

Infância

1ª	Energético; vivo; obstinado; violência; musculoso; robusto; impulsivo; força de personalidade; ação; impaciência; injúrias.
2ª	Persistência; habilidade prática; obstinado; intratável; possessivo; propositado; desejoso; tenaz; sensual; constância; intenso.
3ª	Espirituoso; criticismo; disperso; mente ativa; direto; escrita; movimento impulsivo; raiva; argumentativo; nervoso; falador; apressado.
4ª	Sentimentos intensos; mal-humorado; impulsivo; instinto; volúvel; domínio doméstico; ecologia; aquisitivo; energético; incontrolado; trabalhador.

Maturidade

5ª	Poder formativo; auto-segurança; empreendimento; jogador de jogo de azar; jogador; atleta; audaz; sexual; artista; especulação; egotismo; ditatorial.

233

Virgem	Científico; ordenado; irritável; astuto; criticismo; perito; medicina; ação prática; perfeccionista; curioso; nervoso.
	Febre tifóide; vermes; peritonite; diarréia; hérnia ventral; apendicite; gastroenterite.
Libra *Em detrimento*	Atividades sociais; negócios públicos; liderança; trabalho em grupo; dependência de sentimentos; franco; ardente; idealista; amoroso.
	Nefrite; urina em excesso; cálculos renais; doenças renais; pielite.
Escorpião *Regra*	Magnetismo sexual; fortes emoções; convincente; egoísta; crítico; vingativo; oculto; magia sexual; coragem; ciúme.
	Menstruação excessiva; cálculos renais; próstata dilatada; inflamações dos ovários; útero; vagina ou uretra; cistite.
Sagitário	Explorador; entusiástico; fortes crenças; religioso; hedonista; rude; não-convencional; aventureiro; espiritual.
	Fraturas nas coxas ou nas pernas; acidentes ou ferimentos nos quadris e coxas; ciática; dores nas pernas; deslocamentos.
Capricórnio *Exaltação*	Autoritário; direcionado; independente; energético; extremamente materialista; possessivo; louco por poder; eficiente; controlado.
	Varíola, sarampo; catapora; pústula; doenças inflamatórias da pele; fraturas nos joelhos; fratura nas pernas; anquilose; gota.
Aquário	Organizado; inconstante; superficial; grupos masculinos; perverso; impaciente; revolucionário; preocupante; metódico.
	Envenenamento do sangue; veias varicosas; perna ou tornozelo fraturado; tornozelos fracos.
Peixes	Apegado; trabalhador silencioso; incontrolado; superemotivo; romântico; homens quiméricos; sedutor; sonhos vívidos; expectante.
	Pés deformados; joanetes; calos; bolhas; acidentes com os pés; afogamento; inflamação de intestino; diarréia; viciado em narcóticos.

6ª	Trabalho minucioso; organizador; asseado; persistente; metódico; crítico; perito; energia no trabalho; cirurgiões; precisão; engenhosidade; frustrado.
7ª	Associativo; sublimativo; maneiras cordiais; sociedade no trabalho; impulsivo; negócios agressivos; finança conjunta; complicado; paixão.
8ª	Instinto de sobrevivência; corajoso; sensual; dissipado; sádico; poder de solicitação; desejo ativo de corporação; morte violenta ilegalidade.

Gestação (Transcendência)

9ª	Esporte; convencimento de outros; aventureiro; corajoso; desejo de viajar; causas sociais; reforma; inspirado; experiente; extravagante; rude; desleixado.
10ª	Famoso; ambicioso; autoconfiante; trabalho pesado; realista; sóbrio; desafiante; obstinado; heróico; irritável; frio; sem sentimento; reveses; poder.
11ª	Amigos do sexo masculino; reformista; desapegado; assexual; decidido; liberdade; contraditório; revolucionário; superficial; progressivo; perverso.
12ª	Sem energia; desejo de drogar-se; alcoólatra; discreto; emoções ocultas; sensual; esperançoso; inconsciente; desejo; instituições; isolamento; não-confiável.

♃

Júpiter

Princípios	Expansão; otimismo; positivismo; generoso; entusiástico; filosófico; religioso; psicológico; viagem; sabedoria; justiça; harmonia; aspirações; amoral; indulgente; negligente.
Signo	**Interpretação**
Áries	Líder; ânsia de viajar; nobre; positivo; generoso; livre; espiritual; extravagante; franco; inovador; fiel; tolo.
	Congestão cerebral; inflamação; tontura; sonolência; desmaios; úlceras bucais; sonhos estranhos; obesidade; febre no sangue; furúnculos no rosto.
Touro	Hedonista; bondoso; indulgente; explorador; interesses financeiros; intendência; produtivo; beneficente.
	Obesidade; apoplexia; tinha; úlceras bucais; catarro nasal; epistaxis; flatulência; beber e comer exageradamente.
Gêmeos *Em detrimento*	Obsequiar a terceiros; muitas relações; alegria; astuto; sociável; livre; gentil; vazio; legal; curiosidade; adiantado; amigo.
	Pleurisia; congestão pulmonar; inflamação dos pulmões; apoplexia pulmonar; mãos inchadas.
Câncer *Exaltação*	Prazer; prolífico; sentimentos profundos; caridoso; intuitivo; receptivo; amor profundo; importante para a família; seguro.
Leão	Especulativo; grandiosidade; abertura; artes; grande energia; sorte no jogo; afetuoso; generoso; de coração bondoso; nobre; vão.
	Apoplexia; arteriosclerose; tornozelos inchados; achaques cardíacos devido a uma dieta rica; coração dilatado.

Júpiter

Personificações	Padres; filósofos; psicólogos; psiquiatra; a riqueza; advogado; banqueiro; médico; oficial público; editor; guru; sábio; caçador de fortuna.
Casas	**Interpretação**

Infância

1ª — Auto-suficiente; otimista; extrovertido; gordo; ambicioso; desequilibrado; sociável; estimado; proteção; indulgência; promessas; vigor.

2ª — Expansividade; crescimento; confiável; perdulário; generoso; deleite; inseguro; curadoria; liberal; aberto; explorável; riqueza.

3ª — Mente positiva; otimismo; influência religiosa; inteligente; flexível; versátil; mutável; popular; viagem; convencido; descuidado; doce.

4ª — Receptivo; apego; satisfeito; religioso; psicologia; senso familiar; impressionável; compatível; lar forte; moralidade; feliz.

Maturidade

5ª — Criatividade; artístico; autoconfiante; comando; popularidade; vaidade; honra; conquistas; nobre; intolerante; prestígio; dominante.

Virgem *Em detrimento*	Moralidade; prudente; ambicioso; honesto; intelectual; consciencioso; crítico; perfeccionista; superexagerado; serviçal; trabalho. *Fígado dilatado ou ulcerado; icterícia; costas fracas; tuberculose; abscesso nos intestinos; diarréia; tumores intestinais.*
Libra	A lei; brandura; sociedades abertas; vantagem através do matrimônio; benigno; compromissos *não-cumpridos;* psicologia. *Supra-renais fracas; abscessos renais; diabetes; erupções de pele; tumores nos rins; rins amiláceos.*
Escorpião	Metafísico; apaixonado; astuto; empenho para aquisição de posses; desejo ardente de prazer; negócios corporativos; místico. *Próstata dilatada; tumores ou abscessos uterinos; hidropisia; estrangúria; abscesso uretral.*
Sagitário *Regra*	Filosofia; religioso; humanitário; esotérico; nobreza; estrangeiro; jovial; liberal; psicológico; superstição. *Reumatismo nos quadris e coxas; gota; dores e inchaço nas pernas.*
Capricórnio *Queda*	Aquisitivo; rico; reconhecido; confiante; responsável; integridade; conservadorismo; austero; avarento; materialista. *Doença da pele; melancolia; degeneração do fígado; joelhos fracos ou inchados; problema com as adenóides.*
Aquário	Imparcial; indulgente; solidariedade; natureza humana; sabedoria oculta; reforma social; intolerante; astrologia; amplo. *Joelhos inchados; pressão sangüínea alta; envenenamento sangüíneo; má circulação.*
Peixes	Emoções profundas; vida oculta; drogas; circunstâncias modestas; bom; confiável; visionário; indolente; ilusório; álcool. *Pés inchados; alcoolismo; vício em drogas; pés dilatados.*

6ª	Ambição; erudição; ensino; trabalho em grupo; descuido; emprego; cura; trabalho ético; moralidade; consciente; organização; profissional.
7ª	Afortunado no casamento e no trabalho; justiça; popularidade; temperança; caridoso; contatos sociais; relacionamentos altruísticos; juízo; espiritual.
8ª	Religioso; separado; heranças; funerais; valores sexuais; superexagerado; orgulhoso; auto-indulgente; morte serena; materialista; oculto.

Gestação (Transcendência)

9ª	Religioso; aspiração moral; prospectiva; planos; sentimentos expansivos; especulativo; questões estrangeiras; desenvolvimento interior; justiça; equilíbrio.
10ª	Responsável; produtivo; material; prático; proeminência; reconhecimento; confiável; dignidade; nível social; questões domésticas; egoísta; capaz.
11ª	Humanitário; amigos influentes; grupos; auxílio de terceiros; liberal; condescendente; metas coletivas; invenção; motivos ulteriores; sociável.
12ª	Altruísmo; contentamento; solidão; generoso; imaginativo; vida interior; compassivo; busca espiritual; meditação; fantasia; crise.

Saturno

Princípios	Contração; pessimismo; negativismo; sovinice; concentração; enfoque; seriedade; economia; inibição; reserva; não-adaptável; energia formativa; disciplina; limitação; sofrimento.
Signo	**Interpretação**
Áries *Queda*	Egoísmo; diligência; circunspecto; insulso; solitário; mecânico; autocrático; voluntarioso; forte de caráter.
	Dores de cabeça; resfriados; catarro; surdez; anemia cerebral; dor de dente; perda de dentes; tártaro; desmaios; fraturas cranianas; emagrecimento.
Touro	Perseverança; método; construtivo; preocupações financeiras; ambição; trabalho pesado; pais; idosos; seriedade em matéria de finanças.
	Difteria; caxumba; crupe; perda de dentes; sufocação; contração da garganta; torcicolo; pescoço quebrado ou deslocado.
Gêmeos	Intelectual; científico; eficiente; sério; difícil; abstrato; inibido; calculista; desapegado; sistemático.
	Reumatismo; bronquite; asma; pleurisia; tuberculose; ciática; asfixia; fratura dos braços.
Câncer *Em detrimento*	Sensível; voltado para si mesmo; idoso; paranóico; solitário; ciumento; desconfiado; alienado; respeitoso; instável.
Leão *Em detrimento*	Limitado; autoritário; líder; simples; lealdade; trabalho pesado; perda devido a crianças; insatisfeito; ressentido; necessitado de reconhecimento.
	Curvatura espinhal; costas fracas; arteriosclerose; esclerose espinhal; doenças cardíacas crônicas; atrofia do coração; coração fraco; endocardite; depressão.
Virgem	Perfeccionista; muito trabalhador; sério; materialista; age só; pedante; orientado para detalhes; atento; discreto.
	Fraca peristalsia intestinal; leucemia; obstrução do íleo; ceco ou cólon transverso; gripe; apendicite; melancolia.

Saturno

Personificações	Doutores; banqueiros; trabalhadores; fazendeiros; trabalhadores com metal; cientistas; avós; tios e tias; comerciantes; arqueólogos; geólogos; mineiros; programador de computadores.
Casas	**Interpretação**

Infância

1ª — Ambicioso; contido; obstinação; responsável; frio; hostil; limitação; penúria; solidão; pessoas idosas; desafio; egoísta; sério.

2ª — Material; ordeiro; possessivo; estabilidade; persistência; inibido; movimento restrito; avarento; conservador; inércia; dificuldade.

3ª — Irmãos difíceis; zeloso; verdadeiro; inadaptável; envergonhado; disciplinado; prático; científico; crítico; mecânico; desajeitado; lógico; sério.

4ª — Reservado; ambicioso; família difícil; amor; independente; defensivo; reprimido; econômico; responsável; isolado; seguro; solitário.

Maturidade

5ª — Responsável; confiável; leal; informal; encabulado; conservador; reprimido; de espírito pouco esportivo; estrito; educação escolar séria; sexualidade reprimida.

6ª — Crítico; correto; responsável; metódico; pedante; científico; estudos sérios; detalhista; sedentário; inibido; assexual; não compreendido.

Libra
Exaltação

Diligente; consciencioso; imparcial; austero; confiável; administrativo; incorporado; meditativo; metódico; legal; inimigos.

Pedras; ataxia; gravela; doença de Bright; má nutrição; urina presa; distúrbios da função renal; cirrose dos rins; erupções da pele; prolapse dos rins.

Escorpião

Fértil em recursos ou expediente; contido; melancólico; seriedade metafísica; cauteloso; organizado; conflito legal; perfeccionista.

Esterilidade; suspensão do mênstruo; constipação; hemorróidas; fístula; genitais subdesenvolvidos.

Sagitário

Moralizador; inteligente; religioso; viajante sério; prudência; lei; afastamento do lar; dúvidas.

Contusões nas coxas e quadris; ciática; deslocamento dos quadris; gota; queimaduras; dores; quedas; coxeadura; pernas quebradas; circulação obstruída; artrite.

Capricórnio
Regra

Paternal; adiantado; desconfiado; lento; paciente; método; pessimismo; diplomacia; materialista; parcial; forte; egoísta.

Problemas crônicos no joelho; reumatismo; gota; bursite; febre intermitente; entorses; pernas quebradas; fraturas; artrite nas juntas das pernas.

Aquário

Grupos sérios; coletivista; ambicioso; organizado; responsável; trabalho mental; desapegado; egoísta; dominador; jogos.

Tornozelo fraco; câimbras nos tornozelos e juntas; má dentição; eczema; joelhos fracos; artrite; dificuldades circulatórias.

Peixes

Luta; melancolia; contido; amigos mais velhos; retiro; meditação profunda; espiritual; retraimento; incrédulo.

Reumatismo; pés frios; joanetes; tuberculose; tísica; pés afetados por doença; pés claviformes; chatos ou deformados.

7ª	Consciencioso; sócio mais velho; relacionamentos sérios; alienação; nada prático; leal; inibido; descontente; persistente; trabalho duro; responsável.
8ª	Finanças societárias; emoções; falta de capital; obstinado; transformações; forte; reservado; egoísta; oculto; concentrado; renascimento.

Gestação (Transcendência)

9ª	Aspirações; filósofos sérios; separação; devoção; sincero; magoado; religioso; estável; anti-social; realização; posição social; moralidade.
10ª	Paciência; força de vontade; contenção; ambição; vontade firme; concentração; economia; parcial; egocêntrico; cauteloso; questões kármicas; dívidas.
11ª	Responsável; planejador; sócio confiável; expectativas extravagantes; aspirações; falsos amigos; fiel; desapegado; companheiro inibido.
12ª	Reservado; solitário; contido; segregado; nervos; tímido; isolado; medo de falhar; inferior; deprimido; acanhado; sacrifical; preocupado.

Urano

Princípios	Originalidade; excentricidade; independência; ritmo; inspiração; individualidade; invenção; rebeldia; dança; percepção; excitável; obstinação; operações; acidentes; mudanças.
Signo	**Interpretação**
Áries 1928-1934	Utópico; entusiasmo; desusado; peculiar; personalidade ímpar; livre; não-convencional; intuição; coragem; ousadia; moderado.
	Doenças diabólicas; ferimentos causados por raios; eletricidade ou explosivos; dores de cabeça esporádicas e agudas; doenças oculares; abcessos cerebrais.
Touro *Queda* 1934-1942	Errático; mudanças súbitas; finanças instáveis; independente; engenhoso; risco; especulativo; prematuro; reforma; original.
	Desordens espasmódicas na garganta; distúrbios da tiróide; pescoço torto; contrações espasmódicas no pescoço; tétano e histeria.
Gêmeos 1942-1949	Energia mental; espontâneo; inquisitivo; científico; metódico; métodos originais; livre-pensador; bizarro; compreensão.
	Asma espasmódica; rouquidão convulsiva; tosse seca; gripes; paralisia dos braços e das mãos; colapso nervoso.
Câncer 1949-1956	Sentimentos caprichosos; mãe não-afeiçoada; impulsivo; mudanças de domicílio; rebelde; liberdade; excitação; psíquico; sensível.
Leão *Em detrimento* 1956-1962	Egomaníaco; amor especial; crianças; individual; licencioso; determinado; organizador; incontido; sexualmente livre.
	Palpitação; ação cardíaca espasmódica; meningite espinal; válvulas fracas; paralisia infantil; obstrução no sangue; desmaio; dores cardíacas nervosas; funcionamento irregular do coração.
Virgem 1962-1969	Profissões ligadas à saúde; mecânico; livre; sutil; trabalho original; intelectual; revolucionário; engenhoso; computadores.
	Flatulência; câimbras abdominais; câimbras intestinais; dores intestinais espasmódicas; dispepsia nervosa.

244

Urano

Personificações	Excêntricos; inventores; pessoas pouco comuns; técnicos; revolucionários; dançarinos e músicos; astrólogos; rádio-TV; eletricistas; curandeiros; feministas; rebeldes; cirurgiões.
Casas	**Interpretação**

Infância

Casa	
1ª	Enérgico; pouco comum; original; inquieto; singular; influência científica; obstinação; elétrico; irracional; deliberado; abrupto; errático; teimoso.
2ª	Objetos incomuns; ganhos e perdas; ferrenho; determinado; ciumento; especulativo; prematuro; instável; precoce; teórico; vivo.
3ª	Inventivo; original; precoce; criativo; desencontrado; de entendimento rápido; inquieto; intuitivo; disperso; agudo; espirituoso.
4ª	Família não-amorosa; emoções próprias; intuição; andarilho; associações esporádicas; desamparo; afastamento; impaciente; rebelde; mudanças.

Maturidade

Casa	
5ª	Iniciativa; audácia; criativo; originalidade; jogos próprios; dramático; afeições súbitas; jogatina; aventureiro; rápida erudição; pseudo-arte.
6ª	Trabalho próprio; aprendizado individual; rápido; esforço científico; talento; oculto; original; reformador; detalhista; frívolo; crítico.

245

Libra 1969-1975	Novos relacionamentos; divórcio; irritável; casos; amor livre; magnético; associações rápidas; imaginativo; inquieto. *Erupções dérmico-venéreas; alucinações; funcionamento espasmódico dos rins; rim flutuante.*
Escorpião *Exaltado* 1975-1981	Regeneração; mudança rápida; lutas que levam a um determinado fim; violência; perigo; crueldade; explosões ocultas; rebeldia; astrologia. *Gravidez interrompida; aborto; doença venérea; nascimento difícil; genitais malformados; dores nervosas durante o período menstrual; epidemia.*
Sagitário 1981-1988	Aventura; astrologia; educação progressiva; regenerado; não-ortodoxo; utópico; excitável; espiritual; neurótico. *Paralisia dos membros inferiores; obstrução da circulação das pernas; câimbras na coxa; entorpecimento nas pernas; contorsões; acidentes com as pernas.*
Capricórnio 1988-1996	Poder; grandes objetivos; fanatismo; penetração; aquisitivo; resolução; teimosia; carreira estranha; radical. *Acidentes com a perna ou o joelho; câimbras nos joelhos; joelhos deformados; paralisia da parte inferior das pernas.*
Aquário 1996-2003	Desapego; problema; exaltação; penetração; energia espiritual; mudança de religião; talento inventivo; errante. *Doenças incomuns; câimbras nos tornozelos; circulação espasmódica.*
Peixes 2003-2011	Intuitivo; métodos peculiares; isolado; investigador; oculto; místico; voluntarioso; estranhas aspirações; idealismo. *Pés deformados; câimbras nos dedos e nos pés; paralisia nos pés; contorsões.*

7ª Relacionamentos estranhos; experiências com drogas; rebelde; inspirado; ponto de vista peculiar com relação ao casamento; muitos casamentos; esteta; talentoso; rígido.

8ª Penetrante; investigdor do ocultismo; energia realizada; perigo; ausência de medo; força tenaz; grande mudança; renascimento; violência; superfísica.

Gestação (Transcendência)

9ª Espiritual; iluminação; profecia; revolta; reforma religiosa; idéias avançadas; fanatismo progressivo; inquietude; não-convencional; perigo.

10ª Ambicioso; sagaz; energia concentrada; resoluto; habilidade técnica; profissional; idéias radicais; súbita queda; aflição.

11ª Científico; profundo; inspiracional; organizador; exaltação; progressivo; amigo intuitivo; perversidade; rebelde; idéias peculiares.

12ª Místico; farrista; intuição; separatismo; doença estranha; visionário; misterioso; mal-entendido; ioga; ansiante de liberação; irreal.

Netuno

Princípios	Sensibilidade; psíquico; impressionável; fantasia; imaginação; sonhos; ilusão; drogas; mediunidade; intuição; idealismo; projeções utópicas; percepções extra-sensoriais; experiências transcendentais.
Signo	**Interpretação**
Áries 1861-1874	Inspiração; idealismo; generosidade; extremamente sensível; muito distante; bem-estar social; confuso; louco; insano; viciado.
	Insanidade; arrebatamento; sonambulismo; cegueira; histeria; coma; desmaio; alucinações; pesadelos; doenças obscuras; varíola; doença do sono.
Touro 1874-1888	Bom gosto; formal; objetos não comuns; idealista em matéria de finanças; visionário; curador; beleza natural; alcoolismo; vício.
	Doenças no tecido da garganta; bócio; distúrbios da tiróide; doenças obscuras do pescoço e da garganta; órgãos sexuais malformados; garganta séptica; garganta inchada.
Gêmeos 1888-1901	Amor pela natureza; místico; mágico; inspirado; confusão; indeterminação; dispersivo; poético; de percepção rápida; variedade; preocupante.
	Distúrbios das glândulas e das mãos; mãos deformadas; doenças nervosas; memória fraca; doenças glandulares; desordens mentais.
Câncer 1901-1914	Intuição; força psíquica; sensível ao lar/mãe; carinhoso; inibido; suscetível; instável; sofredor.
Leão *Exaltado* 1914-1928	Apaixonado; facilmente estimulado; atuante; condutor; lisonja; certo; amor pelo prazer; afeição má dirigida; árido.
	Coração dilatado; supressão da ação cardíaca devido a drogas e narcóticos; problema cardíaco causado pelo fumo.

Netuno

Personificações	Psíquicos; pessoas sensíveis; sonhadores; utópicos; velhacos; místicos; gurus; dietistas; traficantes de drogas; anestesistas; químicos; inventores.

Casas	Interpretação
	Infância
1ª	Personalidade sensível; intuição; sonhador; impressionável; digestão delicada; drogas; aparência estranha; relacionamentos peculiares.
2ª	Sensível à forma; artístico; sensual; beleza; maciez; imaginativo; viciado; temperamental; forma estranha; atrapalhado; teórico; preguiçoso; dependente.
3ª	Dualidade; sensibilidade; fantasia; confusão; visionário; inspiração; idéias erradas; memória fraca; má interpretação; apelidos; irmãos.
4ª	Grande sensibilidade; percepção espiritual; sentimento profundo; união íntima; descontente; ansiedade; mudanças de domicílio; viciado; sacrifical.
	Maturidade
5ª	Beleza; prazeres específicos; sexualidade; atuante; agravante; romântico; problemas psicológicos; família esfacelada; intuições; árido.

Virgem
Em detrimento
1928-1942

Descobridor de erros; hipercrítico; dificuldade de trabalho; comunicação psíquica; caos; químico; drogado; preocupado.

Hipocondria; hidropisia; intestinos atacados por uma doença que o faz definhar; desordens intestinais causadas por drogas ou opiáceos.

Libra
1942-1956

Relações incertas; divórcio; companheiro sensível; abuso de drogas; psicodélico; sentimentos estranhos; desapontado; sexo receptivo.

Escorpião
1956-1970

Emoções escondidas; mistério; urgência sexual; confusão; clarividência; ocultismo; sensacionalismo; depressão; doença.

Aflições quanto aos nervos do trato gênito-urinário; saúde abalada devido ao abuso de drogas; doenças epidêmicas.

Sagitário
1970-1984

Mente superior; regeneração religiosa; viagem; idéias estrangeiras; meditação; iluminação; sem propósito; inspiração.

Reumatismo.

Capricórnio
1984-1998

Sobrenatural; meditação; estranhos objetivos; decepção; depressão; sacrifício dos pais; realidade mística.

Artrite nas juntas das pernas; falta de controle sobre os joelhos.

Aquário
Queda
1998-2012

Uniões de alma; aspirações nobres; tentação fácil; teoria social; estímulos grupais; independência; intuitivo.

Doenças no sangue.

Peixes
2012-2026

Misticismo; vida interior; mediunidade; neurótico; metafísico; esquivo; droguista; viciado; sedutor.

Superestímulo da glândula pineal conduzindo à bebida; drogas; delírio; overdoses; pés inchados; problemas nos pés; doenças psicossomáticas.

6ª	Psicossomático; serviçal; poder de cura; gentil; falso; hipersensitivo; viciado; fácil; abatido; energia magnética; inspiração.
7ª	Receptivo; relacionamentos idealistas; platônico; sedutor; artístico; impulsivo; relacionamentos harmoniosos; conexões psíquicas; singularidade.
8ª	Psíquico; espiritual; processos inconscientes; mediunidade; depressivo; misterioso; drogado; doenças motivadas por excesso; hospitais; desapontamento.

Gestação (Transcendência)

9ª	Pressentimento; clarividência; idealismo; mente superativa; sonhos; irrealista; desejos e planos; auto-engodo.
10ª	Aspiração sem aplicação; idéias profundas; incerteza; falta de realismo; problemas familiares; experiências psíquicas; escândalo; mistério.
11ª	Artístico; idealista; atração estranha; esperanças; desejos; alteração mental; insinceridade; experiência psíquica; notoriedade; teórico.
12ª	Reserva; comunicação psíquica; devaneio; arte; influências externas; drogas; hospitais; doença; indução; ânsia; álcool; pessimismo.

Plutão

Princípios	As massas; transformação; revolução; destruição; força maior; poder; magia; força de vontade; propaganda; coerção; mídia; maiores alterações; regeneração; passagens.
Signo	**Interpretação**
Áries 1823-1852	Auto-afirmação no mundo; forte desejo sexual; idéias novas; pessoa revolucionária; potencial; corajoso; intrépido; livre.
Touro *Em detrimento* 1852-1884	Possessão; materialista; persistência; utilitarista; talento prático; arte; dependente das finanças; produtivo.
Gêmeos 1884-1914	Inventivo; mobilidade; compreensão; afirmação intelectual; ciência; aventuras; comportamento impiedoso.
Câncer 1914-1939	Intensos sentimentos pessoais; repressão familiar; compulsivo; paternalismo; família transformada; mulher liberada.
Leão 1939-1957	Revolução na auto-expressão; mudança de atitude; exteriorização; explosão da consciência; criatividade; talento.
Virgem 1957-1972	Revolução na saúde; doença mental; psicossomático; medicina holística; trabalhadores; reacionários; *punks*; controle da natalidade.
Libra 1972-1984	Liberação; homossexualidade; mudanças societárias; justiça social; civilização regenerada; arbitragem; equilíbrio delicado.
Escorpião *Regra* 1984-2000	Morte e renascimento; regeneração; força; fanatismo; guerra atômica; guerra mundial; forças demoníacas; transformação; raiva.

Plutão

Personificações	Revolucionários; comunicadores de massa; políticos; ditadores; propagandistas; atores e atrizes; locutores públicos; cientistas atômicos; marginais; prostitutas.
Casas	**Interpretação**

Infância

1ª	Poder de impulsão; energia extraordinária; afirmações; raiva; força de vontade poderosa; dificuldades; robustez; sérias mudanças de pais; progressista; crescimento rápido.
2ª	Grande ambição; aquisitivo; grandes dores ou perdas; dependência em matéria de dinheiro; insaciável; mudança nas situações materiais; mordomia.
3ª	Engenhoso; cultura especializada; fala rápida; mente penetrante; pleno de recursos; misterioso; de opiniões firmes; irmãos estranhos; mexerico.
4ª	Forte hereditariedade; tarefa pouco usual; solitário; sentimentos profundos; magnético; mágico; domínio no lar; amor pela natureza; ecologia; oculto; segredos.

Maturidade

5ª	Emoções dinâmicas; autoridade; autoconsciência; grande força de vontade; força; expressão dramática; grandes realizações; poder criativo; talento.
6ª	Cura; doenças psicossomáticas; trabalho com terceiros; inquisitivo; colecionador; científico; enérgico; grande criticismo; fanatismo; zelo.
7ª	Associações decisivas; fama; fortes uniões; divórcios; sociedades múltiplas; magnetismo pessoal; mudanças dramáticas; dominante; intuitivo.
8ª	Fanatismo; ocorrências trágicas; conquista de recordes; busca de sentido; transformação; morte pública; influente; tenaz; oculto; segredos.

Sagitário 2000-	Profecia; sagacidade; exploração; trabalho; luta pela sabedoria; mudança filosófica; psicanálise; objetivos utópicos; religioso.
Capricórnio 1762-1777	Novas idéias; revoluções práticas; grande ambição; corporativo; executivo; inventivo; obcecado; materialista.
Aquário 1777-1799	Democracia; mudança mental; científico; avanço devido a amigos; psicológico; idéias sintéticas; intelectual.
Peixes 1799-1823	Profundidade; apocalíptico; universal; compassivo; fanatismo cristão; nascido de novo; místico; astrológico.

Gestação (Transcendência)

9ª Sabedoria suprema; regeneração espiritual; pioneirismo; o inalcançável; visita; reforma; mudança social; fanatismo religioso; ateísmo.

10ª Ditadura; luta pelo reconhecimento; problemas práticos; independência; perigo; isolamento; planos; mudança dramática; força de vontade.

11ª Comunal; comunidades utópicas; reforma; amizade importante; morte súbita; mudanças de atitude; esperanças exageradas; popularidade.

12ª Isolamento; universal; revelador; destrutivo; metafísico; misterioso; tentado; emoções reprimidas; doença estranha; retiro; oculto.

Nodo

Princípios	Associações; alianças; sociabilidade; senso comum; sublimação; proteção; influências coletivas.

Signo	Interpretação
Áries	Cultivo de amizades; honras; riquezas; urgência associativa; extrovertido; social; ardente; entusiástico.
Touro	Ganho por meio de propriedades; compartilhando recursos; dívida; ganho devido ao saber e a propriedades.
Gêmeos *Exaltação*	Boa mente; facilidade de linguagem; ganhos provindos de irmãos; edição; redação; palavras criam a ansiedade.
Câncer	Parentes próximos; associações anímicas; ganho devido à propriedade; cortês no lar.
Leão	Especulativo com terceiros; grande círculo de amigos; esportivo; clubes; negócios societários; pródigo; pomposo; casos de amor.
Virgem	Associações científicas; ensino; institucional; pesquisa; maçante; crítica de terceiros; saúde sensível.
Libra	Incapaz de ficar sozinho; gregário; dependente de terceiros; contenção; senso comum; reuniões sociais; sucesso nos negócios;
Escorpião	Falaz; associações misteriosas; organizações esotéricas; relações sexuais; relações subversivas.
Sagitário Queda	Grupo de trabalho jurídico; administrativo; ordenado; comunal; qualidade mental; sonhos proféticos; psicanálise.
Capricórnio	Responsável com terceiros; exploração; grupos práticos; uniões; grupos profissionais; autoridades; ascensão social.
Aquário	Amigos estimulantes; muitos amigos; vida social; inseparável; apegado; ajudando a terceiros comunitariamente.
Peixes	Crenças; comunidades religiosas; coletivas; instituições; isolamento dentro de grupos; ganhando possessões.

Nodo

Personificações	Associações; grupos; clubes; partidos políticos; sindicatos trabalhistas; organizações.
Casas	**Interpretação**

Infância

Casa	Interpretação
1ª	Auto-expressão; desejoso de dirigir; reconhecimento; vida social; associações pessoais.
2ª	Laços permanentes; alianças; dinheiro de terceiros; pessoa devotada; confiável; lealdade; herança.
3ª	Muitas associações; idéias provindas de terceiros; contatos importantes; associações superficiais; escola de enfermagem; relações pouco duráveis.
4ª	Laços familiares; contatos importantes com parentes; ascendência confusa; união de almas; dependente; apegado.

Maturidade

Casa	Interpretação
5ª	Popularidade; jogador; grandes escolas; muitos amores; afeiçoado à família; organizado; esporte em grupo.
6ª	Associações de ensino; ciência; interesses salutares; amor por animais; ajuda a terceiros; relacionamentos de trabalho; empregados honestos.
7ª	Casos amorosos; times; negócios públicos; lucro através de terceiros; ganho devido a mulheres e sociedade; facilidade para fazer amigos; sociável.
8ª	Organizações ocultas; associações; esforço cooperativo; socialismo; lar de velhos; relações secretas; presentes; heranças; políticas agressivas.

Gestação (Transcendência)

Casa	Interpretação
9ª	Idéias utópicas; grupos idealistas; negócios legais; interesses educacionais; sonhos; viagens por água; idealismo político.
10ª	Honra; crédito; grandes conquistas; organizações comerciais; negócios corporativos; engano; objetivos materiais.
11ª	Muitas amizades; apoio da família; planos ideais; relações complexas; ligações compulsivas; vida social de destaque; útil.
12ª	Organizações secretas; casas de repouso; hospitais; pessoal de enfermagem; corpo médico; repressão de terceiros; interesses filosóficos.

AS

Ascendente (AS)

Princípios	Meio circundante; personalidade; circunstâncias natalícias; pessoas presentes ao nascimento; reação perante o mundo; máscara; modo de agir; atitude pessoal; vizinhanças.
Signo	**Meio e circunstâncias do nascimento**
Áries	Desassossego; energia; auto-asserção; agressivo; impaciente; cirurgia; parto a fórceps; pressa; crueldade.
Touro	Condições estáveis; segurança; quietude; belos arredores; a presença de mulheres; parteira; lar; domesticidade; prático.
Gêmeos	Mudanças; nascimento rápido; fala; muitas pessoas presentes; nervos; irmãos presentes; observadores; deslocamento; adaptação.
Câncer	Temperamental; lar; contato familiar; úmido; afetuoso; feminino; protegido; simplicidade; sensibilidade; anestesia; mulheres.
Leão	Autoritário; confiante; extrovertido; ativo; alegre; aberto; médico importante; objetivo; valente; ambiente luxuoso.
Virgem	Crítico; hospital; médicos; enfermeiros; ingenuidade; primeiros nascimentos; virginal; nervoso; estável; assíduo; higiênico; observador.
Libra	Lugar harmonioso; equilíbrio; trabalho em grupo; fisicamente fácil; cortês; sociável; falante; desejo de aprovação; mulheres; enfermeiras.
Escorpião	Desarmônico; úmido; colérico; brutal; cirúrgico; fórceps; violência; força; trágico; cesárea; circuncisão; precavido; zangado.
Sagitário	Entusiástico; atlético; alegre; bom humor; natural; fácil; ativo; desordenado; vivo; expansivo; estrangeiro; reconhecido.

AS

Ascendente (AS)

Personalidade

Inquieto; apressado; enérgico; auto-afirmativo; agressivo; impaciente; rápido; inflamado; principiante; violento; vigoroso; vínculos familiares; o cirurgião.

Amor pela beleza; personalidade harmoniosa; segurança; propriedade; prático; artístico; possessivo; obstinado; amoroso; atento; atraente; simples.

Respostas rápidas; falante; vivaz; adaptável; móvel; inconstante; comunicativo; artístico; muitíssimo tenso; jovial; superficial; gabola.

Sensibilidade; rica vida doméstica; timidez; dependente; impressionável; complacente; mediúnico; gentil; viciado; incapaz de se manter sozinho; dedicado.

Autoglorificante; corajoso; hedonista; governante; generoso; amante da diversão; impressionante; alegre; dignidade; jogador; arrogante; egocêntrico.

Discreto; cauteloso; reservado; crítico; envergonhado; preciso; limpo; pedante; ansioso; nervoso; doenças psicossomáticas; indigesto; estável.

Equilibrado; personalidade harmoniosa; trabalho em grupo; corpo atraente; encantador; lisonjeável; vão; meloso; relaxado; arrebatamento; algo intrometido.

Agressivo; apaixonado; apartado; metafísico; reservado; paranóico; cauteloso; dependente; resoluto; misterioso; irascível; sexual; magnético.

Positivo; jovial; feliz; filosófico; brincalhão; entusiasta; expansivo; independente; social; vivaz; sentimental; amante da natureza; hedonista; fácil.

Capricórnio	Concentração; inibição; restrição; longo trabalho de parto; sério; contenção; médico mais velho; reservado; ansioso; metódico.
Aquário	Comunal; desapegado; sério; idealista; contido; frio; progressivo; amigável; abstrato; mecânico; não-ortodoxo; rítmico.
Peixes	Auto-sacrifical; drogado; governado pelas aparências; inseguro; anestesia; induzido; isolado; psíquico; sonhador; vago.

Tenaz; reprimido; sério; inibido; materialista; consciente dos objetivos; trabalhador; ansioso; pragmático; profissional; ambicioso.

Reformador; comunal; desapegado; orientado para grupo; amigável; progressivo; idéias próprias; adaptável; inibido; frio; temperamental; mudando de objetivos.

Sacrifical; sonhador; psíquico; sensitivo; vago; deprimido; confortável; preguiçoso; quieto; isolado; compassivo; solitário; simples; receptivo; induzido.

MC

Meio-do-Céu (MC)

Princípios	Consciência do ego; objetivos; foco; consciência espiritual; individualidade; metas; profissão; honra; confiança; momento de reconhecimento; propósito.
Signo	**MC Registro Circunstâncias**
Áries	Intuitivo; vitoriosa imposição da individualidade; objetivos conscientes; reivindicação ativa; ambicioso; dominador.
Touro	Sensível; produtivo; estável; manifestação material; substancial; tangível; seguro; determinado pela vontade; artístico; teimoso.
Gêmeos	Pensante; dualístico; confuso; diversidade de objetivos; metas mutáveis; múltiplas profissões; instável; indeciso.
Câncer	Pressentimento; sensível; protetor; maternal; devotado; receptivo; superemotivo; cúpido; inferior; tato; simplicidade; parcimônia.
Leão	Intuitivo; extrovertido; autoconsciente; controlado; liderante; egocêntrico; criativo; aspirações sublimes; organização.
Virgem	Sensível; preocupação com a saúde; náusea matinal das gestantes; ordenado; diligente; crítico; prático; pedante; hipocondríaco.
Libra	Pensante; harmonioso; equilibrado; calmo; justo; cooperação; partilha; ânsia de reconhecimento; confiante; diplomático; explorador.
Escorpião	Pressentimento; apartado; considerando a possibilidade de aborto; deliberado; apaixonado; intenso; fanático; repressivo; destrutivo; desconfiado.
Sagitário	Intuitivo; otimista; material; luta pela segurança; realizado; livre; móvel; atlético; religioso; moral; extremo.

Meio-do-Céu (MC)

Personificações O indivíduo; o Ego.

Ego

Ambicioso; bem-sucedido; individual; positivo; confiante; objetivos definidos; poder criativo; pioneiro.

Objetivos permanentes; lutando por segurança material; difícil de agradar; tenaz; egotismo; materialista; mentalidade; importância à estética; não-confiável.

Amor pela variedade; multifacetado; ocasionalmente criativo; fácil; instável; comunicativo; amigável; superficial; objetivos conflitantes; encantador.

Responsável; diplomático; sensível; dedicado; preocupado; conservador; emotivo; lento; estável; mulher dominada; feminino.

Auto-exteriorizado; confiante; aberto; expansivo; ascensão social; otimista; estrutural; pretensão; generosidade; liderança; egoísta; rígido.

Aperfeiçoado; lutando por segurança; vivo; insignificante; conservador; hiper-sensível; trabalhando duro; serviço; cargo de administrador; meios simples; crítico.

Subindo graças a terceiros; conexões felizes; equilíbrio; cooperação; sublimação; adaptação; exploração; falta de modos.

Perseverança; místico; independente; ambicioso; enérgico; implacável; compulsivo; dominador; decidido; destrutivo; ávido.

Com aspirações; idealistas; altos padrões; pensamento amplo; mente superior; religioso-filosófico; ambicioso; mutável; utópico; inconstante.

Capricórnio	Sensível; racional; pragmático; autêntico; egoísta; egocêntrico; disciplinado; duro; sério; inflexível; reservado; cauteloso.
Aquário	Pensante; idealista; humanitário; desapegado; sociável; rebelde; frígido; disperso; amigável; vago; planejador.
Peixes	Pressentimento; solitário; isolado; só; sensível a terceiros; expectativa; esperançoso; claridade; consciente dos objetivos; impressionável.

Autoconfiante; solitário; tenaz; esgotado; pai enérgico; sóbrio; sem imaginação; prosaico; autocentrado; consciente; ambicioso.

Inovador; utópico; humanitário; abstrato; orientado para o futuro; moderno; aspiracional; indisciplinado; novas idéias; ação progressiva; novidade.

Passividade à espera de resultados; sorte; suscetível a fatores externos; sentindo-se só; insulado; simples; aspirações modestas; prazeres ocasionais.

Tábuas dos Aspectos

Aspectos do Sol

SOL/SOL O desejo de viver; poder; o corpo físico; saúde e energia; harmonia física e espiritual. Falta de iniciativa; doença; fraqueza; mudanças de direção; estar desfocado. O corpo; pai e filho; do avô para o neto; colegas; de homem para homem.

SOL/LUA Consciente e inconsciente; relacionamento; equilíbrio interior; vida pública; sucesso. Descontentamento interior; conflito; não-relacionado; tensão interior; luta. Marido e mulher; pai e mãe; sócios por casamento; amigos.

Equilíbrio e economia de líquidos corpóreos; "água e sangue"; linfa; os olhos; cicatrizes faciais ou manchas congênitas.

SOL/MER Senso comum; compreensão; pensamentos; mente prática; metódico; organizacional. Obscuro; confusão; incerteza; nervosismo. Jovens; intelectuais; gente de negócio.

Tecido conjuntivo; formação de grânulos; puberdade do homem.

SOL/VÊN Amor físico; beleza; popularidade; vida social; estética; romântico; frigidez; feiúra; impopular; anti-social; insípido; frio; indulgência. Artista; homem ou mulher amada.

Tecido glandular; folículos de Graaf.

SOL/MAR Vitalidade; vigor; avanço; sucesso vocacional; persistência; impulsividade. Dissidência; violência; obstinado; contencioso; ousado. Lutador; soldado; médico; amigo; brigão.

Tecido muscular; atividade celular; espermas; inflamação celular.

SOL/JÚP Saúde; reconhecimento; religioso; expansivo; feliz; bem-sucedido; criativo. Materialista; indulgente; arrogante; ilegal; preguiçoso. Rico; saudável; proeminente; pessoas de destaque na sociedade.

Elementos dos tecidos dos órgãos e das glândulas; funções regenerativas do sangue; a restauração da saúde.

SOL/SAT   Separado; concentrado; absorvido; sério; trabalhador; ambicioso; dedicado. Egoísta; inibido; supressivo; pessimista; inferior; ansioso; fraco; negativo. Pessoas sérias; ancião; doente; inibido; pai cruel; pai fraco; pai desaparecido.

Tecido ósseo; o envelhecimento das células; sedimentação celular; morte celular; reumatismo; arteriosclerose; doenças causadas por sedimentação mineral; males hereditários; manchas ou cicatrizes faciais.

SOL/URA   Progressivo; excêntrico; tecnológico; original; livre; mutável; dinâmico; individual. Obstinado; autodestrutivo; rebelde; tenso; irritável. Inovador; reformador; rebelde; técnico; arruaceiro.

Funções rítmicas das células e do corpo; pulsação; respiração; neurose cardíaca; embolia cardíaca.

SOL/NET   Sensível; delicado; imaginativo; incerto; refinado; inspirado; visionário; psíquico. Inseguro; fraco; doente; enganador; seduzível; insípido. Médium; romântico; sonhador; psíquico; sensível; viciado em drogas; sedutor; pai fraco.

Células preguiçosas, fracas ou paralisadas; concentração de água nas células; hidropisia; edema; anemia; experiências com drogas; LSD; miasma psorfaco.

SOL/PLU   Poder; consecução; objetivos conscientes; direção; crescimento; autocrático; implacável. Arrogante; forçado; brutal; fanático; destrutivo. Líder; lutador; revolucionário; transformador; mártir; pai enérgico.

Regeneração das células; o sistema imunológico; inchaços; testículos; adenóides.

SOL/NOD   Associações físicas; público; adaptável; sociável; popular; educativo. Anti-social; desarmônico; inadaptável; desconexo; isolado. Associado; companheiro; colegas; testemunha; pertinente; dignatário; polícia.

Função do sistema nervoso vegetativo; cicatrizes ou manchas faciais.

SOL/ASC   Relações pessoais; relações físicas; confiança; progresso; estima; reconhecível. Intrometido; desarmônico; não-apreciado; à procura da auto-realização; encabulado; briguento; dependente. Homens dos arredores; contato; esposo.

Função dos órgãos dos sentidos durante a percepção passiva; marcas faciais.

SOL/MC	Individual; objetivo; autoconhecimento; sucesso; missionário; autoridade; famoso. Egocêntrico; obscuro; arrogante; convencido; desinteressante; transviado. Corpo e Alma; "Eu"; o próprio Ego.

Relação entre o corpo físico e a consciência do Ego; transformando a percepção passiva em reação pessoal.

Aspectos da Lua

LUA/LUA	Vida emocional; relações femininas; coisas mutáveis; humores agradáveis; maternidade. Supressão emocional; humor variável; separação da mãe; não-emotivo; tensão. Os sentimentos; a alma; mãe e filha.

LUA/MER	Pensamentos emocionais; percepção; julgamento; avaliação; idéias femininas; discreção. Mutável; mentira; mexerico; criticismo; calúnia; engenho; muitíssimo nervoso. Mulheres intelectuais; meninas; autora; psicólogo; viajante.

Equilíbrio aquoso do sistema nervoso; líquor do cérebro; a puberdade da mulher.

LUA/VÊN	Amor; devoção; arte; concepção; romântico; culto; casamento; gracioso. Humor variável; tímido; insípido; estéril; irritável; sem amor. Amante; gestante; mãe; artista; mulher; ator.

Secreções glandulares; hormônios; agitação na gravidez; menstruação; capacidade da mulher para a concepção; primeira concepção ou nascimento.

LUA/MAR	Excitação; emoção intensa; franqueza; cândido; sincero; inclinação para o pressentimento; industrioso. Impulsividade; precipitado; luta; intolerante; rebelde; irritável. Esposa; colega do sexo feminino; trabalhador; dona de casa; mulher de negócios.

Movimento muscular inconsciente; reações emocionais; rubor; função da glândula tiróide; marcas faciais; doença de Basedow.

LUA/JÚP	Feliz; religioso; consciência social; trabalho; fiel; reconhecimento; sentimento positivo. Indiferente; negligente; rebelde; impopular; ilegal; problemas maritais; sujo. Bem-sucedido; generoso; mulher feliz; fêmeas; noiva; gestante; funcionárias.

Produtos líquidos do fígado e do pâncreas; bílis; fermentos digestivos.

LUA/SAT	Autocontrole; dever; zelo; atento; circunspecto; solitário; ascético; crítico; ambicioso. Depressivo; separado; viúvo; inferior; melancolia; ansioso; alienado; gente inibida; triste; viúva(o); um só parente; avó.

Distúrbios crônicos do equilíbrio aquoso; defeitos das mucosas; ferimentos segregando água ou depósitos líquidos; infecções da bexiga; doenças psíquicas; doença hereditária; hemorróidas.

LUA/URA	Forças subconscientes; instinto; acontecimentos súbitos; oculto; especialização intelectual. Esquizofrenia; tensão emocional; super-tensão; abrupto; exagero; ansiedade. Mulher inquieta; ambicioso; reformistas; esquizofrênico.

Ritmo de economia da água; pressão sangüínea anormal; cólicas dos órgãos excretores; doença da próstata; o mecanismo das regras femininas; esquizofrenia (herdada).

LUA/NET	Refinado; visão interior; imaginação; inspiração; relaxamento; romântico; idealista. Frágil; auto-engano; irrealidade; fraqueza; viciado; sedutor; sobrenatural. Sensível; médium; pessoas impressionáveis; cartomantes; psíquico; indolente; o fraco.

Paralisia da circulação sangüínea; acúmulo de água nos tecidos; deficiência das funções osmóticas das células curadas por sais minerais; distúrbio ou ruptura da consciência; doenças dos olhos; ansiedade sexual liberada.

LUA/PLU	Extrema emoção; unilateral; fanatismo; extremo zelo; devorador; dinâmico; insaciável. Fanático; sádico; obcecado; chocante; ciumento; exigente; exigências malucas; revoluções. Pessoas emotivas; pessoal de relações públicas; publicistas; esquizofrênico; revolucionário.

Metabolismo dos líquidos corpóreos; doença do sangue; AIDS; hepatite; esquizofrenia hereditária.

LUA/NOD	União espiritual; relações íntimas; alianças (entre mulheres); vínculos familiares; devotado. Alienação; relações múltiplas; inadaptável; frustrado; não-familiar; insular. Alianças entre mulheres; união sangüínea; associados.

Glândulas linfáticas; baço; amídalas; sistema imunológico; doença de Hodgkin; AIDS.

LUA/ASC   Relações emocionais; cortês; feminino; adaptável; laços pessoais; laços subjetivos. Hipersensibilidade; desacordos; humor variável; superativo; aborrecido. Meio feminino; mãe; alcoólatras; viciados em drogas; amantes; personalidades.

Líquidos que ingressaram dentro do corpo; alcalóides; álcool; intoxicação; vício em drogas; anestesia ao nascer.

LUA/MC   Objetivos emocionais; sentimento; lar; família; vínculos anímicos; entendimento intuitivo. Mulheres difíceis; não-profissional; vacilação; não-confiável; sentimental; vacilante. Mulheres; pessoas emocionais e dotadas do dom do pressentimento; governantes; mãe; pessoas anímicas.

Distribuição do sangue e de líquidos no corpo; colapso; transfusão de sangue; doador de sangue.

Aspectos de Mercúrio

MER/MER   Movimento; pensamento; mente; novidades; opiniões; percepção; boa compreensão; entendimento; calma. Estados estáticos; subjetividade; apatia; falta de objetividade; mentira; sem comunicação. Gente ativa; amigos; confidentes; mediadores; intelectos; professores; irmãos; os jovens.

MER/VÊN   Pensamentos amorosos; sentido de beleza; desenho; intelecto afetivo; hilariedade; sucesso artístico; escrita. Vaidade; convencimento; hipersensibilidade; irresoluto; dissipação; luxo. Amantes; autor; escritor; vendedor de artigos de beleza; "marchant"; esteta; artista; amigas.

Secreções grandulares.

MER/MAR   Força do pensamento; planos realizados; resolução; respostas vivas e espirituosas; empreendimento; debate; casos resolvidos. Criticismo; censura; malignidade; ação rápida; dificuldade em falar; obstinado; cínico. Crítico; briguento; contendor; escritor.

Sistema nervoso motor; paralisia espática; irritações nervosas; aumento de sensibilização; ações reflexas.

MER/JÚP   Mente construtiva; erudição; literatura; senso para negócios; senso comum; ciência fluente. Negligência; fraude; não-confiável; intensificante; conflito; indiscreto. Locutor; autoridade; negociador; homem de negócio; editor; viajante; filântropo.

Canais reflexos; reflexos da pele e dos tendões; canais psicomotores.

MER/SAT	Trabalho mental; concentração; pensamento profundo; lógica; organização; experiência; indústria. Monotonia; reserva; timidez; alienação; dificuldade; infância difícil; desconfiança. Filósofo; intelectual; cientista; vigarista; lógico.
Bloqueios do sistema nervoso; nervos condutores da dor; relação funcional do sistema nervoso com a fala e a audição.
MER/URA	Intuição; astúcia; flexibilidade; independência; influência; matemática; mente original. Disperso; loucura; nervos; errático; excêntrico; contraditório. Matemático; cientista; técnico; músico; astrólogo; gente esperta.
Percepção profunda; medula espinhal; distúrbio do equilíbrio; dores faciais; enxaqueca.
MER/NET	Imaginação; fantasia; percepção profunda; visão; pressentimentos; poético; idealista; claro. Julgamento censurável; paralisia; engano; fraude; dissipado; tolo. Ator; imaginoso; sonhador; santo; mentiroso; curador pela fé; psíquico.
Perda da sensação; nervos fracos; paralisia dos nervos; mutações; clorofórmio; drogas soporíferas.
MER/PLU	Persuasão; compreensão; habilidade; diplomacia; influência; juízo; astúcia. Colapso; transmissão apressada; oposição excessiva; superávido; impaciente; crueza. Locutor; político; fascista; crítico; tirano; propagandista.
Metabolismo do sistema nervoso; formação de novas substâncias nervosas; irritação nervosa.
MER/NOD	Planos conjuntos; troca de idéias; reunião social e de negócios; correspondência; relações. Insociável; impopularidade; fechado; bloqueado; deslealdade. Partícipes associativos; escritor; organizador; negociador; radialista.
Relação entre os nervos autônomos e voluntários.
MER/ASC	Idéias pessoais; definição; comunicação verbal; encontros; inteligência; falante. Mexerico; mau juízo; ansiedade; superficial; transitório. Pensador; mexerico; organizador; amigo; administrador; diplomata.
Recepção de estímulos através dos órgãos dos sentidos.
MER/MC	Objetivos intelectuais; observação; autoconhecimento; meditação; metas próprias; claridade. Ausência de sentido; falta de autoconsciência; mutável; vacilação; desonesto. Pessoas expressivas; faladores; gente de mídia. Meio dos céus; consultores em matéria de emprego.
Nervos motores do cérebro.

Aspectos de Vênus

VÊN/VÊN Paz; boa vontade; amor; desejo; sentimento de amor; humor; senso de beleza; arte. Desconexo; indiferente; insípido; aberração; descuido. Amante; esteta; beleza; modelo; menina; ator; artista; músico; fabricante de roupas; enfermeira.

VÊN/MAR Amor sexual; maestria; paixão; criatividade; expressão vivaz; intimidade; prolífico; assexualidade; sedução; insatisfeito; infidelidade; irritável; doença sexual. Amante; voltado para coisas do sexo; sedutor; polígamo; amante ativo.

Sistema nervoso simpático e parassimpático; distúrbios da função vegetativa (intestinos e rins); anomalias da menstruação; masturbação; veias varicosas; hemorróidas.

VÊN/JÚP Amor festivo; felicidade; popularidade; sentido da forma; casamento; bem-aventurança; conforto; alegre; hedonismo. Preguiça; insensibilidade; indolência; arrogância; conflito legal; indulgência. Artista; estrela do cinema; modelo; figura de destaque na sociedade; amor expansivo.

Circulação hormonal dentro do corpo; metabolismo hormonal; glândulas supra-renais e ad-renais; doenças causadas pela inalação de pó ou metal industrial; secreções glandulares conectadas a órgãos específicos.

VÊN/SAT Emoção respeitosa; sobriedade; lealdade; inibição; sacrifício; fidelidade; economia; reserva; ciúme; tormento; privação; solitário; deprimido; separação da mãe. Gente solitária; viúva(o); filhos ilegítimos; amor antigo.

Mau funcionamento das secreções das glândulas internas; atrofia glandular; glândulas aumentadas; enfisema pulmonar; bócio.

VÊN/URA Provocação; excentricidade; impulso; talento; música; sentimentalidade; refinamento. Sexualidade reprimida; inconstância; alheamento; não-convencional; perda. Musicista; artista; amor excêntrico.

Ritmo da libido e da vida sexual; concepção; nascimento.

VÊN/NET Êxtase; erotismo; misticismo; idealismo; amor platônico; viagem; refinamento. Seduzível; insípido; paixão; sonhador; ilusão; fugitivo. Artista; músico; sonhador; visionário; romântico; traficante de droga; viciado; amante insignificante.

Funções glandulares enfraquecidas; dilatação patológica das glândulas; fraqueza dos órgãos sexuais.

VÊN/PLU	Amor fanático; sensualidade; talentoso; atraente; compulsivo; devotado; prendado; magnético. Lascivo; amor tenso; sadomasoquismo; vulgaridade; desejo excessivo. Amante; pornográfico; mulher menstruada; artista. *Primeira menstruação; ovários; corpo lúteo; vida sexual excessiva ou anormal.*
VÊN/NOD	União de amor; adaptação; amor universal; vínculos; cortês; comunidades artísticas. Isolamento; separação; caso infeliz; volúvel. Amante; casados; solteiras; agrupamentos artísticos; dono de galeria. *Suprimento autônomo dos órgãos glandulares.*
VÊN/ASC	Amor harmonioso; beleza; personalidade atraente; adorno; arte; gosto; fidalguia. Mau gosto; deserção; anti-social; pródigo; indulgente. Mulher; mãe; esposa; amante; artista. *Proporções harmoniosas; beleza física; compleição.*
VÊN/MC	Amor objetivo; afeição; benevolência; artístico; apegado; indivíduo atraente. Vaidade; convencimento; ciúme; dissipado. Amante; artista; admirador. *Glândula central; mesencéfalo; terceiro ventrículo; glândula pituitária.*

Aspectos de Marte

MAR/MAR	Energia; atividade; trabalho; agressão; impulso; resolução; vontade; decisão; realização. Perda de energia; violência; injúria; destruição. Lutador; soldado; atleta; artesão; cirurgião; polícia.
MAR/JÚP	Criatividade bem-sucedida; alegria; atividade; organização; bravura; rebelião; praticidade. Conflito; alienação; precipitação; pressa; desassossego; discórdia. Gerente; organizador; jurista; juiz; oficial; atleta. *Atividade orgânica; fácil atividade muscular; o coração; fim do parto e primeiro vagido.*
MAR/SAT	Inibição; persistência; perigo; fanatismo; vida espartana; asceta; duro. Destruição; perigo; morte; impotência; obstinação; separação; testes; disputa; doença. Trabalhador; mineiro; lutador; matador. *Processos de formação óssea; juntas; músculos e ossos como fatores ativos e passivos; nervos e tendões; inflamação dos ossos ou dos ossos que contêm tutano; câncer dos ossos que contêm tutano; morte ou atrofia de um órgão; paralisia dos músculos que controlam a respiração; sufocação; o eixo da morte.*

MAR/URA   Esforço aplicado; intervenção; coragem; independência; operação; revolucionário; nascimento. Argumento; obstinação; tensão emocional; *stress*; nervos; operação; ferimento; acidente. Cirurgião; gente violenta; revolucionário; reacionário; condutor; bombeiro.

Atividade rítmica do corpo; o trabalho do coração; lesão causadora de perda de sangue; operações; corte na pele; perda de sangue, cicatriz.

MAR/NET   Inspiração; sensibilidade para expressar um desejo; fuga; romantismo; fantasia; negação. Destruição; infecção; desorientação; drogas; inferioridade; fumo; paralisia; estreiteza. Gente doente; viciado; marinheiro; patologista; negociante.

Paralisia ou desgaste dos músculos; suscetibilidade a infecções epidêmicas; as conseqüências ou resultados de uma infecção; o curso normal de uma doença; descarga de pus; autotoxinas.

MAR/PLU   Força sobre-humana; violência; vigor; grande ambição; sucesso; obsessão; pesquisa. Crueldade; assalto; agressão; injúria; sadismo; homicídio; impiedade. Ditador; deficiente; cientista nuclear; político; general.

Substituição de órgãos naturais; membros ou órgãos artificiais; dentaduras; placas no crânio.

MAR/NOD   Colaboração física; espírito de grupo; união; sucesso compartilhado; progênie; esponsal. Brigas; falta de camaradagem; reuniões dissolvidas; relativo a eunucos; dissolução; dissociação. Coletivos; comunistas; socialistas; eunucos.

Distúrbios dos ritmos vitais; precocidade; distúrbios do climatério; menopausa; atividade do corpo astral; relativo a eunucos.

MAR/ASC   Espírito de luta; esforço de vontade; trabalho em grupo; consecução; resolução; trabalho criativo; cirurgião. Cesárea; nascimento a fórceps; operação; luta; agressão; conflito; disputa; briga. Cirurgião; soldado; colegas; pugilista.

Probabilidade de acidentes; operação cirúrgica; nascimento; marcas faciais.

MAR/MC   Ação do Ego-consciente; ordem; decisão; sucesso; resolução; mudança de ocupação; prudência. Excitável; *stress*; intempestividade; vazio; febre; fraude; agitação; assassinato. Organizador; líder; político; personalidade dominante.

Ação dos músculos voluntários; controle do calor corporal; febre; ondas de calor.

Aspectos de Júpiter

JÚP/JÚP — Contentamento; otimismo; sorte; ganho financeiro; religião; filosofia; vida social. Falta de sorte; perdas; pessimismo; ilegal; extravagante; materialista; ganancioso; corpulência. Advogado; juiz; banqueiro; segurador; médico; tio; avô; editor.

JÚP/SAT — Paciência; perseverança; engenho; diplomacia; segregação; dever; filosofia; calma; imóvel. Vacilação; descontente; preocupado; falha; doença. Catedrático; professor; advogado; oficial; político; parentes; locatário.

Defeito orgânico; doença crônica; função da bílis e do fígado.

JÚP/URA — Otimismo; idéias afortunadas; percepção; reconhecimento súbito; êxtase; invenção; mudança. Independência; oposição; ampliando as coisas; argumentos; tensão; *stress*. Organizadores; inventores; aventureiro; otimista; religioso fanático.

Ritmo orgânico da vida; peristalse do intestino; acessos espáticos ou convulsivos; cólicas; dor temporária.

JÚP/NET — Conjectura; imaginação; metafísica; idealismo; sorte; ética; generosidade; proveito. Suscetível; sonhador; irrealidade; inimizade; insulto; perdas; vigarista. Especulador; sonhador; místico; visionário.

Falta de tônus nos órgãos corporais; atrofia de um órgão; aumento excessivo da água no sangue (hemólise); o diagnóstico errado.

JÚP/PLU — Plutocracia; poder espiritual-mental; liderança; regeneração; organização; transfusão. Fanatismo; perdas; culpa; falha; responsabilidade legal; falência; exploração. Organizador; catedrático; professor; especulador; ditador; propagandista.

A regeneração dos órgãos; transfusão de sangue; infecções; epidemias em larga escala.

JÚP/NOD — Bom contato; adaptabilidade; tato; interesse comum; união afortunada; força vital. Falta de camaradagem; anti-social; egoísta; conflito; inanimado. Comunidades filosóficas; companheiros; sócios; associados.

Força vital; força do tipo Reichenbach; kundalini; libido; energia orgônica.

275

JÚP/ASC   Agradável; influência favorável; generosidade; riqueza; cura; sucesso; nascimento fácil; trabalho em grupo; perda; atrito; rebelião; hipocrisia; convencimento; jactância. Pessoas generosas; pessoas ricas; tios; avós; tias.

Diagnóstico correto; excesso de peso.

JÚP/MC   Objetivos filosóficos; objetivos conscientes; contentamento; êxito; sucesso; propósito. Riscos; objetivos obscuros; mudanças no estilo de vida; desejo de ser importante. Sucesso; filósofo; psicólogo; padre.

Manutenção da boa saúde; higiene; alcoolismo.

Aspectos de Saturno

SAT/SAT   Restrição; paciência; concentração; engenho; cristalização; honestidade. Obstáculo; doença; crise de desenvolvimento; depressão; ineficiência; tristeza; paralisia. Gente inibida; cientista; pai; ancião; fazendeiro; mineiro; comerciante; médico.

SAT/URA   Tensão; determinação; pensamento tranqüilo; calma; assuntos técnicos; viagem; persistência. Tensão emocional; provocação; força; recuo do passado; restrição de liberdade; gente violenta; o que está morrendo; amputados; cronicamente doente.

Inibição do ritmo; bloqueio cardíaco; respiração Cheyne-Stokes; processos arrítmicos; perda ou remoção cirúrgica de membros ou órgãos; doença crônica; amputação.

SAT/NET   Renúncia; sofrimento; sacrifício; cautela; método; dualidade; asceticismo; paciência; insegurança; doença; pestilência; hábito; neurose; inibições emocionais; inseguro. Ascético; cronicamente doente; ancião; droguistas.

Doença crônica; doença hereditária; decomposição orgânica; doença infecciosa; doença; pestilência; ganho de peso impedido; perda de gorduras; doença do fígado ou do pulmão; falta de vitalidade; = 0° Áries: histeria.

SAT/PLU   Crueldade; trabalho duro; tenacidade; autodisciplina; adeptos; martírio; luta; silêncio. Egotismo; violência; divórcio; lenta separação; assassinato; autodestruição; falta de dinheiro. Cientistas; assassinos; reacionários; mártires.

Subdesenvolvimento orgânico; testículos embutidos; órgãos infantis; endurecimento orgânico; cálculos; calcificação; sensibilidade à poluição; epidemias.

SAT/NOD   Isolamento; união proibida; maturidade; patrocínio; mistério. Inadaptável; cooperação difícil; morte de parentes; depressão; inibição. Anciães; carpideiras.

Casos de choque; choque; terapia à base de eletrochoque; cura pela vacina; separação do corpo astral.

SAT/ASC   Personalidade inibida; nascimento difícil; maturidade precoce; só; isolado; companheiros. Depressão; perspectiva errada; família pobre; desvantagens causadas por terceiros; segregação. Companheiros; pacientes; gente solitária; médicos; pessoal hospitalar; avós.

Separação do mundo exterior; problemas de pele; tecido ou órgão defeituoso; amputação; perturbações funcionais crônicas dos órgãos dos sentidos; miopia hereditária; inflamação dos ouvidos; marcas faciais.

SAT/MC   Objetivos sérios; desenvolvimento lento; separação; autopreocupação; experiência. Inibição emocional; desalento; doença; insanidade; perda da consciência; abatido. Gente inibida; pacientes; carga.

Sentir-se doente; estar doente; neurose; dor consciente, localizada; doença do ego; desordens mentais ou psiquiátricas; psicoses; câncer; insanidade; desintegração da personalidade; negra noite da alma; perda de consciência do ego.

Aspectos de Urano

URA/URA   O imprevisto; ambições; empreendimento; criatividade; mudança crítica; reforma; muitos planos. Condições difíceis; mudança; catástrofe; crises nervosas; pensamentos suicidas; perigo. Reformadores; inventores; técnicos; revolucionários; astrólogo; curandeiro; médico.

URA/NET   Inconsciência; visão interior; inspiração; misticismo; arte; pesquisa; viagens; espírito. Instabilidade; confusão; morte; revolução; crise; incapacidade; confusão psíquica. Místicos; médiuns; psíquicos; revolucionários.

Paralisia dos processos rítmicos; colapso nervoso; falha cardíaca; apoplexia do cérebro; criança natimorta; malogro; aborto; epilepsia; coxeadura.

URA/PLU   Transformação; revolução; inovação; mobilidade; reforma; mutação; explosão; mudanças. Impaciência; mania; destruição; aborrecimentos; atividades subversivas; execução; explosão. Pioneiros; reformadores; gênios; exploradores; guarda ou capanga armado.

Mudanças rítmicas nos processos biológicos; relações entre pulsação e respiração; pulsações complicadas; sinais de febre.

URA/NOD   Experiência partilhada; atração súbita; relações instáveis; variedade; inovação; atividade. Distúrbio; brigas; separação; desassossego; arroubo; irritável; incidentes; sonhador. Políticos; sindicatos laborais; família excitada; gente nervosa.

Sonhos inquietantes; distúrbio da consciência; neuroses; ritmo do corpo astral; visão interna da memória; vida-sonho; doenças que ocorrem regularmente; suscetibilidade às intempéries.

URA/ASC   Reação ambiental; invenção; novos contatos; original; nervosismo; rearranjo. Excitável; inconstância; intranqüilidade; acidentes; mudanças súbitas; compulsão; rudeza. Gente excitável; originais; excêntricos; técnicos; neuróticos.

Sistema nervoso de reações rápidas; pele sensibilizada; nervos sensíveis; dores de cabeça; nevralgia do trigêmio; enxaquecas.

URA/MC   Objetivos originais; asserção; mudanças felizes; organizador; bem-sucedido; *stress*. Tensão; precipitação; inconfiabilidade; temperamento; aborrecimentos; súbitas reviravoltas do destino. Iogues; gurus; inventores; médicos; músicos.

Atividade controlada da respiração; eurritmia; pranayama; respiração iogue; hiperventilação.

Aspectos de Netuno

NET/NET   Desenvolvimento espiritual; percepção intelectual; viagem; empatia; misticismo; drogas. Hipersensibilidade; nervosismo; confusão; crise de saúde; engano; vício; burla. Médiuns; fraudes; sensitivos; gente perceptiva; gente espiritual; viciados; sonhadores.

NET/PLU   Sobrenatural; intensificação; imaginação ativa; psíquicos; parapsicologia; evolução. Confusão; tormento; obsessão; anseio por drogas ou álcool; perda; possessão; falsidade. Místicos; astrólogos; psíquicos; ocultistas; médiuns; viciados; jogadores.

Estágio indolor da doença; extrema complacência quanto a álcool, nicotina ou drogas; falta de força de vontade para conservar a saúde; fraqueza de origem nervosa; neurose; desistência; desenvolvimento ou cura lenta; começo gradual de uma terapia; rejeição de transplante; transfusão com resultados negativos.

NET/NOD   Associações idealistas; grupos sensíveis; misticismo; associações utópicas; espiritual. Anti-social; enganoso; burlando terceiros; burla; insônia; sonhos perturbados. Agrupamentos; grupos psíquicos; organizações místicas; círculos mágicos; grutas.

Falta de tônus orgânico ou de elasticidade muscular; dureza; sonho perturbado; insônia; ataque psíquico; drogas psicodélicas.

NET/ASC   Impressionabilidade; sensibilidade; simpatia; alheamento; refinamento; idealismo; nascimento em meio aquoso. Traição; fraqueza; confusão; desapontamento; fuga; fraude; ilusão; drogas. Anestesia; sensitivos; médiuns; viciados; psíquicos; místicos; gente fraca.

Ilusões ou enganos dos sentidos; pele de galinha; nascimento com anestesia; alcoólatra; vício de drogas.

NET/MC   Objetivos incertos; indefinição; idéias peculiares; utópico; sobrenatural; artístico. Fingimento; falsidade; atuação; entorpecimento; idéias estranhas; depressão; burla. Utópicos; parapsicólogos; pessoas doentias; atores; pessoas mentalmente perturbadas; psicóticos.

Psicoses depressivas; perturbação mental; adormecimento dos membros; membros artificiais; infestações psíquicas; esquizofrenia; drogas ou plantas alucinógenas.

Aspectos de Plutão

PLU/PLU   Mudança interior; metamorfose; transformação; propaganda; influência de massa; ânsia de poder. Crueldade; fanatismo; envidando esforços; fraqueza; coerção; doutrinação. Ditadores; hipnotizadores; políticos; mágicos; gente que fala em público; atores.

PLU/NOD	Destino coletivo; figuras públicas; influenciando terceiros; associações de grupo; movimentos. Destino trágico; karma; sendo refreado por terceiros; anti-social; sofrimento; sufocação. Multidões; reuniões de massa; exércitos; partidos políticos; sindicatos; multinacionais.
Crescimento embrionário; distúrbio da gravidez; reincidência fetal; enjôo matinal das gestantes; aguda toximia na gravidez, no parto ou no puerpério, conducente a convulsões ou perda de consciência.
PLU/ASC	Personalidade fascinante; ambição; mágica; influência incomum; controle; transformação. Meio circundante em mutação; ditadura; dirigindo ou governando terceiros; repulsa; reajuste; injúria. Grandes especialistas; personalidades fascinantes; estrelas; políticos; pessoas públicas.
Mudança ou transformação física; estágio inicial de doença; convalescença.
PLU/MC	Objetivos transformados; individualidade; força; crescimento; autoridade; conhecimento especializado. Poder desusado; resistência; retaliação; conduta anti-social; recuperação; destino. Transformadores; autoridades; especialistas; mágicos; cirurgiões.
Recuperação; recuperando a saúde; decisão de submeter-se a uma operação; mudança de terapia.

Aspectos do Nodo

NOD/NOD	Uniões; conexões; junturas; comunicação; aproximação; grupos; clubes; irmandades. Limitações; anti-social; incompatibilidade; insociável; inadaptável. Contatos; mediadores; parentes; família; associações; colegas.
NOD/ASC	Irmandades; relações pessoais; contatos familiares; consciência social; encanto; amores. Relações curtas; separações; relações domésticas perturbadas; anti-social; difícil. Família; associados; colegas de trabalho; companheiros; amigos.
Memória; processos inconscientes ativos; respiração interna; metabolismo da oxigenação.
NOD/MC	Objetivos grupais; relações individuais; relações astrais; entendimento mútuo. Inconstância; discórdia; o individual acima do coletivo; organização coletivista difícil. Marxistas, associações; partidos políticos; uniões; amigos.
Corpo astral e consciência do ego; stress psíquico.

Aspectos do Ascendente (ASC)

ASC/ASC　　Amizade; localização; vizinhanças; o lugar; corpo; relações sociais; relações pessoais. Mau ajustamento; sentindo-se perdido; deslocado; nascimento difícil. Pessoas ao redor; médicos; parteiras.

ASC/MC　　Síntese individual; eu superior e eu inferior; personalidade e ego; integração. Síntese impossível; metas irreconciliáveis; falta de orientação. Sintetizadores; personalidades fortes com uma direção.

Contraste entre qualidades hereditárias e pessoais.

Aspectos do Meio-do-Céu (MC)

MC/MC　　O Ego; impressões sociais; intelectuais e espirituais; metas; objetivos. Ausência de Ego, materialista; sem objetivos; insano. Egoístas; pessoas que vivem o momento; pessoas orientadas para um fim.

Apêndice 2
ÍNDICE ASTROMÉDICO

Aberração sexual. Sol/Netuno = Vênus; Vênus/Netuno = Marte; Vênus/Plutão.
Aberrações amorosas. Vênus/Netuno = Plutão.
Aborto. Lua/Vênus = Saturno; Plutão; Urano/Escorpião.
Abscesso. Júpiter/Marte = Lua; Libra.
Abuso de álcool, nicotina e drogas. Netuno/Plutão = Sol, = Lua.
Ação peristáltica. Virgem.
Acessos de fraqueza. Urano/Netuno = Lua.
Acessos espásticos. Júpiter/Urano.
Acessos. Sol/Mercúrio = Urano; Marte/Urano = Netuno.
Acidente de avião. Marte/Urano = Netuno.
Acidente de carro. Marte/Urano = Netuno.
Acidente fatal. Marte/Saturno = Plutão; Marte/Plutão = Ascendente, = MC.
Acidentes. Marte/Plutão = Ascendente; Marte/Ascendente; Plutão/Ascendente = Marte; Urano/MC = Marte; Marte/Saturno = Plutão; Marte/Urano = Sol, = Ascendente, = MC; Marte/Netuno = Urano; Saturno/Urano = Marte; Marte/Netuno; Marte/Plutão; Marte/Nodo; Marte/Ascendente; Urano/Plutão = Marte = Ascendente.
Acidose. Júpiter/Saturno = Vênus; Marte/Júpiter.
Ações reflexas. Mercúrio/Marte; Mercúrio/Júpiter.
Acne. Áries; Sol/Áries; Vênus/Saturno = Marte; Sol/Lua.
Adenóide. Júpiter/Capricórnio; Marte/Touro; Marte/Vênus.
Adoecer. Netuno/MC.
Adultério. Vênus/Marte = Saturno.
Afasia. Sol/Áries.

Afogamento. Saturno/Plutão = Netuno; Marte/Plutão = Netuno.
Aftas. Libra; Escorpião.
Agitação. Marte/Urano = Netuno; Mercúrio/Marte = Urano.
Agressão incestuosa. Marte/Plutão = Sol.
Agressão. Marte/Plutão = Vênus; Mercúrio/Marte = Plutão.
AIDS. Escorpião; Marte/Saturno = Vênus, = Netuno; Marte/Netuno = Plutão.
Alcalóides. Lua/Ascendente.
Alcoolismo. Peixes; Escorpião; Câncer; Lua/Netuno; Lua/Netuno = Plutão; Netuno/Plutão = Lua; Sol/Lua/Marte/Júpiter/Netuno/Peixes.
Alergia. Capricórnio.
Alimento. Virgem.
Alta pressão sangüínea. Sol/Marte.
Alterações rítmicas. Urano/Plutão.
Alto metabolismo. Fogo; Ar; Sol; Marte; Júpiter.
Amamentação natural. Câncer/Ascendente; Touro/Ascendente; Lua/Ascendente; Netuno/Ascendente.
Amígdalas. Touro; Lua/Nodo.
Amigdalite. Vênus/Touro.
Amnésia. Marte/Leão pela Lua; Netuno.
Amor físico. Urano/MC = Vênus.
Amor nervoso. Vênus/Netuno = Mercúrio.
Amputação. Saturno/Urano; Saturno/Ascendente.
Ancilose. Mercúrio/Saturno.
Anemia. Marte/Leão = Lua, = Netuno, Lua/Marte; Sol/Netuno.
Anemia perniciosa. Lua/Marte = Câncer.
Anestesia, nascimento à base de. Marte/Júpiter = Netuno; Peixes/Câncer/Netuno/Lua/Ascendente.
Anestesia. Netuno; Lua.
Aneurisma. Áries, Leão; Marte/Júpiter.
Angina. Leão.
Anima. Lua.
Animus. Sol.
Anorexia nervosa. Saturno/Ascendente = Lua; Netuno/Casa 1/Casa 2.
Anos de duração do climatério. Júpiter.
Ansiedade. Lua/Marte = Câncer = Virgem; Lua/Saturno = Netuno; Plutão/Ascendente = Saturno; Urano/Netuno.
Apendicite. Sol/Júpiter = Marte; Marte/Júpiter = Urano; Vênus/Marte = Netuno; Saturno/Virgem.
Apetite desregrado. Júpiter/Touro.
Apoplexia. Touro.
Artéria carótida. Touro.
Artérias bloqueadas. Sol/Marte = Júpiter.
Artérias da cabeça. Áries.
Artérias ilíacas. Sagitário.
Arteriosclerose. Júpiter/Saturno/Leão; Saturno/Júpiter; Sol/Saturno; Saturno/Vênus = Júpiter.
Arrepio da pele. Netuno/Ascendente.

Artrite. Saturno/Casa 6; Marte/Saturno = Júpiter; Sol/Saturno/Urano; Marte/Netuno; Sol/Marte; Sol/Saturno; Sol/Saturno/Sagitário.
Asfixia. Mercúrio/Gêmeos.
Asma. Gêmeos; Mercúrio/Urano; Mercúrio/Marte = Urano, afl. Gêmeos.
Assassinato. Marte/Saturno = Plutão; Marte/Saturno = Mercúrio.
Associações de doentes. Marte/Saturno = Nodo.
Ataxia. Saturno/Libra.
Atividade cardíaca. Marte/Urano.
Atividade glandular inibida. Saturno/Netuno = Vênus.
Atividade orgânica. Marte/Júpiter.
Atração física. Nodo/MC = Marte.
Atrofia das glândulas. Vênus/Saturno; Júpiter/Netuno.
Atrofia de órgãos. Marte/Saturno.
Atrofia glandular. Vênus/Saturno.
Audição. Mercúrio.
Aumento de líquido sangüíneo. Júpiter/Netuno.
Aura. Netuno.
Autodoença. Saturno/MC.
Autotoxinas. Marte/Netuno.
Azia. Lua/Júpiter/Leão.

Baço. Leão; Virgem; Lua/Nodo.
Baixo metabolismo. Água; Terra, Touro; Capricórnio; Lua; Vênus; Saturno.
Beleza física. Vênus/Ascendente.
Bexiga, cálculo. Libra.
Bexiga, câncer. Sol/Netuno = Saturno.
Bexiga. Escorpião.
Bexiga, infecção. Libra; Escorpião; Lua/Saturno.
Bloqueio cardíaco. Saturno/Urano.
Bloqueios no sistema nervoso. Mercúrio/Saturno.
Boca. Mercúrio.
Bócio. Touro; Vênus/Saturno; Sol/Vênus; Vênus 6ª.
Braços. Gêmeos.
Brutalidade ao nascimento. Escorpião/Ascendente; Marte/Ascendente; Plutão/Ascendente; Urano/Ascendente.
Brutalidade. Marte/Saturno = Plutão.

Câimbra. Marte/Urano.
Calafrio. Saturno/Áries.
Calcificação de órgão. Sol/Saturno.
Calcificação. Saturno/Plutão.
Cálculo renal. Libra; Sol/Saturno; = Libra; Ascendente/Capricórnio; Saturno/Libra.
Cálculos na vesícula. Sol/Mercúrio = Marte; Marte/Júpiter = Saturno; Ascendente. Leão.
Cálculos. Saturno.
Cálculos renais. Sol/Saturno; = Libra; Lua/Saturno; Marte/Escorpião.
Calvície. Áries/Sagitário.

Canais psicomotores. Mercúrio/Júpiter.
Câncer cardíaco. Netuno/Marte/Leão.
Câncer da bexiga. Sol/Netuno = Saturno.
Câncer da garganta. Sol/Netuno = Saturno; Lua/Touro.
Câncer da próstata. Sol/Netuno = Saturno.
Câncer do cólon. Sol/Netuno = Saturno.
Câncer. Júpiter/Saturno = Sol; Lua/Vênus; Lua/Vênus/Urano = Aquário; Touro; Libra; Peixes; Sol/Plutão; Saturno/MC; Saturno MC.
Câncer linfático. Lua/Nodo = Plutão.
Catapora. Marte/Saturno.
Catarata. Sol/MC = Lua = Saturno.
Catarro. Lua/Saturno = Júpiter; Saturno/Áries; Sol/Plutão; Vênus/Áries.
Catástrofes. Mercúrio/Marte = Urano.
Caxumba. Lua/Vênus = Marte; Vênus/Touro.
Cegueira. Áries ecl.; Sol/Lua = Marte.
Célula. Sol.
Células regeneradas. Sol/Plutão.
Células vermelhas do sangue. Marte; Lua/Marte.
Centros cerebrais. Mercúrio/MC.
Cérebro, abscesso. Urano/Áries.
Cérebro. Áries.
Cérebro, artérias. Áries.
Cérebro, doença. Áries; Mercúrio/Áries.
Cérebro. Lua; Touro.
Cérebro. MC.
Cérebro, meningite. Urano.
Cérebro, sinapse. Mercúrio.
Cérebro, tumor. Vênus/Áries; Sol/MC = Saturno; Sol/Saturno = MC, Saturno/MC = Sol.
Cérvix. Escorpião.
Cheyne-Stokes, respiração. Saturno/Urano.
Choque elétrico. Saturno/Nodo.
Choque emocional. Saturno/MC = Urano.
Choque. Júpiter/Saturno = Urano.
Ciática. Marte/Júpiter.
Ciática. Saturno/Gêmeos; Sol/Mercúrio = Urano = Fogo = Sol/Sagitário.
Cicatriz facial. Sol/Nodo; Sol/Lua; Marte/Urano.
Ciclos menstruais. Lua/Urano.
Circulação. Aquário.
Circulação deficiente. Sol/Aquário.
Circulação hormonal. Vênus/Júpiter.
Circulação, hormônio. Vênus/Júpiter.
Circulação, paralisada. Lua/Netuno.
Circuncisão. Escorpião/Marte/Urano/Plutão/Áries/Ascendente.
Cirrose. Júpiter afl.; Júpiter/Saturno/Peixes; Júpiter/Netuno; Saturno/Libra.
Cirurgia. Áries/Ascendente.
Cirurgia em mulheres. Marte/Urano = Vênus.

Cirurgião. Sol; Marte; Urano; Plutão.
Cistite. Escorpião.
Clavícula. Gêmeos.
Cóccix. Escorpião.
Colapso do sistema nervoso vegetativo. Vênus/Marte.
Colapso físico. Sol/Plutão = Marte.
Colapso. Lua/Ascendente.
Colapso nervoso. Mercúrio/Netuno = Urano; Urano/Gêmeos.
Colapso nervoso. Mercúrio/Netuno = Urano; Urano/Plutão = Sol.
Cólera. Virgem.
Cólica. Virgem; Júpiter/Urano.
Colite. Marte/Mercúrio = Netuno; Escorpião.
Cólon, câncer. Sol/Netuno = Saturno.
Cólon descendente. Escorpião.
Cólon, obstrução. Saturno = Virgem; Sol/Urano.
Cólon preguiçoso. Saturno/Escorpião.
Coma. Áries.
Compleição. Vênus, Ascendente.
Concepção. Lua/Vênus; 9ª cúspide; Vênus/Marte = Sol; Vênus/Urano e = Lua; Sol/Vênus = MC; Lua/Júpiter = Ascendente.
Concepção, dificuldade. Lua/Marte.
Congestão renal. Vênus/Áries.
Congestão. Saturno/Gêmeos.
Conjuntivite. Sol afl. fogo; Sol/Ascendente.
Consciência do Ego. MC; Nodo/MC.
Consciência, perda de. Plutão/Nodo; Júpiter/Saturno = Urano.
Consciência, perturbada. Lua/Netuno.
Constipação intestinal. Lua/Mercúrio; Saturno/Netuno; Sol/MC. Touro.
Controle do calor. Marte/MC.
Convalescença. Plutão/Ascendente.
Convulsões. Lua/Áries.
Convulsões. Plutão/Nodo; Vênus/Urano = Lua; Sol/Vênus = Urano; Sol/Netuno = Urano.
Coração fraco. Lua/Netuno = Leão.
Coração. Sol.
Corda vocal. Touro.
Corpo astral. Nodo; Nodo/MC.
Corpo, calor. Marte.
Corpo X Ego. Sol/MC.
Corpo, falta de tônus. Júpiter/Netuno; Netuno/Nodo.
Corpo hospitalar. Saturno/Netuno = Nodo.
Corpo. Sol.
Corpus leutum. Vênus/Plutão.
Coxas. Sagitário.
Coxeadura. Lua/Sagitário; Urano/Netuno = Marte.
Crânio. Áries.
Crescimento difícil. Saturno/Netuno = Plutão.

287

Crescimento embrionário. Plutão/Nodo.
Criança bonita. Vênus/Ascendente; Touro/Ascendente; Libra/Ascendente.
Criança do sexo feminino. Vênus/Ascendente; Júpiter/Ascendente; Netuno/Ascendente; Lua/Ascendente.
Criança do sexo masculino. Marte/Ascendente; Saturno/Ascendente; Sol/Ascendente.
Crise nervosa. Sol/Plutão = Mercúrio.
Crupe. Touro.
Cura. Júpiter/Ascendente; Júpiter/MC.
Curvatura espinhal. Saturno/Leão.

Dano físico. Netuno/Ascendente = Sol.
Debilidade nervosa. Netuno/Plutão = Mercúrio.
Debilidade sexual. Sol/Netuno = Marte; Lua/Netuno = Marte.
Decomposição orgânica. Saturno/Netuno.
Dedos. Gêmeos.
Dedos. Peixes.
Defeito da mucosa. Lua/Saturno.
Defeito da fala. Sol/Netuno = Mercúrio.
Defeito mental. Sol/Netuno = Mercúrio.
Defeitos orgânicos. Júpiter/Saturno.
Defesa contra infecções. Lua/Nodo.
Deficiência cardíaca. Urano/Netuno.
Delírio. Áries; Mercúrio/Marte = Urano.
Dentes. Áries; Saturno em Áries; Sol/Saturno.
Depressão orgânica. Lua/Saturno = Plutão.
Depressão. Saturno/MC = Lua; Saturno/Netuno = Marte.
Desassossego nervoso. Urano/MC = Mercúrio.
Desejo sexual. Sol/Vênus = Urano.
Desejo súbito. Urano/MC = Vênus.
Desequilíbrio da tiróide. Sol/Vênus.
Desequilíbrio de fluido. Sol/Lua.
Desordens menstruais. Escorpião.
Desmaio. Marte/Leão; Sol/Áries.
Diabetes. Netuno; Júpiter/Saturno; Áries/Libra; Câncer/Capricórnio; Sol/Mercúrio; Júpiter/Urano = Sol.
Diagnóstico, certo. Júpiter/Ascendente.
Diagnóstico, errado. Júpiter/Netuno.
Diarréia. Lua/Vênus; Virgem.
Dieta. Virgem.
Dificuldade em ganhar peso. Saturno/Netuno = Júpiter.
Difteria. Sol/Touro.
Dilatação patológica de glândula. Vênus/Netuno.
Disenteria. Virgem.
Disfunção endócrina. Sol/Saturno.
Dispepsia. Lua/Saturno; Urano/Virgem.
Dissolução rápida. Marte/Saturno = Júpiter.

Distribuição de líquidos. Lua/Ascendente.
Distrofia muscular. Lua/Marte.
Distúrbios periódicos do sexo feminino. Lua/Marte = Urano.
Distúrbios do sexo feminino. Sol/Lua.
Doença cardíaca. Sol/Marte; Sol/Lua/Marte/Saturno/Plutão/Leão.
Doença causada por terceiros. Netuno/Ascendente = Saturno.
Doença crônica. Júpiter/Saturno; Saturno/Urano; Saturno/Netuno.
Doença da alma. Lua/Saturno = Netuno.
Doença da pele. Sol/Mercúrio.
Doença da próstata. Escorpião.
Doença de Basedows. Lua/Marte.
Doença de Bright. Sol/Lua/Saturno/Libra.
Doença de Hodgkins. Lua/Nodo.
Doença de Parkinson. Saturno/Urano; Mercúrio/Marte; Urano/Saturno.
Doença do Ego. Saturno/MC.
Doença do fígado. Lua/Júpiter = Saturno; Júpiter/Saturno = Sol; Saturno/Netuno = Júpiter.
Doença dos olhos. Mercúrio, Áries; 29° de Touro; 6° de Leão; 8° de Sagitário.
Doença emocional. Plutão/Ascendente = Saturno.
Doença emocional. Saturno/Netuno = Sol.
Doença, estágio indolor. Netuno/Plutão.
Doença feminina. Marte/Saturno = Lua.
Doença feminina crônica. Saturno/Netuno = Lua.
Doença hereditária. Saturno/Netuno = Nodo.
Doença hereditária. Saturno/Netuno = Nodo; Lua/Saturno; Ascendente/MC.
Doença infecciosa. Saturno/Netuno.
Doença. Júpiter/Saturno = Urano; Saturno/Nodo = Netuno; Saturno/Netuno; Marte/Saturno = Ascendente = Mercúrio = Vênus; Marte/Netuno = Urano; Saturno/Plutão = Júpiter; Sol/Netuno = Saturno = Júpiter; Sol/Lua = Saturno; Sol/Júpiter = Saturno.
Doença. Lua/Saturno = MC; Saturno/MC = Sol.
Doença masculina. Marte/Saturno = Sol.
Doença nervosa. Saturno/Netuno = Mercúrio; Urano/Plutão = Netuno; Netuno/Gêmeos.
Doença periódica. Urano/Nodo.
Doença pulmonar. Marte/Netuno = Júpiter; Sol/Sagitário.
Doença pulmonar. Marte/Saturno/Urano/Netuno/Gêmeos; Saturno/Netuno = Júpiter.
Doença renal. Vênus/Saturno = Lua; Libra; Lua/Saturno; Sol/Netuno = Vênus; Marte/Netuno = Vênus.
Doença. Saturno/Netuno = Sol; Lua/Netuno.
Doença séria. Saturno/Netuno = Plutão.
Doença súbita. Marte/Saturno = Urano; Lua/Urano = Saturno; Saturno/Netuno = Urano.
Doença venérea. Escorpião; Marte/Netuno; Vênus/Marte = Saturno; Lua/Vênus = Marte; Urano/Escorpião.
Doenças femininas. Sol/Plutão = Lua; Lua/Vênus = Saturno.

Doenças nervosas. Mercúrio/Saturno = Urano; Mercúrio/Urano = Netuno.
Doenças peculiares. Netuno/Plutão = Sol.
Doenças que levam a definhar. Marte/Netuno.
Doenças respiratórias. Sol/Júpiter = Gêmeos = Sagitário.
Dor de cabeça. Áries; Sol/Marte = Urano; Sol/Lua/Saturno/Áries; Urano/ Ascendente.
Dor de dente. Áries; Saturno/Áries.
Dor facial. Mercúrio/Urano.
Dor localizada. Saturno/MC.
Dor nas costas. Leão; Sol/Leão.
Dor nas pernas. Mercúrio/Capricórnio.
Dor, nervos condutores de. Mercúrio/Saturno.
Dor nos joelhos. Mercúrio/Capricórnio.
Dores de ouvido. Sol/Netuno = Áries = Gêmeos = Saturno.
Dores faciais. Mercúrio/Urano.
Dores na cabeça. Urano/Áries.
Drogas. Netuno; Júpiter/Netuno = Marte.
Duodeno. Virgem.

Eczema. Libra; Vênus; Capricórnio; Vênus/Urano; Vênus/Capricórnio.
Edema. Lua/Vênus = Marte.
Eixo da morte. Marte/Saturno.
Embolismo cardíaco. Sol/Urano.
Embotamento mental. Lua/Marte.
Embriaguez. Escorpião.
Endurecimento das artérias. Sol/Júpiter = Saturno.
Enfisema pulmonar. Vênus/Saturno; Mercúrio/Urano.
Entorpecimento dos membros. Netuno/MC.
Envelhecimento. Saturno; Sol/Saturno.
Envenenamento alimentar. Lua/Netuno.
Envenenamento por drogas. Netuno/Ascendente.
Enxaqueca. Mercúrio/Urano; Mercúrio/Netuno; Lua/Marte; Saturno/Urano; Áries; Virgem/Ascendente.
Epidemias. Marte/Netuno; Saturno/Netuno; Marte/Saturno = Netuno; Escorpião; Urano/Netuno/Escorpião.
Epilepsia. Áries; Sol/Netuno = Marte e = Urano; Marte/Netuno = Júpiter; Netuno Câncer 6ª Casa; Sol/Urano; Urano/Netuno = Sol.
Episiotomia. Marte/Ascendente; Urano/Ascendente; Plutão/Ascendente; Escorpião/Ascendente; Áries/Ascendente.
Epistáxis. Júpiter/Touro; Marte/Touro.
Equilíbrio aquático. Lua/Mercúrio.
Equilíbrio nervoso. Lua/Mercúrio.
Erupções. Áries.
Esclerose múltipla. Leão/Aquário; Urano/Netuno = Saturno; Mercúrio/Netuno = Urano; Saturno/Urano.
Escroto. Escorpião.
Esfíncter. Escorpião.

Espasmos. Sol/Urano; Sol/Netuno = Urano.
Esperma. Sol/Marte.
Espinhas. Marte/Capricórnio.
Esquizofrenia. Netuno/MC = Urano.
Estado doentio. Saturno/Netuno = MC.
Estágio indolor da doença. Netuno/Plutão.
Esterilidade. Saturno/Escorpião.
Esterilidade. Virgem; Sol/Lua; Lua/Júpiter = Saturno; Sol/Mercúrio = Saturno; Vênus/Saturno = Lua.
Estrangulamento. Marte/Saturno.
Estudantes de medicina. Virgem/Ascendente; Marte/Ascendente; Mercúrio/Ascendente.
Estupro. Marte/Plutão = Vênus; Mercúrio/Marte = Vênus; Sol/Vênus = Urano = Plutão; Vênus/Plutão = Marte.
Eunuco, referente a. Marte/Nodo.
Eurritmia. Urano/MC.
Eventos chocantes. Saturno/Nodo.
Evitar cirurgia. Lua/Urano.
Evitar operações. Sol/Lua.
Exame pré-natal. Aquário/Ascendente; Urano/Ascendente.
Excreção. Escorpião.

Fala. Mercúrio.
Falta de estamina. Netuno/Plutão = Marte.
Falta de gorduras. Saturno/Netuno = Júpiter.
Falta de resistência. Marte/ Saturno = Netuno.
Falta de tônus muscular. Netuno/Nodo.
Família doente. Marte/Saturno = Nodo.
Febre entérica. Virgem.
Febre do feno. Sol/Gêmeos; Lua/Urano; Lua/Touro; Saturno/Áries; Mercúrio/Saturno.
Febre. Marte; Fogo; Marte/Ascendente; Marte/MC; Marte/Áries.
Febre reumática. Lua/Leão; Leão/Aquário; Sol/Saturno = Urano.
Febres altas. Fogo.
Fêmur. Sagitário.
Ferimentos, segregando fluidos. Lua/Saturno.
Ferimentos. Urano/Ascendente = Marte.
Ferro. Marte; Lua/Marte.
Fertilidade. Lua.
Feto perturbado. Plutão/Nodo.
Fibróides. Lua/Júpiter.
Fígado dilatado. Júpiter/Virgem.
Fígado. Júpiter/Saturno; Júpiter.
Fígado, secreções. Lua/Júpiter.
Fígado ulcerado. Júpiter/Virgem.
Fístula. Saturno/Escorpião.
Flatulência. Júpiter/Touro.

Flebite. Vênus/Marte.
Fluidos. Lua.
Fluidos sinoviais. Peixes.
Folículo de Graaf. Sol/Vênus.
Força odílica. Júpiter/Nodo.
Força Reichenbach. Júpiter/Nodo.
Força vital. Leão.
Força vital. Marte/Urano = Plutão; Urano/Plutão = Ascendente; Júpiter/Nodo.
Fórceps, ferimento causado por. Áries/Marte/Saturno/Ascendente.
Fórceps, nascimento a. Áries/Ascendente.
Fragilidade. Sol/Netuno.
Fraqueza. Marte/Netuno = Sol = Saturno = Ascendente.
Fraqueza. Marte/Saturno = Netuno; Lua/Netuno = Ascendente; Lua/Urano = Netuno; Sol/Netuno = Júpiter.
Fraqueza dos nervos. Netuno/Plutão = Mercúrio.
Fraqueza nervosa. Sol/Netuno = Mercúrio; Mercúrio/Netuno.
Fraturas cranianas. Saturno/Áries.
Fraturas. Marte/Capricórnio.
Frigidez. Saturno/Plutão = Lua.
Fumo. Mercúrio/Netuno; Marte.
Funções osmóticas perturbadas. Lua/Netuno.

Gagueira. Mercúrio/Touro.
Garganta. Touro.
Gastrite. Câncer-Capricórnio; Sol/Marte = Lua.
Gás venenoso. Marte/Saturno = Netuno; Saturno/Plutão = Netuno.
Genitais externos. Libra.
Genitais malformados. Urano-Escorpião.
Genitais. Marte/Netuno = Vênus; Escorpião.
Gestação nervosa. Urano/MC = Lua.
Gestação perturbada. Plutão/Nodo.
Gestante. Marte/Júpiter = Lua.
Glândula pineal. Áries; Netuno.
Glândula pituitária. Urano; Vênus/MC; Anterior = Saturno; Posterior = Júpiter.
Glândula tiróide. Touro; Lua/Marte.
Glândulas enfraquecidas. Vênus/Netuno.
Glândulas linfáticas. Lua/Nodo.
Glândulas vegetativas. Vênus/Nodo.
Gonorréia. Vênus/Libra; Vênus/Marte = Saturno.
Gota. Mercúrio/Marte; Lua/Vênus/Júpiter/Saturno/Sagitário; Lua/Marte/Saturno/Capricórnio.
Grávida. Marte/Júpiter = Lua.
Gravidez ectópica. Vênus/Urano.
Gravidez nervosa. Urano/MC = Lua.
Gravidez perturbada. Plutão/Nodo.
Gripe. Sol/Netuno.

Hemólise. Júpiter/Netuno.
Hemorragia. Lua/Marte.
Hemorróidas. Escorpião; Lua/Saturno/Escorpião; Lua/Saturno = Marte; Sol/Júpiter = Lua.
Hepatite. Marte/Júpiter = Lua.
Hérnia. Vênus/Marte; Virgem.
Hérnia de hiato. Lua/Urano.
Hidropisia. Júpiter/Escorpião; Sol/Netuno; Lua/Vênus = Júpiter; Lua/Leão/Sol; Vênus/Gêmeos.
Higiene. Júpiter/MC.
Hiperatividade. Marte/Júpiter; Marte/Netuno.
Hiperemia. Sol/Gêmeos.
Hiperestesia. Sol/Aquário.
Hipertensão. Vênus/Marte; Júpiter/Saturno = Marte.
Hipertiróide. Sol/Plutão = Marte = Urano = Touro = Escorpião.
Hipnose. Plutão/Ascendente = Mercúrio.
Hipocondria. Netuno/Virgem; Ascendente/Virgem.
Hipoglicemia. Lua/Júpiter = Saturno = Libra = Virgem = Peixes; Lua/Mercúrio; Lua/Vênus.
Hipotensão. Júpiter/Saturno = Marte.
Hipotiróide. Sol/Plutão = Touro; = Escorpião.
Histeria. Sol/Áries; Urano/Touro; Vênus/Urano = Lua; Saturno/Netuno = Sol em Áries.
Hormônios femininos. Lua/Vênus.
Hormônios. Lua/Vênus.
Hormônios masculinos. Sol/Marte.
Hospital, nascimento em. Áries/Ascendente.
Hospital. Sol/Netuno = Nodo ou = Ascendente; Marte/Netuno = Nodo.
Hospital grande. Plutão/Ascendente; Nodo/Ascendente.

Icterícia. Mercúrio/Sagitário.
Ilusões. Netuno/Ascendente.
Impotência. Marte/Saturno; Escorpião.
Impulso sexual debilitado. Sol/Vênus = Netuno.
Impulso sexual periódico. Sol/Vênus = Urano.
Inalação de gases industriais. Vênus/Júpiter.
Inchaço das glândulas linfáticas. Sol/Netuno.
Inchaço glandular. Vênus/Saturno; Vênus/Netuno.
Inchaço. Sol/Plutão.
Inconsciência. Urano/Netuno = Sol.
Inconsciente coletivo. Plutão.
Indigestão. Júpiter/Câncer; Virgem.
Infecção anal. Sol/Plutão.
Infecção das trompas de Falópio. Sol/Mercúrio = Gêmeos.
Infecção dos brônquios. Sol/Mercúrio = Gêmeos.
Infecção. Júpiter/Netuno = Plutão; Júpiter/Plutão = Netuno; Marte/Netuno = Sol = Lua = Vênus; Sol/Netuno.

Infecção sexual. Lua/Netuno = Marte.
Infecção uretral. Sol/Plutão.
Infecção vaginal. Sol/Plutão.
Infecções da uretra. Sol/Mercúrio = Gêmeos; Sol/Plutão.
Infecções urinárias. Escorpião.
Infecções uterinas. Escorpião.
Inflamação do ouvido médio. Saturno/Ascendente.
Influências ambientais. Ascendente.
Inibição da fala. Sol/Saturno = Mercúrio.
Inibição sexual. Saturno/Nodo = Lua.
Inibições rítmicas. Saturno/Urano.
Insanidade. Mercúrio/Marte = Urano; Urano/Plutão; Netuno/Áries; Sol/Áries.
Insanidade violenta. Mercúrio/Marte = Urano.
Insônia. Marte/Netuno = Ascendente; Marte/Áries; Lua/Áries; Sol/Netuno.
Insônia. Netuno/Nodo.
Institucionalização. Netuno/Nodo = Marte.
Intestinos. Vênus/Marte; Virgem.
Intestinos. Virgem.
Irritação nervosa. Mercúrio/Marte.
Irritação nervosa. Mercúrio/Netuno; Mercúrio/Netuno = Saturno; Mercúrio/Plutão.
Isolamento. Saturno/Ascendente.

Juntas do quadril. Sagitário.
Juntas. Marte/Saturno.

Kundalini. Júpiter/Nodo.

Laringe. Touro.
Laringite. Touro; Lua/Marte (= Touro).
Lesões. Urano/Ascendente = Marte.
Lepra. Urano/Capricórnio.
Lesão. Marte/Urano e = Sol; Lua/Plutão = Marte; Lua/Urano = Marte; Plutão/Ascendente = Marte; Saturno/Urano = Marte = Plutão; Urano/MC = Marte; Urano/Plutão.
Lesões causadas por fórceps. Áries/Ascendente; Marte/Ascendente.
Lesões com perda de sangue. Marte/Urano.
Lesões leves. Marte/Urano = Júpiter.
Lesões profundas. Marte/Urano = Saturno.
Letargia. Vênus/Áries.
Leucemia. Lua/Netuno = Saturno; Saturno/Virgem.
Libido. Vênus/Urano.
Linfa. Lua.
Língua. Touro.
Líquidos ingeridos. Lua/Ascendente.
Loucura. Marte/Urano = Netuno.
Lumbago. Libra; Sol/Saturno = Urano.

294

Má dentição. Sol/Aquário.
Malária. Saturno/Nodo.
Manutenção da saúde. Júpiter/MC.
Má nutrição. Virgem.
Mãos. Gêmeos.
Máquinas para nascimento. Urano/Ascendente; Plutão/Ascendente; Nodo/Ascendente.
Marcapasso. Sol/Urano; Urano; Aquário.
Marcas faciais. Sol/Ascendente; Lua/Marte.
Mastoidite. Saturno/Touro; Lua/Saturno; Marte/Saturno.
Masturbação. Vênus/Marte.
Maternidade. Vênus/Plutão = Lua; Sol/Vênus = Urano.
Mau funcionamento da pituitária. Lua/Vênus = Saturno = Câncer = Capricórnio.
Mau hálito. Lua/Vênus.
Mau humor. Júpiter/Saturno = Sol; Lua/MC = Urano.
Maxilar inferior. Touro.
Maxilar. Touro.
Médicas ao nascimento. Câncer/Ascendente; Libra/Ascendente; Lua/Ascendente.
Médico agressivo. Áries/Ascendente.
Médico. Sol; Saturno; Júpiter; Plutão; Mercúrio/Júpiter = Sol.
Medula espinhal. Leão; Mercúrio/Urano.
Medula espinhal. Urano.
Membros artificiais. Marte/Plutão.
Memória. Nodo; Urano/Nodo.
Meningite espinhal. Urano/Leão.
Meningite cerebral. Urano.
Meningite. Sol/Áries.
Menopausa. Lua/Vênus = Saturno.
Menstruação anormal. Vênus/Marte.
Menstruação excessiva. Vênus/Marte/Escorpião.
Menstruação. Lua/Vênus; Lua/Marte; Lua/Saturno (Escorpião).
Menstruação penosa. Touro.
Mesencéfalo. Vênus/MC.
Metabolismo dos líquidos. Lua/Plutão.
Metabolismo dos nervos. Mercúrio/Netuno.
Metabolismo hormonal. Vênus/Júpiter.
Metabolismo nervoso. Mercúrio/Netuno; Mercúrio/Plutão.
Miopia hereditária. Saturno/Ascendente.
Morte acidental. Marte/Saturno = Urano.
Morte de órgão. Marte/Saturno.
Morte de uma mulher. Marte/Saturno = Lua ou = Vênus.
Morte de um homem. Marte/Saturno = Sol.
Morte fácil. Marte/Saturno = Júpiter.
Morte. Marte/Saturno = Mercúrio; Marte/Netuno = Plutão; Júpiter/Saturno = Urano; Plutão/MC = Saturno.

Morte misteriosa. Marte/Saturno = Netuno.
Morte por AIDS. Marte/Netuno = Plutão.
Morte por afogamento. Sol/Urano = Netuno.
Morte por sufocação. Marte/Saturno.
Mortes múltiplas. Marte/Saturno = Plutão.
Movimento muscular inconsciente. Lua/Marte.
Mucosa gástrica. Lua/Vênus.
Mucosa. Peixes; Vênus/Áries.
Mudança de terapia. Plutão/MC.
Mudança física. Plutão/Ascendente.
Mudança terapêutica. Plutão/MC.
Mudez. Sol/Netuno = Mercúrio.
Músculo do coração. Marte/Júpiter.
Músculos. Marte; Sol/Marte.
Músculos voluntários. Marte/MC.

Narcóticos. Lua/Netuno/Saturno/Sol; Lua/Peixes.
Nascimento à base de anestesia. Lua/Netuno/Câncer/Peixes/Ascendente.
Nascimento a fórceps. Áries/Ascendente; Marte/Saturno/Ascendente.
Nascimento ante a presença do pai. Capricórnio/Ascendente; Sol/Saturno/Ascendente.
Nascimento. Ascendente; Júpiter/Urano = Sol; Marte/Júpiter = Lua; Vênus/Urano; Urano/MC = Vênus; Sol/Lua = Júpiter; Lua/Vênus; Lua/Júpiter = MC; Vênus/Júpiter = Marte.
Nascimento brutal. Escorpião/Ascendente; Marte/Plutão/Urano/Ascendente.
Nascimento cirúrgico. Áries/Escorpião/Marte/Plutão/Urano/Ascendente; Vênus/Urano = Marte.
Nascimento cirúrgico. Áries/Ascendente; Vênus/Urano = Marte.
Nascimento com assistência médica. Virgem/Capricórnio/Ascendente; Marte/Saturno/Júpiter/Ascendente.
Nascimento com a presença dos avós. Júpiter/Ascendente; Saturno/Ascendente; Sagitário/Ascendente.
Nascimento com a presença de mulheres. Câncer/Ascendente.
Nascimento difícil. Marte/Júpiter = Saturno = Netuno; Vênus/Urano = Saturno.
Nascimento em casa. Câncer/Ascendente; Touro/Ascendente/Lua/Ascendente.
Nascimento em hospital. Áries/Ascendente.
Nascimento em um grande hospital. Plutão/Ascendente; Nodo/Ascendente.
Nascimento, enfermeiras. Virgem/Ascendente; Câncer/Ascendente; Gêmeos/Ascendente; Libra/Ascendente; Lua/Ascendente.
Nascimento, freiras. Sagitário/Ascendente; Júpiter/Ascendente; Lua/Ascendente.
Nascimento, grupo. Virgem/Ascendente; Libra/Ascendente.
Nascimento, hospital religioso. Sagitário/Ascendente; Júpiter/Ascendente.
Nascimento induzido. Marte/Júpiter = Netuno; Peixes/Ascendente; Netuno/Ascendente; Lua/Ascendente.
Nascimento instintivo. Câncer/Ascendente.

Nascimento mecânico. Capricórnio/Ascendente; Saturno/Ascendente; Aquário/Ascendente; Urano/Ascendente.
Nascimento nervoso. Gêmeos/Ascendente.
Nascimento não-ortodoxo. Aquário/Ascendente.
Nascimento no exterior. Sagitário/Ascendente; Júpiter/Ascendente.
Nascimento obstado. Capricórnio/Ascendente; Saturno/Ascendente; Aquário/Ascendente.
Nascimento perigoso. Escorpião/Ascendente; Marte/Plutão/Urano/Ascendente.
Nascimento rápido. Leão/Áries/Ascendente; Marte/Urano/Ascendente.
Nascimento, operação cesariana. Áries/Ascendente; Marte/Urano/Plutão/Ascendente.
Nascimento sem emoção. Capricórnio/Ascendente; Saturno/Ascendente; Aquário/Ascendente.
Nascimento sob a influência de drogas. Câncer/Peixes/Ascendente; Netuno/Lua/Ascendente.
Nascimento tecnológico. Urano/Ascendente; Aquário/Ascendente.
Nascimento trágico. Plutão/Ascendente; Urano/Ascendente; Escorpião/Ascendente.
Nascimento vigoroso. Escorpião/Ascendente; Marte/Plutão/Urano/Ascendente.
Nascimento violento. Plutão/Ascendente; Escorpião/Ascendente; Marte/Ascendente; Urano/Ascendente.
Nascimentos múltiplos. Gêmeos/Ascendente; Libra/Ascendente; Aquário/Ascendente.
Nefrite. Libra; Marte/Libra.
Nervo ciático. Sagitário.
Nervo óptico. Áries.
Nervos condutores da dor. Mercúrio/Saturno.
Nervos da audição. Mercúrio/Saturno.
Nervos da fala. Mercúrio/Saturno.
Nervos delicados. Mercúrio/Netuno.
Nervos em frangalhos. Saturno/Plutão = Netuno.
Nervos hipersensíveis. Netuno/Plutão = Urano; Sol/Netuno = MC; Lua/Netuno = Marte.
Nervos. Mercúrio; Sol/Urano; Mercúrio/Urano; Gêmeos; Lua/Urano = Netuno; Urano/Ascendente.
Nervos supertensos. Mercúrio/Urano = Plutão.
Nervos tensos. Mercúrio/Urano = Plutão.
Nervos vegetativos X voluntários. Mercúrio/Nodo.
Nervosismo exagerado. Marte/Plutão = Mercúrio.
Nervosismo. Lua/Mercúrio/Urano.
Neurite. Mercúrio/Marte/Urano/Netuno/Sol/Mercúrio = Fogo.
Neurose. Urano/Plutão = Netuno.
Nevralgia. Áries.
Nevralgia do trigêmio. Urano/Ascendente.
Nova substância nervosa. Mercúrio/Netuno.
Nutrição. Júpiter.

Obesidade. Júpiter.
Obesidade. Júpiter/Casa 6/Virgem/Lua/Júpiter = Urano; Júpiter/Áries.
Objetivos sexuais. Vênus/Marte = MC.
Olhos fracos. Lua/Áries.
Olhos. Sol/Lua.
Ombros. Gêmeos.
Omoplata. Gêmeos.
Operação cesariana. Marte/Ascendente; Áries/Ascendente; Escorpião/Ascendente; Urano/Ascendente; Plutão/Ascendente.
Operação de remoção. Saturno/Urano.
Operação. Marte/Ascendente; Marte/Urano = Saturno, = MC; Marte/Plutão = MC; Urano/MC = Marte.
Orgasmo. Vênus/Urano; Júpiter/Urano.
Órgãos abdominais. Virgem.
Órgãos artificiais. Marte/Plutão.
Órgãos da fala. Mercúrio.
Órgãos do sentido. Sol/Ascendente.
Órgãos infantis. Saturno/Plutão.
Órgãos. Júpiter.
Órgãos regenerados. Júpiter/Plutão.
Órgãos sexuais debilitados. Vênus/Netuno; Sol/Netuno = Lua.
Osso, condições. Sol/Saturno.
Osso, estrutura. Saturno; Sol/Saturno.
Osso da canela. Aquário.
Osso, formação. Marte/Saturno.
Osso, fraqueza. Marte/Netuno = Saturno.
Osso, inflamação. Marte/Saturno.
Osso, medula. Marte/Saturno.
Ossos do tarso. Peixes.
Ossos faciais. Áries.
Ouvidos. Áries; Touro; Mercúrio.
Ouvidos inflamados. Saturno/Ascendente.
Ovários. Sol/Vênus; Vênus/Plutão.

Palpitação. Leão.
Palpitações cardíacas. Sol/Leão/Aquário.
Parada cardíaca. Sol/Vênus = Saturno.
Paralisia celular. Sol/Netuno.
Paralisia da respiração. Marte/Saturno.
Paralisia dos membros. Sol/Sagitário.
Paralisia espástica. Mercúrio/Marte.
Paralisia muscular. Marte/Netuno.
Paralisia nervosa. Mercúrio/Netuno.
Paralisia. Netuno; Lua/Netuno = Saturno; Urano/Netuno; Urano/Netuno = Marte.
Paralisia rítmica. Urano/Netuno.
Parasitas. Netuno; (Câncer).

Parteira eficiente. Áries/Ascendente.
Parteira. Touro/Ascendente; Câncer/Ascendente; Libra/Ascendente; Vênus/Ascendente; Lua/Ascendente; Netuno/Ascendente.
Parto de natimorto. Urano/Netuno.
Parto médico. Virgem/Ascendente.
Pé de atleta. Netuno; Peixes.
Pele. Capricórnio; Libra.
Pele escamosa. Lua/Saturno.
Pele ruim. Saturno/Ascendente.
Pele sensibilizada. Urano/Ascendente.
Pélvis. Sagitário.
Pênis. Escorpião.
Percepção passiva. Sol/Ascendente.
Perda da consciência do ego. Saturno/MC.
Perda de consciência. Plutão/Nodo.
Perda de gordura. Saturno/Netuno = Júpiter.
Perda de membros. Saturno/Urano.
Perda de órgão. Saturno.
Perda de peso. Saturno/Netuno = Júpiter.
Perda dos sentidos. Mercúrio/Netuno.
Perda sensorial. Mercúrio/Netuno.
Perigo na água. Saturno/Plutão = Netuno.
Peristalse intestinal. Júpiter/Urano.
Peritonite. Mercúrio/Marte; Virgem.
Perônio. Aquário.
Perturbações digestivas. Lua/Vênus/Júpiter; Virgem/Ascendente; Lua/Marte = Câncer.
Perturbações do equilíbrio. Mercúrio/Urano.
Perturbação mental. Netuno/MC.
Pesadelos. Netuno/Áries.
Pescoço. Touro.
Pés fracos. Lua/Peixes.
PES [Percepção extra-sensorial]. Mercúrio/Urano = Netuno.
Pés. Peixes.
Peso acima da média. Lua/Vênus.
Piloro. Virgem.
Pleurisia. Gêmeos; Lua/Mercúrio = Marte; Sol/Gêmeos.
Plexo solar. Netuno.
Pneumonia. Lua/Gêmeos; Lua/Urano = Marte; Lua/Netuno = Saturno.
Poliomielite. Sol/Netuno = Plutão; Sol/Plutão = Netuno; Sol/Urano.
Pólipos nasais. Sol/Touro.
Pouca vitalidade. Marte/Saturno = Netuno; Saturno/Netuno = Sol; Urano/Netuno.
Priapismo. Escorpião.
Primeira menstruação. Vênus/Plutão.
Princípio de doença. Plutão/Ascendente.
Prisão de ventre. Mercúrio/Saturno; Marte/Saturno.

Problema crônico dos órgãos dos sentidos. Saturno/Ascendente.
Problema de pele. Saturno/Ascendente; Marte/Netuno = Saturno.
Problema na gravidez. Sol/Lua.
Problemas menstruais. Lua/Marte = Plutão.
Problemas orgânicos. Vênus/Saturno = Sol.
Processo de endurecimento. Saturno.
Processo doentio. Saturno/Ascendente = Sol.
Processo terapêutico. Plutão/MC.
Processos arrítmicos. Saturno/Urano; Urano/Netuno = Sol.
Procriação. Marte/Júpiter = Vênus; Urano/MC = Vênus; Lua/Mercúrio = Marte; Vênus/Júpiter = Marte; Vênus/Marte = Sol, = Plutão.
Procriação fraca. Vênus/Saturno = Sol.
Progresso lento. Netuno/Plutão.
Promiscuidade. Urano/MC = Vênus.
Propensão a acidentes. Sol/Marte.
Proporções harmoniosas. Vênus/Ascendente.
Próstata. Escorpião; Sol/Plutão.
Próstata dilatada. Júpiter/Escorpião.
Próstata. Lua/Urano.
Prostatite. Sol/Escorpião; Sol/Saturno = Marte.
Psicose depressiva. Netuno/MC.
Psicose. Saturno/MC = Lua.
Psique sensível. Netuno/Plutão = Sol.
Psoríase. Mercúrio/Marte = Saturno.
Puberdade da mulher. Lua/Mercúrio.
Puberdade do homem. Sol/Mercúrio.
Pulmões. Gêmeos.
Pulso. Sol/Urano; Urano/Plutão.
Pus. Marte/Netuno.

Quadris. Sagitário.
Queimaduras. Marte/Capricórnio.
Queixo. Touro.

Reação da pele. Mercúrio/Júpiter.
Reações emocionais. Lua/Marte.
Recepção de estímulos sensuais. Mercúrio/Ascendente.
Recuperação. Plutão/MC.
Reflexos de tendão. Mercúrio/Júpiter.
Reflexos involuntários. Mercúrio/Marte.
Regeneração. Plutão.
Região occipital. Touro.
Remoção das amígdalas. Lua/Nodo = Marte ou Urano.
Renascimento. Netuno/Ascendente.
Renúncia. Lua/Marte = Urano.
Reprodução pelo sexo feminino. Lua/Marte = Escorpião.
Resfriados. Sol/Netuno.
Resistência à doença. Marte/Saturno = MC.

Respiração à base de oxigênio. Nodo/Ascendente.
Respiração Cheyne-Stokes. Saturno/Urano.
Respiração com oxigênio. Nodo/Ascendente.
Respiração interna. Nodo/Ascendente.
Respiração. Sol/Urano; Urano/Plutão.
Retenção de água. Lua/Netuno.
Retenção de fluido. Lua/Ascendente.
Retenção hospitalar. Saturno/Netuno = Nodo.
Retiro. Saturno/Ascendente.
Reto. Escorpião.
Reumatismo. Júpiter/Sagitário; Sol/Lua/Mercúrio/Saturno/Capricórnio; Sol/Saturno.
Reumatismo nas pernas. Júpiter/Sagitário.
Rim flutuante. Netuno/Libra.
Rins. Libra; Vênus; Vênus/Marte.
Ritmo cardíaco. Marte/Urano.
Ritmo do corpo astral. Urano/Nodo.
Ritmo orgânico. Júpiter/Urano.
Ritmo perturbado. Marte/Nodo.
Ritmo sexual. Vênus/Urano.
Ritmo. Urano.
Rosto. Marte/Ascendente.
Rubor. Lua/Marte.
Ruptura muscular. Marte/Urano.

Sacro. Sagitário.
Sangue, coágulos. Sol/Vênus = Touro.
Sangue, distribuição. Lua/Ascendente.
Sangue, doador. Lua/MC.
Sangue, doença. Lua/Plutão; Netuno/Aquário.
Sangue, envenenamento. Júpiter/Marte = Netuno.
Sangue, infecções. Lua/MC = Netuno ou = Plutão; Lua/Sagitário.
Sangue. Júpiter.
Sangue, perda. Marte/Urano.
Sangue, pressão alta. Sol/Marte; Lua/Urano.
Sangue ruim. Sol/Netuno = Saturno.
Sangue, soro. Lua.
Sarampo. Áries; Vênus/Marte = Saturno.
Saúde delicada. Sol/Netuno = Júpiter.
Secreções glandulares anormais. Vênus/Saturno.
Secreções glandulares. Vênus; Vênus/Júpiter; Lua/Vênus; Mercúrio/Vênus.
Secreções pancreáticas. Lua; Lua/Júpiter.
Seduzível. Vênus/Plutão = Netuno.
Seios. Câncer; Lua.
Sensibilidade à droga. Lua/Netuno.
Sensibilidade psíquica. Netuno/Plutão = Sol.
Sensibilidade. Sol/Netuno = MC.

301

Senso de profundo. Mercúrio/Urano.
Sensualidade pronunciada. Vênus/Marte = MC.
Sentimento de doença. Saturno/MC.
Separação astral. Saturno/Nodo.
Sexo anormal. Vênus/Marte = Saturno ou Netuno.
Sexo, expressão patológica. Vênus/Marte = Saturno ou = Netuno.
Sexo forte. Vênus/Marte = Plutão.
Sexo saudável. Vênus/Marte = Júpiter.
Sexualidade desenfreada. Mercúrio/Plutão = Vênus; Mercúrio/Netuno = Vênus.
Sexualidade doentia. Vênus/Saturno = Sol.
Sexualidade magnética. Vênus/Marte = Nodo.
Sexualidade. Marte; Sol/Vênus = Plutão; Vênus/Marte = MC.
Sífilis. Libra; Escorpião.
Sinais de febre. Urano/Plutão.
Sinal congênito no rosto. Sol/Nodo.
Sinal congênito. Sol/Lua.
Sinusite. Lua/Marte; Júpiter/Saturno = Marte; Sol/Plutão.
Sistema arterial. Sagitário.
Sistema circulatório. Aquário.
Sistema glandular. Peixes.
Sistema imunológico. Plutão; Lua/Plutão; Lua/Nodo.
Sistema linfático. Peixes; Lua.
Sistema nervoso motor. Mercúrio; Mercúrio/Marte; Mercúrio/MC.
Sistema nervoso parassimpático. Vênus.
Sistema nervoso simpático. Vênus.
Sistema nervoso. Urano; Gêmeos.
Sistema vasomotor. Libra.
Sistema venoso. Sol/Vênus.
Sofrimento emocional. Netuno/Plutão = Saturno.
Sofrimento. Sol/Netuno = Plutão; Marte/Saturno.
Sonambulismo. Lua/Netuno.
Sonambulismo. Netuno/Áries.
Sonhos perturbadores. Urano/Nodo.
Sono perturbado. Netuno/Nodo.
Stress psíquico da alma. Nodo/MC.
Stress. Sol/Netuno = MC; Sol/Urano.
Subconsciente. Nodo.
Subdesenvolvimento orgânico. Saturno/Plutão.
Submetendo-se a uma terapia. Plutão/MC.
Sufocação. Marte/Touro; Plutão/Ascendente = Mercúrio.
Suicídio. Marte/Saturno = Plutão; Marte/Plutão; Saturno/Plutão = Marte.
Superexcitação nervosa. Urano/Plutão = Sol.
Supra-renais. Sol/Marte = Áries = Câncer; Lua/Marte; Marte; Vênus/Júpiter; Marte; Libra.
Surdez. Mercúrio/Saturno/Touro; Lua/Mercúrio = Saturno; Sol/Vênus = Saturno.
Susceptibilidade ao tempo. Urano/Nodo.

Suspensão da menstruação. Saturno/Escorpião.

Talidomida. Netuno/Casa 9; Netuno/MC; Netuno/CP.
Taquicardia. Sol/Marte.
Tecido conjuntivo defeituoso. Saturno/Ascendente.
Tecido glandular. Sol/Vênus.
Tecido muscular. Marte/Júpiter.
Temperamento violento. Lua/Marte = Urano.
Tendão de Aquiles. Aquário.
Tendões. Marte/Saturno.
Tênia. Netuno; Virgem; Netuno/Câncer.
Tensão da alma. Nodo/MC.
Tensão interior. Mercúrio/Saturno = Urano.
Tensão nervosa. Mercúrio/Saturno = Urano; Lua/Saturno = Urano.
Terapia gradual. Netuno/Plutão.
Terceiro ventrículo. Vênus/MC.
Testículo embutido. Saturno/Plutão.
Tétano. Marte/Touro; Urano/Touro.
Tíbia. Aquário.
Tifóide. Virgem.
Timo. Gêmeos; Sol.
Tinha. Áries.
Tiques. Mercúrio/Urano.
Tísica. Saturno/Gêmeos.
Tornozelo. Aquário.
Tornozelo, inchaço. Júpiter/Aquário.
Tornozelo, torcedura, Sol/Aquário.
Tosse. Touro.
Toximia aguda durante a gestação. Plutão/Nodo.
Toxinas. Marte/Netuno = Saturno.
Transe. Áries.
Transformação. Plutão/Ascendente.
Transfusão bem-sucedida. Júpiter/Plutão.
Transfusão mal-sucedida. Sol/Netuno = Plutão; Netuno/Plutão = Sol.
Transplantes. Marte/Plutão.
Traquéia. Gêmeos.
Trato gênito-urinário. Escorpião.
Trato urinário. Libra; Áries; Escorpião.
Tristeza. Lua/Saturno = MC.
Trombose coronária. Sol/Saturno = Plutão.
Tuberculose. Gêmeos; Júpiter/Saturno; Sol/Saturno = Mercúrio; Sol/Saturno; Sol/Mercúrio = Saturno.
Tubos bronquiais. Gêmeos.
Tumor cerebral. Saturno/MC = Sol.
Tumor. Sol/Saturno = Júpiter; Marte/Júpiter.

Úlcera duodenal. Mercúrio/Marte.
Úlcera gástrica. Saturno/Câncer (Júpiter).

Úlcera. Saturno; Urano; Marte em Câncer afl. Sol ou Lua.
Úlceras estomacais. Câncer; Marte/Câncer; Urano/Câncer.
Úlceras. Lua/Júpiter = Marte; Lua/Marte = Câncer = Virgem = Peixes.
Unhas. Virgem.
União de sexos. Vênus/MC = Marte.
União sexual. Sol/Lua = Marte.
Uremia. Lua/Libra.
Útero. Escorpião.

Vagina. Escorpião.
Vaginite. Vênus/Marte.
Varíola. Áries.
Veia cava. Leão.
Veia jugular. Touro.
Veias varicosas. Vênus/Marte; Sol/Lua/Mercúrio; Vênus/Marte/Saturno/Aquário; Vênus/Júpiter.
Veias. Vênus; Vênus/Urano = Lua; Vênus/Marte = Sol.
Velhice. Saturno.
Veneno. Marte/Saturno = Netuno; Saturno/Plutão = Netuno.
Vertigem. Áries afl. por Urano.
Vesícula biliar. Lua/Júpiter; doença. Lua/Júpiter = Saturno; Júpiter; Júpiter/Saturno.
Vício. Netuno/Áries; Sol/Lua/Júpiter/Netuno/Peixes; Lua/Marte/Netuno.
Vida de sonho. Urano/Nodo.
Vida sexual doentia. Vênus/Saturno = Sol.
Vida sexual sadia. Vênus/Marte = Plutão.
Violência física. Urano/Ascendente = Marte.
Violência. Lua/Urano = Marte; Sol/Plutão = MC; Marte/Urano; Saturno/Urano = Marte = Plutão.
Visão. Aquário.
Vitalidade débil. Marte/Saturno = Netuno.
Vitalidade. Sol; Sol/Lua.
Vômitos na gravidez. Plutão/Nodo.
Vontade fraca. Sol/MC = Netuno; Netuno/Plutão.

Apêndice 3
AS PARTES DO CORPO DE EBERTIN E OS GRAUS DO ZODÍACO

Áries (0° a 30°)
1. Cérebro
2. Mesencéfalo
3. Cérebro (abscesso)
4. Glândula pineal (bócio)
5. Olho direito e esquerdo (cabelo)
6. Cavidade orbital (órbita ocular)
7. Ouvido (icterícia)
8. Osso malar
9. Lentes óticas cristalinas
10. Globo ocular
11. Nervo ótico
12. Língua
13. Corpus callosum (reumatismo)
14. Lóbulos frontais do cérebro
15. Lóbulos laterais do cérebro (suicídio, golpe)
16. Pons varioli
17. Canal da medula espinhal
18. Conexões nervosas
19. Corpus callosum cerebri
20. Osso hióide e língua
21. Músculos do olho
22. Músculos do malar
23. Músculos mastigatórios
24. Músculos dos ossos malares

25. Músculo externocleidomastóide
26. Crânio
27. Fórnia (tuberculose)
28. Crânio médio e posterior
29. Canais auditivos (bronquite)
30. Glândula paróide, garganta

Touro (30° a 60°)
1. Garganta e faringe
2. Palato
3. Cavidade da garganta
4. Úvula
5. Garganta e cavidade da laringe
6. Laringe
7. Cordas vocais
8. Nervos cervicais
9. Veia jugular
10. Veia cervical (alcoolismo)
11. Nervos do pescoço em conexão com a espinha dorsal (neurastenia)
12. Nervos do pescoço em conexão com a espinha dorsal (neurastenia)
13. Nervos do pescoço em conexão com a espinha dorsal (neurastenia)
14. Verdadeiras cordas vocais
15. Epiglote
16. Artéria carótida (abscesso)
17. Glândula tiróide (amígdalas)
18. Vasos linfáticos (apêndice)
19. Artéria maxilar
20. Osso occipital (bócio)
21. Artéria do seio
22. Músculo hióide
23. Dentes (reumatismo)
24. Maxilar superior
25. Maxilar inferior (alcoolismo, amígdalas, glândulas, suicídio)
26. Osso nasal
27. Vértebras cervicais
28. Músculo triangular
29. Trígono (sentido da vista)
30. Trapézio

Gêmeos (60° a 90°)
1. Traquéia
2. Esôfago
3. Lóbulo pulmonar superior direito (apêndice)
4. Lóbulo pulmonar inferior direito (ansiedade, inflamação pulmonar)
5. Lóbulo pulmonar inferior esquerdo (ansiedade, problema pulmonar)
6. Lóbulo pulmonar superior esquerdo
7. Ápice dos pulmões (coração)
8. Tubos bronquiais (visão)

9. Artéria pulmonar (febre reumática)
10. Raiz do hilo pulmonar (febre tifóide)
11. Glândula timo
12. Membrama da traquéia
13. Veias pulmonares
14. Clavícula (clavícula)
15. Omoplata (omoplata)
16. Pleura costal
17. Primeira costela (doença de Bright, rins)
18. Segunda costela (asma)
19. Músculos da laringe
20. Terceira Costela
21. Músculos do braço
22. Braço (apendicite, insanidade)
23. Espinha
24. Cotovelos
25. Rádio (gota, neurastenia)
26. Ossos do pulso (suicídio)
27. Articulações dos dedos
28. Ossos do metacarpo (tuberculose)
29. Quarta costela
30. Quinta costela

Câncer (90° a 120°)
1. Sexta costela
2. Sétima costela
3. Oitava costela (vista)
4. Nona costela
5. Da décima à décima segunda costela
6. Diafragma
7. Canal torácico
8. Híaco (paralisia)
9. Piloro
10. Fundo gástrico
11. Veias gástricas (alcoolismo)
12. Grande curvatura gástrica
13. Pequena curvatura gástrica
14. Paredes abdominais do estômago
15. Nervos gástricos (suicídio)
16. Pâncreas
17. Orifício pancreático
18. Para o interior de um tubo comum
19. Extremidade do pâncreas
20. Sulco arterial superior
21. Sulco arterial inferior
22. Mucosa gástrica e membrana epitelial
23. Vasos sangüíneos gástricos

24. Vasos sangüíneos de
25. Órgãos digestivos
26. Glândulas mamárias
27. Mamilos
28. Cartilagem da costela
29. Baço
30. Décima segunda vértebra

Leão (120° a 150°)
1. Artéria coronária esquerda
2. Aorta
3. Artéria direita
4. Artéria carótida esquerda
5. Artéria carótida direita
6. Entrada da artéria pulmonar
7. Veia coronária esquerda
8. Veia cava (anemia, audição)
9. Veia cava superior (alcoolismo)
10. Veia jugular
11. Veia clavicular
12. Coluna espinhal
13. Câmara cardíaca direita
14. Câmara cardíaca esquerda
15. Átrio direito
16. Átrio esquerdo
17. Aurícula direita
18. Cavidade cardíaca direita
19. Septo ventricular (espinha)
20. Válvula mitral
21. Átrio esquerdo
22. Aurícula esquerda (apêndice)
23. Aurícula esquerda (reumatismo)
24. Músculo papilar
25. Pericárdio (alcoolismo, abscesso)
26. Miocárdio
27. Ligamentos do coração (bócio)
28. Válvulas do coração
29. Septo cardíaco (neurite)
30. Espinha dorsal

Virgem (150° a 180°)
1. Duodeno
2. Intestino delgado
3. Ceco (apêndice)
4. Cólon ascendente (intestino grosso) (asma)
5. Cólon transverso
6. Cólon descendente

7. Reto
8. Cavidade abdominal
9. Lóbulo hepático direito (febre reumática)
10. Lóbulo hepático esquerdo (bílis, febre tifóide)
11. Ligamento de Trietz (bílis)
12. Aorta abdominal
13. Artérias hepáticas
14. Artéria da vesícula biliar
15. Verruga
16. Sulco hepático
17. Músculo abdominal
18. Sulco serriforme
19. Sulco hepático esquerdo
20. Ducto biliar
21. Ducto da vesícula biliar (febre tifóide)
22. Vesícula biliar
23. Cartilagem hepática (espinha)
24. Tendões do fígado
25. Fígado (câncer, gota, artrite)
26. Veia abdominal (suicídio)
27. Veias do quadril (tuberculose)
28. Veias hepáticas
29. Lóbulos posteriores do fígado
30. Ducto hepático

Libra (180° a 210°)
1. Bacinete do rim
2. Córtice renal
3. Adrenalinas (abscesso)
4. Aspectos exteriores do rim (bócio)
5. Pirâmide de Malpighi
6. Púbis
7. Sistema nervoso (icterícia)
8. do rim
9. e
10. renal
11. Pélvis
12. Sistema renal esquerdo
13. Sistema renal direito
14. Glândula inquinal esquerda
15. Glândula inquinal direita
16. Artérias renais
17. Artérias ad-renais (doença do rim)
18. Cápsulas grossas dos rins
19. Grande cálice renal
20. Pequeno cálice renal
21. Hilo renal

22. Veias renais
23. Veias Supra-renais
24. Circulação vascular
25. do córtice renal
26. Sistema vascular
27. da pele (tuberculose)
28. Bexiga urinária (pêlo)
29. Uretra da direita (bronquite)
30. Uretra esquerda

Escorpião (210° a 240°)
1. Orifício da uretra
2. Meato uretral
3. Próstata ou útero
4. Lado direito do útero ou testículos
5. Lado esquerdo do útero ou testículos
6. Epidídimo direito, cavidade uterina
7. Epidídimo esquerdo, tubo direito de Falópio
8. Escroto, tubo esquerdo de Falópio
9. Ducto espermático, vagina (alcoolismo)
10. Corpus cavernum oseum (neurastenia)
11. Pênis, grandes lábios
12. Vesículas seminais
13. Glande do pênis, vulva, pequenos lábios
14. Prepúcio
15. Glândulas de Cowpers
16. Cabeça cóclea, ovário direito (abscesso)
17. Lóbulos testiculares, ovários esquerdo
18. Condutos eferentes, hímen (apendicite)
19. Ligamentos uterinos, rede de Haller
20. Ligamentos do pênis, glândula de Bartholin (bócio)
21. Cavidade esfenoidal
22. Osso etimóide e ligamentos
23. Osso do nariz, fímbria dos tubos de Falópio (reumatismo)
24. Septo nasal
25. Cóccix, condutos ovarianos (amigdalite, alcoolismo)
26. Períneo
27. Ânus
28. Membranas mucosas
29. –
30. Músculos nasais

Sagitário (240° a 270°)
1. Osso pélvico
2. Osso do quadril
3. Ísquio (osso traseiro)
4. Osso da coxa

5. Grande artéria femural direita
6. Grande artéria femural esquerda (ansiedade)
7. Artéria periférica femural direita
8. Artéria periférica femural esquerda
9. Vaso linfático direito (febre reumática, doença dos olhos)
10. Vaso linfático esquerdo (febre tifóide)
11. Músculo adutor
12. Grande veia tibial
13. Veias de Rosen (febre reumática)
14. Veia femural periférica
15. Veias do quadril direito
16. Veias do quadril esquerdo
17. Nervo ciático
18. Kreiser femural direito (asma)
19. Kreiser femural esquerdo
20. Cabeça direita do fêmur
21. Cabeça esquerda do fêmur
22. Trocanter direito (insanidade, apendicite)
23. Trocanter esquerdo (problemas espinhais)
24. Cavidade do joelho, fossa popliteal, cartilagem
25. Côndilo do fêmur direito (neurastenia, gota)
26. Côndilo do fêmur esquerdo (suicídio)
27. Músculos glúteos
28. Músculo da perna direita
29. Músculo da perna esquerda
30. Músculo periforme

Capricórnio (270° a 300°)
1. Rótula direita
2. Rótula esquerda
3. Nervos cutâneos da parte superior da perna (visão)
4. Nervos cutâneos da tíbia
5. Nervos cutâneos do joelho
6. Músculo adutor direito
7. Músculo adutor esquerdo
8. Vasos linfáticos dos joelhos (paralisia)
9. Veias do joelho
10. Ligamentos do joelho direito
11. Ligamentos do joelho esquerdo
12. Junta do joelho direito
13. Junta do joelho esquerdo
14. Cartilagem do joelho direito
15. Cartilagem do joelho esquerdo (suicídio)
16. Protuberância direita nodosa
17. Protuberância esquerda nodosa
18. Ligamentos do joelho direito
19. Ligamentos do joelho esquerdo

20. Tendões do joelho direito
21. Tendões do joelho esquerdo
22. Extremidade dos músculos
23. Das pernas superiores às inferiores
24. Das pernas superiores às inferiores
25. Conexões entre o fêmur
26. e a tíbia
27. Nervos profundos
28. Artéria do joelho direito
29. Artéria do joelho esquerdo (bronquite)
30. Músculos adutores

Aquário (300° a 330°)
1. Nervo da canela direita (degeneração adiposa)
2. Nervo da canela esquerda
3. Perônio direito
4. Perônio esquerdo
5. Nervo do perônio direito
6. Nervo do perônio esquerdo
7. Veia da perna direita inferior
8. Veia da perna esquerda inferior (anemia)
9. Pele da perna direita inferior (alcoolismo)
10. Pele da perna esquerda inferior
11. Ligadura crural direita
12. Ligadura crural esquerda
13. Artéria da perna direita inferior (reumatismo)
14. Artéria da perna esquerda inferior
15. Vaso linfático da perna inferior direita
16. Vaso linfático da perna inferior esquerda
17. Sistema nervoso (doença de Bright)
18. de
19. a
20. espinhal
21. medula
22. Gastrocnêmio direito, ceco (apendicite)
23. Gastrocnêmio esquerdo (reumatismo)
24. Músculo direito da tíbia
25. Músculo esquerdo da tíbia (alcoolismo, abscesso)
26. Perônio direito
27. Perônio esquerdo (bócio)
28. Tíbia direita
29. Tíbia esquerda (neurite)
30. Conexões

Peixes (330° a 360°)
1. Osso do calcanhar direito
2. Osso do calcanhar esquerdo

3. Nervos do pé direito (apendicite)
4. Nervos do pé esquerdo (asma)
5. Osso cubóide direito
6. Osso cubóide esquerdo
7. Astrágalo direito
8. Astrágalo esquerdo
9. Metatarso direito (febre reumática)
10. Metatarso esquerdo (febre tifóide)
11. Vasos linfáticos do pé
12. Artéria do pé direito
13. Artéria do pé esquerdo
14. Veias periféricas direitas
15. Veias periféricas esquerdas
16. Ligamentos cruciatos do pé direito
17. Ligamentos cruciatos do pé esquerdo
18. Extensor digitorum direito
19. Extensor digitorum esquerdo
20. Músculos do perônio direito
21. Músculos do perônio esquerdo (febre tifóide)
22. Calcanhar direito de Aquiles (insanidade, apendicite)
23. Calcanhar esquerdo de Aquiles (espinha)
24. Junta capsular direita
25. Junta capsular esquerda (Câncer, gota)
26. Nervos da planta do pé
27. Falanges do pé direito (nefrite aguda)
28. Falanges do pé esquerdo (tuberculose)
29. Unhas do pé direito
30. Unhas do pé esquerdo

Apêndice 4
COMO DATAR OS PLANETAS, AS CASAS E OS SIGNOS

O Ascendente é o ponto de referência no horóscopo a partir do qual todas as idades da vida são determinadas. Os acontecimentos referentes à gestação são medidos em meses, anteriormente à concepção, enquanto que a infância e a maturidade em anos e meses. Existem duas maneiras básicas de datar as cúspides das casas, dos signos e a posição dos planetas.

A mais fácil consiste em datar um disco por meio de uma fotocópia trans-

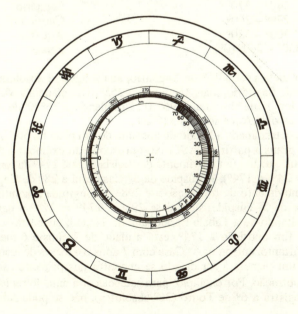

Figura 65.

parente de acetato, como se vê na Figura 65. Essas folhas de acetato são encontradas em quase todas as casas do ramo. O disco é datado da concepção à velhice. A vantagem em usar o referido disco está em que, quando a posição natal, definida no disco, entra, em um horóscopo, em alinhamento com o Ascendente, as datas das Casas, dos signos e dos planetas são imediatamente reconhecidas. Acontecimentos ligados à gestação e à infância são vistos de maneira muito precisa. O único empecilho consiste em que a datação somente é precisa em relação a um grau após a idade de aproximadamente 7 anos. Entretanto, para muitas finalidades este grau de precisão é suficiente.

Um modo mais exato consiste em usar as Tabelas Escalonadas de Tempo, da Tabela 8. A operação é bem simples e pode ser aprendida com rapidez.

Na amostra em branco do horóscopo da Figura 65, pode-se ver que o primeiro anel, de dentro para fora, está numerado de 0°, no início de Áries, com acréscimos de 30° ao redor dos signos do zodíaco. A isto denomina-se "longitude absoluta". Longitude absoluta consiste simplesmente na medição de qualquer posição no horóscopo a partir de 0° de Áries, o equinócio da primavera. Assim:

Longitude absoluta	Signo do Zodíaco
00° – 30°	Áries
30° – 60°	Touro
60° – 90°	Gêmeos
90° – 120°	Câncer
120° – 150°	Leão
150° – 180°	Virgem
180° – 210°	Libra
210° – 240°	Escorpião
240° – 270°	Sagitário
270° – 300°	Capricórnio
300° – 330°	Aquário
330° – 360° (0°)	Peixes

Se um planeta está a 15° de Sagitário, sua longitude absoluta deve ser de 240° no zero de Sagitário, mais 15°, igual a 255°. Um planeta a 6°20' de Câncer estaria numa longitude absoluta de 96°20'. Um planeta a 26°20' de Aquário estaria a 300° no zero de Aquário mais 326°20'.

Uma vez determinada a longitude absoluta de um planeta, precisa-se calcular o número de graus a partir do ASC. No horóscopo do exemplo o ASC está 24° de Virgem, que executa um movimento de translação até 174° da longitude absoluta (150° + 24° = 174°). A cúspide da 5ª Casa está a 28° de Capricórnio que executa um movimento de translação até 298° da longitude absoluta. Para determinar a idade da 5ª cúspide, subtrai-se 298° – 174° = 124° a partir do ASC. Agora, consultando-se a Tabela Escalonada de Tempo, encontra-se a idade correspondente. Em oposição a 124°, está a idade de 7 anos e 6 meses. Franklin Roosevelt, portanto, entrou na 5ª Casa com 7 anos e 6 meses de idade.

Quando um planeta a ser datado se encontra nos primeiros signos, não se pode fazer subtração. Por exemplo: para estabelecer a data do registro de Saturno, que se registra a 6° de Touro (36° absolutos), não se pode subtrair 174° de

36°. Neste caso, é preciso somar 360°. Assim, a posição de Saturno seria a de 396° – 174° = 222°, equivalente a 53 anos e 6 meses de idade.

Para determinar a data dos planetas ou cúspides, na gestação, usa-se o mesmo processo. Para datar o registro, no qual a cúspide de Leão estava entrando, durante a gestação de Roosevelt, é preciso estabelecer a posição da cúspide de Leão: 120° + 360° = 480° – 174° = 306°, que equivale à idade de 13 anos, após a gestação. Como a gestação arquetípica é de 40 semanas, o tempo anterior ao nascimento é de 40-13 = 27 semanas.

O ponto da concepção não pode ser localizado com exatidão devido à incerteza do lapso de tempo entre a fertilização efetiva e o começo do desenvolvimento do corpo celular na cúspide da 9ª Casa. Em princípio, no entanto, quanto menor a duração da 9ª para a 12ª Casa (como indicado pela distância da 9ª Casa ao ASC), menor o tempo de gestação.

Como Datar os Pontos Sensíveis

Além de se datar as cúspides das casas e dos signos e os planetas, muitas vezes é útil datar os pontos sensíveis dos planetas, o ASC e o MC. Usar um fio reto e a tabela é uma forma fácil de fazê-lo. Todos os pontos sensíveis de aspecto de um planeta a, por exemplo, 16° de qualquer signo, registrar-se-ão a 16° dos outros signos. Da mesma forma, quando o número de graus de um planeta a partir do ASC é determinado na Tabela Escalonada de Tempo, colocando-se uma régua ao longo da mesma linha, todas as datas sensíveis surgirão. Se, por exemplo, um planeta é datado aos 31 anos e 6 meses de idade, alinhando com 195°, colocando-se uma régua ao longo dessa linha, encontra-se seus registros anteriores aos 9 anos e 5 meses de idade (o sextil sensível), aos 2 anos e 5 meses (o trígono sensível), a 0 anos e 3 meses (a oposição sensível) e a 5 semanas após a concepção (o sextil sensível). Quanto aos aspectos dos outros pontos sensíveis, alinhe sua régua com a linha equivalente das tabelas inferiores (165° ou 225°) e descubra que os semi-sextis sensíveis estão nos 56 anos e 8 meses, 17 anos e 4 meses, etc. Obviamente os aspectos dos 45° e 175° exigem mais soma e subtração para serem determinados.

Tabela 8. Escala de Tempo da Astrologia do Tempo Biológico

Graus a partir do ASC	Semana	Graus a partir do ASC	Semana	Graus a partir do ASC	Ano	Mês	Graus a partir do ASC	Ano	Mês
240°	4	300°	12	00°	00	00	60°	1	8
241		301		01			61		
242		302		02			62		
243		303		03			63		
244		304		04			64		
245	4	305	13	05	0	1	65	1	11
246		306		06			66		
247		307		07			67		
248		308		08			68		
249		309		09			69		
250	4	310	15	10	0	2	70	2	2
251		311		11			71		
252		312		12			72		
253		313		13			73		
254		314		14			74		
255 9ª	5	315 11ª	16	15 1ª	0	3	75 3ª	2	5
256		316		16			76		
257		317		17			77		
258		318		18			78		
259		319		19			79		
260	5	320	18	20	0	4	80	2	9
261		321		21			81		
262		322		22			82		
263		323		23			83		
264		324		24			84		
265	6	325	20	25	0	6	85	3	2
266		326		26			86		
267		327		27			87		
268		328		28			88		
269		329		29			89		
270	7	330	22	30	0	7	90	3	6
271		331		31			91		
272		332		32			92		
273		333		33			93		
274		334		34			94		
275	7	335	24	35	0	9	95	4	0
276		336		36			96		
277		337		37			97		
278		338		38			98		
279		339		39			99		
280	8	340	26	40	0	11	100	4	5
281		341		41			101		
282		342		42			102		
283		343		43			103		
284		344		44			104		
285 10ª	9	345 12ª	29	45 2ª	1	0	105 4ª	5	0
286		346		46			106		
287		347		47			107		
288		348		48			108		
289		349		49			109		
290	10	350	32	50	1	3	110	5	6
291		351		51			111		
292		352		52			112		
293		353		53			113		
294		354		54			114		
295	11	355	35	55	1	5	115	6	2
296		356		56			116		
297		357		57			117		
298		358		58			118		
299		359		59			119		
300	12	360	40	60	1	8	120	6	10

Graus a partir do ASC	Ano	Mês	Graus a partir do ASC	Ano	Mês	Graus a partir do ASC	Ano	Mês
120°	6	10	180°	23	5	240°	75	11
121	7	1	181	23	11	241	77	5
122	7	2	182	24	4	242	78	11
123	7	4	183	24	10	243	80	6
124	7	6	184	25	4	244	82	0
125	7	8	185	25	10	245	83	6
126	7	10	186	26	4	246	85	4
127	8	0	187	26	11	247	86	11
128	8	2	188	27	5	248	88	8
129	8	4	189	28	0	249	90	5
130	8	6	190	28	6	250	92	2
131	8	8	191	29	1	251	94	0
132	8	10	192	29	8	252	95	10
133	9	0	193	30	3	253	97	8
134	9	3	194	30	11	254	99	7
135 5ª	9	5	195 7ª	31	6	255	101	7
136	9	7	196	32	2			
137	9	10	197	32	9			
138	10	0	198	33	5			
139	10	3	199	34	1			
140	10	5	200	34	9			
141	10	8	201	35	5			
142	10	10	202	36	2			
143	11	1	203	36	10			
144	11	4	204	37	7			
145	11	7	205	38	4			
146	11	10	206	39	1			
147	12	1	207	39	11			
148	12	4	208	40	8			
149	12	7	209	41	6			
150	12	10	210	42	3			
151	13	1	211	43	2			
152	13	4	212	44	0			
153	13	8	213	44	10			
154	13	11	214	45	9			
155	14	2	215	46	8			
156	14	6	216	47	7			
157	14	9	217	48	6			
158	15	1	218	49	5			
159	15	4	219	50	5			
160	15	8	220	51	5			
161	16	0	221	52	5			
162	16	4	222	53	6			
163	16	8	223	54	6			
164	17	0	224	55	7			
165 6ª	17	4	225 8ª	56	8			
166	17	8	226	57	10			
167	18	1	227	58	11			
168	18	5	228	60	1			
169	18	10	229	61	3			
170	19	2	230	62	6			
171	19	7	231	63	9			
172	20	0	232	65	0			
173	20	4	233	66	3			
174	20	9	234	67	7			
175	21	2	235	68	11			
176	21	7	236	70	3			
177	22	1	237	71	7			
178	22	6	238	73	0			
179	22	11	239	74	5			
180	23	5	240	75	11			

Apêndice 5
COMO CORRIGIR A HORA APROXIMADA DO NASCIMENTO

A descoberta do Padrão Crítico Rotacional trouxe muitos melhoramentos valiosos na área da precisão astrológica, assim como da eletrônica. Em primeiro lugar, a sensibilidade do pêndulo pode ser empregada para retificar o horóscopo, isto é, para corrigir a hora do nascimento. Nos Estados Unidos, em muitos países da Europa e na Escócia, a hora do nascimento é legalmente registrada nas certidões de nascimento, não raro até nos segundos. Isso dá a certeza de que o trabalho astrológico, quando feito corretamente, apresenta um alto grau de precisão. Na Inglaterra, não existe esse registro da hora exata do nascimento. Muitas vezes os clientes identificam a hora de seu nascimento como: foi "exatamente quando começou o chá" ou "meu pai havia acabado de sair de manhã para o trabalho". Embora não duvidando da disciplina das famílias inglesas, a precisão desses dados é, realmente, muito duvidosa. No contexto da Astrologia do Tempo Biológico, a imprecisão de um grau no Ascendente leva a uma diferença, na sucessão dos acontecimentos, de oito meses aos 30 anos de idade. Considerando que o Ascendente dispende cerca de quatro minutos para andar um grau, uma imprecisão de apenas quinze minutos na hora do nascimento pode alterar o Ascendente em mais de quatro graus, ou seja, em mais de dois anos no registro dos acontecimentos da vida. Senti a necessidade de estudar um método de retificação capaz de corrigir horários de nascimento imprecisos ou questionáveis.

É possível, de início, quando a hora do nascimento é ligeiramente falha, correlacionar os sucessos da vida, como uma série de datas de forma a que possam ser comparados com suas equivalentes combinações astrológicas. No exemplo seguinte, a hora do nascimento estava calculada entre meio-dia e 1 hora da tarde, e a questão residia em determinar com exatidão a que horas se deu o nascimento. Para fins de retificação é preciso, em primeiro lugar, reunir uma série de ocorrências, melhor se indisputáveis ocorrências físicas como acidentes, ofensas corporais, ossos quebrados, cirurgias ou outras urgências médicas. Essas são preferíveis a outras que, embora importantes sob outros aspectos, como casamento, mudança de residência ou de profissão, estão mais ligadas a fatos externos da vida da pessoa. Segue-se uma lista dos acontecimentos na vida de um cliente.

Acontecimento	Idade
Sopro cardíaco	12-13 anos
Cirurgia no coração	18 anos
Nascimento de uma filha	23 anos e 1 mês
Nascimento de outra filha	25 anos e 2 meses
Nascimento de um filho	28 anos e 11 meses
Divórcio	38 anos
Novo casamento	39 anos
Apendicectomia (quase morreu)	41 anos e 9 meses

Os horóscopos são feitos de acordo com o horário conhecido mais remoto e mais próximo – do meio-dia à 1 hora da tarde, no exemplo – sendo melhor tomar como modelo de trabalho uma hora intermediária, isto é, 12:30. Uma lista das posições planetárias e dos pontos sensíveis será elaborada e comparada à lista das ocorrências apresentadas. Pode-se ver, imediatamente, que os horários reais encaixam no modelo das 12:30. A comparação é feita entre os horários efetivamente fornecidos e as posições planetárias ou entre os pontos sensitivos e suas datas (Figura 66).

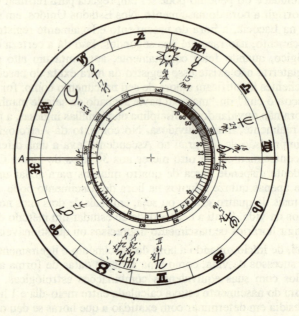

Figura 66.

322

O sopro cardíaco foi vagamente datado como tendo ocorrido mais ou menos entre 12 e 13 anos, e notamos que o Plutão natalício registrava-se em setembro de 1953, época em que faltavam dois meses para ela completar 12 anos. A data predita é portanto a data efetiva.

A operação na qual seu coração quase parou teve lugar em fins de 1959 sendo que, em fevereiro de 1959, ocorreu a quadratura sensitiva de Saturno e em janeiro de 1960 uma sesquiquadratura sensitiva (135°). Ebertin em CSI chama o contato Marte/Netuno de "eixo da morte", causada, sobretudo, por "morte ou atrofia de um órgão".[1]

Segue-se o nascimento dos três filhos de 1964 a 1967. Os índices astrológicos das crianças variam enormemente, pois seus efeitos sobre a mãe podem ser tão suaves que não mostrem sinais de interrupção do fluxo, ao trauma de um parto longo e sofrido, quando Saturno ou Netuno estão implicados a um perigo evidente e intervenção cirúrgica, quando Marte, Urano ou Plutão estão envolvidos particularmente com os aspectos rígidos. É também importante reconhecer que o nascimento é visto no horóscopo da mãe, sob a forma em que ela o vê. Em alguns casos, pode ocorrer uma cesariana que não apresente os poderosos aspectos destrutivos, que podemos associar à cirurgia, simplesmente porque a mãe está acostumada a dar à luz dessa maneira. O ponto crítico está em que o estado de saúde depende do indivíduo. Quando o trauma faz parte da vida, pequenos traumas passam desapercebidos.

No caso em pauta, nenhum dos nascimentos foi traumático e, portanto, não pareceram ser importantes, para propósito de retificação.

Ela divorciou-se em novembro de 1979 e tornou a se casar em novembro de 1980, período que corresponde ao trígono da Lua em março de 1978 e ao sextil de Plutão em outubro de 1980. O novo relacionamento começou bem antes do divórcio. A combinação Lua/Plutão é muito apropriada a alterações sentimentais de natureza profunda com as qualidades adicionais de "uma vida extremamente emotiva",[2] e está freqüentemente correlacionada aos períodos em que a psicologia e a psicoterapia são ou estudadas ou praticadas.

Ela submeteu-se a uma operação de apendicite em julho de 1983, na proximidade do registro da sesquiquadratura em novembro de 1983.

Ela deslocou o ombro em abril de 1984, bem antes do registro do Ascendente inconjunto (150°), em março de 1984, mas inseriu-se entre a sesquiquadratura de Saturno em novembro de 1983 e a oposição de Marte em janeiro de 1986. O ombro deslocado está relacionado com a antiga operação cardíaca.

Como a maioria dos acontecimentos datados, a partir das 12:30, no impresso, tiveram lugar cerca de um ano antes da data aprazada, o ASC avançou aproximadamente dois graus, marcando a nova hora do nascimento para as 12:38. A esta altura o mapa pôde ser correlacionado aos restantes acontecimentos de sua vida.

Apêndice 6
SERVIÇOS DE ASTROLOGIA POR COMPUTADOR NO REINO UNIDO

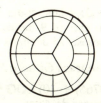

O cálculo do horóscopo, mesmo não constituindo um processo difícil, requer muito tempo de aprendizado e muita prática para chegar à perfeição. Em todo caso, nesta época de computadores, aprender a calcular coisas rotineiras não faz nenhum sentido. O autor sugere que se recorra a qualquer um dos muitos serviços de astrologia por computador existentes no Reino Unido, para se obter o horóscopo do nascimento calculado com precisão:

1. Orion Enterprises
   26 Grafton Square, Londres SW4 0DB, (01)-720-8107.

2. Alhena Enterprises
   Hillcroft, Chevin Avenue, Silver Mill Hill, Otley, W. Yorkshire LS21 3BH, (0943)-462-324.

3. Linkplus Limited
   23 Park Hall Road, Londres N2 9PT, (01)-444-5104.

4. Equinox
   21 Whittlesey Street, Londres SE1, (01)-928-2960.

5. Findhorn Astrological Services
   Cluny Hill College, Forres IV36 0RD, Escócia.

6. ASCROL
   Box 219, Griesbach Road, Londres W9, (01)-263-8783.

7. Starword Research
53 Loughborough Road, Quorn, Loughborough LE12 8DU, (0509)-42076.

Fórmulas de Conversão para Calculadoras de Bolso

A posição de qualquer planeta em uma certa data pode ser determinada por meio de uma simples fórmula e uma calculadora de bolso. Podemos calcular os graus a partir do ASC para chegar aos anos e vice-versa.

Graus do ASC para Décimos dos Anos

Décimos dos Anos = ((x + 120)/120) INV LOG-10)* .0766
Onde houver x = número de graus a partir do ASC na verdadeira longitude
Onde houver * = multiplicar

A resposta é dada em Décimos de Anos, como 25,75 corresponderia a vinte e cinco anos e 75 décimos de um ano ou 9 meses. Para encontrar o mês do ano, multiplicar os décimos por 12 meses. (75 décimos vezes 12 meses = ·9 meses).

Décimos dos Anos em Graus a Partir do ASC

Graus a partir do ASC = ((y/.0766) + 10) LOG * 120-120 + ASC
Onde houver y = Idade em Décimos de Anos
Onde houver * = multiplicar
Onde houver ASC = Ascendente na verdadeira longitude (graus a partir de 0° de Áries)

A resposta é dada na verdadeira longitude do horóscopo. Para encontrar os graus a partir do ASC, não some o ASC do final da fórmula.

O autor agradece a Ad Strack van Schijndel da Holanda, por estas fórmulas.

Chester Kemp desenvolveu programas para o cálculo de informações via horóscopo e para a Escala Logarítmica de Tempo para serem usados com os computadores Casio. Para maiores esclarecimentos, contatá-lo pessoalmente a 8 Orchard Road, Hounslow, Middlesex, Inglaterra.

Apêndice 7
PROGRAMAS ASTROLÓGICOS POR COMPUTADOR

É possível obter-se programas astrológicos que calculam o horóscopo e fornecem uma lista de datas baseadas na Life-Time de um período de vida que vai da concepção a 99 anos de idade.

As duas versões propostas pelo autor são encontradas no tamanho Comodoro 64 e em tamanho menor Sharp PC-1402 acompanhadas da impressora CE-126P. Pedidos para:

>Life-Time Service Ltd.
>1 Coniger Road
>Fulham
>London SW6 3TB
>(01-736-3367)

Interpretação Life-Time

A Life-Time Service Ltd. oferece um belo horóscopo por computador, apresentado de forma profissional, com cerca de vinte e cinco páginas, impresso a *laser*, com capa a quatro cores e incluindo um completo diagrama colorido do horóscopo impresso a *laser*.

A interpretação Life-Time descreve fatos ocorridos desde antes da concepção até a idade de 99 anos, incluindo:

- a natureza de sua concepção e tempo de gestação;
- os fatos e características do seu Ascendente/Signo Levante, já que ele deriva de seu nascimento e das pessoas presentes;
- o registro de todos os dez planetas, seus aspectos e os fatos vitais que ocasionaram;
- mais de 100 pontos sensíveis referentes a ocorrências sucedidas durante sua vida que mostram quando as antigas influências voltarão a afetá-lo.

A precisão da interpretação depende da hora exata do nascimento. Por favor, verifique e descubra a hora mais exata possível do seu nascimento, mesmo que isso implique localizar sua certidão de nascimento ou pesquisar arquivos hospitalares. Certifique-se de ter nascido antes ou depois do meio-dia e que o tempo transcorrido entre a meia-noite e 1 hora da madrugada seja descrito assim: 00:34 da madrugada. Não converta a hora normal às normas de economia diárias de luz, ao horário de verão ou de tempo de guerra – a hora correta local é suficiente. Se você não sabe a que horas nasceu, não lhe será possível gozar dos benefícios de Interpretação Life-Time. Por favor, conceda-nos um período de quatro semanas para processar e enviar sua interpretação completa.

Interpretação Life-Time

Life-Time Service Ltd, 1 Coniger Road, Fulham Road, Londres SW6 3TB Fone (01)-736-3367 Fax (01)-731-0015

Solicito-lhes a gentileza de enviarem a Interpretação Life-Time por £29, com um desconto de £10 pela compra deste livro.

Nome _____

Endereço _____

Data do Nascimento _____ Dia ____ Mês _____ Ano _____

Hora do Nascimento _____ Antes do meio-dia/depois do meio-dia (baseando-se num dia de 24 horas)

Cidade Natal _____ País _____

Interpretação Life-Time

Life-Time Service Ltd, 1 Conper Road, Balham Road Londres, SW4 7TB Fone (01)-7863330, Fax (01)-831 0017.

Solicito-lhes a gentileza de enviarem a Interpretação Life-Time por £29, com um desconto de £10 pela compra deste livro.

Nome ....

Endereço ....

Data do Nascimento .... Dia .... Mês .... Ano ....

Hora do Nascimento .... (antes do visto das zonas de meio-dia durante de-se saber dia de 24 horas).

Cidade/Natal .... País ....

Notas

1. A Atual Crise no Campo da Saúde

1. Grossinger, Richard, *Planet Medicine*, Boulder, 1982.
2. Ibid.
3. Quinn, Janet F., 'The Healing Arts in Modern Care', in D. Kunz, *Spiritual Aspects of the Healing Arts*, Wheaton, Illinois, 1985.
4. Witte, Alfred, *Rules for Planetary Pictures: The Astrology for Tomorrow*, Hamburgo, 1928.
5. Ebertin, Reinhold, *Combination of Stellar Influences*, Aalen, 1972, pp. 16-17.

2. A Astrologia como Arte de Curar

1. Collin, Rodney, *The Theory of Celestial Influence*, Londres, 1954.
2. Mann, A. T., *Life-Time Astrology*, Londres, 1984; São Francisco, 1988.

3. O Novo Paradigma de Cura

1. Adaptado de: Wilhelm, Richard (trad.), *The I Ching or Book of Changes*, Princeton, 1950. [*I Ching – O Livro das Mutações*, Editora Pensamento, São Paulo, 1987].
2. Seymour, Percy, *Astrology: The Evidence of Science*, Luton, 1988.
3. Cotterell, Maurice, *Astrogenetics: The New Theory*, Londres, 1988.
4. Schwaller de Lubicz, R. A., *Symbol and Symbolic: Egypt, Science and the Evolution of Consciousness*, trad. por Robert e Deborah Lawlor, Autumn Press, Brookline, 1978.
5. Ibid.

6. Santillana, Giorgio e Dechend, Hertha von, *Hamlet's Mill: An Essay on Myth and the Frame of Time*, Godine, Boston, 1977.
7. Hall, Manley Palmer, *Secret Teachings of All Ages*, Crocker, São Francisco, 1928, reproduzindo um diagrama de Athanasius Kirscher, *Oedipus Aegyptiacus*.
8. Grof, Stanislav, *Beyond The Brain: Birthy, Death and Transcendence in Psychotherapy*, State University of New York Press, Nova York, 1985.

4. Astrologia do Tempo Biológico

1. De Nouy, Pierre Lecomte, *Biological Time*, Londres, 1936.
2. Cf. os livros de Rupert Sheldrake sobre morfogenética e a transmissão de características além da hereditariedade.
3. Sheldrake, Rupert, *A New Science of Life*, Londres, 1981.
4. Huber, Bruno e Louise, *Man and His World*, trad. de Lore Wallace, Nova York, 1978.
5. Rudhyar, Dane, *The Astrology of Personality*, Nova York, 1963 [*Astrologia da Personalidade*, Ed. Pensamento, São Paulo, 1989].
6. Nauman, Eileen, *The American Book of Nutrition and Medical Astrology*, San Diego, 1982.
7. Ibid.

5. A Roda das Terapias

1. Rudhyar, Dane, *Astrology and the Modern Psyche*, Reno, 1976 [*A Astrologia e a Psique Moderna*, Ed. Pensamento, São Paulo, 1989].
2. Jung, Carl G., *The Practice of Psychotherapy*, Londres, CW 16, 1954.
3. Jung, Carl G., *Psychology and Alchemy*, Londres, CW 12, 1953, p. 132.
4. Grossinger, Richard, *Planet Medicine*, Boulder, 1982, pp. 199-200.
5. Grof. Stanislav, *Beyond the Brain: Birth, Death and Transcendence in Psychotherapy*, pp. 98-102.
6. Assagioli, Roberto, *Psychosynthesis*, Londres, 1975 [*Psicossíntese*, Editora Cultrix, São Paulo, 1982].
7. Grossinger, Richard, *Planet Medicine*, p. 390.
8. Weaver, Herbert, *Divining the Primary Sense*, Londres, 1978.
9. Consultar especialmente os livros de David Tansley, *Chakras, Rays and Radionics*, 1984 [*Chakras, raios e radiônica*, Editora Pensamento, São Paulo, 1989] e *Raypaths and Chakra Gateways*, Londres, 1985 e o capítulo sobre Astrorradiônica, mais adiante neste livro.
10. Bailey Alice A., *Esoteric Healing*, Nova York, 1953, pp. 119-20.
11. Townley, John, *Astrological Cycles and Life Crisis Periods*, Maine, 1977 [*Ciclos Astrológicos e Períodos de Crise*, Editora Pensamento, São Paulo, 1988].
12. Ebertin, Reinhold, *Combination of Stellar Influences*, pp. 102-3.
13. Id., pp. 104-5.
14. Id., pp. 158-9.

6. Diagnóstico Astrológico

1. Mann, A. T., *Life-Time Astrology*, Londres, 1984.
2. *The Sunday Times*, 31 de janeiro de 1988, p. 1.
3. Nauman, Eileen, *The American Book of Nutrition and Medical Astrology*, San Diego, 1982, p. 52.
4. Ebertin, Reinhold, *Combination of Stellar Influences*, pp. 160, 186.
5. Grof, Stanislav, *Beyond the Brain*.
6. Dossey, Larry, *Space, Time and Medicine*, Boulder, 1982.
7. Um ponto médio é um dos dois pontos zodiacais dos quais dois planetas estão eqüidistantes.

7. Astrorradiônica

1. Tansley, David V., "Healing Through Patterns in Radionics and Radiesthesia", no *Journal of the British Society of Dowsers*, vol. XXVIII, n° 193, Ashford, Setembro, 1981.
2. Tansley, David, V., *Radionics: Science or Magic?*, Saffron Walden, 1982.
3. Tansley, David V., seus primeiros trabalhos incluem *Radionics Interface with Ether Fields, Radionics and The Subtle Anatomy of Man*, e *Chakras, Rays and Radionics*.
4. Ebertin, Elsbeth e Reinhold, *Anatomische Entsprechungen der Tierkreisgrade*, lista traduzida por Mary L. Vohryzek, Freiburgo, 1976.
5. Boericke, William, *Homoeopathic Materia Medica*, 9ª ed., Filadélfia, 1927.
6. Id., pp. 79-83.
7. Whitmont, Edward, *Psyche and Substance*, Boston, 1980.
8. Ebertin, Reinhold, *Combination of Stellar Influences*, pp. 160-1.
9. Id., pp. 156-7.

8. A Cura no Futuro

1. Publicação Wellspring, Londres, 1986.
2. Id., p. 2.
3. A aquisição de acidophilus em pó pode ser feita por intermédio de Wellspring Vitamins Ltd., 133 Beaufort Street, Londres SW3.

Apêndice 5. Como corrigir a Hora Aproximada do Nascimento

1. Ebertin Reinhold, *The Combination of Stellar Influences*, p. 156.
2. Id., p. 108.

Bibliografia

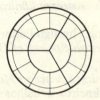

Achterberg, Jeanne, *Imagery in Healing: Shamanism and Modern Medicine*, 1985, New Science Library, Boston.
Arroyo, Stephen, *Astrology, Psychology and the Four Elements*, 1975, CRCS, Vancouver. [*Astrologia, Psicologia e os Quatro Elementos*, Editora Pensamento, São Paulo, 1989.]
Bailey, Alice A., *Esoteric Healing*, 1953, Lucis Publishing, Nova York.
Beard, Ruth M., *And Outline of Piaget's Developmental Psychology*, 1969, Routledge & Kegan Paul, Londres.
Cade, C. Maxwell and Coxhead, Nona, *The Awakened Mind*, 1979, Wildwood House, Londres.
Capra, Fritjof, *The Tao of Physics*, 1975, Wildwood House, Londres. [*O Tao da Física*, Editora Cultrix, São Paulo, 1988.]
Collin, Rodney, *The Theory of Celestial Influence*, 1954, Robinson & Watkins, Londres.
Collin, Rodney, *The Theory of Eternal Life*, 1950, Robinson & Watkins, Londres.
Conway, David, *The Magic of Herbs*, 1973, Jonathan Cape, Londres.
Cornell, H. L., *Encyclopedia of Medical Astrology*, 3ª ed. rev., 1972, Samuel Weiser, Nova York.
Cotterell, Maurice, *Astrogenetics*, 1988, Brooks, Hill Robinson, Saltash, Cornwall.
Cramer, Diane, 'A Review of Current Medical Astrology Books', Inverno 1985-6, NCGR Journal, Stanford, CE.
Culpeper, Nicholas, *The Astrological Judgement of Diseases*, 1655, red. 1959, AFA, Tempe, Arizona.
Davies, Paul, *The Cosmic Blueprint*, 1987, Heinemann, Londres.
Dethlefsen, Thorwald, *The Challenge of Fate*, 1984, Coventure, Londres.
de Vries, Marco, *The Redemption of the Intangible*, 1981, Institute of Psycho-

synthesis, Londres. [*O Desafio do Destino*, Editora Pensamento, São Paulo, 1989.]
Dossey, Larry, *Beyond Illness*, 1984, Shambhala, Boulder.
Dossey, Larry, *Space, Time and Medicine*, 1982, Shambhala, Boulder.
De Nouy, Pierre Lecomte, *Biological Time*, 1936, Methuen, Londres.
Ebertin, Elsbeth and Reinhold, *Anatomische Entsprechungen der Tierkreisgrade*, 1976, Freiburgo.
Ebertin, Reinhold, *The Combination of Stellar Influences*, 1972, Ebertin-Verlag, Aalen.
Flanagan, Geraldine Lux, *The First Nine Months*, 1970, Heinemann, Londres.
Gauquelin, Françoise, *Psychology of the Planets*, 1982, ACS, San Diego.
Gauquelin, Michel, *Spheres of Destiny*, 1980, J. M. Dent, Londres.
Greene, Liz, *Relating*, 1977, Coventure, Londres. [*Relacionamentos*, Editora Cultrix, São Paulo, 1989.]
Grof, Stanislav, *Beyond the Brain*, 1985, State University of Nova York Press, Albany.
Grossinger, Richard, *Planet Medicine*, 1982, Shambhala, Boulder.
Guirdham, Arthur, *A Theory of Disease*, 1957, George Allen & Unwin, Londres.
Gurudas, *Flower Essences*, 1983, Brotherhood of Life, Albuquerque, Novo México.
Hahnemann, Samuel, *Organon of Medicine*, (1810), primeira tradução inglesa integral, 1983, Victor Gollancz, Londres.
Hamaker-Zondag, Karen, *Astro-Psychology*, 1980, Weiser, Nova York.
Harmon, J. Merrill, *Complete Astro-Medical Index*, 1975, Astro-Analytics Publications, Van Nuys, Califórnia.
Harvey, Ronald, *Mind and Body in Astrology*, 1983, L. N. Fowler, Chadwell Heath, Essex.
Hastings, Arthur (org.), *Health for the Whole Person*, 1981, Bantam, Nova York.
Heindel, Max and Foss, Augusta, *A Guide to Healing*, 1929, Rosicrucian Fellowship, Oceanside, Ca.
Heindel, Max and Foss, Augusta, *The Message of the Stars*, 1927, Rosicrucian Fellowship, Oceanside, Ca.
Inglis, Brian and West, Ruth, *The Alternative Health Guide*, 1983, Michael Joseph, Londres.
Jansky, Robert Carl, *Astrology, Nutrition and Health*, 1977, Para Research, Rockport, Mass.
Jung, Carl Gustav, *Psychological Types*, 1923, Routledge & Kegan Paul, Londres.
Kunz, Dora (org.), *Spiritual Aspects of the Healing Arts*, 1985, Theosophical Publishing House, Wheaton, Ill.
LeShan, Lawrence, *Holistic Health*, 1984, Turnstone Press, Londres.
Mann, A. T., *Life-Time Astrology*, 1984, Allen & Unwin, Londres.
Mann, A. T. (org.), *The Future of Astrology*, 1988, Unwin Hyman, Londres.
Mann, A. T., *The Round Art: The Astrology of Time and Space*, 1979, Dragon's World, Londres.
Meyer, Michael, *A Handbook for the Humanistic Astrologer*, 1974, Anchor Books/Doubleday, Garden City.

Nauman, Eileen, *The American Book of Nutrition and Medical Astrology*, 1982, ACS, San Diego.
Prigogine, Ilya and Stengers, Isabelle, *Order out of Chaos* 1984, New Science Library, Boulder.
Rosenblum Bernard, *The Astrologer's Guide to Counseling* 1983, CRCS, Reno, Nevada.
Rudhyar, Dane, *The Astrology of Personality*, 1963, Doubleday, Garden City. [*A Astrologia da Personalidade*, Editora Pensamento, São Paulo, 1989.]
Seymour, P. A. H., *A Causal Mechanism for Gauquelin's Planetary Effect*, 1986, ensaio publicado pelo autor, Plymouth.
Sheldrake, Rupert, *A New Science of Life*, 1981, Blond & Briggs, Londres.
Stein, Zane, *Interpreting Chiron*, 1983, Association for Studying Chiron, Lansdale, Pa.
Steiner, Rudolf, *Spiritual Science and Medicine*, (1948) 1975, Rudolf Steiner Press, Londres.
Szanto, Gregory, *Astrotherapy*, 1987, Arkana, Londres.
Tansley, David V., *Chakras, Rays and Radionics*, 1984, C. R. Daniel, Saffron Walden. [*Chakras, Raios e Radiônica*, Editora Pensamento, São Paulo, 1989.]
Tansley, David V., *Radionics: Interface with Ether Fields*, 1975, Health Science Press, Bradford, Devon.
Tansley, David V., *Radionics: Science or Magic?*, 1982, C. R. Daniel, Saffron Walden.
Vithoulkas, George, *The Science of Homoeopathy*, 1980, Grove Press, Nova York. [*Homeopatia: Ciência e Cura*, Editora Cultrix, São Paulo, 1987.]
Vogh, James, *Astrology and Your Health*, 1980, Granada, Londres.
Watson, James, *The Double Helix*, 1968, Weidenfeld & Nicolson, Londres.
Weaver, Herbert, *Divining the Primary Sense*, 1978, Routledge & Kegan Paul, Londres.
Westlake, Aubrey, *The Pattern of Health*, 1973, Shambhala, Boulder.
Westlake, Aubrey, and Rae, Malcolm, *The Radiesthetic Faculty* 1973, edição do autor, Godshill.
Whitmont, Edward, *Psyche and Substance: Essays on Homoeopathy in the Light of Jungian Psychology*, 1980, North Atlantic Books, Richmond, Califórnia.
Wilber, Ken, *The Atman Project*, 1982, Theosophical Publishing House, Wheaton, Ill.
Wilber, Ken, *The Spectrum of Consciousness*, 1977, Theosophical Publishing House, Wheaton, Ill. [*O Espectro da Consciência*, Editora Cultrix, São Paulo, 1990.]
Wilber, Ken, Engler, Jack and Brown, Daniel P. *Transformations of Consciousness* 1986, New Science Library, Boston.
Zukav, Gary, *The Dancing Wu Li Masters*, 1979, Rider & Hutchinson, Londres.

As Revelações Secretas da Religião Cristã

ANNIE BESANT

As Revelações Secretas da Religião Cristã

Com notas e introdução de
RICHARD SMOLEY

Tradução:
E. NICOLL

Editora
Pensamento
SÃO PAULO

Título original: *Esoteric Christianity*.

Copyright da introdução e notas finais © 2006 Richard Smoley.

Edição original de The Theosophical Publishing House, Adyar, Madras — Índia.

Todos os direitos reservados. Nenhuma parte deste livro pode ser reproduzida ou usada de qualquer forma ou por qualquer meio, eletrônico ou mecânico, inclusive fotocópias, gravações ou sistema de armazenamento em banco de dados, sem permissão por escrito, exceto nos casos de trechos curtos citados em resenhas críticas ou artigos de revistas.

A Editora Pensamento-Cultrix Ltda. não se responsabiliza por eventuais mudanças ocorridas nos endereços convencionais ou eletrônicos citados neste livro.

Tradução da introdução, notas e bibliografia de Henrique A. R. Monteiro.

Dados Internacionais de Catalogação na Publicação (CIP)
(Câmara Brasileira do Livro, SP, Brasil)

Besant, Annie
   As revelações secretas da religião cristã / Annie Besant ; com notas e introdução de Richard Smoley ; tradução E. Nicoll. – São Paulo : Pensamento, 2009.

   Título original: Esoteric christianity
   Bibliografia
   ISBN 978-85-315-1626-9

   1. Cristianismo – Aspectos esotéricos 2. Cristianismo – Miscelânea 3. Teosofia I. Smoley, Richard. II. Título.

09-12876   CDD 299.934

Índices para catálogo sistemático:
1. Cristianismo : Aspectos esotéricos : Teosofia   299.934

O primeiro número à esquerda indica a edição, ou reedição, desta obra. A primeira dezena à direita indica o ano em que esta edição, ou reedição, foi publicada.

Edição	Ano
1-2-3-4-5-6-7-8	10-11-12-13-14-15

Direitos de tradução para o Brasil
adquiridos com exclusividade pela
EDITORA PENSAMENTO-CULTRIX LTDA.
Rua Dr. Mário Vicente, 368 — 04270-000 — São Paulo, SP
Fone: 2066-9000 — Fax: 2066-9008
E-mail: pensamento@cultrix.com.br
http://www.pensamento-cultrix.com.br
que se reserva a propriedade literária desta tradução.

SUMÁRIO

Prefácio • 7

Introdução à nova edição • 9

Capítulo 1
O Lado Oculto das Religiões • 23

Capítulo 2
O Lado Oculto do Cristianismo – O Testemunho das Escrituras • 42

Capítulo 3
O Lado Oculto do Cristianismo (fim) – O Testemunho da Igreja • 58

Capítulo 4
O Cristo Histórico • 85

Capítulo 5
O Cristo Mítico • 98

Capítulo 6

O Cristo Místico • 110

Capítulo 7

A Redenção • 121

Capítulo 8

Ressurreição e Ascensão • 139

Capítulo 9

A Trindade • 150

Capítulo 10

A Prece • 161

Capítulo 11

O Perdão dos Pecados • 171

Capítulo 12

Os Sacramentos • 182

Capítulo 13

Os Sacramentos (Continuação) • 192

Capítulo 14

Revelação • 203

Conclusão • 211

Bibliografia • 212

PREFÁCIO

Este livro tem por objetivo chamar a atenção sobre as verdades profundas que formam a base do Cristianismo – verdades geralmente desconhecidas, e quase sempre negadas. O desejo generoso de partilhar com todos o que é precioso, espalhando de forma abundante verdades inestimáveis, e de não privar ninguém das luzes do conhecimento verdadeiro, trouxe, como resultado, um zelo pouco considerado que vulgarizou o Cristianismo e apresentou seus ensinamentos sob forma quase sempre desagradável, inaceitável para a inteligência e incompatível com o coração.

É ponto admitido que o preceito: "Pregue o Evangelho a toda criatura" (Mc. 16, 15) é de autenticidade duvidosa; e, no entanto, procurou-se ver aí a interdição de ensinar a "Gnose" a privilegiados. Este preceito parece, portanto, ter feito esquecer este outro mandamento, menos popular, do mesmo Mestre: "Não dê aos cães o que é santo" (Mt. 7, 6). Este sentimentalismo de qualidade inferior – que recusa admitir as desigualdades evidentes no domínio intelectual e moral, e, assim, fixa o ensinamento dado às pessoas altamente desenvolvidas, sacrificando o superior ao inferior de maneira prejudicial aos dois – essa sentimentalidade, o bom-senso viril dos primeiros cristãos não a conhecia absolutamente. S. Clemente de Alexandria escreveu nestes termos, depois de ter feito alusão aos Mistérios: "Ainda hoje temos, como se diz, de lançar pérolas aos porcos, com receio que as pisem com os pés, e, voltando-se, nos despedacem. Porque é difícil falar da verdadeira luz, em termos bastante claros e límpidos, a ouvintes mal preparados e de natureza inferior".[1]

---

1. Clemente de Alexandria, *Stromata*, 1.12. [Ao citar os Padres da Igreja, Besant refere-se à coleção intitulada *The Ante-Nicene Fathers*, organizada por Alexander Roberts e James Donaldson. Publicada originalmente no século XIX, foi reimpressa com frequência; uma edição recente foi publicada por Eerdmans, de Grand Rapids, Michigan, em 1994. Os textos de Clemente estão contidos no vol. 2. Essa versão da *Stromata*, juntamente com outras obras dessa série, pode ser encontrada em http://www.earlychristianwritings.com [N.R.].

Se a verdadeira sabedoria – a "Gnose" – deve fazer parte novamente dos ensinamentos cristãos, não pode ser senão com as restrições antigas e sob a condição de abandonar definitivamente a ideia de tudo nivelar ao grau das inteligências menos desenvolvidas.

Somente o ensino fora de alcance dos menos evoluídos pode preparar a volta dos conhecimentos ocultos, e o estudo dos Mistérios Menores deve preceder os Mistérios Maiores. Estes jamais serão divulgados pela imprensa: só podem ser transmitidos do Mestre ao discípulo, "da boca ao ouvido". Quanto aos Mistérios Menores, que levantam parcialmente o véu de verdades profundas, podem ainda hoje ser restabelecidos; e esta obra se destina a dar um esboço deles e indicar "a natureza" dos ensinamentos, cujo estudo se impõe. Quando o autor se exprime por meio de palavras de sentido incompreensível, as palavras que apresenta podem ser compreendidas, em suas grandes linhas, por uma calma meditação: meditação prolongada, cuja luz vai colocar em relevo a verdade. A meditação tranquiliza o mental inferior, incessantemente ocupado por objetos exteriores, e só o mental tranquilo pode ser iluminado pelo Espírito. É assim que se obtém o conhecimento das verdades espirituais; ele deve vir de dentro e não de fora, do Espírito divino, do qual nós somos o templo (1 Cor. 3,16), e não de um Mestre externo. Estas verdades são discernidas espiritualmente pelo Espírito Divino que está em nós, por este Pensamento de Cristo de que fala o Apóstolo, por essa luz que se derrama sobre o mental inferior.

Assim procede a Sabedoria divina, a verdadeira Teosofia. Ela não é, como se pensa algumas vezes, uma adaptação diluída do Hinduísmo, do Budismo, do Taoismo ou qualquer outra religião particular; ela é tanto o Cristianismo Esotérico como o Budismo Esotérico. Ela pertence igualmente a todas as religiões, sem exceção alguma. Tal é a fonte onde foram bebidas as verdades expostas neste volume, a verdadeira Luz que ilumina todos os homens que vêm ao mundo (Jo. 1, 9), embora a maioria ainda cega, não esteja em condições de ver.

Este livro não traz a Luz: ele diz simplesmente: "Eis a Luz!", porque ela não vem de nós. Ele não faz apelo senão à minoria a quem os ensinamentos exotéricos já não satisfazem; este livro não se destina às pessoas que se sentem plenamente satisfeitas com os ensinamentos exotéricos. Para que serve forçar os que não sentem fome de receber o pão?

Que este livro possa ser, para os mais famintos, pão e não pedra.

INTRODUÇÃO
À NOVA EDIÇÃO

É fácil dizer que, no início do século XXI, o cristianismo esteja passando por uma crise. É bem mais difícil dizer exatamente o que essa crise envolve. Por um lado, há um aparente ressurgimento do cristianismo evangélico e fundamentalista. Por outro, vemos uma perda da fé igualmente aguda, refletida, por exemplo, em um aumento rápido na porcentagem da população norte-americana que não pertence a nenhuma religião.[1] E embora o inabalável fascínio popular pelo gnosticismo, pelos evangelhos perdidos e proibidos e pelos grupos extintos tais como os templários e os cátaros venha sugerir que a cultura americana mantém um interesse vivo pela história religiosa, isso também revela a dúvida disseminada sobre qual teria sido a história real. O tema principal de muitos livros sobre esses assuntos é que existe uma história alternativa do cristianismo, abafada pela igreja dominante. No entanto, há a tentação de perguntar: será que as verdades supremas do cristianismo têm a ver com a história, a realidade e os fatos?

Nesse caso, a perspectiva é desoladora. Pois nos últimos duzentos anos, os eruditos e pesquisadores investigaram meticulosamente os Evangelhos do Novo Testamento, apenas para concluir que esses textos contêm um grande número de mitos e lendas que se acumularam em torno de Jesus depois do seu tempo de vida. Infelizmente, não temos outras fontes sobre a vida dele além de textos apócrifos que são, com uma ou duas exceções, posteriores ao Novo Testamento, ao lado de algumas referências extremamente breves em autores pagãos tais como Tácito e Plínio, o Jovem. Portanto, praticamente não temos um critério independente pelo qual julgar os Evangelhos. Em consequência disso, o que Albert Schweitzer celebremente chamou de "a busca do Jesus histórico" provou ser um exercício circular: o quadro que é pintado normalmente lembra mais o retratista do que o seu assunto.

Mas a questão central pode estar em outra parte. Acaso a verdade suprema do cristianismo é sobre um homem que viveu 2.000 anos atrás? O que a história sobre esse homem tem a ver conosco? A resposta do cristão convencional é que esse homem era divino, que morreu pelos nossos pecados e que regressará um dia para julgar os vivos e os mortos. Mas à medida que os séculos foram passando, tornou-se cada vez mais difícil levar a sério essa explicação, ou seja como for literalmente. Era possível considerar a vinda de Cristo como uma culminação da história mundial quando se acreditava que essa história remontasse a não mais do que 6.000 anos antes; agora tornou-se consideravelmente mais difícil, quando os cientistas afirmam que o universo tem 13 ou 14 bilhões de anos. Nem tampouco ajuda que o iminente retorno de Cristo, apesar de incessantemente proclamado pelos seus seguidores desde a sua morte, ainda assim recuse-se escrupulosamente a acontecer.

Considerando os ensinamentos do cristianismo em termos meramente literais, isso nos coloca em um impasse. Podemos fazer como os fundamentalistas, voltar a cabeça obstinadamente ante todos os argumentos e evidências e continuar a insistir que a Bíblia é literalmente verdadeira; ou, a exemplo dos liberais, admitir que a Bíblia, embora *deva* ser literalmente verdadeira, é pouco mais do que uma miscelânea de mitos. Essas alternativas, por maior que seja a delicadeza ao enunciá-las, aparentemente são as únicas que o cristianismo moderno oferece.

Assim sendo, tudo indica que chegou o momento para a redescoberta do cristianismo esotérico. O termo *esotérico* é curioso. Etimologicamente, provém de raízes gregas com o significado de "mais para dentro" ou "mais interior". Normalmente, é compreendido como uma referência a ensinamentos que, nas antigas escolas filosóficas, não eram divulgados entre as pessoas de fora, mas apenas aos iniciados. No entanto, a exemplo do que Annie Besant apresenta aqui, o cristianismo esotérico vai muito além disso. Seu sentido é penetrar mais fundo dentro de si mesmo para descobrir os segredos da sua natureza íntima verdadeira. "Todo homem é potencialmente um Cristo", escreve ela, "e o desenvolvimento, nele, da vida do Cristo, segue, de um modo geral, a narração dos Evangelhos nos incidentes principais."

A crucificação, por exemplo, simboliza o momento da transformação na vida do iniciado. Besant escreve:

> Mais ainda lhe resta o sacrifício da cruz, em que morre a vida da forma, onde renuncia inteiramente à vida do mundo inferior. Cercado de inimigos triunfantes e zombadores, sentindo o horror da grande obscuridade que o envolve, sofre o assalto de todas as forças do mal. [...] Surgindo, então, do seio das trevas, ele revê a luz, sentindo-se de novo o Filho, inseparável do Pai. Levanta-se para a vida que não tem fim, irradiando alegria, com a certeza de ter afrontado e vencido a morte, sentindo-se bastante forte para prestar a toda a criatura um socorro infinito, capaz de derramar sua vida em toda a alma que luta. (Veja a p. 119)

Alguns podem impacientar-se perante essas ideias, rejeitando-as como uma mera alegoria que foge do problema da verdade histórica. Mas o que, pode-se perguntar, está sendo rejeitado como *mera* alegoria? Vista na perspectiva que Besant sugere acima, a história da paixão de Cristo não é meramente uma lenda edificante do passado. Nem é um credo para a crença cega ou uma bandeira em torno da qual reúnam-se os fiéis. Em vez disso, é uma expressão vívida do que se passa em nosso íntimo e do que deve se passar em nosso íntimo se nos dispusermos a desenvolver o nosso potencial espiritual. Ver o Logos, o princípio da consciência, crucificado na cruz do tempo e do espaço no nosso próprio ser não é uma fuga mas, sim, uma das mais profundas revelações que um ser humano pode vivenciar.

Para ver como essas verdades se encaixam no contexto deste livro, seria conveniente lançar um breve olhar sobre a vida e a obra de Besant. Annie Besant (*née* Wood) nasceu em 1847, em uma família de classe média morando em Londres. Em termos religiosos, o seu pai era um tanto cético, a mãe uma liberal. Mas depois da morte do pai, em 1852, a jovem foi criada por uma certa Miss Marryat, uma cristã devota. Mais tarde Besant diria que "o forte e intenso evangelismo de Miss Marryat coloriu todos os meus pensamentos da juventude".[2] Uma mulher ainda jovem, ela passou por uma fase de anglicanismo ritualista, que se caracteriza por um ritual minucioso muito próximo do catolicismo romano. Em 1867, casou-se com um pastor evangélico chamado Frank Besant (desventuradamente, conforme se revelaria depois) e logo teve dois filhos.

Foi enquanto cuidava de um dos filhos acometido por uma doença grave em 1871 que Besant começou a questionar a fé que até então considerara como certa. A decepção com o casamento e o sofrimento do filho levaram-na a pensar sobre a natureza do mal. Depois de conversar com um amigo do marido, um pastor liberal, ela começou a explorar outras dimensões da própria fé. Mas logo ultrapassou os limites da crença. Em 1873, as suas dúvidas em relação ao cristianismo a levaram a uma separação judicial do marido. Em 1874, estava começando a questionar a existência de Deus. Logo tornou-se uma secularista (o termo vitoriano para uma perspectiva que se assemelha mais ou menos ao humanismo secular atual) e começou a escrever artigos e panfletos promovendo o secularismo. Em meados da década de 1880, ela também se tornou uma defensora do socialismo. Ajudou a organizar uma greve de grandes proporções no East End de Londres, em 1888, a favor das operárias de uma fábrica de fósforos, a qual resultou em significativas melhoras nas condições de trabalho e no aumento de salário para as trabalhadoras.

Nesse mesmo período, outro tema começou a se impor no pensamento de Besant. A exemplo de muitos intelectuais vitorianos, interessou-se pelos fenômenos paranormais, os quais, ela acreditava, levantavam questões que o materialismo não podia responder. Logo ela se tornou atraída para a recém-constituída Sociedade Teosófica, que apresentava uma versão da antiga tradição esotérica de uma forma moderna, e ela leu a obra teosófica fundamental, *The Secret Doctrine*,[3] de H. P. Blavatsky, publicada em 1888 – na realidade, para uma resenha publicada em um periódico secularista do qual era coeditora.

A Doutrina Secreta transformou a vida de Besant. Sobre as suas impressões enquanto a lia, escreveria depois: "Fiquei ofuscada, cega pela luz na qual fatos desconexos encaixavam-se como partes de um conjunto muito maior, e tudo o que para mim parecia ser um enigma confuso, todos os problemas como que desapareceram. [...] Naquele clarão de iluminação, eu soube que a busca cansativa chegara ao fim e que encontrara a própria Verdade". No final de 1889, ela conheceu Blavatsky pessoalmente. O relato de Besant desse encontro é memorável:

> Depois de uma certa hesitação, de atravessar um corredor e uma saleta de espera, de passar pelas portas duplas escancaradas, de me ver diante daquela personagem sentada em uma grande poltrona por trás da mesa, que me rece-

beu com uma voz vibrante, envolvente: "Minha cara senhora Besant, há quanto tempo queria conhecê-la", eu estava ali de pé, apertando a mão dela firmemente, e olhando pela primeira vez nesta vida diretamente nos olhos de "H. P. B.". Tomei consciência da repentina aceleração das batidas do meu coração – seria uma forma de reconhecimento? – e depois, envergonho-me de admitir, de uma feroz rebelião, um feroz recolhimento, como de um animal selvagem quando sente a mão do seu domador. Sentei-me, depois de algumas apresentações que não fizeram sentido para mim, e ouvi. Ela falava de viagens, de diversos países, numa conversa fluente e inteligentíssima, os olhos velados, os dedos de um formato exótico enrolando cigarros incessantemente. Nada especial a registrar, nenhuma palavra sobre o Ocultismo, nada misterioso, uma mulher do mundo conversando alegremente com as suas visitas noturnas. Levantamo-nos para nos despedir, e por um momento o véu se ergueu, e dois olhos brilhantes, penetrantes, encontraram os meus, e com um toque de ansiedade na voz ela desferiu: "Ah, minha querida senhora Besant, se acaso quisesse juntar-se a nós!" Senti um desejo quase incontrolável de inclinar-me e beijá-la, ante a compulsão daquela voz enternecida, daqueles olhos irresistíveis, mas com um clarão do velho orgulho impávido e um escárnio interior diante da minha própria insensatez, eu disse um até-logo educadamente piegas, e me virei com um comentário evasivo e um tanto cortesmente vazio. "Menina", comentaria ela muito tempo depois, "o seu orgulho é terrível; você é tão orgulhosa quanto o próprio Lúcifer."[4]

Não demorou muito, Besant filiou-se à Sociedade Teosófica, e rapidamente assumiu uma posição de liderança; em 1907, foi nomeada presidente, um cargo que manteria até sua morte, em 1933.

O interesse pelos aspectos esotéricos do cristianismo ganhou alento logo após a sua conversão à teosofia. Em 1895, Besant escreveu um artigo para o periódico *Nineteenth Century* sobre a Redenção, e em 1905 publicou a primeira edição de *As Revelações Secretas da Religião Cristã,* um livro que desde aquela época continua a ser reeditado com uma certa constância.

As influências e afinidades que podemos discernir em *As Revelações Secretas da Religião Cristã* são diversas. Para tomar um exemplo, a discussão dos sacramentos nos capítulos 12 e 13 guarda uma forte semelhança com as pesquisas ocultas da sua estreita associação com Charles W. Leadbeater (1854-1934), um pastor anglicano que se filiou à Sociedade Teosófica em

1883. Leadbeater descobriu que a sua formação teosófica o capacitava a desenvolver as suas sensibilidades em alto nível, e escreveu numerosos livros sobre as pesquisas que realizou. Dois deles, *Chakras*[5] e *Man Visible and Invisible*, exerceram uma influência considerável sobre as perspectivas da Nova Era em relação aos corpos sutis humanos.

Leadbeater também devotou atenção às influências sutis geradas pelos sacramentos cristãos. Ele afirmava que, conforme sustentavam os católicos, os sacramentos eram realmente veículos de graça e de fato fomentam a circulação de energias sutis das dimensões visíveis para as invisíveis. Embora só viesse a publicar a sua obra principal sobre o assunto, *The Science of the Sacraments*, em 1920, há enormes semelhanças entre as suas ideias e as de Besant, conforme expressado nos capítulos 12 e 13 de *As Revelações Secretas da Religião Cristã*. Leadbeater escreve:

> Cada um dos grandes Serviços da Igreja (e mais especialmente a celebração da Santa Eucaristia) foi originalmente concebido para compor uma forma ordenada milagrosa, expressando e envolvendo uma ideia central – uma forma para facilitar e direcionar a radiação da influência sobre a aldeia inteira que se agrupava ao redor da igreja. A ideia do Serviço pode ser considerada como sendo dupla: em primeiro lugar, para receber e distribuir o grande derramamento de força espiritual e, em segundo lugar, para reunir a devoção das pessoas e oferecê-la perante o trono de Deus.[6]

Quanto a Besant,

> Um Sacramento assemelha-se a um cadinho, no qual se elabora a alquimia espiritual. Uma energia, colocada neste cadinho e submetida a certas operações, sai transformada. É assim que uma energia de ordem sutil, pertencente às regiões elevadas do universo, pode ser posta em relação direta com pessoas vivendo no mundo físico, afetando-as tão bem como se agissem no seu domínio. O Sacramento constitui a ponte suprema entre o invisível e o visível e permite que essas energias possam atuar diretamente sobre as pessoas, desde que estas satisfaçam as condições necessárias e participem do Sacramento. (Veja a p. 183)

Tanto para Besant quanto para Leadbeater, os sacramentos não são meras celebrações. Ao contrário, a própria estrutura e a forma do ritual influenciam as esferas sutis. Por essa razão, argumenta Leadbeater, seria necessário alguém com a formação oculta adequada para conceber o ritual no sentido de assegurar que tivesse o efeito desejado sobre os mundos sutis. Ele encontrava imperfeições nos serviços anglicanos, com os quais estava mais familiarizado, acreditando que tinham sido desvirtuados pelas reformas impostas depois do estabelecimento da Igreja da Inglaterra durante o reinado de Henrique VIII. Por esse motivo, ele tinha a intenção de modificar os rituais de modo que pudessem gerar a forma adequada no reino astral. O seu método ainda é seguido pela Igreja Católica Liberal, uma denominação que ele ajudou a fundar em 1916.

Besant concorda. Ela enfatiza que a eficácia do sacramento depende em grande parte das "Palavras de Poder" e de "determinados gestos [...] chamados Sinais, ou Selos, ou Marcas" assim como de "determinadas substâncias físicas", tais como o pão e o vinho da Eucaristia. Embora não entre em detalhes precisos sobre a forma exata que o ritual deveria tomar, ela insiste em que "a forma exterior do Sacramento é de extrema importância. As substâncias empregadas experimentam verdadeiras alterações" (ver p. 190).

Embora a perspectiva de Besant se aproxime da de Leadbeater, é de certa maneira um tanto distante da adotada pela própria Blavatsky. Blavatsky foi sempre desdenhosa em relação ao cristianismo convencional, referindo-se aos seus adeptos, por exemplo, como "tolos e blasfemos" ao tentar reconciliar o mal manifesto no universo com a vontade de um Deus misericordioso.[7] Na sua volumosa *Doutrina Secreta* e na obra que a precedeu, *Isis Unveiled*,[8] Blavatsky sustentava que as igrejas haviam perdido ou distorcido os ensinamentos esotéricos do cristianismo, e estava inclinada a exaltar os gnósticos, os enigmáticos cristãos esotéricos dos primeiros séculos da nossa era, acima dos seus adversários proto-ortodoxos. Blavatsky chegou ao ponto de escrever que "os gnósticos eram de longe os superiores dos discípulos, em questão de educação e informações gerais; até mesmo no conhecimento dos princípios religiosos dos próprios judeus".[9] Em outra passagem, ela escreveu: "Se os gnósticos foram eliminados, a *Gnose*, baseada na secreta ciência das ciências, ainda vive. Ela é a terra que ajuda a mulher e que é destinada a abrir a sua boca para engolir o cristianismo medieval, o usurpador e assassino da doutrina do grande mestre".[10]

Essas opiniões estão em um contraste gritante com as de Besant em *As Revelações Secretas da Religião Cristã*. Besant faz um esforço especial para evitar o ataque às igrejas e às suas hierarquias, e faz o possível para sugerir que a tradição esotérica está incorporada nos rituais e doutrinas do cristianismo, independentemente de os seus praticantes estarem ou não cientes disso. Há ainda outras divergências. Sobre o sacrifício de Cristo, Blavatsky escreve:

> [Os Evangelhos] afirmam que Jesus deu a si mesmo como um sacrifício voluntário? Ao contrário, não há uma palavra que fundamente essa ideia. Eles deixam claro que ele preferiria ter vivido para continuar o que considerava a sua missão, e que morreu *porque não pôde fazer nada para evitá-lo, e apenas quando foi traído*. [...] Quando, finalmente, viu que a sua hora havia chegado, ele sucumbiu ao inevitável. Mas veja-o no jardim, no monte das Oliveiras, contorcendo-se em agonia até que "o seu suor tornou-se como grandes gotas de sangue", orando mais intensamente, suplicando para que aquele cálice fosse afastado de si; exaurido pelos sofrimentos a tal ponto que um anjo do céu veio para confortá-lo; e diga se o quadro é o de um refém e mártir que se sacrifica.[11]

Em numerosos aspectos, incluindo esse, *As Revelações Secretas da Religião Cristã* de Besant guarda mais semelhança com um retrato pintado por dois outros personagens de destaque entre as correntes esotéricas da época: Anna Bonus Kingsford e Edward Maitland. A exemplo de Besant, Kingsford (1846-1888) era uma feminista ardorosa (a primeira mulher da Grã-Bretanha a receber o título de doutora em medicina) e uma ardorosa ativista, além de exploradora de dimensões invisíveis. Kingsford era uma vigorosa defensora do antivivisseccionismo e do vegetarianismo, chegando ao ponto de sustentar que todo aquele que comesse carne não poderia ser um iniciado. A certa altura, chegou a afirmar que por volta da época do Natal "o ar torna-se denso com o sangue derramado para as festividades da estação".[12] (Posteriormente, Besant adotaria o princípio de Kingsford "contra a ingestão de carne".)[13]

Em 1874, Kingsford conheceu Edward Maitland (1824-1897), escritor e visionário espiritualista, e os dois envolveram-se em uma longa colaboração que só terminaria com a morte de Kingsford, em 1888. A culminação da sua obra foi uma série de palestras escritas por ambos e apresentadas por Kingsford em 1881. Essas palestras foram depois reunidas no livro intitulado *The Perfect Way*.

Kingsford e Maitland jamais tiveram um relacionamento plenamente satisfatório com a Sociedade Teosófica. Em 1883, a pedido de Blavatsky, Kingsford e Maitland tornaram-se respectivamente presidente e vice-presidente da sede da sociedade em Londres, mas até mesmo nessa época eles entraram em controvérsia com A. P. Sinnett, autor de *Esoteric Buddhism*, a respeito de uma análise negativa que esse autor incluíra no livro. Embora as partes em disputa tenham chegado finalmente a um entendimento relativo, Kingsford e Maitland afastaram-se da Sociedade Teosófica, acabando por formar a sua própria organização, a Sociedade Hermética. Em 1887, Kingsford contraiu tuberculose, de que sucumbiu no ano seguinte.

Considerando que Kingsford morreu em 1888 e que Besant só se envolveu com a teosofia um ano depois, não poderia ter havido uma sobreposição direta no seu envolvimento com a teosofia. Contudo, é difícil deixar de ver muitas indicações das ideias de Kingsford em *As Revelações Secretas da Religião Cristã*. Eis um exemplo, uma passagem que trata da Redenção extraída de *The Perfect Way*:

> Sendo, portanto, a chave de todos os mundos, a Cruz apresenta, por assim dizer, quatro divisões ou significações; e de acordo com essas, o mistério da Crucificação mantém relação:
>
> Em primeiro lugar, com o sentido natural e real, e tipifica a Crucificação do Homem de Deus pelo mundo.
>
> Em segundo lugar, com o sentido intelectual e filosófico, e tipifica a Crucificação *no* homem da natureza inferior.
>
> Em terceiro lugar, com o sentido pessoal e sacrifical, e simboliza a Paixão e a Oblação do Redentor.
>
> Em quarto lugar, com o sentido celestial e criativo, e representa a Oblação de Deus ao Universo.[14]

Sem dúvida nenhuma, há fortes semelhanças entre as ideias expostas nessa passagem e a visão de Besant da Redenção. A exemplo de Kingsford e de Maitland, Besant fala de um sacrifício cósmico, a que Kingsford e Maitland chamam de "Oblação de Deus ao Universo". Conforme Besant o expressa, "O Logos se circunscreveu voluntariamente, modelando uma esfera que envolveu a Vida Divina e que surgiu como um orbe Divinamente radioso, tendo no interior a Substância ou o Espírito, e no exterior, a Matéria. [...] É nesta circunscrição ou limitação que reside o ato de sacrifício, ato voluntário, executado por amor, a fim de que outras vidas possam surgir no universo" (veja a p. 126).[15]

Considerada sob essa perspectiva, a história de Cristo assume uma importância muito mais universal do que a que lhe é atribuída. Não é uma promulgação em que uma parte de Deus sentencia uma outra parte a ser torturada até a morte como uma espécie de mitigação dos pecados humanos. (Essa perspectiva, chamada de redenção indireta, é totalmente desconsiderada por Besant.) Ao contrário, a história de Cristo tem a ver com o processo de sacrifício, morte e ressurreição conforme manifestado em todos os níveis da consciência e da manifestação, tanto cósmica quanto humana. Essa perspectiva oferece um alcance extremamente mais amplo e inspirador para a fé do que os dogmas confusos do cristianismo institucional.

Ao enfatizar a relação das ideias de Besant com as de *The Perfect Way*, não quero dar a entender que Kingsford e Maitland criaram esses ensinamentos. Nem eles alegam tê-lo feito. Kingsford atribuía-os a "iluminações" que recebera à noite do mundo espiritual; um visitante regular era, segundo ela, o grande visionário sueco do século XVIII, Emanuel Swedenborg. Não importa o meio pelo qual façamos essas afirmações, é indubitavelmente verdadeiro que, a exemplo de *As Revelações Secretas da Religião Cristã*, *The Perfect Way* representa um elo na longa, mas não interrompida, corrente de uma tradição espiritual do cristianismo que remonta às suas próprias origens, e das quais cada época oferece um testemunho.

Nos capítulos 2 e 3 de *As Revelações Secretas da Religião Cristã*, Besant realmente conta a história dessa corrente espiritual do ensinamento desde o tempo de Cristo até a época em que ela viveu. Ela invoca muitos dos grandes nomes da tradição: o apóstolo Paulo, os gnósticos, Orígenes, Clemente de Alexandria, Máximo, o Confessor, Meister Eckhart, os Amigos de Deus, os Irmãos da Vida Comum. Embora haja muito mais a discutir do que o espaço de que ela dispõe permite fazê-lo, ela realmente traduz toda essa série de visionários e o alcance da sua obra. Se há uma falha na sua pesquisa, pode ser localizada na seguinte passagem:

> Saudemos, com respeito, estes Filhos da Luz, que emergem, cá e lá, no curso dos séculos, mas somos forçados a reconhecer que não possuíam esta união es-

treita de inteligência penetrante e ardente devoção que o treinamento dos Mistérios concedia; não obstante, nos admiramos da sublime exaltação espiritual que os envolvia, lamentando, contudo, que tão raros dons não tenham sido mais bem desenvolvidos por esta magnífica *disciplina arcani*. (Veja a p. 79)

Besant parece supor que todos os grandes místicos e visionários do cristianismo espiritual tiveram as suas vivências espontaneamente, ou como seja sem o treinamento rigoroso que constitui a essência da formação esotérica. Penso que essa suposição não é fundamentada. Pelo que pude discernir, essa *disciplina arcani* ou "disciplina arcana" foi na verdade preservada ao longo da história cristã – em geral discretamente e na realidade furtivamente, em geral por pessoas ou grupos muito pequenos. Mas não acredito que se tenha perdido, nem que se perdeu desde aquela época. Como sempre, é preciso saber como olhar; às vezes, é uma questão de saber como encontrar.

Existe um outro campo em que, a meu ver, Besant parece não entender o ensinamento cristão espiritual. Esse tem a ver com o perdão dos pecados conforme ela discute no capítulo 11. Para Besant, os pecados nunca são realmente perdoados. Eles nada mais são do que o fruto da lei implacável do karma, "a sequência inviolável de causa e efeito". Não é possível escapar dessa lei. Conforme ela expressa, o perdão dos pecados "não lhe poupa, aqui embaixo, as consequências de sua má conduta; jamais esta tese foi sustentada, e, com exceção dos protestantes modernos, sempre se admitiu que o pecador, no Purgatório, tem os sofrimentos prolongados como efeito direto do seu pecado. A lei segue seu curso na terra, como no Purgatório e, nestes dois mundos, a aflição acompanha o pecado como as rodas da carroça seguem os bois" (veja a p. 174). O perdão, para Besant, tem mais a ver com um tipo de resignação à própria sorte, uma mera espera de que o karma se consuma, de um modo que parece mais oriental do que ocidental.

É verdade, é claro, que a lei do karma é uma doutrina central da tradição esotérica universal, no cristianismo assim como em praticamente todas as outras. "Aquilo que o homem semear, isso também ceifará" (Gl. 6:7). Mas se deixamos a matéria aqui, qual o sentido do perdão? O karma permanece à espera, sustendo a sua espada acima da nossa cabeça aconteça o que acontecer. Embora esse seja um ensinamento padrão – na realidade, conforme já disse, quase universal – ele não reflete, ouso sugerir, o gênio essencial do cristianismo, que envolve nada menos do que voltar a lei do karma contra si mesma.

No cristianismo esotérico, há apenas uma maneira de escapar do cobrador da dívida kármica, e ela é, na realidade, o perdão. Se criamos o karma pelos nossos pensamentos, palavras e ações, a única maneira de evitar as consequências das nossas ações passadas é pelo amplo perdão. Quando perdoamos os outros – mesmo sem nenhuma razão ou justificativa aparente, conforme Cristo insiste repetidamente – criamos um campo de possibilidade para que o perdão nos alcance também. Se libertarmos as pessoas das suas dívidas kármicas em relação a nós, então somos libertos. Isso está claramente definido no pai-nosso: "Perdoa-nos as nossas ofensas assim como nós temos perdoado a quem nos tem ofendido". Essa frase simples, ouvida com tanta frequência e com igual frequência ignorada, oferece a chave para a porta da prisão do karma. E essa ideia, até onde posso afirmar, é a contribuição exclusiva do ensinamento de Cristo, pois não conheço nenhum mestre ou ensinamento anterior ou depois dele que tenha dado tamanha ênfase ao perdão.

A relativa cegueira de Besant a essa verdade deve-se provavelmente à influência combinada dos ensinamentos orientais – onde o karma é na realidade inabalável – e do moralismo vitoriano. Mas todo pensador é até certo ponto prisioneiro do seu tempo e lugar, e dificilmente se pode acusar Besant por marcar presença nessa área. Na verdade, mais de um século desde a publicação original deste livro, é impressionante como ele se sustenta. Ele continua sendo uma das melhores introduções aos ensinamentos esotéricos do cristianismo, e deixou a sua marca em incontáveis escritores nessa área durante esses anos. Para considerar um único exemplo, o conceito de "Cristo interior", que se encontra nos círculos da Nova Era, deve-se direta ou indiretamente à influência de Besant.

Se *As Revelações Secretas da Religião Cristã* dá algum motivo para melancolia, ele reside na percepção de que os inimigos ideológicos a que Besant se opôs – o materialismo científico e o sectarismo retrógrado – parecem simplesmente tão vigorosos hoje quanto eram na sua época. Apesar de todas as tragédias que a civilização ocidental testemunhou no século XX, parece que não está próxima de alcançar uma visão espiritual mais abrangente do que era em 1905. Ao mesmo tempo, porém, devemos nos lembrar de que a história oferece inúmeros exemplos de súbitas reviravoltas e mudanças de curso, e que os tempos de dissecação espiritual muitas vezes deram origem a tempos de extraordinária fertilidade e rejuvenescimento. Se nos encontrarmos em uma época assim em futuro próximo, será parcialmente graças a este livro notável.

Para esta edição, não mudei nem suprimi o texto original de Besant em parte alguma, a não ser para corrigir alguns erros tipográficos extremamente mínimos e óbvios, e para adotar convenções da grafia americana (a não ser em citações diretas). Mantive quase todos os casos de grafia com maiúsculas e de pontuação conforme encontrei, embora esses divirjam em vários sentidos do costume atual. Entretanto, sempre que possível, acrescentei algumas informações de publicações nas notas de rodapé. Também fiz alguns comentários nas notas de rodapé originais, que estão claramente indicados entre colchetes. No corpo principal do texto, todo o material entre colchetes consiste em acréscimos da própria Besant, normalmente a passagens que ela cita. As minhas próprias anotações estão basicamente contidas nas notas finais, que usei para elucidar e expandir as ideias de Besant quando necessário, assim como para explicar algumas das referências dela que podem não ser claras ao leitor dos nossos dias.

Richard Smoley
Maio de 2006

NOTAS

1. Desde 2004, o índice permanece em 16%, de acordo com o Institute for Jewish and Community Research, de San Francisco, <http://www.jewishresearch.org/v2/2004/articles/demography/10_30_04.htm>. Uma pesquisa de 2001 mostrou que 14,1% dos americanos "não segue nenhuma religião organizada. Esse é um aumento excepcionalmente rápido – quase o dobro – em relação aos apenas 8% de 1990", relatou o Ontario Consultants on Religious Tolerance <http://www.religioustolerance.org/chr_prac2.htm>.
2. Annie Besant, *Autobiographical Sketches* (Londres: Freethought, 1885); citado em Mark Bevir, "Annie Besant's Quest for Truth: Christianity, Secularism, and New Age Thought" [A Busca da Verdade de Annie Besant: Cristianismo, Secularismo e Pensamento da Nova Era], estudo não publicado, 1999; <http://repositories.cdlib.org/cgi/viewcontent.cgi?article=3136&context=postprints.> Veja também <http://www.bbc.co.uk/history/historic_figures/besant_annie.shtml>.

3. *A Doutrina Secreta*, VI vols., publicado pela Editora Pensamento, São Paulo, 1980.
4. Besant, *An Autobiography*, cap. 14; <http://www.blackmask.com/thatway/books153c/abesedex.htm>.
5. *Os Chakras*, publicado pela Editora Pensamento, São Paulo, 1960.
6. C. W. Leadbeater, *The Science of the Sacraments,* 2ª ed. (Adyar, Índia: Theosophical Publishing House, 1929), p. 7.
7. H. P. Blavatsky, *The Secret Doctrine* (Wheaton, Illinois: Theosophical Publishing House, Quest Books, 1993 [1888]), vol. 2, p. 304. [*A Doutrina Secreta*, publicado pela Editora Pensamento, São Paulo, 1980.]
8. *Ísis sem Véu*, IV vols., publicado pela Editora Pensamento, São Paulo, 1990.
9. H. P. Blavatsky, *Isis Unveiled* (Wheaton, Illinois: Theosophical Publishing House, Quest Books, 1994 [1877]), vol. 2, p. 208. [*Ísis sem Véu*, publicado pela Editora Pensamento, São Paulo, 1990.]
10. *Ibid.*, vol. 2, p. 38. A ênfase em itálico, aqui e nas outras passagens citadas, é do original, a menos que seja indicado o contrário.
11. *Ibid.*, vol. 2, p. 545. Sobre outras discussões dos contrastes entre Blavatsky e Besant, veja Margaret Thomas, "Theosophy versus NeoTheosophy" [Teosofia e Neoteosofia], <http://www.blavatskyarchives.com/thomas/index.htm>.
12. Citado em Samuel Hopgood Hart, prefácio para o livro de Anna Bonus Kingsford e Edward Maitland, *The Perfect Way*, 5ª ed. (Londres: Watkins, 1923), p. xxxiv.
13. Arthur Nethercat, *The First Five Lives of Annie Besant,* citado em Alan Pert, "Longer Biography of Anna Kingsford" [Biografia Mais Extensa de Anna Kingsford], <http://www.personal.usyd.edu.au/~apert/kingsford.html>.
14. Kingsford e Maitland, p. 107.
15. Besant refere-se ao fato de que esse mandamento de Cristo aparece no que é conhecido como a longa conclusão do Evangelho de Marcos, que praticamente todos os eruditos religiosos importantes consideram como não integrante do original. A parte autêntica do Evangelho termina abruptamente em Marcos 16:8. Injunções semelhantes, mas não idênticas, podem ser encontradas em Mateus 10:7, 27, e Lucas 9:2.

CAPÍTULO

1

O LADO OCULTO DAS RELIGIÕES

A maioria das pessoas que lerem o título deste livro o acusará imediatamente de envolver uma ideia falsa. Segundo uma opinião muito divulgada e, por consequência, popular, o Cristianismo nada apresenta que possa ser chamado "ensinamento oculto"; quanto aos Mistérios, tanto Maiores como Menores, foi uma instituição puramente pagã. O próprio nome "Mistérios de Jesus", tão familiar aos cristãos dos primeiros séculos, surpreenderia seus sucessores modernos, e a opinião que viu nestes Mistérios uma instituição especial e definida provocaria, hoje, risos de incredulidade. Que digo? Tem-se afirmado com orgulho que o Cristianismo não tem segredos – que o que ele tinha a dizer e a ensinar, o dizia e o ensinava a todos. Suas verdades passam por ser de tal simplicidade que o "primeiro que chega, mesmo ignorante – as compreenderá sem dificuldade", e que "a simplicidade do Evangelho" se tornou uma expressão banal.

É, portanto, necessário provar claramente que – pelo menos quanto à Igreja Primitiva – o Cristianismo em nada cedia às outras grandes religiões que possuíam um "lado oculto", e que guardava, como inestimável tesouro, os segredos, revelados aos escolhidos, em seus mistérios. Mas, antes de empreender essa tarefa, devemos considerar em seu conjunto a questão deste lado oculto das religiões e examinar por que o lado oculto é para uma religião a condição primordial de sua força e estabilidade. A presença deste elemento no Cristianismo aí ficará provada ao mesmo tempo, e as passagens em que os Doutores da Igreja fazem alusão a ele parecerão naturais e fáceis de interpretar, em vez de serem chocantes e ininteligíveis.

A existência deste esoterismo é um fato histórico – podemos prová-lo – mas é possível também demonstrar que ele é uma necessidade de ordem intelectual.

Qual é o fim das religiões?

É a primeira pergunta que se apresenta. As religiões são dadas ao mundo por homens mais sábios que as massas que as recebem. São destinadas a apressar a evolução humana, e sua ação, para ser efetiva, deve atingir e influenciar individualmente os homens. Ora, nem todos os homens alcançaram o mesmo grau de evolução. A evolução pode, ao contrário, ser representada como uma rampa ascendente em que cada ponto é ocupado por um homem. Os mais evoluídos estão, intelectual e moralmente, muito acima dos menos adiantados. A cada degrau, a faculdade de compreender e de agir se modifica. É, portanto, inútil querer dar a todos o mesmo ensinamento religioso. O que seria auxílio para o homem intelectual, ficaria completamente incompreensível para o homem boçal; o que despertaria o êxtase no santo, não despertaria nenhuma impressão no criminoso. Se, por outro lado, o ensinamento se destina a auxiliar os inteligentes, é para o filósofo insuficiente e vazio; se serve para o criminoso, permanece inútil para o santo. E, no entanto, todas as categorias humanas têm necessidade de religião, a fim de alcançar uma vida superior à sua existência atual. Mas, ao mesmo tempo, uma categoria ou classe não deve ser sacrificada a qualquer outra. A religião deve ser graduada como a própria evolução, senão jamais atingiria seu fim.

Como, então, as religiões devem procurar apressar a evolução humana? As religiões devem formar as naturezas moral e intelectual e secundar o desenvolvimento da natureza espiritual. Considerando o homem como um ser complexo, elas procuram atingir cada um dos elementos que o compõem, dirigindo-se, por consequência, a cada homem por meio de ensinamentos apropriados às suas mais variadas necessidades.

Estas lições devem, portanto, adaptar-se a cada uma das inteligências, a cada coração, aos quais elas se destinam.

Se uma religião não atinge nem esclarece a inteligência, purifica e eleva as emoções, não alcançará seu fim quanto à pessoa a quem ela se destina.

A religião não se dirige somente às inteligências e às emoções; procura ainda, como dissemos, estimular o desenvolvimento da natureza espiritual. Ela responde a esse impulso interior que existe no homem e que não cessa de impelir a humanidade para a frente. Porque, no fundo do coração de cada um de nós – entravada, muitas vezes, por condições transitórias, ou por preocupações e interesses absorventes – existe uma aspiração contínua por Deus.

"Como suspira a corça pelas correntes das águas" (Sl. 42:1), assim, por ti, ó Deus, suspira a minha alma. Esta aspiração apresenta momentos de suspensão, em que o ardor espiritual parece desaparecer. A civilização e o pensamento apresentam fases em que este clamor pela divindade, do espírito humano em busca da sua fonte – tal como a água procura retomar o seu nível, conforme a expressão de Giordano Bruno[1] – em que esta aspiração apaixonada do espírito humano por aquilo que é da mesma natureza, no universo – da parte para o todo – parece desaparecer, desvanecer-se.

Mas, em breve ela desperta, e o mesmo grito lançado pelo espírito se faz ouvir.

Este instinto pode ser momentaneamente sufocado e aparentemente perecer, mas incessantemente se levanta – apesar da oposição que a reduz ao silêncio – e assim prova que ele é uma tendência inevitável, inerente à natureza humana, e dela inseparável.

Os que gritam, triunfantes: "Vejam! ele morreu!", o encontram diante deles, sempre retornado à vida. Os que edificam, sem o levar em conta, veem suas construções, bem acabadas, se partirem como vítimas de um tremor de terra. Os que proclamam que já passou seu tempo, descobrem que as superstições mais extravagantes nascem do seu desprezo. E tanto isto é verdade, que ele é parte integrante da humanidade, e que o homem exige uma resposta às suas interrogações, e ao silêncio prefere uma resposta, embora falsa.

Quando não se consegue descobrir a verdade religiosa, escolhe-se o erro, de preferência a permanecer sem religião; aceita-se o ideal, embora vazio e falso, mas recusa-se a negar a sua existência.

Deste modo, a religião dirige-se a esta impetuosa necessidade, apoderando-se, na natureza humana, deste princípio que lhe dá vida, ela o purifica e o guia para o fim que o espera – a união do espírito humano com o Espírito Divino – a fim de que este Deus esteja em todos.

Uma terceira pergunta se apresenta: "Qual é a origem das religiões?" Esta questão recebeu, nos tempos modernos, duas respostas: a das Mitologias comparadas e a das Religiões comparadas. Estas duas ciências dão como base comum para sua resposta os fatos estabelecidos. As investigações demonstraram, de maneira indiscutível, que as diferentes religiões se assemelham por seus grandes ensinamentos; por seus Fundadores, que manifestam faculdades sobre-humanas e uma elevação moral extraordinária; por seus preceitos éticos; pelos métodos que elas empregam para entrar em relação com os mundos invisíveis, e finalmente, pelos símbolos que exprimem as suas crenças religiosas. Essas semelhanças, que chegam, às vezes, até a identidade, provam – segundo as escolas que nomeamos – uma origem comum.

Os dois partidos diferem, entretanto, na maneira de definir a natureza desta origem. A mitologia comparada afirma que a origem comum é uma ignorância comum e que as religiões mais transcendentes são apenas a expressão aperfeiçoada de ingênuas e bárbaras concepções de selvagens – homens primitivos – referentes à sua própria existência e ao mundo que os rodeia. O animismo, o fetichismo, o culto da natureza, o culto do sol: tal é a vaga de onde emerge o lírio esplêndido das religiões.[2]

Um Krishna, um Buda, um Jesus, são os descendentes diretos, embora altamente civilizados, dos curandeiros – que se contorcionam diante dos selvagens boquiabertos.

Deus é uma fotografia composta dos incontáveis deuses que personificam as forças da natureza.

Tudo se resume nesta frase: as religiões são ramos de um tronco comum – a ignorância humana.

Em compensação – segundo a ciência das Religiões comparadas[3] – todas as religiões têm sua origem nos ensinamentos de homens divinos, que revelam de tempos em tempos, às diferentes nações, os fragmentos de verdades religiosas fundamentais que elas estão em condições de compreender; a moral ensinada é sempre a mesma, os meios adotados são semelhantes, os símbolos são idênticos em sua significação. As religiões selvagens – o animismo e todas as outras – são degenerescências que resultam de uma longa decadência, modalidades desfiguradas de crenças religiosas verdadeiras.

O culto do sol e as formas puras do culto da natureza foram, para sua época, religiões elevadas, extremamente alegóricas, mas sempre apresentando verdades e conhecimentos profundos. Os seus grandes Fundadores – é a opinião dos hindus, budistas e de certo número de pessoas que se ocupam das religiões comparadas, tais como os teósofos – formam uma Fraternidade permanente de homens que já ultrapassaram o nível da humanidade. Eles se apresentam, em certos momentos, para esclarecer e guiar o mundo, e são os protetores espirituais da raça humana. Essa tese pode ser assim resumida: "As religiões são ramos de um tronco comum – a Sabedoria divina".

Esta Sabedoria divina é chamada a Gnose, a Teosofia[4]; e muitos espíritos, em diferentes épocas da história do mundo, no desejo de melhor proclamar sua crença na unidade das religiões, preferiram o nome eclético de Teósofos a qualquer outra designação de sentido mais restrito.

O valor relativo das afirmações das duas escolas opostas deve ser julgado pelo valor das provas invocadas. A forma degenerada de uma grande ideia pode apresentar estreita semelhança com o produto aperfeiçoado de uma ideia grosseira.

O único meio de reconhecer se há degenerescência ou evolução séria – se fosse possível – é examinar os que foram nossos antepassados mais ou menos afastados e os das épocas primitivas. Os argumentos apresentados por aqueles que acreditam na existência da Sabedoria são desta natureza. Segundo suas alegações, os Fundadores das religiões, da forma como nos mostram seus ensinamentos, excedem infinitamente o nível da humanidade ordinária: as Escrituras sagradas contêm preceitos morais, um ideal sublime, alta poesia, afirmações profundamente filosóficas, cuja grandeza e beleza não se comparam com os trabalhos modernos oferecidos por estas mesmas religiões. Em outros termos, o antigo excede ao recente, e não o recente ao antigo. É impossível citar um só exemplo de aperfeiçoamento gradual nas religiões, em geral. Ao contrário, citam-se casos numerosos de ensinamentos puros que degeneraram.

Mesmo entre os selvagens, pode-se descobrir, estudando com cuidado suas religiões, numerosos traços de ideias elevadas que eles seriam incapazes de conceber por si mesmos.

Este último argumento foi desenvolvido por Andrew Lang. A julgar por seu livro, *The Making of Religion*, este autor parece pertencer antes ao campo das Religiões comparadas. Ele mostra a existência de uma tradição comum que os selvagens não poderiam desenvolver por si mesmos, suas crenças habituais sendo das mais primitivas e sua inteligência fraca. Sob essas crenças grosseiras e ideias deturpadas, Lang descobre tradições de caráter sublime, referente à natureza do Ser divino e a suas relações com a humanidade.

Se as divindades são, na maior parte, verdadeiros demônios, por detrás e acima delas se levanta uma vaga e gloriosa Presença, que nem sempre é designada; dela se fala sempre baixo, como de um poder cheio de amor e bondade, demasiado terno para inspirar o terror, demasiado bom para quem lhe dirige súplicas.

Noções semelhantes encontram-se entre os selvagens que, evidentemente, não as poderiam ter concebido; elas permanecem como testemunhas eloquentes das revelações de algum grande Instrutor, cuja tradição nebulosa pode também descobrir-se de um Filho da Sabedoria, pelo qual certos ensinamentos foram dados numa época infinitamente longínqua.

É fácil compreender a razão e, até certo ponto, justificar a opinião sustentada pela ciência das Mitologias comparadas. Por toda a parte, entre as tribos selvagens, ela vê as crenças religiosas revestirem-se de formas abjetas e coincidirem com a falta absoluta de civilização. Ora, os homens civilizados, descendendo, por evolução, de homens não civilizados, não é natural admitir-se que as religiões civilizadas resultem da evolução das não civilizadas?

É a primeira ideia que acomete o espírito.

Um estudo posterior e mais cuidadoso pode unicamente mostrar que os selvagens de hoje representam não os nossos antepassados, mas são os descendentes degenerados de grandes raças civilizadas de outrora; que, no seu desenvolvimento, o homem primitivo não foi abandonado sem direção, mas guiado e formado pelos seus *irmãos maiores*, de quem receberam as primeiras lições de religião e de civilização.[5]

Esta maneira de ver se acha comprovada pelos fatos de que fala Lang, mas surge este problema: "Que foram esses irmãos, cuja tradição subsiste por toda a parte?"

Dentro em pouco responderemos.

Continuando a nossa investigação, chegamos agora a esta pergunta: "A que povos foram dadas as religiões?" Aqui se apresenta uma dificuldade que todo o Fundador de religião é chamado a resolver; ela é inerente, como já vimos, ao fim essencial da religião – a aceleração da evolução – e a seu resultado, a necessidade de levar em conta todos os graus da evolução individual.

Os homens pertencem aos estágios mais diversos; alguns apresentam uma extrema inteligência, mas outros uma nascente mentalidade; aqui uma civilização de um desenvolvimento e complexidade notáveis, lá uma organização rudimentar e ingênua.

Mesmo nos limites de uma dada civilização, encontramos os mais variados tipos, os mais ignorantes como os mais instruídos, os mais ponderados como os mais descuidados, e dotados de grande espiritualidade e os excessivamente brutais.

É necessário, portanto, satisfazer a cada uma dessas categorias de seres, ajudando-os no que eles mais necessitam.

Se a evolução existe, esta dificuldade é inevitável; o Instrutor divino deve abordá-la e vencê-la; de outro modo, sua obra perecerá. Se o homem, como tudo o que o rodeia, está submetido à evolução, estas diferenças de desenvolvimento, estes graus de inteligência tão variados, devem, por toda a parte, caracterizar a humanidade e, por toda a parte, devem as religiões deste mundo levá-los em conta.

Isto nos obriga a reconhecer que um único e mesmo ensinamento religioso não poderia satisfazer a uma mesma nação, e muito menos ao mundo inteiro. Se não existisse senão um ensinamento, muitos daqueles a quem se dirigisse escapariam totalmente à sua influência. O ensinamento apropriado aos homens de inteligência limitada, de moralidade rudimentar, de sentidos obtusos, os ajudaria e os favoreceria em sua evolução, porém não ajudaria esta mesma religião aos homens pertencentes à mesma nação, fazendo parte da mesma civilização, mas que apresentassem uma natureza moral viva e impressionável, uma inteligência brilhante e sutil, uma espiritualidade crescente. Mas, por outro lado, esta última classe precisa ser auxiliada; se a inteligência deve receber uma filosofia que possa admirar; se a delicadeza das percepções morais deve ser mais trabalhada ainda; se a natureza espiritual nascente deve poder, um dia, atingir sua plenitude luminosa, a religião deverá reunir uma espiritualidade, uma intelectualidade e moralidade tais que o seu discurso não possa afetar nem a razão, nem o coração dos homens a quem primeiro nos referimos; ela não apresentará para eles senão uma série de frases sem significação, incapazes de despertar sua inteligência adormecida ou de lhes apresentar um motivo elevado que permita noções morais mais puras.

Ao examinar estes fatos e considerando o fim da religião, seu modo de ação, sua origem, a natureza e as necessidades variadas dos homens a quem se dirige; reconhecendo a evolução no homem, suas faculdades espirituais, intelectuais e morais e a necessidade, para cada um, de uma educação apropriada a seu grau de evolução, nós somos levados a reconhecer a necessidade absoluta de ensinamentos religiosos variados e graduados que satisfaçam a essas necessidades diferentes e possam ajudar cada homem individualmente.

Ainda outra razão nos diz que o ensino deve permanecer esotérico no que se refere a certas verdades, às quais se aplica essencialmente a máxima: "Saber é poder". A promulgação de uma filosofia profundamente intelectual, capaz de desenvolver espíritos já acima do comum e receber a adesão de altas individualidades, não pode prejudicar a ninguém. Esta filosofia pode ser difundida sem receio, porque não interessa aos ignorantes que dela se desviam por achá-la árida, difícil e sem interesse.

Mas há ensinamentos relativos à organização, que explicam leis ocultas e esclarecem operações secretas, cujo conhecimento dá a chave de certas energias naturais e que permitem utilizar essas energias para fins determinados, como o químico faz com o produto de suas combinações.

Semelhantes conhecimentos podem ser de grande utilidade para homens muito adiantados, permitindo-lhes servir com mais eficácia a humanidade. Mas se estas condições fossem vulgarizadas, poderiam ser, e seriam, mal-empregadas, tal como se deu o segredo dos venenos sutis na Idade Média, utilizados pelos Bórgias; passariam a homens de inteligência poderosa, mas de desejos exagerados, homens animados de instintos de separatividade, procurando seu bem pessoal e indiferentes ao bem comum; estes homens, seduzidos pela ideia de obter um poder cuja posse os elevaria acima do nível geral, pondo a humanidade à sua discrição, procurariam aumentar seus conhecimentos, de forma a se elevarem a uma altura sobre-humana; e, possuindo-os, se tornariam mais egoístas e firmes em seus sentimentos de separatividade, mais orgulhosos do que nunca, e se achariam assim encaminhados pela estrada que conduz ao diabolismo, o caminho da Mão Esquerda, cujo término é o isolamento e não a união; não somente sofreriam em sua natureza interior, mas ainda se tornariam um perigo para a sociedade, que tem já sofrido bastante da parte dos homens cuja inteligência é mais desenvolvida que a consciência. Daí a necessidade de pôr certos ensinamentos fora do alcance dos que, moralmente, são ainda inaptos para os receber, medida que se impõe a todo o Instrutor que difunde esses conhecimentos. O Instrutor deseja transmiti-los aos que possam servir ao bem geral e acelerar a evolução humana com os poderes que eles conferem; mas, ao mesmo tempo, recusa-os aos homens que, prejudicando seus semelhantes, os aplicaria aos seus interesses pessoais.

Não são simples teorias o que acabamos de dizer, e o afirmam os *Anais Ocultos*, ao detalhar os fatos mencionados na *Gênese*, cap. IV e seguintes. O ensinamento era dado, naqueles tempos afastados e no continente da Atlântida, sem a segurança da elevação moral, da pureza e do altruísmo necessário ao postulante. A instrução era dada àqueles cuja inteligência era suficiente, exatamente como em nossos dias se ensina a ciência ordinária.

A publicidade, que tanto se reclama hoje, existia então; ela trouxe seus frutos e os homens tornaram-se não somente gigantes intelectuais, mas também gigantes de iniquidades, até o momento em que a terra gemeu sob sua opressão e o grito da humanidade tiranizada repercutiu através dos mundos.

Foi então que se deu a destruição da Atlântida, a submersão deste imenso continente nas águas do oceano. A narração do dilúvio de Noé, nas escrituras hebraicas, a história de Vaivasvata Manu[6], contada nas escrituras hindus, no Extremo Oriente, dão alguns detalhes deste acontecimento.

Havia, portanto, perigo em deixar mãos impuras apossar-se de um saber que dá o poder, e, desde então, os grandes Instrutores impuseram condições rigorosas, exigindo a pureza, o altruísmo e o domínio de si mesmo a toda a pessoa que pedisse ser instruída nestas matérias. Eles se recusam claramente a comunicar conhecimentos deste gênero a quem não se submete a uma disciplina rígida, destinada a eliminar sentimentos e interesses com tendências separatistas; eles ligam mais importância à força do candidato do que a seu desenvolvimento intelectual, porque o próprio ensinamento lhe desenvolverá o intelecto, desde que ponha em prova a sua natureza moral.

É infinitamente preferível, para os Grandes Seres, que sejam acusados de egoísmo pelos ignorantes, por não divulgarem seus conhecimentos, do que precipitar o mundo numa nova catástrofe atlante.

Tais são os argumentos teóricos nos quais baseamos a necessidade da existência, em toda religião, de um lado oculto. Se da teoria passamos aos fatos, somos naturalmente levados a perguntar: "Este lado oculto existiu no passado, e fez parte das religiões deste mundo?" A resposta deve ser imediata e francamente afirmativa. Todas as grandes religiões declaram que dispõem de um ensinamento oculto e que conservam o depósito, não somente de conhecimentos místicos teóricos, mas ainda de conhecimentos místicos práticos ou ciências ocultas. A interpretação mística dos ensinamentos populares era dada abertamente; ela mostrava o caráter alegórico das religiões, dando às afirmações e às narrações estranhas e pouco racionais um sentido intelectualmente aceitável.

Por detrás do ensino popular, estava o misticismo teórico; e, do misticismo teórico, o misticismo prático, o ensinamento espiritual, que não era dado senão sob condições expressas, claramente comunicadas e obrigatórias para todo candidato.

Clemente de Alexandria menciona esta divisão dos mistérios. "À purificação – diz ele – sucedem os Mistérios Menores; eles constituem uma base de instrução e de preparação para o grau seguinte; em seguida, os Mistérios Maiores, nos quais nada mais resta a aprender no universo: mas somente em contemplar e compreender a natureza e as coisas".[7]

No que concerne às religiões da antiguidade, essa afirmação não poderia ser acusada de inexatidão. Os Mistérios do Egito foram a glória desta terra venerável, e os maiores filhos da Grécia, tal como Platão, se transportaram a Sais e a Tebas para serem aí iniciados por egípcios, Instrutores da Sabedoria. Na Pérsia, os mistérios de Mitra; na Grécia, os mistérios de Orfeu e Baco e, mais tarde, os de Elêusis, da Samotrácia, da Cítia e da Caldeia, de todos conhecidos, pelo menos de nome. Embora, sob uma forma extremamente degenerada, os mistérios de Elêusis mereceram o respeito dos homens mais eminentes da Grécia, tais como Píndaro, Sófocles, Isócrates, Plutarco, Platão. Ligava-se aos mistérios especial importância sob o ponto de vista da existência do além-túmulo – o iniciado adquiria os conhecimentos que lhe asseguravam a felicidade futura.[8]

Sópatro afirma, ainda mais, que a iniciação estabelece uma aliança entre a alma e a Natureza divina e, no hino exotérico a Deméter, encontramos alusões veladas à crença sagrada, Íaco, à sua morte, à sua ressurreição, ensinadas nos Mistérios.[9]

De Jâmblico, o grande teurgo do terceiro e quarto séculos depois de Cristo, muito há a aprender com relação ao fim dos mistérios. A teurgia era a magia, "a parte mais adiantada da ciência sacerdotal;"[10] ela era praticada nos Mistérios Maiores, para evocar a aparição dos Seres superiores. Resumida em algumas palavras, a teoria que serve de base aos mistérios é a seguinte: Primeiramente, o *Único*, anterior a todos os seres, imóvel, concentrado na solidão de sua própria unidade. Dele emana o Deus supremo; gerador de si mesmo, o Bem, a Fonte de todas as coisas, a Raiz, o Deus dos Deuses, a Causa Primária, cuja manifestação é a luz.[11] Deste surge o Mundo Inteligível ou Universo Ideal, a Mente Universal, o *Nous*, do qual dependem os deuses incorpóreos e intelectuais. Do *Nous* procede a Alma do Mundo, à qual pertencem as "formas divinas intelectuais, que acompanham os corpos visíveis dos deuses".[12] Em seguida, vêm as diferentes hierarquias de seres super-humanos, os Arcanjos, os Arcontes (governadores) os Cosmocradores, os Anjos, os *Daimones*, etc. O homem constitui uma ordem menos elevada, mas de natureza análoga à deles; pode chegar a conhecê-los; a experiência mostrou isto nos Mistérios e conduz à união com Deus.[13]

Conforme as doutrinas professadas nos mistérios, "todas as coisas procedem do Único e para ele voltam"; "O Único é superior a tudo"[14]. Além do mais, estes diferentes Seres eram invocados e apareciam ora para instruir, ora para elevar e purificar apenas com a sua presença.

"Os deuses benevolentes e misericordiosos – diz Jâmblico – difundem de maneira liberal a luz aos teurgos; atraem para eles as almas destes, unindo-as a eles e habitando-as, embora ligadas aos corpos, a se separarem destes e a evoluírem para a única causa eterna e inteligível."[15] Porque, como a alma tem uma dupla vida, uma com o corpo, outra distinta do corpo, é indispensável aprender a separar a alma do corpo, a fim de que ela possa unir-se aos deuses por sua parte intelectual e divina, e aprender, com os verdadeiros princípios do conhecimento, as verdades do mundo inteligível.[16] A presença dos deuses nos dá a saúde do corpo, a virtude da alma, a pureza da inteligência, numa palavra, a volta de tudo o que está em nós às causas próprias... O que não é corpo, ela o representa como corpo aos olhos da alma, por intermédio dos olhos do corpo.[17] Nas epifanias dos deuses, as almas recebem a perfeição extraordinária e extrema, e participam do amor divino e da alegria indivisível.[18] "É assim que nós obtemos uma vida divina e nos tornamos, na realidade, divinos."[19]

O ponto culminante dos Mistérios era a transformação do Iniciado em Deus, seja pela união com um Ser divino exterior, seja abrindo os olhos à existência divina dentro dele.

Este estado toma o nome de êxtase; um iogue hindu chamá-lo-ia o *Samadi* superior – o corpo grosseiro caindo em letargia e a alma liberada efetuando sua própria união com o Grande Ser. Este "êxtase não é, propriamente, uma faculdade; é um estado da alma que a transforma de tal maneira que percebe o que estava, até então, oculto para ela. Enquanto a nossa união com Deus não for irrevogável, este estado não será permanente; aqui, em nossa vida terrestre, o êxtase é apenas um relâmpago. O Homem pode cessar de ser homem e tornar-se um Deus, mas não pode ser, ao mesmo tempo, Deus e homem".[20]

Plotino disse que não tinha conseguido atingir este estado "senão três vezes".

Proclo também ensinava que o único meio de salvação para a alma era a volta à sua forma intelectual; a alma se furtava, assim, ao "círculo da geração e a todas as suas peregrinações" e atingia a verdadeira existência – "a volta à energia sempre a mesma e simples do período caracterizado pelas diferenças". Tal é a vida à qual aspiram os candidatos, iniciados por Orfeu nos Mistérios de Baco e de Prosérpina; tal é o resultado obtido pela prática das virtudes purificadoras ou catárticas.[21]

Estas virtudes eram exigidas para os Grandes Mistérios, porque exerciam uma ação sobre a purificação do corpo sutil, no qual funcionava a alma quando deixava o corpo grosseiro. As virtudes políticas ou práticas pertenciam à vida diária; elas eram exigidas até um certo ponto, antes que o homem pudesse se apresentar à admissão numa escola como aquelas a que nos temos referido.

Em seguida, vinham as virtudes catárticas, purificando o corpo sutil, o das emoções e o mental inferior; depois as virtudes intelectuais, próprias ao *Augoeides*, ou lado luminoso da inteligência; finalmente, as virtudes contemplativas ou paradigmáticas, pelas quais se obtém a união com Deus. Segundo Porfírio: "Aquele que exerce as virtudes práticas é um homem de bem; o que exerce as virtudes purificadoras é um homem angélico ou, ainda, um bom *daimon*. Quem exerce as virtudes intelectuais já é um Deus – mas aquele que exerce as virtudes paradigmáticas é o Pai dos Deuses".[22]

Nos Mistérios, muitos ensinamentos vinham ainda das hierarquias angélicas e de outras. Pitágoras, o grande Instrutor, que recebera a instrução na Índia e que comunicava a seus discípulos "o conhecimento das coisas que existem", passa por ter sido versado na ciência musical a ponto de conseguir domar as paixões mais selvagens e iluminar as inteligências.

Jâmblico cita dele exemplos em sua *Vida de Pitágoras*.

Parece provável que o nome de *Teodidato* dado a Amônio Saccas, mestre de Plotino, se referisse menos à sublimidade destes ensinamentos do que à instrução divina que lhe era dada nos Mistérios.[23]

Alguns dos símbolos usados são explicados por Jâmblico, que exorta Porfírio a esquecer a imagem da coisa simbolizada e atingir o seu sentido intelectual.[24] Assim, "a lama" representava o que era corpóreo e material; o "Deus sentado diante do lótus" significava que Deus é superior à matéria e ao intelecto, simbolizados pelo lótus. Sendo apresentado "num navio em marcha", o símbolo indicava que Ele reinava sobre o mundo. E assim sucessivamente.[25] Proclo diz – a propósito do costume de empregar símbolos – que "o método órfico tinha por fim a revelação das coisas divinas por meio de símbolos: fato comum a todos os autores que tratam da ciência divina".[26]

A Escola Pitagórica da Grande Grécia foi fechada no fim do sexto século antes de Cristo, em consequência das perseguições do poder civil, mas existiam outras comunidades que guardavam a tradição sagrada.[27] Segundo Mead, Platão a apresentou sob uma forma intelectual, a fim de que não fosse profanada; os ritos de Elêusis dela guardaram algumas formas, sem conservar o espírito. Os neoplatônicos foram os herdeiros de Pitágoras e de Platão; é preciso estudar seus escritos para se fazer uma ideia da majestade e da beleza conservadas, nos Mistérios, para a humanidade.

Podemos tomar a própria Escola Pitagórica como o tipo da disciplina imposta aos discípulos. Mead dá, sobre este assunto, numerosos e interessantes detalhes:[28] "Os autores antigos estão acordes em declarar que esta disciplina conseguiu formar modelos incomparáveis, não só pela pureza perfeita de seus costumes e sentimentos, mas ainda por sua simplicidade, delicadeza e extraordinário gosto por ocupações sérias. Isto é admitido pelos próprios autores cristãos". A Escola tinha discípulos externos que levavam vida de famílias e social; a citação que acabamos de dar se refere a eles. A Escola interna compreendia três graus sucessivos: os *Ouvintes*, que trabalhavam sem falar durante dois anos, assimilando da melhor maneira os ensinamentos; os *Matemáticos*, que estudavam, com a geometria e a música, a natureza dos números, das formas, das cores e dos sons; finalmente, os *Físicos*, que aprendiam a cosmogonia e a metafísica.

Isto conduzia aos Mistérios propriamente ditos. As pessoas que desejavam ser admitidas na Escola deviam gozar "uma reputação irrepreensível e ter um caráter firme".

A estreita semelhança existente entre os métodos empregados e o fim observado nos diferentes Mistérios e a Ioga indiana, torna-se evidente ao mais superficial observador. Mas isto não significa que os povos da antiguidade os tenham ido beber na Índia; todos os receberam na Grande Loja da Ásia Central, que, a todas as partes, enviou seus Iniciados. Estes ensinavam a todos as mesmas doutrinas e empregavam o mesmo método que conduz ao mesmo fim. Os Iniciados das diferentes nações estavam sempre em relação constante; empregavam linguagem e simbolismo comuns. Assim foi que Pitágoras, ao fazer uma viagem à Índia, recebeu ali uma alta Iniciação, e Apolônio de Tiana ali esteve, mais tarde. Plotino, moribundo, pronunciou estas palavras, puramente indianas pelos termos como pelo pensamento: "Procuro agora identificar o Eu que está em mim com o Eu Universal".[29]

Entre os hindus, o dever de não ensinar os conhecimentos supremos aos que não fossem dignos era rigorosamente observado.

"O mistério mais profundo do conhecimento final não deve ser desvendado àquele que não for nem filho, nem discípulo e cujo mental não estiver calmo."[30] Noutra parte, lemos, segundo uma definição da Ioga: "Levante-te! Você encontrou os Grandes Seres; escute-Os! O caminho é tão difícil de seguir como a lâmina de uma navalha. Assim falam os sábios".[31]

O Instrutor é necessário, porque não basta apenas o ensino escrito. O conhecimento final consiste em conhecer Deus e não somente em Adorá-Lo de longe. O homem deve saber que a Existência Divina é real; em seguida, que fé e esperança vagas não bastam, que no íntimo do seu próprio Ser é ele idêntico a Deus e que o objetivo da vida é realizar esta unidade.

Mas, se não pode guiar o homem para esta realização, a religião se torna como o *bronze que soa ou como o címbalo que retine* (1 Co. 13:1).

O homem – ensinava-se igualmente – devia aprender a abandonar seu corpo grosseiro: "Como o homem dotado de resolução e constância, ele separa a sua alma do próprio corpo, como um fio de erva da sua vagem".[32] Também: "No seu invólucro de ouro – o mais alto – permanece imaculado, o invariável Brama. É a Luz das Luzes, irradiante e branca: os que conhecem o Ego A conhecem".[33] "Quando o vidente contempla, na Sua luz dourada, o Criador, o Senhor, o Espírito de que Brama é matriz – então, tendo abandonado tanto o mérito como o demérito, inteiramente puro, o sábio atinge a união suprema."[34]

Os hebreus possuíam, também, sua ciência secreta e suas Escolas de Iniciação. Um grupo de profetas presidido por Samuel, em Naiote (1 Sm. 19:20) formava uma Escola iniciática cujo ensinamento oral foi transmitido a seus sucessores. Escolas análogas existiam em Betel e Jericó (2 Rs. 2:2,5), e encontramos na *Concordância*, de Cruden, esta nota interessante: "As Escolas, ou colégios, dos profetas são as primeiras de que encontramos referências nas Escrituras. Os filhos dos profetas – isto é, seus discípulos – aí consagravam seu tempo aos exercícios de uma vida retirada e austera, ao estudo, à meditação e à leitura das lei de Deus... Estas Escolas ou Sociedades dos Profetas foram substituídas mais tarde pelas Sinagogas". A Cabala, que encerra os ensinamentos semipúblicos, é, no seu estado atual, uma compilação moderna, devida, em parte, ao rabino Moisés de Leon, morto em 1305 depois de Cristo. Ela compõe-se de 5 livros – *Bahur*, *Zohar*, *Sepher*, *Sephirots*, *Sepher Yetsirah* e *Asch Metzareph* – e passa por ter-se transmitido oralmente desde os tempos mais remotos – historicamente falando.

O doutor Wynn Westcott diz que "a tradição hebraica faz remontar as partes mais antigas do *Zohar* a uma época anterior à construção do segundo Templo"; de outra parte, rabi Simeão ben Jochai passa por ter escrito uma parte dele no primeiro século da era cristã.

Segundo Saadjah Gaon, morto em 940 depois de Cristo, o *Sepher Yetzirah* é um livro "muito antigo".[35] Alguns fragmentos do antigo ensinamento oral foram introduzidos na *Cabala*, tal como está hoje, mas a verdadeira sabedoria arcaica dos hebreus continua sob a salvaguarda de alguns verdadeiros filhos de Israel.[36]

Este rápido esboço bastará para mostrar, nas religiões diferentes do Cristianismo, a existência de um lado oculto. Examinemos, agora, se o Cristianismo faz exceção a esta regra geral.

NOTAS

1. Giordano Bruno (1548-1600) foi um mago e filósofo do Renascimento, lembrado hoje principalmente como um dos primeiros expoentes de um universo infinito e como um mártir da Inquisição, que o queimou na fogueira

em Roma. No entanto, não consegui localizar a fonte dessa citação. Besant escreveu uma curta biografia dele: *Giordano Bruno* (Adyar, Índia: Theosophical Publishing House, 1913).

2. A escola de mitologia comparativa foi fundada pelo filólogo alemão Max Müller (1823-1900), que publicou um ensaio altamente influente intitulado "Comparative Mythology" [Mitologia Comparativa], em 1856. Provavelmente, o maior expoente dessa escola foi J. G. Frazer (1854-1941), cuja obra magna foi o volumoso *The Golden Bough* [O Ramo de Ouro]. Publicado originariamente em 1890, o livro teve sucessivas edições e continuou a ser reimpresso desde essa época. Frazer considerava o motivo comum da morte-e-ressurreição das religiões do Oriente Próximo como uma mitologização dos ciclos vegetativos.

3. Conforme indicado posteriormente neste parágrafo, Besant identifica a teosofia com a sua escola de religião comparativa. A sua tese central – de que há uma tradição primordial que funciona como raiz e dá origem a todas as religiões – é extremamente antiga e aparece na antiguidade clássica. Os estudos acadêmicos modernos de religião comparativa, porém, simplesmente analisam as diferenças e semelhanças entre as religiões mundiais sem necessariamente supor uma origem comum.

4. *Gnose,* que significa literalmente "conhecimento" em grego, indica um tipo especial de percepção cognitiva que corresponde mais ou menos ao conceito oriental de iluminação. Aqui, Besant usa a palavra num sentido relativamente mais amplo: como o conjunto de ensinamentos que conferem tal iluminação. *Teosofia,* cujas raízes significam "sabedoria divina", originariamente é uma palavra do grego tardio que foi reintroduzida no Renascimento aplicada à Cabala e a correntes esotéricas semelhantes. Depois do século XVII, o termo normalmente passou a referir-se aos ensinamentos do visionário alemão Jacob Boheme (1575-1624). Em 1875, H. P. Blavatsky e H. S. Olcott decidiram reviver a palavra ainda uma vez mais para denominar a sua nascente organização, a Sociedade Teosófica.

5. A caracterização que Besant faz dos povos primitivos como selvagens e degenerados pode ofender a muitos atualmente, mas ela simplesmente reflete o conhecimento convencional da época.

6. Vaivasvata Manu é o Noé da religião indiana. Salvo do Dilúvio em uma arca construída por ordem do deus Vishnu, ele se torna o pai da raça de reis solares. Em nível esotérico, Manu indica o homem primordial de cada época, não só o legislador, mas na realidade "o criador e formador de tudo o que aparece durante o seu respectivo ciclo de existência" (veja o artigo "Vaivasvata Manu", em *Theosophy,* vol. 47, nº 2, dez. de 1958, pp. 78-82). As leis

centrais da tradição hindu são chamadas de Leis ou Ordenações de Manu. Veja Arthur Coke Burnell e Edward W. Hopkins, orgs., *The Ordinances of Manu* (Nova Délhi: Munshiram Manoharlal, 1995 [1884]).
7. *Ibid.*, 5.11.
8. Considerava-se a participação nos Mistérios como um meio de obter esperança na vida após a morte. O comentário mais famoso é o de Cícero: "Entre as muitas excelentes e divinas instituições que a sua Atenas desenvolveu e com que contribuiu para a vida humana, não existe nenhuma outra, na minha opinião, melhor do que esses mistérios, pelos quais somos resgatados do nosso modo de existência rústico e selvagem, para um estado de civilização culto e refinado; e como esses ritos são chamados de 'iniciações', então, na verdade, aprendemos com eles os primeiros princípios da vida e chegamos à compreensão, não só para viver felizes, mas também para morrer com mais esperança" (Cícero, *De legibus*, 2.36; <www.themystica.com/mystica/articles/e/eleusinian_mysteries.html>).
9. Veja o artigo sobre "Mysteries" ["Mistérios"], *Enciclopédia Britânica*, 9ª ed. (O mito da morte e ressurreição do filho divino tem a ver com Zagreu. De acordo com o mito, Zagreu, o filho de Zeus e Perséfone, foi dilacerado em pedaços e comido pelos Titãs. Zeus resgata o coração ainda batendo do filho e incorpora e o regenera no próprio corpo, de onde o filho renasce como o deus Iago. Por fim, tanto Zagreu quanto Iago foram identificados com Dionísio, o deus do vinho e do êxtase. Conforme Besant reconhece, o pseudo-homérico *Hino a Deméter* não contém nenhuma referência direta a esse mito e não é fácil de perceber a que referência "oculta" ela pode estar aludindo. O hino trata do mito do resgate pela deusa Deméter da filha Perséfone do mundo dos mortos. – R.S.]
10. Pesello, citado em Jâmblico, *On the Mysteries*, org. por T. Taylor , p. 343, nota para a p. 23 da segunda edição.
11. Jâmblico, p. 301.
12. *Ibid.*, p. 72.
13. O artigo "Mysticism, na *Enciclopédia Britânica*, dá os detalhes seguintes sobre o ensino de Plotino (204-270 d.C.): "O Único (o Deus Supremo) é exaltado acima do *nous* e das *ideias*; Ele está absolutamente acima da existência; escapa à razão. Permanecendo sempre em repouso, Ele faz jorrar, de Sua própria plenitude – como um raio – uma imagem de Si mesmo, chamada *nous* e que forma o conjunto das ideias do mundo inteligível. A alma, por sua vez, é a imagem ou produto do *nous* e, ao mover-se, gera a matéria física. A alma tem, portanto, duas faces: uma virada para o *nous*, de onde ela emana, e a outra virada para a vida material que faz nascer de si mesma. O esforço moral consiste em

separar-se do elemento sensível; a existência material é, por si mesma, a separação de Deus. Para atingir o fim supremo, o próprio pensamento deve ser abandonado, porque o pensamento é uma forma de movimento, e a alma aspira ao *repouso imóvel*, que é próprio do Único. A união com a divindade transcendente não é tanto o conhecimento ou a visão, como o êxtase, a fusão e o contato". O Neoplatonismo é, portanto, "antes de tudo, um sistema racionalista; em outros termos, ele pretende que a razão é capaz de conceber o Sistema Cósmico em sua totalidade. Por outra parte, afirmando um Deus superior à razão, o misticismo torna-se, em certo sentido, o complemento necessário do racionalismo que tudo quer abraçar. O sistema culmina num ato místico".

14. Taylor, *Iamblichus*, p. 73.
15. *Ibid.* pp., 55-6.
16. *Ibid.* pp., 118-19.
17. *Ibid.* pp., 95-100.
18. *Ibid.* p., 101.
19. *Ibid.* p., 330.
20. G. R. S. Mead, *Plotinus*, pp. 42-3.
21. Taylor, *Iamblichus*, p. 364, nota p. 134.
22. G. R. S. Mead, *Orpheus*, pp. 285-86.
23. Amônio Saccas foi um mestre misterioso que viveu em Alexandria na primeira metade do século III d.C. Muito pouco se pode dizer sobre ele que não seja até certo ponto lendário, mas ele foi o mestre tanto do filósofo pagão Plotino quanto do Pai da Igreja Orígenes (*Oxford Classical Dictionary*, 2ª ed., s.v. "Ammonius Saccas"). *Teodidato* era um epíteto conferido a Amônio; significa "o que aprendeu com Deus".
24. Jâmblico (c. 250-c. 325 d.C.) foi um filósofo neoplatônico e mago da Síria. Conforme Besant indica, ele foi o autor de uma biografia de Pitágoras, o célebre filósofo grego do século VI a.C.
25. Taylor, *Iamblichus*, p. 285ss.
26. Mead, *Orpheus*, p. 59.
27. *Ibid.*, p. 30.
28. *Ibid.*, pp. 263, 271.
29. Mead, *Plotinus*, p. 30.
30. *Shvetasvataropanishad*, 6, 22.
31. *Kathopanishad*, 3, 14.
32. *Ibid.*, 6, 17.
33. *Mundakopanishad*, 2. 2, 9.
34. *Ibid.*, 3. 1, 3.

35. William Wynn Westcott, *Sepher Yetzirah*.
36. Este retrato da Cabala requer uma correção. Essencialmente, a Cabala é a tradição esotérica por trás do judaísmo. Conforme Besant observa, essa é uma versão do ensinamento esotérico universal. Mas o ensinamento, que é parcialmente, talvez principalmente, oral e vivencial, não está totalmente contido nas obras que ela menciona. Ao comentá-las, Besant baseia-se na introdução de S. L. MacGregor Mathers ao seu livro *Kabbalah Unveiled* (Nova York: Samuel Weiser, 1974 [1984]), pp. 14-5. O mais antigo texto cabalista, o *Sepher Yetzirah*, ou "Livro da Formação", atualmente costuma ser datado entre os séculos III e VI d.C. o *Sefer há-Bahir*, ou "Livro da Iluminação", foi publicado na Provença durante o século XII, embora considere-se que contenha elementos mais antigos. O volumoso *Zohar* ("Esplendor") é uma obra em vários volumes que até o presente momento nunca foi totalmente traduzida para o inglês. Uma nova versão, *The Zohar: Translation and Commentary*, org. Daniel C. Matt (Stanford, Califórnia: Stanford University Press, 2004), promete ser a versão inglesa do *Zohar* por muito tempo, mas desde o início de 2006 só foram publicados três dos doze volumes programados. Embora o Zohar seja atribuído ao rabino talmúdico Simeon bar (ou bem) Yochai, a maioria dos estudiosos concorda em que seja a obra de um cabalista espanhol do século XIII, Moisés de Leon, com acréscimo de comentaristas posteriores. O *Asch Metzareph*, ou "Fogo Purificador", explica os *sephiroth* (princípios) cabalísticos em termos alquímicos. Pode ser a obra da tradição cabalística cristã. Um colega de Mathers, William Wynn Westcott, produziu uma edição em 1894 (veja Charles Ponce, *Kabbalah* [Wheaton, Illinois: Theosophical Publishing House, Quest Books, 1973], p. 51). Mathers afirma que o *Sepher Sephiroth* ("Livro das Emanações") "explica, por assim dizer, a evolução gradual da Divindade desde uma existência negativa a uma positiva". O *Asch Metzareph* e o *Sepher Sephiroth* são muito menos conhecidos do que os outros três títulos mencionados aqui.

CAPÍTULO

2

O LADO OCULTO
DO CRISTIANISMO

O Testemunho das Escrituras

As religiões do passado – acabamos de verificar – foram unânimes em declarar que apresentavam um lado oculto e que possuíam "Mistérios"; os mais eminentes homens provaram o valor desta afirmação, procurando por si mesmos a iniciação. Nos resta provar se o Cristianismo está excluído deste círculo das religiões; se ele é o único privado da Gnose, se não oferece ao mundo senão uma fé elementar e não uma ciência profunda. Se assim fosse, o fato seria triste e lamentável, porque indicaria que o Cristianismo não foi feito senão para uma única classe e não para todas as categorias humanas. Mas isto não é verdade: podemos provar de maneira a tornar impossível toda a dúvida racional. E desta prova o Cristianismo contemporâneo sente a mais extrema necessidade, porque a flor do Cristianismo perece por falta de luz.

Se o ensino esotérico puder ser restabelecido e atrair estudantes pacientes e sérios, o ensino oculto também será, em breve, restaurado.

Os Discípulos dos Mistérios Menores se tornarão os candidatos aos Mistérios Maiores e, com a volta do conhecimento, voltará a autoridade do ensino.

Sim, a necessidade é grande. Contemplemos o mundo que nos rodeia e veremos que, no Ocidente, a religião sofre precisamente as dificuldades que, teoricamente, seríamos levados a prever. O Cristianismo, tendo perdido seu ensinamento místico e esotérico, vê escapar-lhe grande número dos seus membros mais inteligentes, e o despertar destes últimos anos tem coincidido com o aparecimento de certos ensinamentos místicos. É evidente, para todo aquele que estudou a história dos quarenta últimos anos do século XIX, que uma multidão de pessoas de caráter refletido e moralidade tem abandonado as igrejas, porque os ensinos que aí recebem lhes ultrajam a inteligência e lhes ofendem a moral.

É ocioso pretender que o agnosticismo, hoje tão geral, tenha por causa seja um defeito de senso moral, seja uma fria perversidade intelectual.

Basta ter estudado estas questões com cuidado para reconhecer que homens poderosamente inteligentes foram expulsos do Cristianismo pelas ideias rudimentares que lhes foram apresentadas, pelas contradições entre doutrinas, enfim, pela noção de Deus, o homem e o universo, noções impossíveis de admissão para qualquer espírito cultivado.

Não se pode, enfim, ver na revolta contra os dogmas da Igreja o índice de uma decadência moral. Os revoltados não foram de todo maus para a sua religião; a religião, ao contrário, foi sempre muito má para eles. A revolta contra o Cristianismo popular foi motivada pelo despertar da consciência e seu consequente desenvolvimento: esta levantou-se, como inteligência, contra as doutrinas que desonram não só a Deus como ao homem, doutrinas que representavam Deus como um tirano e o homem como essencialmente perverso e obrigado a merecer sua salvação por uma submissão de escravo.

Essa revolta teve por causa o abaixamento gradual dos ensinos cristãos ao nível de uma pretendida simplicidade, permitindo aos mais ignorantes compreendê-los. "Não devemos pregar senão aquilo que todos possam compreender" – declaram altivamente os doutores protestantes – "a glória do Evangelho está em sua simplicidade; as crianças e os iletrados devem poder compreender e seguir os preceitos". Isto é verdade se admitirmos que certas verdades religiosas podem ser compreendidas por todos e que uma religião não atinge sua finalidade se os mais humildes, os mais ignorantes, mais curtos de inteligência escaparem à sua influência edificante. Mas isto é falso, absolutamente falso, se daí concluirmos que uma religião não encerra verdades não abordáveis para os ignorantes e que ela seja tão pobre e limitada que nada mais tenha a ensinar que seja demasiadamente elevado para o pensamento dos inteligentes ou para o estado moral dos seres degradados. Sim, se tal é o sentido da afirmação protestante, ela é falsa e fatalmente falsa. Como consequência da divulgação dessa ideia, espalhada pela pregação e repetida nos templos, muitíssimas pessoas de caráter elevado – embora no desespero de renunciarem à sua primeira fé – abandonam as igrejas e deixam seus lugares aos hipócritas e aos ignorantes. Tornam-se passivamente agnósticas ou – se são jovens e entusiastas – ativamente agressivas; recusam ver a verdade suprema em uma religião que ultraja não só a inteligência como a consciência, e preferem a franqueza de uma incredulidade aberta à influência desonesta exercida sobre a inteligência por uma autoridade que nada tem, para elas, de divino.

Este exame do pensamento contemporâneo nos mostra que a questão de um ensinamento oculto, ligando-se ao Cristianismo, toma uma importância capital. O Cristianismo deve permanecer na religião do Ocidente? Deve atravessar os séculos e contribuir ainda para formar o pensamento das raças ocidentais, no decorrer da sua evolução? Para poder viver, é indispensável que ele volte a encontrar sua ciência perdida e reentrar na posse desses ensinamentos místicos e ocultos, retomando seu lugar como senhor incontestável de verdades espirituais, revestido da única autoridade efetiva, a do saber.

Se o Cristianismo entrar na posse destes ensinamentos, sua influência se manifestará em breve por uma forma mais larga e profunda de encarar a verdade. Em certos dogmas, nos quais hoje vemos apenas ideias vazias e atrasadas e nada mais, se verá novamente uma afirmação parcial de verdades fundamentais. Imediatamente o Cristianismo Esotérico retomará sua posição no "Lugar sagrado", no Templo, permitindo a todos os que estiverem em condições, receber seus ensinamentos públicos.

Ao mesmo tempo, o Cristianismo Oculto descerá novamente ao *Adytum* e permanecerá por trás do véu que encara o "Lugar Santíssimo", onde só o Iniciado pode penetrar.

Finalmente, o ensino oculto será posto ao alcance dos que se tornarem dignos de recebê-lo conforme as regras de outrora, e que consintam em preencher, hoje, as condições impostas, no passado, a todos os que desejavam certificar-se da existência e realidade do domínio espiritual.

Interroguemos de novo a história.

O Cristianismo teria sido a única religião privada de ensinamento reservado ou estaria, como todas as outras, de posse desse tesouro secreto?

Não se trata aqui de teoria, mas de testemunhos. A questão será resolvida pelos documentos chegados até nós; o simples *ipse dixit* do Cristianismo moderno não é o bastante.[1]

O "Novo Testamento" e os escritos da Igreja primitiva estão positivamente de acordo em declarar que a Igreja possui semelhantes ensinamentos; eles nos evidenciam a existência dos Mistérios – chamados os Mistérios de Jesus ou os Mistérios do Reino – as condições impostas aos candidatos, um esboço de natureza geral dos ensinos dados e outros detalhes ainda. Certas passagens do "Novo Testamento" ficariam completamente obscuras sem a luz com que as iluminam os Padres e Bispos da Igreja; graças a ela, estas passagens tornaram-se claras e inteligíveis.

Certamente que o contrário seria estranho, admitindo-se a variedade de influências religiosas às quais o Cristianismo primitivo foi submetido. Aliado dos hebreus, dos persas, dos gregos, colorido pelas crenças mais antigas da Índia, trazendo a impressão profunda do pensamento da Síria e do Egito, este jovem ramo do grande tronco religioso não podia senão afirmar de novo as antigas tradições e oferecer às raças ocidentais, na sua integridade, o tesouro dos ensinamentos antigos. "A fé que foi confiada aos santos" teria sido despojada de seu valor principal, se não fosse transmitida ao Ocidente na pérola da doutrina esotérica.

O primeiro testemunho a examinar é o do "Novo Testamento". Não é necessário abordar as controvérsias relativas às diferentes interpretações e diferentes autores. Esses problemas serão resolvidos unicamente pelos eruditos.

A crítica tem muito a dizer sobre a autenticidade dos documentos, etc. Mas nós nada temos com isso. Podemos aceitar os livros canônicos; eles representam, para nós, o modo como a Igreja primitiva compreendia os ensinos de Cristo e seus sucessores imediatos. Que dizem esses livros de um ensino secreto comunicado a pequeno número de pessoas? Antes de mais nada, notemos as palavras atribuídas a Jesus e consideradas pela Igreja como autoridade suprema; estudaremos, em seguida, os escritos do grande apóstolo S. Paulo; finalmente, estudaremos as declarações feitas pelos herdeiros da tradição apostólica que dirigiram a Igreja durante os primeiros séculos da nossa era. Essa série contínua de tradições e testemunhos escritos nos permitirá comprovar que o Cristianismo possuía um lado oculto. Veremos, ainda mais, que é possível seguir através dos séculos, até o começo do XIX, o traço dos Mistérios Menores ou interpretação mística.

Apesar da ausência, depois do desaparecimento dos Mistérios, das Escolas Místicas que preparavam abertamente para a Iniciação, grandes místicos, entretanto, conseguiram, de quando em quando, atingir os graus inferiores do êxtase, graças à perseverança de seus próprios esforços e ao auxílio provável de Instrutores invisíveis.

As próprias palavras do Mestre são claras e explícitas. Orígenes, como veremos mais à frente, citou-as como fazendo alusão ao ensino secreto guardado pela Igreja.

"*E quando se achou só, os que estavam junto dele com os doze apóstolos o interrogaram acerca do sentido desta parábola. Ele disse-lhes: A você é dado conhecer os mistérios do reino de Deus, mas, para os que estão de fora, todas estas coisas se dizem por parábolas. E mais adiante: Assim, lhes anunciava a palavra por muitas parábolas semelhantes, conforme os que eram capazes de o ouvir. Ele não lhes falava senão por parábolas, mas quando estava em particular, explicava tudo a seus discípulos*" (Mc. 4:10, 11, 33, 34; ver também Mt. 13:11, 34, 36; Lc. 8:10).

Note estas palavras: *Quando estava em particular*, e a expressão: *Os que estão de fora*. Lemos igualmente em S. Mateus: *Então Jesus, tendo despedido o povo, dirigiu-se à casa, onde seus discípulos o encontraram*.

Estas lições dadas *na casa*, expondo o sentido profundo de Sua doutrina, passam por ter sido transmitidas de Instrutor para Instrutor. O Evangelho dá, como se vê, explicações alegóricas e místicas, representando o que nós chamamos os Mistérios Menores; quanto ao sentido profundo, não era revelado senão aos Iniciados.

Certa vez, Jesus disse aos discípulos: "*Muitas* coisas tenho ainda que lhes dizer, mas estão muito acima do seu alcance" (Jo. 16:12).

Jesus transmitiu, sem dúvida, algumas delas; depois de Sua morte, fez ver aos discípulos, *falando-lhes do que se refere o reino de Deus* (At 1:3). Nenhuma destas palavras foi divulgada; mas como supor que tenham sido esquecidas ou desprezadas ou que não foram transmitidas, como um tesouro incomparável?

Segundo uma tradição conservada na Igreja, Jesus ficou em contato com Seus discípulos muito tempo após Sua morte, a fim de os instruir – teremos ocasião de mencionar ainda este fato – e, na famosa obra gnóstica intitulada *Pistis Sophia*, lemos estas palavras: "Aconteceu que, depois da Sua ressurreição dentre os mortos, Jesus conversou com Seus discípulos e assim os instruiu durante onze anos".[2]

Citemos ainda este versículo, do qual muitos tentaram atenuar a energia e modificar o sentido por explicações variadas: *Não deem aos cães as coisas santas, nem deitem aos porcos as suas pérolas, e que não seja caso que as pisem com os pés e, voltando-se, os despedacem* (Mt. 7:6), preceito geralmente aplicado, mas onde a Primitiva Igreja via uma alusão aos ensinamentos secretos. Não devemos esquecer que estas palavras não tinham, outrora, o caráter de dureza que hoje têm. As pessoas que faziam parte de um mesmo grupo chamavam "cães", isto é, o "vulgo", o "profano", a todos os que não pertenciam ao seu grupo, quer se tratasse de uma sociedade ou associação ou de um povo. Os judeus, por exemplo, falavam assim de todos os gentios (daí a resposta dada à mulher grega: "Não é justo tomar o pão aos filhos e lançá-lo aos cachorrinhos", Marcos 7:27). Aplicavam-se, por vezes, estas expressões às pessoas estranhas ao círculo dos Iniciados e as encontramos empregadas, no mesmo sentido, pela Igreja Primitiva. As pessoas não iniciadas nos Mistérios e consideradas como estranhas ao "reino de Deus" ou "Israel espiritual" eram assim designadas.

Havia, além da expressão "Mistério" ou "Mistérios", vários nomes dados ao círculo sagrado dos Iniciados ou a tudo o que se referia à Iniciação; assim, "o Reino", "o Reino de Deus", "o caminho estreito", "a Porta estreita", "os Perfeitos", "os Salvos", "a vida eterna", "a Vida", "o novo nascimento", "uma criancinha". O emprego destas expressões pelos primeiros autores estranhos à Igreja esclarece-lhes o sentido. É assim que a expressão "os perfeitos" pertencia à linguagem dos essênios, cuja comunidade apresentava três ordens: os Neófitos, os Irmãos e os Perfeitos, sendo estes os Iniciados; de um modo geral, essa expressão é empregada neste sentido nas obras antigas.[3] "A Criancinha" era o nome habitualmente dado ao candidato que acabava de ser iniciado, ou, em outros termos, de "nascer de novo".

Assim prevenidos, conseguiremos compreender melhor as passagens obscuras e de caráter severo. *E alguém lhe disse: Senhor, são poucos os que se salvam? E ele respondeu: Esforçem-se para entrar pela porta estreita; porque eu lhes digo que muitos procurarão entrar e não poderão* (Lc. 13:23,24). Apliquem estas palavras à salvação, como o fazem constantemente os protestantes e a declaração de Jesus torna-se chocante e impossível de acreditar. Que muitos procurarão evitar o inferno e entrar no céu, mas que não conseguirão, eis uma asserção que não se poderia emprestar a um salvador do mundo. Aplicando-a, ao contrário, à porta estreita da Iniciação e ao final dos renascimentos, e ela se tornará perfeitamente verdadeira e natural.

Entrem pela porta estreita, porque larga é a porta, e espaçoso o caminho que conduz à perdição, e muitos são os que entram por ele; mas a porta estreita e o caminho estreito levam à vida, e poucos há que os encontram (Mt. 7:13,14).

A advertência que segue imediatamente este trecho, relativo aos falsos profetas e aos que ensinam os "Mistérios negros", está bem aplicada. É impossível para o estudante não reconhecer estas expressões, que lhe são familiares, porque as viu empregadas em outras partes com o mesmo sentido. O "caminho antigo e estreito" é de todos conhecido; a senda "difícil de seguir como o fio de uma navalha"[4] foi acima citada. As mortes ocorrem sucessivamente para os que seguem o caminho florido dos desejos e que ignoram Deus, eles se tornando imortais e escapando à voragem da morte e a uma destruição incessantemente renovada somente quando abandonam todo o desejo.[5]

Esta alusão à morte aplica-se naturalmente aos nascimentos repetidos da alma em uma vida material grosseira, considerada sempre como "a morte" em relação "à vida" dos mundos mais elevados e sutis.

A "Porta estreita" era a porta da Iniciação; o candidato transpunha-a para entrar no "Reino". Sempre se soube que só um pequeno número pode entrar por esta porta, embora *uma grande multidão que ninguém podia contar* (Ap. 7:9), e não a minoria, entre na felicidade celeste. Há três mil anos antes, um grande Instrutor dizia: "Em milhares de homens, apenas um luta para conseguir a perfeição; entre os vencedores, apenas haverá um que Me conheça em essência".[6] De fato, os Iniciados são raros em cada geração; eles são a flor da humanidade.

Vemos, assim, que o trecho que precede não implica, para a grande maioria da raça humana, nenhuma horrível condenação a penas eternas. Os homens que se salvam, segundo Proclo[7], são os que escapam ao círculo das gerações que envolve a humanidade. Podemos sobre este assunto recordar a história do rapaz que se dirigiu a Jesus, e, chamando-o *Bom Mestre*, lhe perguntou como poderia alcançar a vida eterna, a libertação dos renascimentos pelo conhecimento de Deus, libertação cuja possibilidade era reconhecida (não esqueçamos que os judeus admitiam a volta à terra das almas imperfeitas).[8]

A primeira resposta de Jesus é o preceito exotérico ordinário: *Guarda os mandamentos*.

Porém, tendo o rapaz respondido: *Tenho observado todas estas coisas desde a minha mocidade*, esta consciência que se julgava pura de toda a transgressão recebeu a resposta do Mestre incomparável: *Se você quer ser perfeito, vende o que tem e dá aos pobres; e terá um tesouro no céu; depois disto, vem e segue-me. Se quer ser perfeito e se tornar uma pessoa do reino, é necessário abraçar a pobreza e a obediência.*

Jesus explica, em seguida, a seus próprios discípulos que um rico dificilmente pode entrar no reino dos céus, mais dificilmente que um camelo possa passar no buraco de uma agulha. Para os homens, isso é impossível, mas para Deus todas as coisas são possíveis (Mt. 19:16-26).[9] O Deus que está no homem é quem pode transpor essa barreira.

Esse texto recebeu diferentes interpretações, porque, evidentemente, não se podia aceitar seu sentido literal – a impossibilidade de um rico ser feliz após a morte. Este estado de beatitude tanto pode o rico alcançar como o pobre; além disso, os cristãos de todos os países mostram que não temem um só instante ver suas riquezas comprometer sua felicidade póstuma. Mas se nós interpretamos o texto no seu verdadeiro sentido, explicando-o segundo o Reino dos Céus, aí encontramos a expressão de um fato natural e real. Ninguém poderá alcançar o conhecimento de Deus, que é a Vida Eterna (Jo. 17:3), antes de abandonar o que é terrestre, nem adquiri-la antes de ter sacrificado tudo. Não somente o homem deve renunciar às riquezas deste mundo, que, daqui em diante, passam por suas mãos como pelas de um administrador, mas também deve abandonar suas riquezas interiores, as que guarda para sua defesa perante o resto do mundo. Sem se ter despojado inteiramente de tudo, não poderá transpor a porta estreita. Tal foi sempre a condição principal da Iniciação: o candidato sempre deve fazer voto de "pobreza, obediência e castidade".

O "novo nascimento" é outro termo bem conhecido, sinônimo de Iniciação. Na Índia, ainda hoje, os homens pertencentes às castas superiores são chamados "os duas vezes natos", e a cerimônia que lhes dá esta nova vida é uma cerimônia de Iniciação, hoje pura formalidade exterior, mas *representando as coisas que estão no céu* (Hb. 9:23). Na sua conversa com Nicodemos, Jesus declara que *se um homem não nascer de novo, não pode ver o reino de Deus.* Este nascimento, diz ele, é da água e do Espírito (Jo. 3:3,5); é a primeira Iniciação; mais tarde vem a do *Espírito Santo e do fogo* (Mt. 3:11), batismo da Iniciação, em que alcança a idade de homem, como a primeira é o batismo dado ao nascimento, que recebe o Iniciado como uma *criancinha* em sua entrada no Reino (Mt. 18:3).

A admiração manifestada por Jesus, quando Nicodemos se mostra incapaz de perceber sua linguagem, evidencia a que ponto estas imagens eram familiares aos judeus místicos: Você é um doutor em Israel e não conhece estas coisas! (Jo. 3:10).

Outro preceito de Jesus, que continua uma "palavra obscura" para seus fiéis, é o seguinte: *Sejam, portanto, perfeitos como seu Pai celestial é perfeito* (Mt. 5:48). O cristão ordinário sente-se incapaz de observar este mandamento: com toda a fragilidade, toda a fraqueza própria à alma humana, como poderá ele tornar-se perfeito como o próprio Deus? Julgando impossível a tarefa que lhe é imposta, despreocupa-se e abandona-a. Considerando-a, ao contrário, como seu esforço supremo, fruto de numerosas existências sempre crescentes em progresso, tendo como meta o triunfo do Deus que está em nós sobre a natureza inferior, o preceito de Jesus se nos apresenta em suas verdadeiras proporções e assim podemos nos recordar que, segundo Porfírio, o homem, atingindo "as virtudes paradigmáticas, é o Pai dos Deuses"[10], lembrando que estas virtudes são adquiridas nos Mistérios.

S. Paulo segue os passos de seu Mestre, do qual reproduz exatamente as ideias, mas – como a sua obra organizadora no seio da Igreja nos leva a admitir – de uma forma mais explícita e clara. Leiam-se atentamente os capítulos II e III e o versículo 1 do capítulo IV da Primeira Epístola aos Coríntios, recordando, durante a leitura, que estas palavras se dirigem aos membros batizados da Igreja e admitidos à Santa Ceia, membros efetivos no ponto de vista moderno, mas que o Apóstolo trata como filhos e seres carnais. Não eram catecúmenos ou neófitos, mas homens e mulheres em plena posse de todos os seus privilégios e responsabilidades nas qualidades de membros da Igreja, considerados pelos Apóstolos como separados do mundo e moralmente obrigados a não viverem como homens pertencentes ao mundo. Eles tinham recebido, em suma, tudo o que a Igreja moderna concede aos seus membros.

Vamos resumir as palavras do Apóstolo.

"Eu venho ter consigo, anunciando o testemunho de Deus; não os seduzi por uma sabedoria humana, mas pelo poder do Espírito. Contudo nós falamos de *sabedoria entre os perfeitos*; não, porém, a sabedoria deste mundo. Nós pregamos a *sabedoria misteriosa de Deus, os planos ocultos que Deus ordenou por toda a eternidade para nossa glória e que nenhum príncipe deste mundo conhece*. Estas coisas são demasiado altas para o entendimento humano, mas Deus as revelou a nós pelo Espírito: porque o Espírito penetra todas as coisas, ainda as mais profundas de Deus.[11] Estas coisas espirituais só o homem espiritual, em quem reside o pensamento do Cristo, as pode discernir. *Eu mesmo, meus irmãos, não lhes posso falar como a homens espirituais, mas devo lhes falar como a homens carnais, como a criancinhas em Cristo... Vocês não são bastante fortes; não o são ainda agora, porque são carnais... Eu lancei os fundamentos, como prudente arquiteto. Vocês são o templo de Deus e o espírito de Deus habita em vocês. Que os homens nos considerem como ministros de Cristo e dispensadores dos Mistérios de Deus*."

Como ler esta passagem – e eu não fiz, neste resumo, senão destacar os pontos importantes – sem admitir que o Apóstolo possuía uma sabedoria divina dada nos Mistérios, sabedoria que seus sectários coríntios não podiam receber ainda? Notem a repetição constante dos termos técnicos: a *sabedoria*, a *sabedoria misteriosa de Deus*, a *sabedoria oculta* apenas conhecida ao homem espiritual, da qual não se fala senão entre os *perfeitos*, sabedoria que exclui os *não espirituais*, as *crianças em Cristo*, os *carnais*, sabedoria conhecida do *sábio arquiteto dispensador dos Mistérios de Deus*.

S. Paulo não se cansa de mencionar estes Mistérios. Escrevendo aos cristãos de Éfeso: *Foi por uma revelação, rasgando o véu que me cobria, que fui iniciado nos Mistérios*. Daí *a inteligência que eu tenho* dos Mistérios de Cristo; todos os homens poderão conhecer *a economia do Mistério* (Ef. 3:3, 4, 9). Aos colossenses repete que se tornou ministro deste Mistério – *Mistério de toda a eternidade e anterior às idades, mas revelado hoje aos santos* (não ao mundo, nem mesmo aos cristãos, mas unicamente aos santos). Diante deles, foi revelado *este glorioso Mistério*. Ora, que glória era esta? – *Cristo em nós* – expressão significativa, referindo-se, como em breve veremos, à vida do Iniciado. É assim que todos os homens devem terminar por aprender a sabedoria e tornar-se *perfeitos em Jesus Cristo* (Cl. 1:23, 25, 28).[12]

S. Paulo exorta os colossenses a orar, *a fim de que Deus nos abra uma porta para falar, para anunciar o Mistério de Cristo* (Cl. 4:3), passagem em que, segundo S. Clemente, o Apóstolo indica claramente "que o conhecimento" não pertence a todos.[13] S. Paulo escreve igualmente a seu discípulo Timóteo, recomendando-lhe escolher seus diáconos entre os que conservam *o mistério da fé como uma consciência pura, este grande mistério da piedade que ele tinha aprendido* (1 Tm. 3:9, 16) e cujo conhecimento era necessário aos instrutores da Igreja.[14] Ora, S. Timóteo era uma personagem importante, representando a geração seguinte de Instrutores cristãos. Discípulo de S. Paulo, tinha sido designado por ele para guiar e governar uma parte da Igreja. Sabemos que ele foi, pelo próprio S. Paulo, iniciado nos Mistérios.

O fato é mencionado, como mostraremos, nas expressões técnicas – *o que te recomendo, Timóteo, meu filho, é que, conforme as predições feitas outrora a teu respeito...* (1 Tm. 1:18), isto é, a bênção solene do Iniciador, recebida pelo candidato. Mas o Iniciador não era o único presente: *Não desprezes o dom que há em ti, o qual te foi dado por palavras proféticas, quando o colégio dos antigos te deu por imposição das mãos* (1 Tm. 4:14).

S. Paulo recorda, em seguida, a Timóteo que deve apossar-se *da vida eterna "para a qual foste chamado e para a qual fizeste tão bela profissão em presença de grande número de testemunhas"* (1 Tm. 6:12). Esta profissão são os votos do novo Iniciado, recebidos em presença dos Irmãos mais antigos e da assembleia dos Iniciados. Os conhecimentos então comunicados são o depósito sagrado ao qual S. Paulo faz alusão quando, com tanta energia, exclama: *Ó Timóteo, conserve o depósito que lhe confiei* (1 Tm. 6:20) – não os conhecimentos familiares a todos os cristãos – eles não prendem S. Timóteo – mas o depósito sagrado que lhe foi confiado na qualidade de Iniciado – e que é essencial à Igreja. Mais adiante, S. Paulo volta a este ponto, insistindo na sua importância suprema, o que seria exagero se tais conhecimentos fossem propriedade comum de todos os cristãos.

Conserve o modelo das lições sãs que recebeu de mim... Guarde este precioso depósito pelo Espírito Santo que habita em nós (2 Tm. 1:13, 14).

A palavra humana não poderia formular um juramento mais solene. O Iniciado devia ainda garantir a transmissão deste depósito a fim de que o futuro o herdasse e que a Igreja tivesse sempre instrutores.

Os ensinos que de mim vocês receberam, na presença de grande número de testemunhas, o ensino sagrado comunicado oralmente no seio da assembleia dos Iniciados, fiadores da exatidão dos preceitos transmitidos, *confia-os a homens seguros, que sejam capazes, por sua vez, de instruírem a outros* (2 T. 2:2).

A certeza ou, se assim preferem, a hipótese de que a Igreja possuía estes ensinos reservados, lança um jato de luz sobre o que S. Paulo diz de si mesmo. Comparem as citações seguintes e elas lhes darão as grandes linhas da evolução de um Iniciado.

S. Paulo declara que já pertence ao número dos perfeitos, dos Iniciados, quando diz: "*Todos nós, que somos perfeitos, temos este mesmo sentimento*, mas que, entretanto, ainda não *alcançou* a inteira perfeição, não atingiu ao *prêmio ao qual Deus me enviou do alto, em Jesus Cristo, pelo poder da sua ressurreição e a comunhão dos seus sofrimentos ao reproduzir sua morte em minha pessoa...*" (Fp. 3:8, 10, 12, 14, 15); ele esforça-se ainda para chegar à ressurreição dos mortos.

Esta iniciação, de fato, libertava o Iniciado, transformando-o em Mestre Perfeito, em Cristo ressuscitado, levando-o a escapar-se dentre os "mortos" – da humanidade aprisionada no círculo das gerações – dos laços que prendem a alma à matéria grosseira. Aqui ainda se apresentam muitas expressões técnicas. O leitor superficial deve compreender que a *ressurreição dos mortos*, de que aqui se fala, não pode ser a ressurreição ordinária, tal como a entende o cristão em nossa época, ressurreição suposta inevitável para todos e, por consequência, não exigindo de ninguém, para ser obtida, o menor esforço especial. A própria palavra *alcançar* não estaria aí se não se referisse a uma experiência universal e inevitável. E esta ressurreição, S. Paulo não podia evitá-la de acordo com as ideias cristãs modernas. Que era, portanto, esta ressurreição que ele procurava com tanta diligência? Mais uma vez, a única resposta nos vem dos Mistérios. O Iniciado, ao atingir a Iniciação que o libertava do círculo das gerações e renascimentos, era chamado "o Cristo no tormento" ou no martírio; partilhava os sofrimentos do Salvador do mundo, sofrendo a crucificação mística, *reproduzindo a morte dele em sua pessoa*, e assim passava pela ressurreição, a união com o Cristo glorificado, e, depois disto, a morte não tinha mais poder sobre ele.[15] Tal era o prêmio pelo qual ansiava o grande Apóstolo, exortando a *todos os que são perfeitos* (e não os crentes ordinários) a fazerem o mesmo, não se contentando com o que já tivessem obtido, mas a perseverarem sempre.

Esta semelhança entre o Iniciado e o Cristo é, na verdade, a própria base dos Mistérios Maiores; nós o verificaremos, com mais detalhes, ao estudar "o Cristo Místico". O Iniciado devia cessar de considerar o Cristo como exterior a si mesmo: Se conhecêramos o Cristo segundo a carne, porém agora já não o conhecemos deste modo (2 Co. 1:18). O crente ordinário tinha-se *revestido do Cristo. Porque todos quantos fossem batizados em Cristo já estavam revestidos de Cristo* (Gl. 3:27). Eram os filhos em Cristo de que já falamos acima; Cristo era o Salvador do qual esperavam o socorro, o conhecimento *segundo a carne*. Mas, depois de ter domado a natureza inferior e perdido seu caráter *carnal*, eles deviam abordar um caminho mais elevado e tornar-se eles próprios o Cristo. E o que o Apóstolo obtivera para si mesmo, ele o deseja ardentemente para todos que o seguem: Meus queridos filhos, por quem de novo sinto as dores do parto, até que o Cristo seja formado em vocês (Gl. 4:19). Assim ele era seu pai espiritual, tendo-os gerado pelo Evangelho (1 Co. 4:15). Mas agora ele lhes dá *de novo* a vida, como uma mãe, e os conduz a seu segundo nascimento. O Cristo-Criança, o Santo-Menino, nascia na alma, *o ser oculto no coração* (1 Pe. 3:4); o Iniciado torna-se assim a *Criancinha*: devia, daí em diante, viver em si mesmo a vida do Cristo, até o momento de tornar-se *homem feito* e atingir a *altura da perfeição do Cristo* (Ef. 4:13). Então o Iniciado, como S. Paulo, *cumpre em sua carne* o resto das aflições do Cristo sofridas pelo seu corpo (Cl. 1:24) e traz sem cessar, em seu corpo, a morte de Jesus (1 Co. 4:10). Ele pode, então, dizer, sinceramente: *Fui crucificado com Cristo e vivo... mas não sou eu mais quem vive; é o Cristo que vive em mim* (Gl. 2:20). Eis o que sofria o Apóstolo, eis o que dizia de si mesmo.

E quando a luta terminou, que contraste, como se depreende de suas palavras, entre a calma triunfante e a tensão penosa dos primeiros anos! *Porque a mim agora me ofereço ao sacrifício e o tempo da minha partida está próximo. Eu combati o bom combate, acabei a carreira, guardei a fé. Nada mais me resta senão receber a coroa de justiça que me está reservada* (2 Tm. 4:6, 8).

Esta coroa era a que recebia o vencedor, aquele do qual dizia o Cristo na sua glória: *Eu farei dele uma coluna no templo de meu Deus e não sairá jamais* (Ap. 3:12). Porque, após a *Ressurreição*, o Iniciado tornava-se o homem perfeito, o Mestre; não saía do Templo, mas de lá servia e guiava os mundos.

Devemos notar, antes de terminar este capítulo, que o próprio S. Paulo confirmava a prática do ensino místico teórico, no seu modo de explicar os acontecimentos históricos referidos nos Evangelhos. Ele não considerava a história narrada na Bíblia como uma simples sucessão de fatos que se teriam produzido no plano físico; como um verdadeiro místico via, nos acontecimentos físicos, as sombras das verdades universais que se desenvolvem incessantemente nos mundos mais elevados e profundos; ele sabia que os acontecimentos escolhidos para serem registrados nas obras ocultas eram os mais típicos, cuja interpretação era de natureza a servir de instrução aos homens. S. Paulo, por exemplo, citando a história de Abraão, Sara, Agar, Ismael e Isaque, diz que tudo isto tem um sentido alegórico e dá, em seguida, a interpretação mística (Gl. 4:22, 31).

A propósito da fuga dos israelitas do Egito, ele fala do Mar Vermelho como de um batismo; do maná e da água como de uma carne e bebida espirituais; do rochedo de onde jorrava a fonte como o Cristo (1 Co. 10:1, 4). Ele vê no casamento humano o grande mistério da união entre Cristo e sua Igreja; fala dos cristãos como sendo a carne e os ossos do corpo de Cristo (Ef. 4:23-32).

O autor da *Epístola aos Hebreus* dá um caráter alegórico ao conjunto do culto hebraico. No Templo, ele vê um modelo do Templo celeste; no Soberano Sacrificador, vê o Cristo; nos sacrifícios, a oferenda do Filho imaculado; os sacrificadores não são senão uma imagem e uma sombra do santuário celeste, sacerdotes celestes, ministros do verdadeiro tabernáculo. A alegoria, levada ao último extremo, enche, assim, os capítulos de III a X, em que o autor declara que, por Espírito Santo, devemos entender o sentido profundo. Tudo isto era uma *figura simbólica* relativa aos tempos presentes.

Nesta interpretação das Santas Escrituras, não se diz que os acontecimentos relatados não tiveram lugar (não se deram), mas somente que sua realização física teve pouca importância.

Semelhante explicação constitui o levantamento do véu que oculta os Mistérios Menores ou ensinamentos místicos que são permitidos divulgar; ela não é, como muitas vezes se julga, um simples jogo de imaginação, mas, na verdade, o resultado de uma intuição real e verdadeira, em que vemos os modelos no céu, sem nos limitarmos a considerar as sombras lançadas por eles sobre o reflexo do tempo terrestre.

NOTAS

1. *Ipse dixit*, literalmente, "Ele próprio disse [isso]". A expressão indica tomar uma ideia simplesmente com base na autoridade de outra pessoa, normalmente alguém de grande projeção ou respeito.
2. *Pistis Sophia*, trad. de G. R. S. Mead., 1:1,1.
3. Os essênios foram uma seita monástica do Judaísmo que floresceu nos séculos próximos da época de Cristo. Eles se distinguiram principalmente pelo rigor e pela austeridade com que seguiam a Lei Mosaica. A narrativa clássica sobre os Essênios aparece em *Jewish War* [*Guerra Judaica*], 2.119-61, de Josefo. Atualmente, a maioria dos estudiosos acredita que os essênios foram a comunidade responsável pela criação dos Manuscritos do Mar Morto. Veja Hershel Shanks, org., *Understanding the Dead Sea Scrolls* (Nova York: Random House, 1992).
4. *Kathopanishad* 2.4, 11.
5. *Briadaranyakopanishad* 4.4, 7.
6. *Bhagavad-Gita* 7, 3.
7. Ver p. 34.
8. Josefo costuma ser citado como uma fonte sobre essa crença entre os judeus na época de Cristo. Mas Josefo retrata a reencarnação como a recompensa dos justos: "Nas revoluções das eras, eles são de novo mandados em um corpo puro; ao passo que a alma daqueles cujas mãos praticaram atos insensatos contra si mesmos são recebidas no recanto mais escuro do Hades" (Josefo, *Jewish War* [*Guerra Judaica*], 3.8.5; trad. inglesa de William Whiston; veja também Josefo, *Antiquities of the Jews* [As Antiguidades Judaicas], 18.1.3 <http://www.earlyjewishwritings.com/josephus.html>).
9. Besant cita a versão inglesa do rei James, em que, a exemplo da maioria das traduções da Bíblia, lê-se: "É mais fácil um camelo passar..." Essa é uma tradução precisa do grego, mas o pesquisador George M. Lamsa observa que, em aramaico (a língua que Jesus provavelmente falava), as palavras relativas a "fio" e "camelo" são idênticas (*gamla*), e que o autor do Evangelho Grego evidentemente confundiu as duas – uma observação que facilita a compreensão dessa declaração aparentemente desconcertante. Veja Lamsa, *The Holy Bible from the Ancient Eastern Text* (San Francisco: Harper & Row, 1933), p. xvi.
10. Ver p. 34.
11. Note como estas palavras combinam com a promessa de Jesus em João 16:12-4: "Tenho ainda muito o que lhes dizer, mas não podem agora compreender. Quando vier o espírito da Verdade, ele os guiará a toda a verdade [...] e comu-

nicará a vocês as coisas que hão de vir. Ele me glorificará, porque há de receber do que é meu e há de anunciá-lo a vocês.
12. Mas S. Clemente, em sua *Stromata*, traduziu "todos os homens" por "homem inteiro". *Stromata*, 5.10.
13. Ibid. O leitor encontrará outras palavras pronunciadas pelos apóstolos, entre as citações de Clemente, mostrando o sentido ligado a estas palavras pelos homens que, tendo sucedido aos apóstolos, viviam na mesma atmosfera intelectual.
14. Besant segue o conhecimento da época, que atribuía todas as cartas paulinas do Novo Testamento a Paulo. Atualmente, a maioria dos estudiosos reconhece apenas Romanos, 1 e 2 Coríntios, Gálatas, Filipenses, 1 Tessalonicenses e Filemom como genuínas. Assim, todas as epístolas mencionadas neste parágrafo – Efésios, Colossenses e Timóteo – seriam pseudopaulinas, juntamente com 2 Tessalonicenses, 2 Timóteo e Tito. Veja Raymond E. Brown, *An Introduction to the New Testament* (Nova York: Doubleday, 1997), pp. 452-53.
15. Apoc. 1,18 – "Sou eu quem vivo estou: estava morto, e eis aqui, estou vivo para todo o sempre. Amém."

CAPÍTULO

3

O LADO OCULTO DO CRISTIANISMO (FIM)

O Testemunho da Igreja

É possível que certas pessoas estejam dispostas a reconhecer nos Apóstolos e seus sucessores dependentes de um conhecimento sobre questões espirituais mais profundo que as noções espalhadas no público cristão desta época; mas muito poucas, sem dúvida, consentirão em dar mais um passo e, deixando o círculo encantado, em admitir, nos Mistérios da Igreja Primitiva, o receptáculo da ciência sagrada.

Entretanto, sabemos que S. Paulo se preocupa com a transmissão do ensinamento oral; ele próprio inicia S. Timóteo, recomendando-lhe que iniciasse, por sua vez, outras pessoas que deviam, mais tarde, transmitir seu depósito a outras. As Escrituras fazem, portanto, menção dessa medida de previdência que se estende a quatro gerações sucessivas; ora, estas enchem de brilho o período que precede aos primeiros autores que, ao falarem da Igreja Primitiva, prestaram testemunho da existência dos Mistérios.

Entre esses autores, com efeito, há discípulos diretos dos Apóstolos, embora as mais explícitas declarações sejam feitas pelos autores separados dos Apóstolos por um instrutor intermediário.

Ao abordar o estudo da literatura cristã dos primeiros séculos, nos achamos imediatamente em presença de alusões que só a existência dos Mistérios pode explicar, e mesmo de passagens que afirmam que os Mistérios existiam. Evidentemente, podíamos nos satisfazer com o exposto, admitindo a explicação em que o Novo Testamento deixou a questão, mas é agradável ver as previsões confirmadas pelos fatos.

As primeiras testemunhas são os chamados Padres Apostólicos, discípulos dos Apóstolos; mas deles restam poucos documentos; e mesmo estes fragmentos são discutidos.[1] As declarações destes autores, não tendo caráter de controvérsia, não são, contudo, tão categóricas como as dos escritores mais recentes. Suas cartas têm por finalidade encorajar os crentes. Policarpo, bispo de Esmirna e discípulo, ao mesmo tempo que Inácio, de S. João[2], exprime a esperança que seus correspondentes sejam "versados nas Escrituras Santas e que nada fique oculto para eles. Quanto a si mesmo, este privilégio não lhe tinha sido ainda concedido.[3] Barnabas fala em comunicar "uma certa parte do que ele próprio recebeu",[4] e declara, após uma exposição mística da Lei: "Nós, compreendendo o verdadeiro sentido dos Seus mandamentos, os explicamos como o entendia o Senhor".[5]

Inácio, bispo de Antioquia e discípulo de S. João,[6] diz de si mesmo: "Eu não sou ainda perfeito em Jesus Cristo, pois começo agora a ser discípulo e lhes falo como a meus condiscípulos".[7] E ele fala dos seus correspondentes como tendo sido "iniciados nos mistérios do Evangelho com Paulo, o santo e mártir".[8]

Adiante, diz ainda: "Sinto não poder lhes escrever das coisas que tratam dos mistérios; mas temo fazê-lo, com medo de lhes causar mal, a vocês que são crianças de pouca idade. Incapazes de receber comunicações desta importância, elas poderiam lhes esmagar. Porque eu mesmo que sou ligado ao Cristo, sou capaz de compreender as coisas do céu, as hierarquias angélicas, as diferentes espécies de anjos e exércitos celestes, a diferença entre as potências e dominações, as distinções entre os tronos e as autoridades, a força imensa dos íons, a excelência dos querubins e serafins, a sublimidade do Espírito, o Reino do Senhor e, acima de tudo, a incomparável majestade do Deus Todo-Poderoso, eu, que conheço todas estas coisas, não sou, apesar disto, perfeito. Não sou um discípulo como Paulo ou como Pedro".[9]

Esta passagem é interessante, porque mostra que a organização das ordens celestes era um dos pontos comunicados nos Mistérios.

Inácio fala ainda do Grande Sacerdote, do Hierofante "que a guarda do Lugar Santíssimo e a quem somente foram confiados os segredos de Deus".[10]

Chegamos, em seguida, a S. Clemente de Alexandria e seu discípulo Orígenes, os dois autores dos 2º e 3º séculos que mais informações nos dão sobre os Mistérios da Igreja Primitiva. O ambiente da época está cheio de alusões místicas, mas estes dois Padres nos declaram, de maneira clara e categórica, que os Mistérios eram uma instituição reconhecida. Ora, S. Clemente, discípulo de Panteno, diz de seu mestre e de dois outros – talvez Taciano e Teódoto – que eles conservam a tradição da bem-aventurada doutrina diretamente recebida dos santos Apóstolos Pedro, Tiago, João e Paulo.[11]

S. Clemente não estava, portanto, separado dos Apóstolos senão por um só intermediário. Ele dirigia a Escola de catequese, em Alexandria, em 189 depois de Cristo, e morreu em 220.

Orígenes, nascido em 185 depois de Cristo, discípulo de S. Clemente, era, talvez, o mais sábio dos Padres da Igreja, dotado da mais rara beleza moral. Tais são as testemunhas mais importantes que afirmam a existência, na Igreja Primitiva, dos Verdadeiros Mistérios.

As *Stromatas*, ou fragmentos, de S. Clemente, são nossa fonte de informação em sua época, no que concerne aos Mistérios. Ele próprio definiu esta obra como a "reunião de notas gnósticas, conforme à verdadeira filosofia";[12] ele fala dela como de sumários de lições que recebera de Panteno. Este trecho é instrutivo: "O Senhor permitiu comunicarmos estes Mistérios divinos e esta santa luz aos capazes de recebê-los. Certamente Ele não revelou à massa o que não pertence à massa. Mas revelou os Mistérios a uma minoria capaz de os receber e concordar com eles. As coisas secretas confiam-se oralmente e nunca por escrito, e o mesmo se faz com Deus. E se me vierem dizer[13]: *Não há nada de secreto que não deva ser revelado, nem nada oculto que não deva ser desvendado*, eu responderei que àquele que escuta em segredo as coisas secretas, estas mesmas lhe serão manifestadas. Eis o que predizia este oráculo. Ao homem capaz de observar secretamente o que lhe é confiado, o que está velado lhe será mostrado como verdade; o que é oculto à multidão, será manifesto à minoria. Os Mistérios são divulgados sob uma forma mística, a fim de que a transmissão oral seja possível; mas esta transmissão será feita menos por palavras do que pelo seu sentido oculto. As notas aqui dadas são bem fracas, eu o sei, comparadas a este espírito cheio de graça que eu tive o privilégio de receber. Pelo menos, servirão de imagem para lembrarem, ao homem tocado pelo Tirso, o arquétipo divino". O Tirso, diga-se de passagem, era a varinha trazida pelos Iniciados e com a qual tocavam os candidatos durante a cerimônia da Iniciação. Ela oferecia um sentido místico e simbólico, nos Mistérios Menores, da medula espinhal e da glândula pineal e, nos Grandes Mistérios, de uma *Vara* conhecida dos Ocultistas. "Aquele a quem Tirso tocou" significa o homem iniciado nos Mistérios.

"Não temos a pretensão", continua Clemente, "de explicar suficientemente as coisas secretas, mas unicamente recordá-las para que algumas não nos escapem, ou para não perdê-las de todo. Muitas delas, eu o sei muito bem, desapareceram há muito tempo, sem terem sido referidas por escrito. Há, portanto, coisas das quais não conservamos a lembrança, pois o poder dos bem-aventurados era grande."

Os discípulos dos Grandes Seres passam quase sempre por esta experiência, em que a presença do Mestre estimula e chama à atividade faculdades normalmente ainda latentes, as quais, sozinho, o discípulo não poderia despertar.

"Certos pontos que ficaram muito tempo sem serem notados por escrito foram esquecidos por completo; outros desapareceram, porque a inteligência lhes perdeu os traços, pois as pessoas sem experiência não os podem facilmente reter; esses pontos eu os ponho em foco nos meus comentários. Eu omito certas coisas propositalmente, exercendo assim uma prudente seleção, temendo confiar à escritura o que receio exprimir de viva voz. Não faço isto por ciúme, pois seria um sentimento mau, mas por temer ver meus leitores interpretá-los de uma forma inexata e falhar; segundo o provérbio, seria dar uma espada a uma criança. Porque seria impossível que as matérias tratadas por escrito não se divulgassem. Mas embora caíssem no domínio público (a escritura sendo sempre o modo de transmissão) elas dão ao investigador respostas mais profundas que as palavras escritas. Elas exigem, de fato, o auxílio de alguém, seja o autor, seja uma pessoa que tenha seguido seus passos. Mostrarei certos pontos de uma maneira velada; insistirei sobre outros, e muitos não serão mencionados. Eu me esforçarei por falar imperceptivelmente, mostrando secretamente e procedendo por demonstração silenciosa."[14]

Este trecho bastaria, apenas ele, para provar a existência, na Igreja Primitiva, de um ensinamento secreto. Mas ainda há outros. No capítulo XII do mesmo livro, intitulado "Os Mistérios da Fé que não devem ser comunicados a todos", Clemente declara que "é necessário lançar o véu do Mistério sobre os ensinos orais dados pelo Filho de Deus", porque seu trabalho poderia cair sob os olhos de pessoas destituídas de sabedoria.

Quem fala deve ter os lábios puros, e quem escuta, um coração atento e puro. "Eis por que me seria difícil escrever. Ainda hoje, eu receio, como foi dito, *lançar pérolas aos porcos, com medo que eles pisem com os pés e que, voltando-se, nos despedacem.* Porque é difícil falar da verdadeira luz, em termos absolutamente claros, a ouvintes de natureza suína e indisciplinada. Nada, no mundo, pareceria mais ridículo à multidão, mas, ao mesmo tempo, nada mais admirável nem mais inspirado para as almas nobres. Os sábios não abrem absolutamente a boca sobre o que se diz na sua assembleia. Mas o Senhor ordenou proclamar de cima das casas o que foi dito nos ouvidos, prescrevendo a seus discípulos receberem as tradições secretas da verdadeira sabedoria, para depois as interpretar elevada e abertamente. Nós devemos, portanto, transmitir às pessoas que são dignas o que nos foi dito no ouvido, sem, entretanto, comunicar a quantos apareçam o sentido das parábolas. Nestas notas, apenas se encontrará um esboço; as verdades aí estão semeadas, mas de forma que escapam aos que amontoam as sementes como as gralhas; as sementes, encontrando um bom cultivador, germinarão, produzindo o trigo."

Clemente poderia ter acrescentado que, *proclamar de cima das casas* significa interpretar na assembleia dos Perfeitos ou Iniciados, e nunca gritar a verdade aos passantes. Ele diz adiante: "As pessoas ainda cegas e surdas, que não possuem o entendimento nem a visão penetrante, faculdades da alma contemplativa... não poderiam fazer parte do coração divino. Eis por que, fiéis ao método secreto, os egípcios chamavam *adyta*[15] e os hebreus o *lugar velado* à Palavra verdadeiramente sagrada e divina e muito necessária aos homens, depositada no santuário da verdade. Somente as pessoas consagradas... aí tinham acesso. O próprio Platão achava não ser legítimo que os impuros tocassem os puros. As profecias e os oráculos eram, pois, pronunciados sob uma forma enigmática. Quanto aos Mistérios, não eram desvendados a qualquer pessoa, mas somente depois de certas purificações e um ensino preparatório".[16]

Clemente estende-se, em seguida, longamente sobre os símbolos pitagóricos, hebreus e egípcios,[17] e faz observar que as pessoas ignorantes e sem instrução são incapazes de lhes alcançar o sentido.

"Mas o gnóstico compreende. Não convém, portanto, que tudo seja indistintamente mostrado a todos, nem que os benefícios da sabedoria sejam concedidos a homens cuja alma jamais, em sonho, foi purificada (porque não é permitido entregar ao primeiro que aparece o que foi adquirido ao preço de tão laboriosos esforços); os Mistérios da palavra não devem ser explicados aos profanos."

Os pitagóricos possuíam, como Platão, Zenão, Aristóteles, ensinamentos exotéricos e ensinamentos esotéricos. Os filósofos instituíram os Mistérios porque "não era preferível, para a santa e bem-aventurada contemplação das coisas reais, que ela fosse oculta?".[18] Os Apóstolos também aprovaram que os "mistérios da Fé fossem velados", porque existiam "ensinos para os perfeitos".

Encontramos alusões a isto na epístola aos colossenses, cap. 1, 9-11 e 25-27.

"Há, portanto, de uma parte, os Mistérios que ficaram ocultos até os tempos dos Apóstolos e lhes foram confiados tais como o senhor lhes deu e que, dissimulados no Antigo Testamento, foram manifestados aos santos; e, de outra parte, *a riqueza deste glorioso mistério entre os pagãos*, isto é, a fé e a esperança em Cristo, denominadas o *fundamento*."

Clemente cita S. Paulo para mostrar que este "conhecimento não pertence a todos", e diz, referindo-se a epístola aos hebreus, capítulos V e VI, que "existiam certamente, entre os judeus, ensinamentos orais"; cita, em seguida, estas palavras de S. Barnabé: *Deus pôs em nossos corações a sabedoria e a faculdade de compreender Seus segredos*; e acrescenta: "Poucos homens são capazes de perceber estas coisas, onde subsistem traços da tradição gnóstica". – "Eis por que à instrução, que revela as coisas ocultas, se chama iluminação, pois só o instrutor levanta a tampa da arca".[19]

Mais longe, Clemente, voltando a S. Paulo, comenta estas palavras dirigidas aos romanos: *Eu sei que me transportando para junto de vocês, aí chegarei levado pela bênção de Cristo*[20], e diz que o Apóstolo entende, por isto, "o dom espiritual e a interpretação gnóstica" e que ele queria, estando presente, comunicar aos romanos *a plenitude de Cristo, em conformidade com a revelação do Mistério que permaneceu selado através das idades da Eternidade, mas hoje manifestado nos escritos proféticos*.[21] Mas a alguns somente são mostradas, tais como são, as coisas passadas no Mistério.

É portanto com razão que Platão, falando de Deus, diz: "É necessário falar por enigmas; porque, se algumas folhas das nossas *tablettes* viessem a se perder, em terra ou no mar, sua leitura nada adiantaria".[22]

Depois de se ter estendido consideravelmente sobre certos escritores gregos e ter passado em revista a filosofia, S. Clemente declara que a gnose "comunicada e revelada pelo Filho de Deus é a Sabedoria... Ora, a gnose é um depósito que chegou a alguns homens por transmissão: ela tinha sido comunicada oralmente pelos Apóstolos".[23]

S. Clemente descreve longamente a vida do gnóstico, do Iniciado, e diz, ao terminar: "Que o exemplo aqui dado baste a quem sabe ouvir. Porque não é desejável ocultar o mistério, mas unicamente dar, aos que sabem, indicações suficientes que eles possam recordar".[24]

Considerando a Escritura como composta de alegorias e símbolos onde se dissimula o sentido, a fim de encorajar o espírito de exame, e preservar os ignorantes de certos perigos, S. Clemente reserva naturalmente às pessoas instruídas as lições superiores.

"Nosso gnóstico, diz ele, será profundamente instruído"[25]; e adiante; "Ora, o gnóstico deve ser erudito"[26].

"As disposições adquiridas por um treinamento preparatório permitem assimilar os conhecimentos mais adiantados." "Um homem pode, certamente, possuir a fé, sem ter nada aprendido; mas, nós o afirmamos, é impossível para um homem sem instrução compreender as coisas declaradas na fé."[27]

"Certas pessoas, julgando-se dotadas das condições especiais, não querem se ocupar nem de filosofia, nem de lógica. Que digo? Elas não querem aprender as ciências naturais. Apenas pedem fé e nada mais... Eu chamo verdadeiramente instruído ao homem que descobre em todas as coisas a verdade, e tão bem que pedindo à geometria, à música, à gramática e à filosofia os elementos que lhe convêm, sabe proteger a fé contra os ataques... Quanto é necessário ao homem que deve participar do poder divino e tratar assuntos intelectuais pelo método filosófico!"[28] "O gnóstico emprega os diferentes ramos da ciência como exercícios preparatórios auxiliares."[29]

Vemos quanto S. Clemente estava afastado de pensar que a ignorância dos iletrados devia dar a medida dos ensinamentos cristãos!

"O homem familiarizado com todos os gêneros de sabedoria será o gnóstico por excelência".[30]

Assim, acolhendo os ignorantes e os pecadores, e procurando, no Evangelho, para eles o que convém às suas necessidades, Clemente não considerava como candidatos dignos dos Mistérios senão as pessoas instruídas e puras.

"O Apóstolo, distinguindo a fé ordinária da perfeição gnóstica, chama a primeira *a fundação* e, às vezes, *o leite*";[31] mas sobre esta fundação devia elevar-se o edifício da gnose e o alimento do homem devia substituir o da criança. Nenhuma rudeza, nada de pouco-caso na distinção estabelecida por Clemente, mas unicamente uma verificação feita com calma, por um espírito esclarecido.

Apesar de toda a preparação do candidato; apesar da instrução e treinamento do discípulo, não é possível avançar senão passo a passo nas verdades transcendentes reveladas nos Mistérios; Clemente o dá claramente a entender no seu comentário da visão de *Hermas*; aqui ainda ele indica, com palavras veladas, certos métodos a seguir para a leitura das obras ocultas.

"O Poder que aparece na visão, a Hermas, sob a forma da Igreja, não lhe deu para transcrever o livro que Ele desejava fazer conhecer dos eleitos? Ora, este livro, Hermas nos diz que o transcreveu literalmente, sem conseguir completar as sílabas. Devemos entender com isto que a Escritura não apresenta obscuridade para ninguém, quando é tomada no seu sentido mais simples e que esta fé representa a instrução rudimentar. Daí o emprego desta expressão figurada: *ler conforme a letra*. Enfim, nós compreendemos que a elucidação gnóstica das Escrituras, quando o desenvolvimento da fé já é considerável, é aqui comparada a uma leitura *conforme as sílabas*... Graças ao ensino dado pelo Salvador dos Apóstolos, a interpretação oral dos textos sagrados foi transmitida até nós e gravada, pelo poder de Deus, nos corações novos, de acordo com a renovação do livro. Eis por que os mais eminentes gregos consagravam a romã a Hermes, que, diziam eles, representa a palavra (os vocábulos têm necessidade de interpretação). Porque a palavra dissimula as coisas muito bem. A história de Moisés nos ensina que esta dificuldade de alcançar a verdade não existe apenas para os que leem superficialmente, mas que a graça de contemplar esta verdade não é concedida de improviso, mesmo aos homens cujo privilégio está em conhecê-la. No dia em que pudermos contemplar, como os hebreus, a glória de Moisés, e como os profetas de Israel, as visões angélicas, nos tornaremos também capazes de encarar de frente os esplendores da verdade."[32]

Poderíamos citar outros textos, mas o que precede basta para provar que S. Clemente conhecia a existência dos Mistérios na Igreja, aos quais foi admitido; enfim, que ele escrevia para os que tinham sido iniciados como ele.

Seu discípulo Orígenes vem, por sua vez, nos trazer seu testemunho – Orígenes, cuja erudição, coragem, santidade, devoção, humildade e ardor iluminam o século e cujas obras subsistem como minas de ouro onde o investigador pode descobrir os tesouros da sabedoria.

Na sua famosa disputa contra Celso,[33] o Cristianismo sofreu ataques que provocaram, da parte de Orígenes, uma defesa dos princípios cristãos; faz aí, muitas vezes, menção dos ensinos secretos.[34]

Celso, tendo atacado o Cristianismo, alegando que era um sistema secreto, Orígenes levanta-se contra essa opinião e declara que, se certas doutrinas eram secretas, muito outras eram públicas; e que este sistema de ensinos exotéricos e esotéricos, adotado pelos cristãos, era usado igualmente pelos filósofos.

Nota-se, na passagem que se segue, a distinção estabelecida entre a ressurreição de Jesus, encarada sob o ponto de vista histórico e o "mistério da ressurreição".

"Ainda mais Celso, chamando, muitas vezes, a doutrina cristã um sistema secreto, nos obriga a refutá-lo; porque, enfim, o mundo inteiro, ou quase todo, está mais ao corrente das doutrinas pregadas pelos cristãos do que das opiniões favoritas dos filósofos! Quem não sabe que Jesus nasceu de uma virgem; que foi crucificado; que sua ressurreição é um artigo de fé para muitas pessoas e que um juízo geral e final esta anunciado, no qual serão punidos os maus como merecem ser recompensados os justos? E, entretanto, o Mistério da ressurreição, sendo mal compreendido, é levado ao ridículo pelos que não acreditam em nada. Nestas condições, é completamente absurdo chamar a doutrina cristã um sistema *secreto*. Se, por outro lado, certas doutrinas ocultas à massa são reveladas após o ensino das doutrinas exotéricas, não devemos considerar este fato com peculiar ao Cristianismo, porque o encontramos em todos os sistemas filosóficos, nos quais certas verdades são exotéricas e outras esotéricas. Entre os ouvintes de Pitágoras, uns contentavam-se com suas afirmações, enquanto outros eram secretamente instruídos nas doutrinas que não deviam ser comunicadas aos profanos e insuficientemente preparados. Além do mais, se os numerosos Mistérios, celebrados por toda a parte, na Grécia e nos países bárbaros, são conservados secretos, daí se conclui o seu descrédito. Celso esforça-se, portanto, inutilmente em caluniar as doutrinas secretas do Cristianismo, por não fazer ele uma ideia exata de sua natureza."[35]

Nesta passagem, é impossível negá-lo, Orígenes coloca nitidamente os mistérios cristãos na mesma categoria que os do mundo pagão e suplica que não se torne em motivo de agressões uma tal maneira de agir, não condenada em outras religiões, pelo fato de existir o mesmo no Cristianismo.

Orígenes declara, opondo-se sempre às ideias de Celso, que a Igreja conserva os ensinamentos secretos de Jesus; invoca em termos precisos as explicações dadas por Jesus a Seus discípulos, em Suas parábolas, para responder à comparação estabelecida por Celso entre os Mistérios interiores da Igreja de Deus e o culto dos animais praticado no Egito. "Eu ainda não falei da observância de tudo o que está escrito nos Evangelhos, porque cada um deles contém numerosas doutrinas de compreensão difícil, não só para a massa, mas também para certos espíritos mais inteligentes, *verbi gratia*, uma explicação mais profunda das parábolas dirigidas por Jesus *aos de fora*, parábolas das quais reservava a interpretação completa aos homens que tinham transposto o estágio do ensino exotérico e que vinham para ele em *particular, em casa*. Quando o leitor tiver compreendido isto, admitirá a razão que faz chamar a uns *de fora* e outros que estão *dentro de casa*".[36]

Orígenes faz, em seguida, com palavras veladas, uma alusão à "montanha" galgada por Jesus, montanha da qual desceu para ajudar "os que não O podiam seguir lá onde O acompanhavam Seus discípulos".

Esta alusão refere-se à "Montanha da iniciação", expressão mística bastante conhecida. Moisés igualmente fez o tabernáculo de acordo com a forma que lhe foi mostrada na montanha (Êx. 25:40, 26:30); compare (Hb. 8:5, 9:25).

Mais adiante, Orígenes volta de novo, dizendo que Jesus apareceu "na Montanha muito diferente do que parecia ser aos que não O podiam seguir tão alto".[37]

No seu comentário do cap. 15 do Evangelho segundo S. Mateus, Orígenes diz ainda, a propósito do episódio da mulher siro-fenícia: "Talvez certas palavras de Jesus sejam como pães que podemos dar exclusivamente, como as crianças, às pessoas mais desenvolvidas; outras são, de alguma forma, migalhas que vêm do palácio e da mesa dos grandes, migalhas que certas almas virão, como cães, levantar do chão".

Celso tendo achado mau que a Igreja recebesse pecadores, Orígenes responde-lhe: que a Igreja tem remédios para todos os doentes, como também para as almas cheias de saúde, tem o estudo e o conhecimento das coisas divinas. Ensina-se aos pecadores a não mais pecar; e quando eles fizeram progressos e foram "purificados pela Palavra, só então nós os convidamos a participar dos nossos Mistérios. Porque nós falamos da sabedoria entre os que são perfeitos".[38]

Os pecadores vêm implorar sua cura: "Porque há, na divindade da Palavra, recursos para os que são doentes... Outros ainda mostram aos homens puros de corpo e alma *a revelação do mistério que estava oculto desde o começo do mundo, mas hoje se manifesta pelos escritos dos profetas e pela aparição de Nosso Senhor Jesus Cristo*. Esta aparição manifesta-se a todo homem perfeito, iluminando-lhe a razão com o conhecimento verdadeiro das coisas".[39]

Aparições semelhantes se produziam, como já observamos, nos Mistérios pagãos. Os Mistérios da Igreja eram igualmente visitados por Presenças gloriosas. "Deus, o Verbo, diz Orígenes, foi enviado aos pecadores como um médico, mas aos que já são puros e não pecam mais como um Mestre dos divinos Mistérios.[40] A sabedoria não entrará na alma de um homem vil e absolutamente não habitará um corpo escravo do pecado."

Eis por que estes ensinos superiores são exclusivamente dados aos que são "Atletas na piedade como em todas as virtudes".

Os cristãos não falavam dos seus conhecimentos aos impuros, mas diziam: "Um homem, tendo as mãos puras, eleva para Deus as mãos santas; por consequência, pode vir a nós... Um homem, sendo puro, não somente de qualquer mácula, mas ainda de transgressões consideradas como menos graves, pode fazer-se iniciar nos Mistérios de Jesus, os quais somente os santos e os puros deviam conhecer". É ainda por isso que, antes de começar a cerimônia da Iniciação, o personagem incumbido das funções de Iniciador, conforme os preceitos de Jesus, o Hierofante dirigia estas significativas palavras aos de coração purificado: "Aquele cuja alma não tem, há muito tempo, consciência da prática do mal, e em particular se tem submetido à ação curativa da Palavra, que este homem receba as doutrinas comunicadas, em segredo, por Jesus aos Seus verdadeiros discípulos".

Assim começava "a Iniciação aos Mistérios sagrados, dos homens já purificados".[41] Só estes podiam conhecer as realidades dos mundos invisíveis, só eles podiam penetrar no recinto sagrado, onde, como outrora, os anjos vinham ensinar e onde as lições eram dadas pela visão direta e não apenas pela palavra.

É impossível deixar de notar a diferença entre o tom destes cristãos antigos e os seus sucessores modernos. Para os primeiros, uma vida perfeitamente pura, a prática das virtudes, o cumprimento da Lei Divina em todos os detalhes da conduta exterior, a justiça irrepreensível não eram, como para os pagãos de então, senão o começo do caminho, em vez de assinalar o seu termo.

Hoje, a religião é considerada como tendo atingido gloriosamente a sua finalidade, quando faz um Santo; outrora ela submetia os Santos a esforços supremos, e tomando pela mão os homens de coração puro, conduzia-os até a visão beatífica.

Orígenes faz menção ainda do ensino secreto quando discute os argumentos de Celso, referentes à oportunidade de conservar os costumes dos antepassados baseados na crença que "as diferentes regiões terrestres foram, desde o começo, confiadas a Espíritos diretores e, assim, distribuídas entre certos Poderes governantes, modo pelo qual se procede a administração do mundo".[42]

Orígenes critica as deduções de Celso, e acrescenta: "Mas, sendo provável que certas pessoas, habituadas a levar mais longe suas investigações, aceitam as ideias deste tratado, ousamos dar alguns esboços de caráter mais profundo, encerrando noções místicas e secretas referentes à partilha primitiva das diferentes regiões terrestres, das quais algumas são mencionadas na própria história grega".[43] Orígenes cita, em seguida, o *Deuteronômio*, 32:8-9: *Quando o Soberano dividiu as nações, e dispersou os filhos de Adão, firmou os limites do povo conforme o número dos filhos de Israel, mas a parte do Senhor foi seu povo, sendo Jacó e Israel o laço da herança.*

Estes termos são da versão dos setenta e não da versão anglicana, mas parecem indicar que o nome de "Senhor" era dado ao Anjo Soberano dos judeus e não ao "Altíssimo", isto é, a Deus. A ignorância fez perder de vista esta distinção; daí a inexatidão de muitas passagens referentes ao "Senhor", quando se fala do *Altíssimo*. Citaremos, como exemplo, Juízes, 1,19.[44]

Orígenes conta, então, a história da Torre de Babel e continua nestes termos:

"Ainda havia, sob o ponto de vista místico, muito a dizer sobre estas questões. Citamos, a propósito, a seguinte passagem de *Tobias*, 12:7: *É bom guardar o segredo de um rei*, a fim de que a doutrina da descida das almas nos corpos (não falo da passagem de um corpo a outro) não seja dada aos espíritos vulgares, nem as coisas santas aos cães, nem as pérolas lançadas; aos porcos. Proceder assim seria ímpio e seria trair as misteriosas revelações da sabedoria Divina. Basta, entretanto, representar, no estilo de uma narração histórica, o que é destinado a oferecer, sob o véu da história, um sentido secreto, para que os que se mostrarem capazes consigam assimilar por si mesmos tudo que se prende à questão".[45]

Orígenes interpreta, em seguida, de uma forma mais completa, a história da Torre de Babel: "Em segundo lugar, diz ele, todos os que podem compreender que as narrações feitas sob a forma histórica e que contêm certas coisas literalmente verdadeiras, apresentam um sentido mais profundo...".[46]

Depois de ter-se esforçado para mostrar que o "Senhor" era mais poderoso que os outros Espíritos diretores das diferentes regiões terrestres e que Ele havia expulsado Seu povo para expiar suas faltas sob o domínio de outras potências, fazendo-o voltar, em seguida, com todas as nações menos favorecidas, que se sujeitaram, Orígenes termina com estas palavras: "Como fizemos notar, é necessário perceber que temos falado com palavras veladas, a fim de pôr em foco os erros dos que afirmam...",[47] como o fez Celso.

Mais longe, Orígenes observa que "o objeto do Cristianismo é nos fazer adquirir a sabedoria",[48] e acrescenta: "Se agora tomardes os livros escritos depois da época de Jesus Cristo, vós vereis que estas multidões de crentes que escutam as parábolas, estão, por assim dizer, *do lado de fora*; não são senão dignos das doutrinas exotéricas; os discípulos, ao contrário, recebem em particular a explicação das parábolas. Com efeito, Jesus desvendou tudo, em segredo, aos Seus próprios discípulos, pondo acima do vulgo os que desejavam conhecer Sua sabedoria.

Prometeu também aos que nele acreditam lhes enviar homens sábios e escribas...

Paulo, por sua vez, na enumeração dos *charismata* que Deus concede ao homem, põe em primeira linha a *Palavra da Sabedoria*; em segunda linha, como inferior, a *Ciência*; em terceira, enfim, a mais baixa, a *Fé*. E, porque ele considerava a *Palavra* como superior ao dom dos milagres, coloca o dom dos *milagres* e das *curas* abaixo dos dons da Palavra".[49]

Certamente, o Evangelho é um auxílio para os ignorantes, "contudo, a educação, o estudo dos melhores autores e a sabedoria são, não um obstáculo, mas um socorro para o homem que deseja conhecer Deus".[50] Quanto aos pouco inteligentes, "eu me esforço em formá-los e instruí-los, apesar do meu desejo de não fazer entrar na comunidade cristã semelhantes elementos. Porque procuro, de preferência, os espíritos mais cultivados e capazes, pois estes estão em condições de perceber o sentido das palavras obscuras".[51]

Encontramos aqui, claramente enunciadas, as antigas ideias cristãs; elas são idênticas às considerações apresentadas no primeiro capítulo desta obra. O Cristianismo está aberto aos ignorantes, mas não lhe é exclusivamente reservado; para os espíritos "cultivados e capazes", ensinamentos profundos.

É para eles que Orígenes se esforça em demonstrar que as Escrituras judaicas e cristãs apresentam um sentido oculto sob o véu de narração cujo sentido exterior é chocante e absurdo. Aqui faz ele alusão à serpente e à árvore da vida e às "narrações seguintes, cuja simples leitura bastaria para fazer compreender a um leitor ingênuo que todas estas coisas tinham, com razão, um sentido alegórico".[52]

Numerosos capítulos são consagrados às significações alegóricas e místicas, ocultas nas palavras do Antigo e Novo Testamento; "Orígenes alega que Moisés, conforme o hábito dos egípcios, dava às suas histórias um sentido oculto".[53] "O leitor deve encarar essas narrativas sem paixão nem preconceito", tal é, em resumo, o método de interpretação adotado por Orígenes: "Esforça-se a não ser induzido em erro, exercendo seu julgamento para descobrir, nas narrações, as de sentido figurado, procurando perceber o que os autores quiseram dizer com semelhantes invenções, recusando crédito a outras, porque apenas foram escritas para satisfazer a certas pessoas. Ora, nós dizemos isto por antecipação, de todos os escritos que formam os Evangelhos referentes a Jesus".[54]

Os exemplos de interpretação mística das narrativas bíblicas enchem uma boa parte do Livro IV; toda a pessoa que desejar estudar essa questão deve lê-lo inteiramente.

No *De Principiis*, Orígenes nos diz que, conforme a doutrina da Igreja, "as Escrituras têm por autor o Espírito de Deus e oferecem um sentido determinado, não unicamente aquele que se descobre à primeira vista, mas ainda um outro que escapa à maioria dos leitores. Porque estes vocábulos escritos são as formas de certos Mistérios e as imagens das coisas divinas. A esse respeito, a Igreja é unânime em pensar que, no seu conjunto, a lei é verdadeiramente espiritual, embora o seu sentido não seja de todos conhecido, apenas dos que receberam o Espírito Santo através da palavra de sabedoria e ciência".[55]

O leitor que se recorda das citações precedentes reconhecerá na "palavra de sabedoria" e na "palavra da ciência" os dois grandes ensinamentos místicos, espiritual e intelectual.

No quarto livro do *De Principiis*, Orígenes explica longamente como compreende a interpretação das Escrituras. Elas têm um "corpo", isto é, "o sentido ordinário e histórico", uma "alma" ou sentido figurado que pode ser percebido intelectualmente; finalmente, um "espírito", sentido interior e divino que só conhece aquele que possui a "inteligência do Cristo".

Orígenes julga que os elementos heterogêneos e absurdos, introduzidos na história, têm por objetivo excitar o leitor inteligente, obrigando-o a procurar uma explicação mais profunda.

Quanto aos leitores ingênuos, estes leem sem perceber as dificuldades.[56]

O cardeal Newman, no seu "Arianos do 4º Século", faz algumas observações interessantes com relação à *Disciplina Arcani*, mas com o ceticismo inveterado do século XIX, não chega a crer completamente nas "riquezas da glória do Mistério", ou, sem dúvida, nem um só instante julgou possível a existência de tão maravilhosas realidades. Ele acreditava, entretanto, em Jesus, no Jesus cuja promessa é clara e categórica: *Eu jamais os deixarei órfãos; eu voltarei. Ainda mais um pouco, e o mundo não me verá mais, porém vocês me verão; porque eu vivo e vocês viverão. Naquele dia, virão a conhecer que estou em meu Pai, e vocês em mim, e eu em vocês*[57]. Esta promessa foi literalmente cumprida, pois Ele voltou aos Seus discípulos e os instruiu nos Seus Mistérios; eles O viram ainda, embora o mundo não O visse mais e souberam que o Cristo estava neles e que sua vida era a do Cristo.

O cardeal Newman admite a existência de uma tradição secreta, remontando aos Apóstolos, mas supõe que consistia em doutrinas cristãs divulgadas mais tarde; ele esquece que os homens declarados ainda incapazes de receber este ensino não eram pagãos, nem mesmo catecúmenos ainda incompletamente instruídos, mas membros da Igreja Cristã admitidos aos sacramentos. Ele calcula que esta tradição secreta foi, mais tarde, "voluntariamente espalhada por fora, e que se perpetuou sob formas simbólicas", sendo incorporada "nos credos dos primeiros Concílios".[58]

Mas esta tese é insustentável, porque as doutrinas dos credos se acham claramente enunciadas nos Evangelhos e nas epístolas, tendo sido todas anteriormente divulgadas; finalmente, essas doutrinas, os membros da Igreja já as possuíam inteiramente. Assim explicada, as afirmações, tantas vezes repetidas, que havia um ensinamento secreto, não têm mais nenhum sentido.

O cardeal acrescenta, contrariamente ao que disse, que "tudo que não recebeu um caráter de autenticidade, sejam profecias, sejam comentários sobre as dispensações obtidas no passado, encontra-se, de fato, perdido para a Igreja".[59]

Sob o ponto de vista da Igreja, isto muito provavelmente é exato, mas também não é menos possível encontrar uma doutrina perdida.

O cardeal exprime-se nestes termos, com relação a Irineu, que, na sua obra *Contra as Heresias*, insiste muito na existência de uma tradição apostólica, na Igreja: "Ele fala do poder e da claridade das tradições conservadas na Igreja, tradições que contêm a verdadeira sabedoria dos perfeitos, mencionada por S. Paulo e que os gnósticos têm a pretensão de possuir. Não existem provas decisivas da existência e da autoridade, nestes tempos primitivos, de uma tradição apostólica, mas é bem certo que uma tal tradição existiu, sendo admitido que os Apóstolos falaram nela, e que seus amigos a conheceram.

"É impossível acreditar que eles não tivessem organizado sistematicamente a série das doutrinas reveladas, com mais ordem do que nos seus Escritos, desde o momento em que seus adeptos se viram expostos aos ataques e apreciações errôneas dos heréticos, a menos que não lhes tenha sido permitido fazê-lo, suposição que deve ser afastada. As declarações apostólicas assim motivadas teriam, muito naturalmente, sido conservadas, assim como outras verdades secretas menos importantes, às quais S. Paulo parece fazer alusão, e das quais os autores mais antigos reconhecem, mais ou menos, a existência, verdades relativas tanto aos tipos da Igreja judaica, como às perspectivas do futuro da Igreja Cristã. Semelhantes recordações dos ensinos apostólicos teriam, evidentemente, sido artigos de fé para os fiéis, aos quais foram comunicados: a menos que não se admita que, vindo de instrutores inspirados, eles não tivessem uma origem divina".[60]

Na parte de sua obra relativa ao método do "alegorizante", o cardeal diz ainda, achando no sacrifício de Isaque "o tipo da revelação do Novo Testamento". "Para corroborar esta observação, eu farei notar que parece ter existido,[61] na Igreja, uma interpretação tradicional desses tipos históricos, interpretação que remonta aos apóstolos, mas relegada entre as doutrinas secretas, como sendo perigosa para a maioria dos ouvintes. Sem dúvida, S. Paulo, na *Epístola aos Hebreus*, nos dá um exemplo de semelhante tradição e mostra não só sua existência, como também seu caráter secreto (apesar de sua origem judaica bem caracterizada), quando, depois de ter interrompido suas explicações e posto em dúvida a fé dos seus irmãos, lhes comunica, não sem hesitação, o sentido evangélico da narração referente a Melquisedeque, tal como é dada na Gênese.[62]

As convulsões sociais e políticas, que marcaram o fim do Império Romano, começaram a torturar seu vasto organismo; os próprios cristãos foram atraídos na confusão tempestuosa dos interesses pessoais.

Encontramos ainda, mencionados aqui e ali, certos conhecimentos especiais dados aos chefes e instrutores da Igreja, ensinamentos dados pelos Anjos, as hierarquias celestes e outros mais. Mas a falta de discípulos qualificados levou à supressão dos Mistérios, que cessaram de ser uma instituição cuja existência era de todos conhecida, e os ensinos foram transmitidos, cada vez mais secretamente, às almas raras que, por seu saber, pureza e devoção, se mostravam ainda capazes de as receber. Nunca mais houve escolas que ensinassem os primeiros elementos e, com o seu desaparecimento, "a porta se fechou".

Entretanto, é possível descobrir, na Cristandade, duas correntes que se derivaram dos Mistérios desaparecidos: uma é a corrente da ciência mística que descende da Sabedoria, da gnose comunicada nos Mistérios; a outra é a corrente da contemplação mística, saída também da gnose, mas que conduz ao êxtase e à visão espiritual; mas, esta visão, sem o auxílio da ciência, raramente atinge o verdadeiro êxtase, ou, então, se perde numa multidão indistinta de formas sutis hiperfísicas, visíveis sob uma aparência objetiva pela visão interior; atraída prematuramente pelo jejum, vigílias e esforços contínuos de atenção, ela surge, na maioria das vezes, dos pensamentos e emoções do visionário.

Mesmo que as formas percebidas não sejam pensamentos exteriorizados, são vistas através de uma atmosfera deformadora de ideias e de Crenças preconcebidas e, por este fato, perdem grande parte do seu valor. Certas visões foram, entretanto, visões das coisas celestes. Jesus apareceu, de fato, aos seus adoradores fervorosos; anjos iluminaram muitas vezes, com sua presença, a célula solitária do monge e da religiosa, a solidão do extático e do investigador, curvados para Deus.

Negar a possibilidade de experiências semelhantes seria abalar, nos seus fundamentos, as realidades nas quais os homens de todas as religiões têm, com toda a *segurança, assentado sua fé* e que todo o ocultista conhece: a comunicação entre os Espíritos mergulhados na carne e os Espíritos cobertos de invólucros mais sutis, o contato entre as inteligências, apesar das barreiras físicas, o aparecimento, no homem, da Divindade, a certeza de uma vida além das portas da morte.

Nunca, no decorrer dos séculos que o separaram de sua origem, o Cristianismo esteve inteiramente privado de Mistérios. "Foi, provavelmente, no fim do século V, no momento em que a filosofia antiga declinava nas Escolas de Atenas, que a filosofia especulativa do Neoplatonismo tomou pé definitivamente no pensamento cristão, graças às fraudes literárias do 'pseudo-Dionísio'."[63] As doutrinas do Cristianismo estavam já tão firmemente estabelecidas que a Igreja podia vê-lo sem inquietação, interpretar de uma forma mística e simbólica. Também o autor da *Theologia Mystica* e outras obras atribuídas ao Areopagita fez, das doutrinas de Proclo, um sistema de Cristianismo esotérico. Deus é a Unidade, supraessencial, sem nome, superior à própria Bondade. É, portanto, a *teologia negativa* que, elevando-se da criatura até Deus, afastando, um após outro, todos os atributos, nos conduz mais perto da verdade.

A volta a Deus é o aperfeiçoamento supremo e o fim indicado pelo ensino cristão.

Estas mesmas doutrinas foram pregadas, mas com fervor mais eclesiástico, por Máximo o Confessor (580-622).

Máximo representa a última atividade especulativa da Igreja Grega, mas a influência das obras do "pseudo-Dionísio" foi transmitida ao Ocidente, no século IX, por Eriúgena,[64] cujo gênio especulativo deu nascimento à escolástica e ao misticismo da Idade Média. Eriúgena verteu para o latim não só a obra de Dionísio, como também os comentários de Máximo; seu próprio sistema é, no fundo, idêntico aos deles.

Eriúgena adota a teologia negativa e declara que Deus é um Ser sem atributos e que pode, não sem razão, ser chamado *Nada*. Do Nada ou essência incompreensível foi criado o mundo das ideias e das causas primárias. É o Verbo ou Filho de Deus. Nele existem todas as coisas se pelo menos, tiverem uma existência real. Toda existência é uma *teofania*. Deus, sendo o começo de todas as coisas, também é o fim. Eriúgena ensina a volta a Deus de todas as coisas, sob a forma de *adunatio* ou *deificatio* de Dinis.

"Tais são os caracteres permanentes do que se pode chamar a filosofia do Misticismo de nossa era: as pequenas alterações que ela sofre, de século em século, não deixam de ser notáveis".[65]

No século XI, Bernardo de Clairvaux (1091-1153) e Hugo de Saint-Victor continuam a tradição mística, como também Ricardo Saint-Victor, no século XIII, S. Boaventura, o Doutor Seráfico e o grande S. Tomás de Aquino (1227-1274).

Tomás de Aquino domina a Europa da Idade Média, não só pela força do seu caráter, como pelo seu saber e piedade. Ele vê, na "Revelação", a primeira fonte dos nossos conhecimentos, que se divide em dois canais, a Escritura e a Tradição; a influência do "pseudo-Dionísio" evidente nas suas obras, liga-o aos Neoplatônicos.

A segunda fonte é a Razão, cujos escoadouros são a filosofia platônica e os métodos de Aristóteles. O Cristianismo não se felicitou desta última aliança, porque Aristóteles se torna obstáculo para o progresso do pensamento superior; as lutas sustentadas por Giordano Bruno, o Pitagórico, deveriam ser uma prova. Tomás de Aquino foi canonizado em 1323, e o grande dominicano ficou como tipo desta aliança entre a teologia e a filosofia, à qual consagrou sua vida.

Estes homens pertencem à grande Igreja da Europa Ocidental; eles justificam sua pretensão de ter recebido em depósito a tocha santa da ciência mística.

Em torno dela, levantam-se numerosas seitas, julgadas heréticas, embora possuindo tradições exatas do ensino oculto; tais são os cátaros e ainda outras, perseguidas por uma Igreja ciosa de sua autoridade e temendo ver as pérolas santas cair em mãos profanas.[66]

O século XIV vê ainda, em Santa Isabel da Hungria, irradiar a doçura e a pureza, ao passo que Eckhart (1260 – 1329 d.C.) se mostra um digno herdeiro das Escolas de Alexandria.

Eckhart ensinava que "o Deus supremo é a essência absoluta, impossível de se conhecer, não só para o homem, mas para Si mesmo. Ele é a obscuridade, a privação absoluta de todo o atributo determinado, o *Nicht* oposto ao *Icht* ou à existência definida e compreensível. Entretanto, Ele encerra potencialmente todas as coisas; Sua natureza é de alcançar, por um processo triádico, a consciência de Si mesmo, Deus tríplice e único. A criação não é um ato temporal, mas uma eterna necessidade da natureza divina. Eu sou tão necessário a Deus, gostava Eckhart de dizer, quanto Deus me é necessário. No meu conhecimento e no meu amor, Deus Se conhece e a Si mesmo Se ama".[67]

A Eckhart sucederam, no século XIV, João Tauler e Nicolau de Basileia, "o Amigo de Deus, no Oberland";[68] eles deram nascimento à Sociedade dos Amigos de Deus, verdadeiros místicos, continuadores da antiga tradição.

Mead faz notar que Tomás de Aquino, Tauler e Eckhart sucederam ao "pseudo-Dionísio", este a Plotino, Jâmblico e Proclo, estes últimos, enfim, a Platão e Pitágoras.[69]

Tal é o laço que une, através das idades, os fiéis da Sabedoria. Um "Amigo" foi, sem dúvida, o autor da *Die Deutsche Theologie*; esta obra de devoção mística teve a fortuna estranha de ser aprovada por Staupitz, o Vigário-Geral dos Agostinhos, que a recomendou a Lutero; este a aprovou e a publicou em 1516 d.C., como sendo um livro para se colocar ao lado da Bíblia e os escritos de S. Agostinho de Hipona.[70]

Um "Amigo" ainda, Ruysbroeck, cuja ação, junta à de Groot, deu nascimento à ordem dos Irmãos da Sorte comum ou da Vida comum, Sociedade para sempre memorável por ter contado entre seus membros o príncipe dos místicos, Tomás A. Kempis (1380-1471 d.C.), autor da imortal *Imitação de Cristo*.

Nos dois séculos seguintes, o lado puramente intelectual do misticismo é mais acentuado do que o lado extático que domina fortemente nas sociedades do século XIV. Encontramos nesta época o cardeal Nicolau de Cusa, Giordano Bruno, o cavaleiro-mártir da filosofia e Paracelso, o sábio tantas vezes caluniado, que bebeu diretamente seus conhecimentos na fonte-mãe, no Oriente, e não em seus canais selênicos.

O século XVI viu nascer Jacob Böehme (1575-1614 d.C.), "o remendão inspirado", um Iniciado atravessando, na verdade, um período obscuro, cruelmente perseguido por homens ignorantes.

Apareceram nesta época também S. Teresa, a mística espanhola que sofreu tantas opressões e sofrimentos; S. João da Cruz, chama ardente de profunda devoção; finalmente, S. Francisco de Sales. Sábia foi a Igreja Romana canonizando-os, mais sábia do que a Reforma, que perseguiu Böehme. Mas o espírito da Reforma sempre foi profundamente antimístico, e por onde passava o seu sopro, as flores delicadas do misticismo murchavam, como queimadas pelo vento sudeste.

Roma, depois de ter cruelmente atormentado Teresa, canonizou-a depois de sua morte, mas desconheceu Mme. Guyon (1648-1717 d.C.), uma verdadeira mística.

No século XVII, Miguel de Molinos (1627-1696 d.C.), digno adversário de S. João da Cruz, mostrou a devoção exaltada de um místico, sob uma forma particularmente passiva: o Quietismo.

No século XVII, apareceu, ainda, a Escola dos Platônicos de Cambridge, da qual Henry More (1614-1687 d.C.) foi notável representante. Viveram por essa época Tomás Vaughan e Roberto Fludd, o Rosa-cruz, e formou-se a *Philadelphian Society*.

William Law (1686-1761 d.C.), cuja carreira ativa pertence ao século XVIII, pode conhecer Saint Martin (1743-1803 d.C.).[71] As obras deste último exerceram fascinação sobre muitos investigadores do século XIX.[72]

Não esqueçamos Cristiano Rosenkreutz (morto em 1484 d.C.),[73] cuja sociedade mística da Rosa-cruz, fundada em 1514, possuiu o verdadeiro conhecimento e cujo espírito se encontra no "Conde de São Germano", este personagem misterioso que aparecia e desaparecia na sombra, sob os clarões pálidos do século XVIII, já moribundo. Devemos levar em conta certos místicos *Quakers*, esta seita dos "Amigos", tão perseguidos que imploravam espiritualidade à Luz Interior e cujo ouvido ouve sem cessar a *Voz de Dentro*.

Houve muitos outros místicos ainda, "dos quais o mundo não foi digno", como esta verdadeiramente encantadora e sábia Mãe Juliana de Norwich, que viveu no século XIV. Eram cristãos de elite, pouco conhecidos, mas que justificavam o Cristianismo no mundo.

Saudemos, com respeito, estes Filhos da Luz, que emergem, aqui e ali, no curso dos séculos, mas somos forçados a reconhecer que não possuíam esta união estreita de inteligência penetrante e ardente devoção que o treinamento dos Mistérios concedia; no entanto, nos admiramos da sublime exaltação espiritual que os envolvia, lamentando, contudo, que tão raros dons não tenham sido mais bem desenvolvidos por esta magnífica *disciplina arcani*.

Afonso Luís Constant, mais conhecido sob o pseudônimo de Éliphas Lévi, exprimiu-se em termos bastante justos, com relação ao desaparecimento dos Mistérios e à necessidade de restabelecê-los.[74]

Diz ele: "Uma grande infelicidade aconteceu ao Cristianismo. Fraudando os Mistérios, os falsos gnósticos (por gnósticos eu entendo *os que sabiam*, os Iniciados do primitivo Cristianismo) levaram a Igreja a rejeitar a gnose, afastando-a das verdades supremas da Cabala, que continha todos os segredos da teologia transcendente. Que a ciência absoluta, que a razão mais elevada volte ao patrimônio dos condutores dos povos; que a arte sacerdotal e a arte real empunhem o duplo cetro das iniciações antigas, e mais uma vez o mundo social surgirá do caos. Cessem de queimar as santas imagens, pois ainda faltam, aos homens, templos e imagens; mas expulsem os mercenários da casa de orações. Que os cegos deixem de conduzir cegos. Reconstituam a hierarquia da inteligência e da santidade. Reconheçam, enfim, os que sabem como mestres dos que creem".[75]

As Igrejas retomarão, ainda em nossos dias, o ensino místico, os Mistérios Menores; prepararão assim seus filhos para o restabelecimento dos Mistérios Maiores; chamarão de novo à terra os Instrutores angélicos tendo por Hierofante o Mestre Divino – Jesus? – Desta pergunta depende o futuro do Cristianismo.

NOTAS

1. Entre as edições desses textos destacam-se *The Apostolic Fathers,* 2ª ed., trad. inglesa de J. B. Lightfoot e J. R. Harmer, org. por Michael W. Holmes (Grand Rapids, Michigan: Baker, 1989), e *Early Christian Writings*, trad. por Maxwell Staniforth, ed. rev. (Londres: Penguin, 1987).
2. O Martírio de Inácio, 3. – As traduções empregadas são as da The Ante-Nicene Library, em excelente compêndio de Antiguidade Cristã. [Citações dos Pais Apostólicos aqui e abaixo podem ser encontradas no vol. 1 dessa série. – R.S.]
3. *Ibid. Epístola de Policarpo*, cap. 12.

4. *Ibid. Epístola de Barnabas*, cap. 1
5. *Ibid.*, cap. 10.
6. *Ibid., Martírio de Inácio*, cap. 1.
7. *Ibid., Epístola de Inácio aos Efésios*, cap. 3.
8. *Ibid.*, cap. 12.
9. *Epístola de Inácio aos Tralianos*, cap. 5:2.
10. *Epístola ao Filadélficos*, cap. 9.
11. Clemente de Alexandria. *Stromata* 1:1.
12. *Ibid.*, 1:28.
13. Parece que nesta época já havia pessoas que achavam mau ensinar secretamente alguma verdade!
14. *Stromata*, 1:1.
15. *Adyton* (latinizado, *adytum*; plural, *adyta*) é o santo dos santos no templo. A palavra deriva de raízes gregas significando "para não permitir a entrada".
16. *Ibid.*, 5:4.
17. *Ibid.*, 5:5-8.
18. *Ibid.*, 5:9.
19. *Ibid.*, 5:10.
20. *Ibid.*, 5:15-29.
21. A versão citada difere em palavras, mas não em significado da versão autorizada em inglês.
22. *Ibid.*, 5:10.
23. *Ibid.*, 6:7.
24. *Ibid.*, 7:14.
25. *Ibid.*, 6:10.
26. *Ibid.*, 6:7.
27. *Ibid.*, 1:6.
28. *Ibid.*, 1:9.
29. *Ibid.*, 6:10.
30. *Ibid.*, 1:13.
31. *Ibid.*, 5:4.
32. *Ibid.*, 6:15.
33. Besant refere-se a uma das mais importantes obras remanescentes de Orígenes, *Contra Celsum* ("Contra Celso"), em que ele refuta as alegações de um crítico pagão do Cristianismo. Para uma versão recente, veja Orígenes, *Contra Celsum*, trad. inglesa de Henry Chadwick, ed. rev. (Cambridge: Cambridge University Press, 1965).

34. O livro 1 *Contra Celso* encontra-se no vol. 10 da *Ante-Nicene Library*. Os outros no vol. 23.
35. Orígenes, *Contra Celso*, 1:7.
36. *Ibid.*, 1:7.
37. *Ibid.*, 4:16.
38. *Ibid.*, 3:59
39. *Ibid.*, 3:61.
40. *Ibid.*, 3:62.
41. *Ibid.*, 3:60.
42. *Ibid.*, 5:25.
43. *Ibid.*, 5:28.
44. Esta passagem levanta um dos problemas mais espinhosos deste livro e, talvez, da história do Judaísmo e do Cristianismo. Besant segue H. P. Blavatsky, para quem o Deus do Antigo Testamento era meramente o deus nacional de Israel, que usurpara a posição do Altíssimo, o supremo e impronunciável Único. Veja, por exemplo, Blavatsky, *The Secret Doctrine,* vol. 1, pp. 349, 426; vol. 2, pp. 96, 508-09, 540. Uma estudiosa bíblica contemporânea que expôs ideias semelhantes às de Blavatsky foi Margaret Barker: veja o livro dela, *The Great Angel: A Study of Israel's Second God* (Louisville, Kentuky: Westminster John Knox, 1992).

    Não obstante, há um problema com a imagem de Besant. Ela indica que Orígenes subscrevia essa visão do Deus de Israel como um mero deus nacional, o "Anjo Soberano de Israel". Mas Orígenes parece sugerir o contrário. Ele afirma que as nações da Terra estavam sujeitas a deuses nacionais – arcanos ou "soberanos" – como resultado da sua tentativa de rebelião ao construir a Torre de Babel. "Apenas aqueles tornaram-se a parte do Senhor e o Seu povo, sendo chamados de Jacó; e Israel tornou-se o laço da herança. Só eles estão sob a tutela de um governante que não recebeu os seus súditos com o propósito de punição como os outros" (*Contra Celsum*, 5.31; trad. de Chadwick). A questão é se, de acordo com Orígenes, o "soberano" atribuído aos ancestrais dos hebreus na época da diáspora em Babel era o verdadeiro Deus, o Altíssimo, ou se ele era meramente outro anjo soberano, ainda que, conforme Besant chega a afirmar, "mais poderoso do que outros Espíritos diretores". Conforme ela observa, a versão septuaginta grega do Deuteronômio 32:8-9 emprega dois nomes diferentes para Deus nessa passagem. O mesmo se passa com a versão hebraica: Elyon é o "Altíssimo", ao passo que YHWH é o "Senhor". A questão, então, depende de saber se esses dois nomes indicam dois personagens diferentes. O texto de Orígenes é ambíguo. A leitura mais óbvia sugere que ele

adota a visão corriqueira (de que o Altíssimo e o Deus de Israel são o mesmo) – mas isso é o oposto do que Besant sustenta aqui.
45. *Ibid.*, 5:29.
46. *Ibid.*, 5:31.
47. *Ibid.*, 5:32.
48. *Ibid.*, 5:45.
49. *Ibid.*, 5:46.
50. *Ibid.*, 5:47-54.
51. *Ibid.*, 5:74.
52. *Ibid.*, 4:39.
53. *Ibid.*, 1:17 e outros.
54. *Ibid.*, 1:42.
55. Orígenes, *De Principiis*, prefácio, em *Ante-Nicene Fathers*, vol. 10, p. 8 [*De Principiis*, ou "Sobre os Primeiros Princípios], é o título daquela que parece ser a obra remanescente mais importante de Orígenes. – R.S.]
56. *Ibid.*, cap. 1.
57. Atualmente, 2 Pedro é geralmente reconhecido como último livro do Novo Testamento a ser escrito – provavelmente por volta de 130 d.C. (Brown, pp. 761-62). Em razão disso, não pode ser obra do apóstolo Pedro em pessoa.
58. John Henry Newman, *Arians of the Fourth Century*, cap. 1, sec. 3, p. 55.
59. *Ibid.*, pp. 55-6.
60. *Ibid.*, pp. 54-5.
61. "Parece ter existido" é uma expressão fraca – admitindo as afirmações de Clemente e Orígenes, tais como já citamos.
62. *Ibid.*, p. 62.
63. Diversos textos cristãos esotéricos são atribuídos a Dionísio, o Areopagita, um personagem mencionado brevemente em Atos 17:34 como um convertido de Paulo. Praticamente nenhum pesquisador erudito acredita que esses textos tenham sido escritos pelo Dionísio histórico, que teria vivido no século I d.C. O verdadeiro autor é desconhecido, mas geralmente é considerado como tendo "transposto em um estilo inteiramente original a totalidade do Neoplatonismo Pagão de Plotino a Proclo, mas especialmente o de Proclo e da Academia Platônica de Atenas, dentro de um contexto cristão nitidamente novo" (*Stanford Encyclopedia of Philosophy*; <http://plato.stanford.edu/entries/pseudo-dionysius-areopagite/>). Entre as suas obras destacam-se a *Teologia Mística*, a que Besant se refere como *Theologia Mystica*.
64. Johannes Scotus Erigena (ou Eriúgena; c. 800-880), um filósofo irlandês que, conforme Besant afirma, traduziu algumas obras do "Pseudo-Dionísio" para o

latim. Para uma introdução à obra desse autor, veja Christopher Bamford, *The Voice of the Eagle: John Scotus Eriugena's Prologue to the Gospel of St. John* (Great Barrington, Massachusetts: Lindisfarne, 2000).

65. Artigo "Mysticism", *Enciclopédia Britânica*.
66. Os cátaros constituíam uma seita que floresceu no sul da França e no norte da Itália durante os séculos XII e XIII. Tinham uma visão radicalmente dualista do mundo e ressaltavam a importância de uma castidade e uma austeridade estritas (o seu nome provém da palavra grega *katharos*, "puro"). Foram praticamente exterminados por um expurgo promovido pela Igreja Católica no início do século XIII. Um estudo breve sobre a sua história e doutrinas encontra-se no meu livro, *Forbidden Faith: The Gnostic Legacy from the Gospels to The Da Vinci Code* (San Francisco: HarperSanFrancisco, 2006), cap. 4.
67. Ibid.
68. Besant insinua que Nicolau de Basileia e "o Amigo de Deus, no Oberland" são a mesma pessoa, mas esse não é o caso. "O Amigo de Deus, no Oberland [região superior]" foi um leigo misterioso cuja identidade é desconhecida mas que ministrou orientação espiritual a Tauler (c.1300-1361). Tauler e o seu parceiro Henry Suso (c.1300-1365) criaram um movimento chamado os Amigos de Deus, devotado à contemplação mística. Nicolau de Basileia assumiu a liderança do movimento depois da morte de Tauler e de Suso, mas entrou em conflito com a hierarquia católica e foi queimado na fogueira em 1409. Veja *The Catholic Encylopedia*, s.v. "Friends of God", <http://www.newadvent.org/cathen/06306a.htm>; e também Wilhelm Rath, *The Friend of God from the High Lands*, trad. inglesa de Roland Everett (Stroud, Gloucestershire, UK: Hawthorn, 1991).
69. Mead, Orfeus, pp. 53-4.
70. Para uma edição recente de *Die Deutsche Theologie,* mais conhecida como *Theologia Germanica* ou "Teologia Germânica", veja *The Theologia Germanica of Martin Luther,* Bengt Hoffman, org. e trad. (Mahwah, Nova Jersey: Paulist Press, 1980).
71. O nobre francês Louis-Claude de Saint-Martin, que escrevia sob o pseudônimo de "o Filósofo Desconhecido", foi um dos expoentes máximos do Cristianismo esotérico do século XVIII. Em 1887, o ocultista Gérard Encausse, que escrevia sob o pseudônimo de "Papus", fundou a Ordem Martinista, esse nome sendo parcialmente uma pretensa homenagem a Saint-Martin. Veja Wouter J. Hanegraaff et al., orgs., *The Dictionary of Gnosis and Western Esotericism* (Leiden: Brill, 2005), s.v. "St. Martin" e "Martinism".

72. Devemos estes detalhes ao artigo "Mysticism", na *Enciclopédia Britânica*, embora a publicação não se responsabilize pelas opiniões expressas.
73. Christian Rosenkreutz é o tema de diversos opúsculos e tratados do século XVII ligados à lendária Irmandade Rosa-cruz. Um desses, o *Fama fraternitatis* ("Rumor da Irmandade"), conta as viagens de Rosenkreutz e da sua descoberta da Irmandade Rosa-cruz, assim como do seu sepultamento em um túmulo místico. *Fama* dá a data da morte de Rosenkreutz como sendo em 1484, e Besant segue essa informação aqui. A maioria dos estudiosos atuais consideram Rosenkreutz como um personagem alegórico e não histórico. Veja Frances A. Yates, *The Rosicrucian Enlightenment* (Londres: Ark, 1986 [1972]), pp. 49-50.
74. O mago francês Éliphas Lévi (1810-75) estava entre os ocultistas mais influentes de todo o século XIX. Entre as suas obras principais traduzidas para o inglês destacam-se *Transcendental Magic: Its Doctrine and Ritual,* trad. de A. E. Waite, reimp. (Londres: Bracken Books, 1995 [1896]) e *History of Magic,* trad. de A. E. Waite, reimp. (York Beach, Maine: Samuel Weiser, 1999 [1913]). A melhor história da vida e da obra de Lévi pode ser encontrada em Christopher McIntosh, *Éliphas Lévi and the French Occult Revival* (Nova York: Samuel Weiser, 1972).
75. Éliphas Lévi, *The Mystery of Magic,* trad., por A. E. Waite, pp. 58-60.

CAPÍTULO

4

O CRISTO HISTÓRICO

No capítulo 1, mostramos os pontos idênticos comuns a todas as religiões deste mundo. Vimos que o estudo destas crenças, símbolos, ritos, cerimônias, histórias e festas comemorativas idênticas fez nascer uma escola moderna que lhes dá uma fonte comum: a ignorância humana, e uma interpretação ingênua dos fenômenos naturais. Essas identidades forneceram armas para ferir, uma a uma, todas as religiões; e os ataques mais cruéis dirigidos contra o Cristianismo e a existência histórica do seu fundador foram extraídos desta fonte.

No momento de abordar, agora, o estudo da vida do Cristo – o estudo do Cristianismo, dos seus sacramentos, das suas doutrinas – seria perigoso ignorar os fatos acumulados pela Mitologia Comparada; compreendidos como devem ser, esses fatos cessam de ser adversários para se tornar aliados.

Como acabamos de ver, os Apóstolos e seus sucessores não hesitavam em admitir, no Antigo Testamento, um sentido alegórico e místico muito mais importante do que o sentido histórico – sem, entretanto, negar este – e não punham nenhuma dúvida em ensinar aos fiéis instruídos, que algumas dessas narrativas, aparentemente históricas, eram, no fundo, puramente alegóricas.

A necessidade de compreender bem este fato é ainda maior ao estudarmos a história de Jesus, apelidado de Cristo – porque, se descuidarmos de desenredar os fios confusos da meada, e não descobrirmos onde os símbolos são tomados por fatos e as alegrias por histórias verídicas, a narração perderá para nós o que oferece de mais instrutivo e – o que ela tem de mais raro – sua empolgante beleza.

Não seria demasiado insistir sobre este fato que o Cristianismo ganha – em vez de perder – quando, conforme a exortação do Apóstolo, a ciência vem complementar a fé e a virtude (2 Pe. 1:5). Certas pessoas têm medo de enfraquecer o Cristianismo permitindo que a razão intervenha no seu estudo, como acham "perigoso" reconhecer nos acontecimentos, considerados até hoje como históricos, um sentido mais profundo – mítico ou místico.

Ora, isto seria, ao contrário, fortificar o Cristianismo, permitindo ao estudante descobrir, com alegria, que a pérola inestimável brilha muito mais quando a camada de ignorância desaparece, deixando ver suas verdadeiras cores.

Atualmente, duas escolas se defrontam, cuja rivalidade obstinada tem por objetivo a história do grande Instrutor Hebreu. Para os primeiros, não há, nos relatos de Sua vida, senão mitos e lendas, tendo por finalidade explicar certos fenômenos naturais, vestígios de uma forma pitoresca de apresentar certos fatos – de demonstrar aos espíritos ignorantes algumas classificações notáveis de acontecimentos naturais que, por sua importância, se prestam ao ensinamento moral.

Os partidários desta maneira de ver formam uma escola bem definida, contando entre seus membros muitos homens de grande cultura e inteligência; uma multidão de pessoas menos instruídas fazem-lhe o cortejo e insistem com excessivo ardor nas suas ideias mais subversivas. Esta escola tem como rivais aqueles cuja fé é o Cristianismo ortodoxo; para estes, toda a vida de Jesus está na história, sem mistura de elementos lendários ou míticos; eles afirmam que aí devemos ver unicamente a biografia de um homem, filho de Palestina, há dezenove séculos, ao qual aconteceu tudo o que os Evangelhos contam; estas narrações não são, para eles, senão os anais de uma vida simultaneamente divina e humana.

As duas escolas são, portanto, irreconciliáveis – uma afirmando que tudo é legendário – a outra mantendo que tudo é histórico. Numerosas opiniões intermediárias, denominadas "livre-pensamento", consideram os

Evangelhos como uma mistura de história e legendas, embora não procurem modo algum de interpretação precisa e racional – uma explicação sequer deste conjunto complexo.

Encontramos também, no seio da Igreja Cristã, considerável número cada vez mais crescente de cristãos fiéis, piedosos e cultivados, homens e mulheres, dotados de uma fé sincera e de aspirações religiosas, mas que veem, nos Evangelhos, mais do que a história de um Homem Divino. Apoiados nas Escrituras, eles afirmam que a história de Jesus encerra um sentido profundo e mais importante que o sentido superficial e – sem negar o caráter histórico de Jesus – sustentam que o CRISTO é mais que Jesus-homem e que Ele tem um sentido místico. Baseiam sua opinião nas palavras de S. Paulo: *Meus queridos filhos, por quem sinto novamente as dores do parto até que o Cristo seja formado em vocês* (Gl. 4:19).

S. Paulo não fala, evidentemente, aqui, de um Jesus histórico – mas de uma manifestação da alma humana, onde ele vê a formação do Cristo.

Em outro trecho, o mesmo Instrutor declara que, mesmo que conhecesse o Cristo segundo a carne, não mais o conhecia desta maneira (2 Co. 5:16); ele nos dá a concluir que, embora reconhecendo o Cristo segundo a carne – Jesus – ele elevou-se a uma concepção superior que faz desaparecer a do Cristo histórico.

Muitos dos nossos contemporâneos inclinam-se para essa maneira de ver e, em presença dos fatos reunidos pela Religião Comparada, desconcertados pelas contradições dos Evangelhos, se chocam com problemas que não poderão resolver enquanto permanecerem presos ao sentido superficial das Escrituras; e exclamam, desesperados, que *a letra mata e o espírito vivifica*, procurando descobrir um sentido vasto e profundo numa narração tão antiga quanto as religiões da terra e que foi sempre o centro e a alma de cada uma das religiões onde ela reaparece.

Esses pensadores, que aperfeiçoaram seu caminho – demasiado isolados uns dos outros e muito indecisos ainda para que sejam considerados como formadores de escolas – parecem, de uma parte, estender a mão aos que veem, por toda a parte, lendas, pedindo-lhes para aceitar uma base histórica; de outra, eles previnem seus irmãos cristãos contra um perigo cada vez maior – o de perder inteiramente o sentido espiritual ao se agarrarem ao sentido literal e único que o progresso da ciência contemporânea não permite mais defender.

Sim, arriscamos perder "a história do Cristo" com esta concepção do Cristo que mantém e inspira milhões de almas belas, tanto no Oriente como no Ocidente. Pouco importa que o Cristo receba nomes diferentes ou que seja adorado sob outras formas; receamos deixar escapar a pérola preciosa e ficarmos para sempre pobres.

O que é necessário, para desviar este perigo, é separar os diferentes fios da história do Cristo e colocá-los lado a lado – o fio histórico, o fio legendário e o fio místico. Estes fios foram reunidos em um só, o que trouxe grande mal para os espíritos sérios; separando-os, nós descobrimos que o saber, longe de o depreciar, tornará mais preciosa a narração evangélica e que, através desta narração, como por tudo o que está baseado na verdade, quanto mais viva for a luz, mais ela revelará belezas.

Estudaremos primeiramente o Cristo histórico, depois o Cristo mítico e, em terceiro lugar, o Cristo místico – e verificaremos que a fusão de elementos tirados destes três aspectos nos dá o Jesus Cristo das Igrejas. Os três contribuem para constituir a Figura grandiosa e patética que domina soberanamente sobre as emoções e o pensamento dos cristãos – o Homem da Dor, o Salvador, Aquele que ama todos os homens, o Senhor.

O Cristo Histórico ou Jesus Curador e Instrutor

O fio da biografia de Jesus pode ser separado, sem dificuldade, de dois outros aos quais se prende; facilitaremos o seu estudo, reportando-nos aos anais do passado que as pessoas competentes podem verificar por si mesmas e dos quais certos detalhes, referentes ao Mestre Hebreu, foram dados ao mundo por H. P. Blavatsky e outros competentes em matéria de investigação oculta.

Muitos leitores serão, sem dúvida, tentados a criticar o emprego do vocábulo "competente" ao tratar-se de ocultismo.

Entretanto, esta expressão significa simplesmente uma pessoa que, por estudos e um treinamento todo particular, conseguiu adquirir conhecimentos especiais e desenvolver em si mesmo faculdades que lhe permitem exprimir uma opinião baseada sobre um conhecimento pessoal e direto do objeto com o qual se ocupa. Nós dizemos que Huxley é competente em biologia, que o vencedor num concurso de matemática é competente nessa matéria ou que Lyell é competente em geologia. Nós podemos, igualmente, chamar competente, em ocultismo, a um homem que conseguiu – primeiramente, se aprofundar intelectualmente em certas teorias fundamentais concernentes à constituição do homem e do universo – em seguida, desenvolver em si mesmo as faculdades superiores que permitem estudar a natureza em suas obscuras operações.

Um homem pode nascer com disposições para as matemáticas e, cultivando essas disposições durante anos, desenvolver consideravelmente suas faculdades de matemática.

Igualmente, podemos nascer com certas faculdades peculiares à Alma e desenvolvê-las por um treinamento e uma disciplina determinada. Consagrando essas faculdades ao estudo dos mundos invisíveis, tornamo-nos competentes em Ciência oculta e podemos verificar, à vontade, os anais de que já falei acima. Estas verificações são inacessíveis às pessoas ordinárias, exatamente como uma obra de matemática, escrita em símbolos matemáticos, é um livro fechado para os que ignoram esta ciência.

O homem nascido com certa disposição e que a desenvolve, consegue adquirir as noções correspondentes; aquele que nasce sem disposições especiais ou que, possuindo-as, não as cultiva, deve se resignar a ficar ignorante.

Tais são as condições, por toda a parte impostas, a quem quer se instruir; elas aplicam-se ao Ocultismo como a qualquer outra ciência.

Os anais ocultos confirmam, em certos pontos, a narração dos Evangelhos e a contradizem em outros; eles no mostram a vida de Jesus e permitem libertá-la dos mitos que a envolvem.

O menino, cujo nome hebreu foi mudado no de Jesus, nasceu na Palestina, no ano 105 a.C., sob o consulado de Publius Rutilius Rufus e Cnaeus Mallius Maximus.[1] Seus pais eram pobres, mas de boa família; foi instruído no conhecimento das Escrituras Hebraicas; seu fervor religioso e uma precoce gravidade natural decidiram seus pais a consagrá-lo à vida religiosa e ascética. Depois de uma permanência em Jerusalém – onde o rapaz revelou extraordinária inteligência e o ardor em se instruir, indo ao Templo e procurando o contato com os doutores – foi enviado ao deserto da Judeia meridional para ser aí educado numa comunidade essênia.

Com 19 anos de idade, entrou para o mosteiro essênio, que ficava situado perto do monte Serbal – mosteiro muito frequentado pelos sábios que iam da Pérsia e das Índias para o Egito; uma biblioteca magnífica de obras ocultas – das quais algumas originárias da Índia Trans-Himalaia – existia nele. Deste asilo de erudição mística, Jesus transportou-se, mais tarde, para o Egito. A doutrina secreta, que era a alma da seita essênia, tendo-lhe sido inteiramente comunicada, ele recebeu, no Egito, a iniciação, tornando-se discípulo da única Loja, cuja tradição sublime remontava ao seu grande Fundador.

O Egito, até então, permanecera, para o mundo, um dos centros onde se guardavam os verdadeiros Mistérios, dos quais os mistérios semipúblicos não eram senão um pálido e longínquo reflexo. Os mistérios historicamente conhecidos como egípcios eram a sombra da realidade "sobre a Montanha", e foi no Egito que o jovem hebreu recebeu a consagração solene, que o preparou para o Sacerdócio Real que devia atingir mais tarde.

Sua pureza sobre-humana, sua transbordante devoção eram tais, que, na virilidade plena de sua graça, ele se elevava de maneira extraordinária acima dos ferozes ascetas entre os quais tinha sido criado, derramando sobre os judeus severos que o rodeavam o perfume de uma sabedoria acompanhada de ternura e suavidade – tal como uma roseira em flor, transplantada para o deserto, aí espalhando seus eflúvios embalsamados sobre a planície estéril. O encanto dominador de sua imaculada pureza envolvia sua fronte como um radioso halo, e suas palavras, embora raras, respiravam sempre a doçura e o amor, despertando, nas naturezas mais rudes, uma doçura momentânea, e, nas mais inflexíveis, uma sensibilidade passageira.

Jesus viveu, assim, durante vinte e nove anos de sua existência mortal, crescendo em graça. Esta pureza excepcional e este fervor religioso tornaram Jesus – homem e discípulo – digno de servir de templo e habitação a um Poder mais augusto, a uma Presença imensa. A hora tinha soado em que se ia produzir uma destas manifestações Divinas que, periodicamente, vêm ajudar a humanidade quando se faz necessário um impulso novo para apressar a evolução espiritual dos homens, quando aparece no horizonte uma nova civilização. Os séculos iam dar nascimento ao mundo ocidental, e a sub-raça teutônica ia levantar o cetro imperial que a mão desfalecida de Roma deixara cair. Antes do seu advento, um Salvador do Mundo devia aparecer e abençoar o Hércules-criança, ainda no berço.

Um poderoso "Filho de Deus" ia encarnar-se na terra – um Instrutor Supremo, *cheio de graça e verdade* (Jo. 1:14), um ser no qual habitaria, no mais alto ponto, a Sabedoria Divina, verdadeiramente "o Verbo" feito carne, uma torrente de Luz e de Vida superabundantes, *uma fonte* de onde jorraria em ondas a vida.

O Senhor de toda a Compaixão e de toda a Sabedoria – tal é Seu nome – deixando as Regiões Secretas, apareceu no mundo dos homens. Faltava-lhe um tabernáculo humano, uma forma, o corpo de um homem; ora, onde achar um homem mais digno de abandonar seu corpo por um ato de renúncia, alegre e voluntária, um Ser diante do qual os Anjos e os homens se inclinavam com a mais profunda veneração – do que este Hebreu entre os Hebreus o mais puro – o mais nobre dos "Perfeitos", cujo corpo sem mancha e caráter íntegro eram como a flor da humanidade? O homem, Jesus apresentou-se voluntariamente ao sacrifício, "ofereceu-se sem mácula" ao Senhor do amor, que tomou este jovem invólucro para tabernáculo e o habitou durante três anos de vida mortal.[2]

Esta época é assinalada, nas tradições dos Evangelhos, pelo Batismo de Jesus, quando o Espírito Santo se mostra *descendo do céu como uma pomba e ficando sobre Ele* (João 1:32), e uma voz celestial exclama: *"Este é meu filho bem-amado; escutem-no"*. Jesus, verdadeiramente "o Filho bem-amado no qual o Pai põe toda a sua afeição" (Mt. 3:17), Jesus "pôs-se desde logo a pregar" (Mt. 4:17) e foi este maravilhoso mistério: "Deus manifestado em carne" (1 Tm. 3:16). Jesus é Deus, mas Ele não está só, porque: "Não está escrito em sua lei: – *Eu disse: vocês são deuses? Se a lei chamou "deuses" a quem a palavra de Deus foi dirigida, se a Escritura não pode ser rejeitada, como podem dizer àquele a quem o Pai consagrou e enviou ao mundo "você blasfema"*, porque disse: "Eu sou filho de Deus?" (Jo. 10:34-6).

Os homens são verdadeiramente todos deuses pelo Espírito que neles habita; mas o Deus supremo não se manifesta em todos, como neste Filho bem-amado do Altíssimo.

Podemos, com justiça, dar a esta Presença assim manifestada, o nome de "Cristo"; é este que vem sob a forma de Jesus-homem, percorrendo as montanhas e as planícies da Palestina, ensinando e curando, rodeado de discípulos escolhidos entre as almas mais adiantadas. O encanto raro do Seu amor soberano, que espalhava em torno de Si como raios de um sol, atraía-lhe os sofredores, os desanimados da vida; a magia sutilmente terna de Sua sabedoria cheia de beleza tornava mais puras, nobres e belas as vidas que entravam em contato com a Sua.

Por parábolas e por uma linguagem luminosamente imaginada, instruía as multidões ignorantes que se comprimiam em torno dele e, pondo em jogo as forças do Espírito puro, curava numerosos doentes pela palavra ou pelo contato, reforçando as energias magnéticas de Seu corpo imaculado com a força irresistível de Sua Vida interior.

Abandonado por seus irmãos essênios, entre os quais, a princípio, tentou desenvolver sua missão (cujos argumentos hostis à Sua resolução de viver uma vida laboriosa e de amor formam a narrativa da tentação), porque levava ao povo a sabedoria espiritual, considerada por eles como seu mais precioso tesouro, e também porque seu amor sem limites acolhia os deserdados do mundo, dirigindo-se, nos mais humildes como nos mais elevados, ao Rei Divino. Não percebia se acumularem em torno de Si as nuvens do ódio e da suspeita. Os doutores e magistrados do povo começaram a olhá-lo com inveja e cólera; Sua espiritualidade era, para o materialismo deles, uma censura constante; Seu poder, a demonstração tática, mas permanente, da fraqueza deles.

Três anos após o Seu batismo, a tormenta, que O ameaçava, desencadeou-se, e o corpo humano de Jesus expiou o crime de ter servido de santuário à gloriosa Presença de um Instrutor mais do que humano.

O pequeno grupo de discípulos escolhidos, aos quais Jesus havia confiado o depósito das Suas instruções, ficou privado da presença física de seu Mestre, antes de ter assimilado Sua doutrina – mas eram almas já desenvolvidas, prestes a receberem a Sabedoria e capazes de a transmitir aos homens menos adiantados. O mais impressionável era "o discípulo que Jesus amava"; jovem, fervoroso e profundamente devotado a seu Mestre, ele partilhava do Seu espírito de inesgotável amor. S. João representou, durante o século que se seguiu à partida física do Cristo, o espírito de devoção mística que aspira ao êxtase, à visão do Divino, a união com Ele. S. Paulo, ao contrário, o grande Apóstolo que chegou mais tarde, representa, nos Mistérios, o lado da Sabedoria.

O Mestre não esqueceu Sua promessa de volta a eles, quando o mundo não o visse mais (Jo. 14:18-9) e, durante mais de cinquenta dias, os visitou, revestido do Seu corpo espiritual sutil, continuando as lições iniciadas quando vivia com eles e educando-os no conhecimento das verdades ocultas. A maioria dos discípulos habitava em comum, em um lugar situado nos confins da Judeia; sem despertarem a atenção entre as numerosas comunidades, semelhantes, na aparência, à deles, estudavam as verdades profundas que o Mestre lhes tinha ensinado e desenvolviam em sua alma "os dons do Espírito". Estas lições, começadas quando Ele vivia fisicamente com os discípulos e continuadas depois do abandono do Seu corpo, formaram a base dos "Mistérios de Jesus", que já vimos guardados pela Igreja Primitiva e que serviram de núcleo aos elementos heterogêneos de onde saiu, mais tarde, o Cristianismo eclesiástico.

Possuímos, num fragmento notável intitulado *Pistis Sophia*, um documento do mais alto valor, que trata da doutrina secreta e escrito pelo famoso Valentino. Nesta obra, conta-se que, durante os onze anos que seguiram à Sua morte, Jesus instruiu Seus discípulos até "a região dos primeiros estatutos e até a região do primeiro mistério, do mistério que está por trás do véu".[3]

Eles não tinham ainda aprendido a divisão das ordens angélicas, das quais algumas são mencionadas por Inácio. Em seguida, Jesus, estando "sobre a Montanha" com Seus discípulos, depois de ter recebido suas vestes místicas, o conhecimento de todas as regiões e as Palavras de Poder que são as chaves delas, prosseguiu a instrução de Seus discípulos, fazendo-lhes esta promessa: "Eu lhes tornarei perfeitos em toda a perfeição, desde os mistérios do interior até os mistérios do exterior. Eu os encherei do Espírito, e assim vocês serão chamados espirituais, perfeitos em toda a perfeição".[4] Então Jesus lhes falou da *Sofia* ou Sabedoria, e da sua tentativa de elevar-se até o Altíssimo, seguida da sua queda no seio da matéria, de seus apelos à Luz onde depositava sua fé; Ele disse que Jesus fora enviado para os arrancar do caos, coroá-los com Sua luz e fazer cessar seu cativeiro. Falou-lhes, ainda, do Mistério supremo, indizível, o mais simples e o mais claro de todos; embora o mais elevado, Mistério que só uma renúncia absoluta ao mundo permite conhecê-lo.[5]

Este conhecimento transforma os homens em Cristo, porque tais "homens são outros *Eu mesmo* e Eu sou esses homens", e o Cristo é o mistério supremo.[6]

Sabemos disto, os homens são "transformados em luz pura e são conduzidos ao seio da luz".[7] E Jesus executou, para Seus discípulos, a grande cerimônia da Iniciação, o batismo "que conduz à morada da verdade e da luz", prescrevendo-lhes que o celebrassem, por sua vez, para outros, os que fossem dignos: "Ocultem este mistério, não o comunique a todos, mas só a quem observar todas as coisas que eu lhes disse nos meus mandamentos".[8]

Depois disto, a instrução estando completa, os apóstolos voltaram ao mundo para pregar, ajudados sempre pelo Mestre. Ora, estes mesmos discípulos e seus primeiros companheiros guardaram de memória todas as palavras e parábolas que ouviram pronunciar em público pelo Mestre e reuniram, com grande zelo, as narrações que puderam encontrar, redigindo-as igualmente e fazendo circular estas compilações entre os quais iam, pouco a pouco, se ligando à comunidade. Os resumos assim formados diferem entre si, pois cada membro da comunidade redigia a sua recordação pessoal, acrescentando o que achava de melhor nas narrações dos outros.

Os ensinamentos anteriores, dados pelo Cristo a Seus discípulos de elite, não foram pessoas julgadas dignas de os receber – a estudantes reunidos em comunidades pouco numerosas, a fim de levarem uma vida retirada, embora em contato com o grupo central.

O Cristo histórico é, portanto, um Ser glorioso, pertencente à grande hierarquia espiritual que dirige a evolução da humanidade; Ele empregou, durante três anos, o corpo humano do discípulo Jesus e consagrou o último destes três anos a ensinar em público, percorrendo a Samaria e a Judeia; curando doenças e cumprindo atos ocultos notáveis, cercou-se de um pequeno grupo de discípulos educados por Ele no conhecimento das verdades íntimas da vida espiritual; atraía os homens por Seu amor e doçura e pela alta sabedoria que respirava em Sua pessoa; finalmente, foi morto por blasfêmia por ter ensinado que a Divindade habitava nele como em todos os homens. Ele veio a dar à vida espiritual deste mundo um novo impulso, transmitindo a doutrina interessante e profunda do espírito, mostrando, mais uma vez ainda, à humanidade o caminho estreito que sempre existiu e que conduz ao "Reino dos céus", ensinando a Iniciação que leva ao conhecimento de Deus, que é a vida eterna, e fazendo entrar neste Reino alguns eleitos capazes de transmitir este saber a outros.

Em torno desta Gloriosa Figura, amontoaram-se os mitos que ligam à longa série dos seus predecessores; estes mitos dão, sob uma forma alegórica, a história de todas as trajetórias semelhantes, porque simbolizam a ação do Logos[9] no Universo e a evolução superior da alma humana individual.

Não devemos supor que o Cristo cessou de agir sobre os discípulos depois de ter instituído os Mistérios ou que se tenha limitado a fazer raras aparições. Este Ser Poderoso, que tomara por veículo o corpo de Jesus e que, sem cessar, vela a evolução espiritual da 5ª Raça, entregou a Igreja nascente nas mãos fortes do santo discípulo que Lhe sacrificara seu corpo. Ao atingir a perfeição da evolução humana, Jesus tornou-se um dos Mestres da Sabedoria e ficou encarregado da direção do Cristianismo, guiando-o, protegendo-o e fortificando-o. Era Ele o Hierofante dos Mistérios Cristãos, o Mestre direto dos Iniciados; era a Sua inspiração que alimentava, na Igreja, a chama da gnose, até o dia em que a multidão ignorante se tornou tão densa que o seu Sopro bendito não pôde impedir que a chama se extinguisse. Era o seu trabalho paciente que dava a tantas almas a força de suportar as trevas, e de conservar piedosamente a centelha da inspiração mística, a sede de alcançar o Deus oculto. Era Ele que derramava ondas de verdade nas inteligências aptas a recebê-la – e de tal forma que as mãos, que se apertam através dos séculos, vão passando o archote do conhecimento sem que ele jamais se apague. Era a sua Figura consoladora que se encontrava junto à roda do suplício e da chama das fogueiras, encorajando Seus mártires, os que confessavam seu Nome, enchendo o coração deles com sua paz. Era Ele que avolumava a eloquência dominadora de Savonarola, guiava a sabedoria de Erasmo, inspirava a Ética profunda de Spinosa, na sua divina embriaguez. Era Sua energia que impelia Rogério Bacon, Galileu, Paracelso, a sondarem a natureza. Era Sua beleza que atraía Fra Angélico, Rafael e Leonardo da Vinci, que inspirava o gênio de Michelangelo, que brilhava em Murilo, permitindo-lhes levantar estas maravilhas do mundo: o Domo de Milão, S. Marcos de Veneza e a catedral de Florença. Eram Suas harmonias que cantavam nas missas de Mozart, nas sonatas de Beethoven, nos *oratórios* de Handel, nas fugas de Bach, no austero esplendor de Brahms. Era Sua Presença que amparava os místicos solitários, os ocultistas perseguidos, os investigadores pacientes, no caminho da verdade.

Pelo estímulo ou pela ameaça – pela eloquência de um S. Francisco e pelos sarcasmos de um Voltaire – pela doce submissão de um Tomás A. Kempis e pela rudeza viril de um Lutero, Ele se esforçou em instruir e despertar a santidade ou o afastamento do mal pelo sofrimento.

E, apesar de tantos séculos de luta, jamais deixou sem resposta ou sem consolação um só coração humano, cujo apelo chegasse até Ele.

Hoje, ainda, Ele se esforça em desviar para o Cristianismo uma parte do grande rio da Sabedoria que deve descer sobre a humanidade ávida; procura ainda, no seio das Igrejas homens capazes de ouvir a voz da Sabedoria e que possam responder-lhe, quando pedir mensageiros para transmiti-la no seu rebanho: "Estou aqui; envie-me".

NOTAS

1. Essa vida de Jesus é considerada como tendo sido tirada dos Registros Akáshicos, os quais, de acordo com a teosofia, são impressões deixadas na luz astral, a "matéria" de que os pensamentos e imagens são formados. A teoria ocultista sustenta que todos os acontecimentos do passado ficam impressos nessa matéria, e que aqueles que são adequadamente instruídos podem ter acesso a eles. Conforme Besant afirma, essa visão de Cristo difere das narrativas evangélicas em certos aspectos fundamentais, mais notadamente por situar o nascimento de Jesus 100 anos antes da data comumente aceita. G. R. S. Mead, uma teósofa e pesquisadora erudita, escreveu um ensaio sobre esse tema (*Did Jesus Live 100 a.C.?*, reimp., New Hyde Park, Nova York: University Books, 1968 [1903]), que analisa essa teoria segundo a visão da erudição convencional. Os argumentos de Mead podem ser resumidos da seguinte maneira: é verdade que os registros históricos mais antigos sobre Cristo (nos Evangelhos canônicos e no historiador romano Tácito) situam-no sob a prefeitura de Pôncio Pilatos (26-36 d.C.). Mas numerosas tradições judaicas sobre Jesus aparecem no Talmud, incluindo uma obra chamada o *Toledoth Yeshu* ("As Gerações de Jesus"). As referências nessas tradições são desdenhosas. É dito que Jesus é o filho bastardo de Maria e de um soldado romano chamado Panthera, e que ele teria praticado os seus milagres por meio de técnicas mágicas que aprendera no Egito (um detalhe que Besant repete aqui). Mead, não obstante, sugere que um fato que as fontes talmúdicas contêm pode ter algum valor histórico. Elas situam Jesus no reinado de Alexandre Janeu, rei da Judeia de 103 a 76 a.C. — muito próximo da data de 105 a.C. de Besant. Mead sugere que a referência a Pôncio Pilatos é uma tradução deturpada do grego *pontos piletos*, significando algo como "o mar denso" e referindo-se esotericamente ao mar da matéria em que Cristo sofreu (Mead, pp. 424-25). Os valiosos esforços de Mead para fundamentar os registros ocultistas não são geralmente aceitos pelos pesquisadores bíblicos eruditos, que ainda situam a morte de Cristo em c.30 d.C.
2. O relacionamento entre o homem Jesus e o Cristo retratado aqui reflete a visão teológica chamada *adocionismo*. Na sua forma convencional cristã, significa que Jesus não era originariamente o Filho de Deus, mas um ser humano adotado por Filiação. Essa ideia é extremamente antiga, remontando ao início

do século II d.C.: veja J. N. D. Kelly, *Early Christian Doctrines,* ed. rev. (San Francisco: Harper & Row, 1978), pp. 115-19. Para Besant, esse ato é retratado como o "eclipsamento" do homem Jesus por um "Mestre supremo". Blavatsky parece ter mantido um ponto de vista semelhante: veja *The Secret Doctrine,* vol. 2, p. 573.

3. Valentino, *Pistis Sophia,* trad. de G. R. S. Mead, livro 1, sec. 1.
4. *Ibid.,* sec. 60.
5. *Ibid.,* livro 2, sec. 218.
6. *Ibid.,* sec. 230.
7. *Ibid.,* sec. 237.
8. *Ibid.,* sec. 377.
9. Na teosofia, o Logos (normalmente traduzido como o "Verbo") tem a ver com o princípio primordial por trás de toda manifestação. "O significado esotérico na palavra *Logos* (fala, ou verbo, *Verbum)* é a representação em expressão objetiva, como em uma fotografia, do pensamento oculto. O *Logos* é o espelho refletindo a MENTE DIVINA, e o Universo é o espelho do Logos, embora este último seja o *esse* [ser] daquele Universo": Blavatsky, *The Secret Doctrine,* vol. 2, p. 25; veja também *ibid.,* vol. 1, p. 9.

CAPÍTULO

5

O CRISTO MÍTICO

Já vimos como a Mitologia Comparada tem servido de arma para combater as religiões; seus golpes mais perigosos foram dirigidos contra o Cristo. Seu nascimento de uma Virgem no "dia de Natal", o massacre dos inocentes, seus milagres e ensinamentos, sua crucificação e ressurreição, sua ascensão e os demais acontecimentos que sua história revela, tudo isto nos mostra a identidade de narrações com outras vidas, identidade que tem servido de argumento para levar à dúvida sua existência histórica.

No que se refere aos milagres e à doutrina, pouco diremos. A maioria dos Grandes Instrutores, nós o reconhecemos, executaram atos que, no mundo físico, parecem milagrosos aos seus contemporâneos, embora esses fenômenos, como todos os ocultistas o sabem, sejam devidos ao emprego de faculdades próprias a qualquer Iniciado de um certo grau. Reconhecemos também que a doutrina de Jesus não lhe pertence exclusivamente; mas, se o estudante da Mitologia Comparada julga ter provado que a inspiração divina não existe, ao mostrar a identidade dos ensinos morais dados por Manu, Buda, Jesus, o ocultista declara que Jesus devia forçosamente repetir os ensinamentos de seus predecessores, por ser ele um enviado da mesma Loja.

As profundas verdades do Espírito divino e humano eram tão absolutas, vinte mil anos antes do nascimento de Jesus, na Palestina, como depois que Ele nasceu. Afirmar que o mundo esteve abandonado, privado de tais doutrinas e que o homem viveu nas trevas morais desde sua origem até há vinte séculos, equivale a dizer que houve uma humanidade sem Mestres, filhos sem Pai, almas humanas que clamavam por luz, no seio de uma obscuridade de onde não vinha resposta alguma – ideia tão blasfematória para com Deus, como desesperadora para o homem, contestada pela aparição de tantos Sábios, pela existência de literaturas sublimes durante milhares de anos do advento do Cristo.

Reconhecendo, portanto, em Jesus o grande Mestre do Ocidente, o mensageiro supremo enviado pela Loja ao mundo ocidental, resta-nos resolver uma dificuldade que desviou inúmeras pessoas do Cristianismo.

Por que é que se encontram, em religiões anteriores ao Cristianismo, as festividades comemorativas de acontecimentos passados na vida de Jesus e que recordam feitos idênticos da vida de outros Instrutores?

A Mitologia Comparada, que, nos tempos modernos, despertou a atenção pública para estes assuntos, conta apenas um século de existência, pois teve origem quando apareceram a *História dos Diversos Cultos*, de Dulaure, a *Origem de Todos os Cultos*, de Dupuis, o *Pantheon Hindu*, de Moor, e o *Anacalypsis*, de Godfrey Hyggins. A estas obras seguiram-se outras, cada vez mais científicas e exatas na maneira de reunir e comparar os fatos, e hoje é impossível, para uma pessoa instruída, pôr em dúvida as identidades e semelhanças que por toda a parte se apresentam.

Nenhum cristão, em nossos dias, desde que não seja ignorante, poderia sustentar que os Símbolos, cerimônias e ritos do Cristianismo são únicos. Entre as pessoas sem instrução, vemos marchar, paralelamente à ignorância dos fatos, a sua fé ingênua, mas, fora desta categoria, nenhum cristão, embora o mais sincero, pode negar que o Cristianismo tem inúmeros pontos de contato com as religiões mais antigas.

E sabemos, mesmo, que nos primeiros séculos "depois de Jesus Cristo", tais semelhanças eram conhecidas de todos e que a Mitologia Comparada moderna nada mais faz senão repetir, com mais precisão, o que era universalmente admitido na Igreja Primitiva.

Justino o Mártir[1], por exemplo, não se cansa de citar as religiões e, se um adversário moderno do Cristianismo quisesse reunir grande número de casos em que a doutrina cristã é idêntica às outras religiões mais antigas, bastaria recorrer aos apologistas do segundo século, os quais citam os ensinos, os símbolos e narrações pagãs, constantemente se apoiando no próprio fato da sua identidade ao Cristianismo, para mostrarem que não se deve rejeitar estes últimos como inadmissíveis.

"Os autores, diz Justino, que nos transmitiram os mitos dos poetas não fornecem, aos jovens que os estudam, provas de espécie alguma. Quanto a nós, vamos demonstrar que eles são devidos à inspiração dos maus demônios e destinados a enganar e desviar a raça humana. Porque, ao ouvirem proclamar pelos profetas a vinda do Cristo e o castigo pelo fogo dos homens ímpios, esses demônios fizeram aparecer certos homens sob o nome de filhos de Júpiter, esperando, assim, dar a impressão de que o que se diz do Cristo não é senão um conto maravilhoso do mesmo gênero das narrações dos poetas."

"Na verdade, os demônios, tendo ouvido o profeta prescrever esses rituais de purificação, inspiraram, aos que penetram nos templos, oferecerem bebedeiras e holocaustos, e a ideia de aspersão exatamente idêntica; igualmente levaram os fiéis a se lavarem ao abandonar o templo."

"Os maus demônios imitam a ceia nos mistérios de Mitra e prescrevem celebrar-se um culto semelhante."

"Quanto a mim, eu rio-me ao descobrir o mau disfarce com que os espíritos malignos revestem as doutrinas divinas do Cristianismo, a fim de desviarem os homens."[2]

Essas identidades, eram, portanto, consideradas como obra de demônios – como cópias dos originais cristãos espalhadas em profusão no mundo, anteriormente ao Cristo, para prejudicar a recepção da verdade, quando esta aparecesse. É bastante difícil ver, nas doutrinas mais antigas, cópias e nas mais recentes os originais – mas, sem discutir com Justino o Mártir, se as cópias precederam os originais, ou os originais às cópias, aceitamos seu testemunho quando declara que essas identidades existiam entre as crenças espalhadas, nessa época, no Império Romano e a nova religião que ele próprio defendia.

Tertuliano[3] é igualmente categórico, quando menciona nestes termos a objeção ao Cristianismo: "Os povos que não têm nenhuma noção do que o Espírito pode executar, atribuem aos seus ídolos a faculdade de comunicar à água propriedades idênticas".

"Eu reconheço o fato", respondeu Tertuliano francamente, "mas estas pessoas empregam, sem perceberem, uma água sem nenhuma eficácia. Certas abluções acompanham, com efeito, a iniciação nos ritos sagrados de Ísis ou Mitra bastante conhecidos; e aos próprios deuses honram com abluções... Nos jogos apolíneos e eleusinos, eles são batizados e julgam, assim, obter a regeneração e a remissão dos pecados devidos aos seus perjúrios. Nós reconhecemos o fato e verificamos aqui ainda o zelo do demônio, procurando imitar as coisas de Deus, batizando ele próprio seus adeptos."[4]

Para resolver o problema dessas identidades, é necessário estudar o Cristo Mítico – o Cristo dos mitos ou legendas solares – porque estes mitos são formas pitorescas sob as quais foram dadas ao mundo certas verdades profundas. Ora, um *mito* não é o que geralmente se supõe, isto é, uma história fantástica fundada num fato real ou mesmo sem esta base. O mito é infinitamente mais verdadeiro que a história; a história apenas nos mostra uma sucessão de sombras e o mito nos fala dos corpos que as produzem. "O que está em cima é análogo ao que está embaixo." Podemos acrescentar que o que está em cima *precede* ao que está embaixo. Nosso sistema foi edificado segundo certos princípios admiráveis; estes princípios são regulados por leis que lhes asseguram a aplicação detalhada; certos Seres personificam estes princípios e as leis são seus modos de ação. Inumeráveis seres de grau inferior servem de veículos – ou agentes – instrumentos de suas atividades; entre estes últimos encontram-se Egos humanos que lhes são associados nessa tarefa e representam um papel no grande drama cósmico. Todos esses trabalhadores pertencentes aos mundos invisíveis projetam suas sombras na matéria física, e estas sombras são "coisas", os corpos, os objetos que compõem o universo físico. Estas sombras não dão senão uma pobre ideia dos objetos dos quais elas provêm; são as silhuetas que apenas se apresentam, sem detalhes, numa obscuridade uniforme, bastante amplas, mas sem profundidade.

A história é uma narração muito imperfeita, e quase sempre desfigurada, da dança caprichosa dessas sombras, no mundo ilusório da matéria física.

E quem já viu funcionar uma lanterna mágica e comparou os movimentos executados por detrás do *écran*, onde se projetam as sombras, poderá fazer ideia aproximada da natureza ilusória das *sombras-ações* e deduzir algumas analogias sugestivas[5].

O mito é a narração dos movimentos dos que projetam suas sombras, e a linguagem empregada por esta narração e o que se chama linguagem simbólica. Aqui embaixo empregamos palavras para representar os objetos; a palavra "mesa", por exemplo, é o símbolo de um objeto conhecido.

Ora, nos planos superiores, os símbolos representam igualmente os objetos e formam um alfabeto pitoresco empregado por todos os autores de mitos, cada um possuindo um sentido determinado.

Um símbolo serve para representar certo objeto, assim como as palavras servem para distinguir os objetos entre si. O conhecimento dos símbolos é, portanto, necessário para ler um mito, pois os primeiros autores dos grandes mitos foram sempre Iniciados habituados a empregar a língua simbólica, usando símbolos num sentido fixo e convencional.

Um símbolo oferece um sentido principal e diferentes sentidos secundários que se ligam ao primeiro. O Sol, por exemplo, é o símbolo do Logos, eis um sentido principal. Mas o Sol assinala também uma encarnação do Logos – ou ainda um qualquer dos grandes Enviados que O representam momentaneamente – como um embaixador representa seu Rei. Os grandes Iniciados, encarregados de missões especiais, que se encarnam entre os homens e com eles vivem durante algum tempo, como Reis e Instrutores, seriam designados pelo símbolo do Sol. Individualmente falando, este símbolo não lhes pertence, mas lhes é conferido por sua dignidade. Todos os que são representados por esse símbolo oferecem certas particularidades, e se encontram em certas situações conforme seu modo de atividade no decurso de suas vidas terrestres.

O Sol é a sombra física ou, como é chamado, o corpo do Logos; por consequência, o seu curso anual representa a atividade dele, embora de modo imperfeito: tal uma sombra que representa os movimentos do objeto que a produz. O Logos, "o Filho de Deus" baixando ao plano material, tem por sombra o curso anual do Sol e esta verdade representa o *Mito Solar*.

Assim, também uma encarnação do Logos, ou de um dos seus grandes embaixadores, se representará como uma sombra em seu corpo mortal, esta atividade do Logos. As biografias destes enviados oferecem, então, forçosamente, pontos idênticos e, ainda mais, a ausência destes pontos indicaria imediatamente que a pessoa em questão não é um embaixador com plenos poderes, mas de caráter menos importante.

Assim portanto o Mito Solar é uma narração onde aparece, em primeiro lugar, a atividade do Logos ou Verbo no Cosmos e, em seguida, os fatos da vida de um Ser que é, ou uma encarnação do Logos ou de um dos Seus embaixadores. O Herói do mito é, geralmente, representado como um Deus ou semideus, e sua carreira será determinada pelo curso do Sol, por ser este astro a sombra do Logos. A parte do trajeto percorrida durante a vida humana é a que cai entre o solstício de inverno e o ponto máximo do zênite no verão. O Herói nasce no solstício de inverno, morre no equinócio da primavera e, vencedor da morte, sobe ao céu.

A este respeito é interessante citar o seguinte fragmento em que o autor, colocando-se no ponto de vista mais geral, encara o mito como uma alegoria que traduz verdades internas: "A lenda, diz Alfredo de Vigny, é, na maioria das vezes, mais verdadeira que a história, porque não refere contos incompletos e abortivos, mas o próprio gênio dos grandes homens e de grandes nações". Este belo pensamento pode-se aplicar admiravelmente ao Evangelho, que não é apenas a narração do passado, mas a verdade de tudo o que existe e existirá eternamente. O Salvador do mundo será Sempre adorado pelos reis da inteligência, representados pelos Magos. Sempre Ele multiplicará o pão eucarístico para alimentar e reconfortar as almas; sempre, quando O invocarmos, à noite e no meio da tormenta, Ele virá a nós, andando sobre as águas; sempre estenderá Sua mão para nos ajudar a transpor a crista das vagas; sempre há de curar nossos males e nos encher de luz; sempre, para seus fiéis, aparecerá luminoso e transfigurado, sobre o Tabor, interpretando a lei de Moisés e moderando o zelo de Elias"[6].

Como veremos, os Mitos estão intimamente ligados aos Mistérios, os quais consistiam, parcialmente, em mostrar em quadros animados os acontecimentos dos mundos superiores, que terminam tomando corpo nos mitos. Nos pseudomistérios, as reproduções incompletas dos quadros animados dos verdadeiros mistérios eram mesmo representadas em um drama e em cenas, por atores. E muitos mitos secundários são precisamente estes dramas postos em palavras.

Nada de mais claro, nestas linhas, do que a história do Deus Solar; sua vida laboriosa ocupa os seis primeiros meses do ano solar, sendo os seis últimos um período de proteção e de conservação gerais; nasce sempre no solstício do inverno, depois do dia mais curto do ano, à meia-noite, 24 de dezembro, quando o signo da Virgem se eleva acima do horizonte e, nascendo no momento em que surge este signo, ele é sempre posto no mundo por uma virgem que conserva sua virgindade após o nascimento da Criança Solar, como a Virgo celeste permanece intacta e pura, quando, nos céus, dá nascimento ao Sol. A criança é fraca e débil como um recém-nascido, vindo ao mundo quando os dias são mais curtos e as noites mais longas (ao norte do Equador): a sua infância é rodeada de perigos, pois neste instante o reino das trevas é mais longo do que o seu; sobrevive, contudo, a todos os perigos que a ameaçam, e o dia se alonga à medida que se aproxima o equinócio da primavera; finalmente, chega o momento de sua passagem, a crucificação, cuja data varia cada ano.

Certas esculturas representam o Deus Solar rodeado pelo círculo do horizonte; sua cabeça e seus pés tocam o círculo ao norte e ao sul, suas mãos estendidas alcançam a leste e a oeste. "Ele foi crucificado." Em seguida, eleva-se triunfante e sobe ao céu; amadurece a espiga e a uva, dando sua própria vida para formar sua substância e, por eles, o corpo dos seus adoradores. O Deus, nascido no alvorecer de 25 de dezembro, é sempre crucificado no equinócio vernal e dá sua vida para alimentar seus adoradores. Tais são os caracteres mais importantes do Deus Solar. A data do nascimento é fixa, a da morte é variável, e este fato torna-se dos mais significativos, quando nos lembrarmos que a primeira responde a uma posição solar fixa e a segunda a uma posição variável.

A Páscoa é uma festa variável, calculada segundo as posições relativas do Sol e da Lua. Isto seria um modo impossível de fixar cada ano o aniversário de um acontecimento histórico, enquanto que é um modo muito natural, ou melhor, inevitável, de calcular uma festa solar. Estas datas mudáveis não se referem à história de um homem, mas ao Herói do mito solar.

Os mesmos acontecimentos se encontram na vida dos diferentes Deuses Solares, e a antiguidade nos dá inumeráveis exemplos. A Ísis egípcia – como Maria de Belém – era Nossa Senhora Imaculada, Estrela do Mar, Rainha do Céu, Mãe de Deus; nós a vemos representada de pé sobre o crescente, coroada de estrelas; alimenta o jovem Hórus, e a cadeira em que está assentada, com o Filho sobre os joelhos, traz uma cruz no encosto. A Virgo do Zodíaco é representada, em certos desenhos antigos, por uma mulher amamentando uma criança, o que representa o tipo de todas as *Madonas* futuras com seus divinos filhos, e de onde se originou o símbolo; Devaqui é, igualmente, representada tendo em seus braços o divino Krishna, como também Milita ou Istar em Babilônia, sempre com a coroa de estrelas, e seu filho Tamuz nos joelhos. Mercúrio, Hércules, Perseias, os Diosouros, Mitras e Zaratustra eram todos de nascimento tanto divino como humano.

A relação entre o solstício de inverno e Jesus é igualmente significativo. O nascimento de Mitras era celebrado, no solstício de inverno, com grandes regozijos; Hórus também nasceu nesta data. "Seu nascimento é um dos grandes mistérios da religião egípcia. Naqueles tempos, encontram-se pinturas murais que o representam. Era filho da Divindade. Pelo Natal, exatamente correspondendo à nossa festa, sua imagem era levada fora do santuário com cerimônias especiais, como em Roma a imagem do Bambino é ainda conduzida fora das igrejas e exibida em público"[7]. Relativamente à escolha de 25 de dezembro como data do nascimento de Jesus, Williamson exprime-se nestes termos: "Todos os cristãos sabem que 25 de dezembro é, *agora*, a festa do nascimento de Jesus, mas poucas pessoas sabem que nem sempre foi assim. Cento e trinta e seis datas diferentes foram escolhidas por diversas seitas cristãs. Lightfoot coloca este acontecimento a 15 de setembro, outro em fevereiro ou agosto. Epifânio menciona duas seitas, sendo que uma celebrava o Natal em junho, a outra em julho. A questão foi definitivamente resolvida pelo Papa Júlio I, em 337 d.C., e S. Crisóstomo, escrevendo em 390, diz: "Este dia, 25 de dezembro, em Roma, acaba de ser escolhido como o do nascimento de Cristo, a fim de que os pagãos, ocupados com suas cerimônias (as brumélias, em honra de Baco), deixem os cristãos celebrar seus próprios ritos sem serem molestados". Gibbon, na *Decadência e Queda do Império Romano*, diz também: "Os romanos (cristãos), tão ignorantes como seus irmãos com relação à data do nascimento do Cristo, escolheram, para festejá-la, o 25 de dezembro, *no momento das brumélias do solstício de inverno, nas quais os pagãos celebram cada ano o nascimento do Sol*". King, em *Gnostic and their Remains*, diz também: "*A antiga festa celebrada a 25 de dezembro*, em honra do nascimento do Ser Invencível, e assinalada por grandes jogos no Circo, *foi, depois, transferida para comemorar o nascimento do Cristo, cuja data certa, como confessam numerosos Padres da Igreja, era então, como hoje, desconhecida*". Em nossos dias, segundo o Cônego Farrar: "*Todo o esforço para descobrir o mês e o dia da Natividade tem sido inútil. Não existem dados que nos permitam determiná-los, mesmo, de maneira aproximada.*" Podemos concluir, do que precede, que a festa do solstício de inverno foi, na antiguidade, celebrada nos países mais afastados uns dos outros, em honra do nascimento de um Deus que se chama, quase invariavelmente, um *Salvador* e cuja mãe é chamada Virgem imaculada. Enfim, as notáveis semelhanças de que demos exemplo, não só entre os nascimentos, como também entre as vidas desses Deuses-Salvadores, são muito mais numerosas para se explicar por uma simples coincidência[8].

No que concerne ao Buda, é possível verificar a maneira pela qual a um mito se liga um personagem histórico. A história de sua vida é bastante conhecida e, na maioria das narrações indianas, seu nascimento é simplesmente o de um homem; mas, segundo a versão chinesa, Ele nasceu de uma Virgem – Maiadevi – como que o mito arcaico fez dele um novo Herói.

Conta-nos Williamson que, entre os povos célticos, se acendem fogueiras sobre as colinas; estes fogos, que os irlandeses e os montanheses da Escócia chamam Bheil ou Baaltine,[9] trazem, assim, o nome de Bel, Bal ou Baal – a antiga divindade dos celtas – o Deus-Sol – embora eles sejam, agora, dedicados ao Cristo[10]. Sob este ponto de vista, a festa do Natal não poderia senão apresentar novos motivos de regozijo e um caráter mais sagrado, já que os servidores do Cristo, vendo nela a reprodução de antiga solenidade, a encontrariam no mundo inteiro, desde os tempos mais remotos.

Os sinos do Natal ressoam através da história da humanidade, e a noite dos tempos nos envia o eco das suas harmonias vibrantes.

Não é a posse exclusiva, mas a aceitação universal que dá o sinal distintivo da verdade.

A data da morte – como já dissemos – não é fixa como a do nascimento. A primeira é calculada segundo as posições relativas do Sol e da Lua no equinócio da primavera, que varia cada ano, e a morte de todos os Heróis Solares é celebrada nesta época. O animal que simboliza o Herói é o signo do Zodíaco, no qual o Sol atinge o equinócio vernal; ora este varia conforme a precessão dos equinócios. Na Assíria, Oanes tinha por signo Pisces, o Peixe; era considerado por esta forma. Mitra coincide com Tauro. Osíris era adorado sob a forma de Osíris-Ápis ou Serápis – o Touro.

Na Babilônia, Merodache era adorado sob a forma de um Touro – como o era Astarteia, na Síria. Quando o Sol está em Áries – o Carneiro ou Cordeiro – Osíris é representado sob a forma do Cordeiro; assim também Astarteia e Júpiter Ámnon, e é ainda o mesmo animal que se torna o símbolo de Jesus, o Cordeiro de Deus. Encontra-se por toda a parte esculpido, nas catacumbas, o Cordeiro como símbolo de Jesus; Ele é quase sempre assim representado apoiando-se na cruz.

Williamson diz a este respeito: "O Cordeiro acabou por ser representado na cruz, mas foi durante o sexto sínodo de Constantinopla, reunido em

680, que se decidiu substituir o símbolo primitivo por uma figura humana crucificada. Este decreto foi confirmado pelo Papa Adriano I".[11]

O Peixe, símbolo dos mais antigos, é igualmente aplicado a Jesus, e assim Ele é representado nas catacumbas.

A morte e a ressurreição do Heros Solar no equinócio da primavera, ou perto dele, se encontram tão amplamente difundidas como seu nascimento no solstício do inverno. É o momento em que Osíris, abatido por Tífon, é representado no círculo do horizonte, os braços estendidos, como um crucificado. Esta atitude indicava primitivamente não o sofrimento, mas a bênção. Cada ano, no equinócio da primavera, a morte de Tamuz é chorada na Babilônia e na Síria; igualmente, na Síria e na Grécia para Adônis, na Frígia para Átis, "representado sob a forma de um homem cravado com um cordeiro aos pés"[12]. A morte de Mitra era celebrada de maneira semelhante na Pérsia, e a de Baco e Dionísio – um só e mesmo herói – na Grécia. No México, encontramos a mesma ideia, como de ordinário, acompanhada da cruz.

Em todos estes países, ao luto pela morte, sucedem-se imediatamente os regozijos pela ressurreição. Notemos, a propósito, o interessante fato que a palavra "Easter"[13] (páscoa em inglês), como verificaram os investigadores, se deriva de Istar, virgem e mãe de Tamuz imolado.[14] É igualmente significativo observar que o jejum que precede a morte, no equinócio vernal – a quaresma – se encontra no México, em Babilônia, na Assíria, no Egito, na Pérsia, na Ásia Menor; em certos casos, a sua duração é igualmente de quarenta dias.[15]

Nos Pseudomistérios, a história do Deus-Sol era representada sob a forma de um drama; nos antigos Mistérios, o Iniciado a reproduzia em sua própria vida; eis por que os "mitos" solares e os grandes fatos da Iniciação se encontram enlaçados e confundidos. Eis por que, quando Cristo, o Mestre, se torna o Cristo dos Mistérios, as legendas dos Heróis mais antigos, celebradas nestes Mistérios, se ligam a Ele, renovando, assim, as velhas narrações, e que os mais recentes Instrutores divinos representam mais uma vez o Logos solar. Então a festa de Sua natividade torna-se a data imemorial em que o Sol nasceu de uma Virgem, e a alegria dos exércitos celestes enche o céu da meia-noite, cantando:

"Muito cedo, muito cedo, Cristo nasceu..."[16]

A grande lenda do Sol tendo-se ligado à pessoa do Cristo, o signo do Cordeiro torna-se o da Sua crucificação, como o da Virgem ficou sendo o da

Sua natividade. Vimos que, se o Touro era consagrado a Mitra e o Peixe a Oanes, o Cordeiro o era ao Cristo. A razão é sempre a mesma: o Cordeiro era o signo do equinócio vernal, na época histórica em que Ele transpôs o grande círculo do horizonte e foi "crucificado no espaço".

Esses Mitos Solares, que se repetem através das idades, cada vez com um herói de nome diferente, não podem ser desconhecidos ao estudante, embora eles possam, muito naturalmente, ser ignorados pelo adorador. E quando são empregados como arma para destruir a majestosa figura do Cristo, é necessário não negar o fato, mas fazer compreender o sentido do profundo dessas narrações e verdades espirituais, expressas veladamente por estas legendas.

Por que se combinam essas lendas com a história de Jesus? Por que se condensam em torno dele, personagem histórico? Essas narrações não se referem de modo particular a um indivíduo chamado Jesus, mas ao Cristo universal – o homem simbolizando um Ser Divino e representando uma verdade natural fundamental – a um homem investido de uma certa função gloriosa, colocado diante da humanidade em certas condições características, tendo com ela relações particulares que se renovam de idade em idade, à medida que as gerações se sucedem e as raças se renovam.

Jesus é, portanto, como todos os Seus predecessores, o "Filho do Homem", título particular e distintivo, o de um ofício e não o de um indivíduo. O Cristo do Mito Solar era o Cristo dos Mistérios e nós encontramos no Cristo mítico o segredo do Cristo místico.

NOTAS

1. Justino o Mártir (c.100 - c.165 d.C.) foi um dos escritores cristãos dos séculos II e III conhecido como os Apologistas, porque os seus textos preocupavam-se em defender a nova fé contra os seus críticos pagãos. Dentre as volumosas obras de Justino, as que sobreviveram foram duas *Apologias* e o *Diálogo com o Judeu Trífon* (Catholic Encyclopedia, s.v. "St. Justin Martyr"; <http://www.newadvent.org/cathen/08580c.htm>).
2. Justino o Mártir, *Primeira Apologia*, secs. 54, 62, 66, *Segunda Apologia*, sec. 43. Em *Arte-Nicene Library*, vol. 2.
3. Tertuliano (c.160 - c.220 d.C.) foi outro dos Apologistas cristãos.
4. Tertuliano, *Do Batismo*, cap. 5. Em *ante-Nicene Library*, vol. 7.

5. O estudante lerá com prazer as páginas de Platão sobre a "Caverna" e seus habitantes lembrando-se que Platão era iniciado: *República*, livro 7.
6. Éliphas Lévi, *The Mystery of Magic*, p. 48.
7. Bonwick, *Egyptian Belief*, p. 157. Citada na *The Great Law*, de W. Williamson. (Londres: Longmans, Green & Co., 1989), 26.
8. Williamson, *The Great Law*, pp. 40-2. Para aqueles que desejam estudar este assunto como uma religião comparada, não há nada melhor do que ler *The Great Law*, cujo autor é um homem profundamente religioso e cristão.
9. A referência ao feriado celta de Beltano é mal aplicado em relação ao Natal. Beltano cai em 1º de maio ou por volta dessa data; é mais ou menos equivalente à festa da primavera, comemorada em contexto tanto sagrado quanto secular. As festas celtas tradicionais caem no meio dos trimestres, isto é, no meio de cada estação, em vez de nos solstícios e equinócios. Veja o *website* da Beltane Fire Society da Escócia: <http://www.beltane.org/celticyear/beltane.html>.
10. *Ibid.*, pp. 36-7.
11. *Ibid.*, p. 116.
12. *Ibid.*, p. 68.
13. A etimologia de *Easter* é controversa. Segundo a autoridade do historiador anglo-saxão Bede (673-725 d.C.), é geralmente atribuída a uma deusa germânica chamada Eostre ou Ostara, mas os estudiosos recentes têm questionado que essa deusa existisse no panteão germânico. Embora há muito tempo seja postulada uma ligação entre o nome *Easter* e a deusa suméria-semítica, essa permanece altamente discutível, e a maioria dos eruditos não a aceitam. Veja o artigo da Wikipedia sobre *Easter*: <http://en.wikipedia.org/wiki/Easter>.
14. *Ibid.*, p. 56.
15. *Ibid.*, pp. 120-23.
16. Trata-se de um verso do cântico de coral "Christ Was Born on Christmas Day" [Cristo Nasceu no Dia de Natal], a letra traduzida para o inglês do hino latino "Resonet in Laudibus" por John Mason Heale: <http://www.hymnsandcarolsofchristmas.com/Hymns_and_Carols/christ_was_born_on_christmas_day-l.htm>.

CAPÍTULO

6

O CRISTO MÍSTICO

Chegamos, agora, ao sentido mais profundo da história do Cristo, sentido que lhe dá o verdadeiro poder sobre o coração humano. Aproximamo-nos desta inesgotável vida que brota das profundezas de invisível manancial, cuja esplêndida corrente se origina daquele que a representa e, pela virtude deste batismo, todos os corações procuram pelo Cristo e sentem mais fácil rejeitar os fatos históricos do que negar o que reconhecemos intuitivamente como uma verdade essencial e suprema de sua vida divina. Vamos transpor o pórtico sagrado que dá acesso aos Mistérios, e assim podemos levantar uma ponta do véu que oculta o santuário aos nossos olhos.

Como já vimos, encontramos por toda a parte, mesmo nas épocas remotas, a existência de uma doutrina secreta que é transmitida a candidatos aceitos, sob condições severas, pelos Mestres de Sabedoria. Eram estes candidatos iniciados nos "Mistérios", nome que compreendia, na antiguidade, tudo o que há de mais espiritual em religião, de mais profundo em filosofia, de mais precioso em ciência. Por estes "Mistérios", passaram todos os grandes Instrutores dos tempos antigos, entre os quais os maiores foram os Hierofantes. Os que se destinavam a falar à humanidade dos mundos invisíveis, já tinham passado o limiar da Iniciação e aprendido o segredo dos lábios dos Santos Seres; todos vinham acompanhados da mesma história, traziam as mesmas versões dos mitos solares, idênticos em sua essência, embora diferentes pela cor local.

Esta narração é, em princípio, a descida do Logos ao seio da matéria. É com razão que o Logos tem por símbolo o Deus-Sol, porque o Sol é seu corpo e Ele é, muitas vezes, chamado "O que habita no Sol". Sob um destes aspectos, o Cristo dos Mistérios é o *Logos descendo à matéria*, e o grande Mito do Sol é esta suprema verdade sob a forma do ensinamento popular. Como sempre acontece – Instrutor Divino, que traz a Sabedoria Antiga e novamente a proclama ao mundo, é considerado como uma manifestação especial do Logos – e o Jesus das Igrejas torna-se gradualmente o centro das narrações que pertencem a este Ser sublime. Jesus identificou-se assim, na nomenclatura cristã, com a Segunda Pessoa da Trindade – o Logos ou Verbo Divino[1], e as grandes datas de que fala o Mito do Deus-Sol tornaram-se datas da história de Jesus, considerado como a Divindade encarnada – como "o Cristo místico".

Assim como, no universo, ou macrocosmo, o Cristo dos Mistérios representa o Logos, a Segunda Pessoa da Trindade – também, no homem, ou microcosmo, Ele representa o segundo aspecto do Espírito Divino no homem – chamado, por esta razão, "o Cristo".[2]

O segundo aspecto do Cristo dos Mistérios é, portanto, a vida do Iniciado, a vida que se abre ao postulante, após a primeira grande Iniciação que assinala o nascimento do Cristo no homem. No decorrer dela, o Cristo nasce no homem, e, mais tarde, nele se desenvolve. Para tornar isto mais inteligível, é necessário considerar as condições impostas ao candidato que se apresenta à Iniciação e também a natureza do Espírito no homem.

Somente os bons, humanamente falando, os que se conformam com a lei de amor de uma maneira absoluta, poderiam ser considerados como candidatos à Iniciação. *Puros, santos, sem mancha, sem pecado, vivendo sem transgressão, tais são os diversos nomes que lhes eram aplicados.*[3] Além disso, deviam ser inteligentes, com faculdades mentais bem desenvolvidas e exercitadas.[4] A evolução que, nas vidas sucessivas, tem por teatro o mundo; o desenvolvimento e a submissão das faculdades intelectuais, das emoções, do senso moral; as lições das religiões exotéricas; o cumprimento dos deveres como meio de aperfeiçoamento; os esforços para ajudar e elevar o próximo, tudo isto constitui a vida ordinária do homem que evolui.

Quando já executou tudo isto, tornou-se "bom" – o *Chrêstos* dos gregos – e esta qualidade deve ser adquirida antes de poder tornar-se o "Christós", o Ungido. Depois de ter chegado a viver uma vida virtuosamente exotérica, está em condições de ser candidato à esotérica, para começar a preparar-se à Iniciação, isto é, a satisfazer determinadas condições. Estas condições mostram as qualidades que devemos adquirir e, enquanto lutamos para incorporá-las em nós, já pisamos – conforme uma expressão empregada – no Caminho da Provação – a senda que leva à "Porta estreita", que dá acesso ao "Caminho estreito", ao "Caminho da Santidade", ao "Caminho da Cruz".

Não é indispensável que o candidato desenvolva estas qualidades de um modo perfeito, mas deve tê-las bastante adiantadas antes que o Cristo possa nascer em si, preparando, assim, a morada pura desta Criança Divina que vai crescer dentro dele.

A primeira destas qualidades, todas mentais e morais, é o *Discernimento*. O discernimento significa a distinção entre o Eterno e o Temporário – entre o Real e o Ilusório – entre o Celeste e o Terrestre.

As coisas visíveis são por pouco tempo, mas as invisíveis são eternas, diz o Apóstolo (2 Co. 4:18). Os homens são vítimas de uma ilusão permanente causada pelo mundo visível que os impede de perceber o invisível. O postulante deve aprender a distinguir entre estes dois mundos; o que é irreal, para o mundo, deve tornar-se real para ele, porque é a única maneira de *caminhar* pela fé e não com a vista (2 Cor. 5:7). É assim, ainda, que o homem se torna um daqueles de quem fala o Apóstolo neste versículo: *O alimento sólido é para os homens feitos, por terem na prática exercitado as faculdades de discernir o que é bom e mau* (Hb. 5:14).

O sentimento da falta de realidade deve produzir nele o *Desgosto* pelo ilusório e passageiro, estes ranços da existência, impróprios para satisfazerem a fome senão dos porcos (Lc. 15:16). Este estágio é descrito por Jesus em termos enérgicos: – Se alguém vier a mim e não aborrecer seu pai, sua mãe, sua mulher, filhas e irmãos, e ainda também sua própria vida, não pode ser meu discípulo (Lc. 14:16).

Dura é, na verdade, esta sentença, mas deste aborrecimento nascerá um amor mais profundo, mais verdadeiro; é necessário passar por ele para atingir a Porta Estreita. O postulante deve, em seguida, aprender a *dominar seus pensamentos* e, por eles, fazer-se *senhor das suas ações*, pois que, com a visão interior, o pensamento e a ação fazem um só todo: – Quem olhar para uma mulher com desejo, já cometeu com ela o adultério em seu coração (Mt. 5:28). É necessário adquirir a faculdade de *suportar o mal com resignação*, porque os que aspiram seguir "o Caminho da Cruz" deverão afrontar longas e amargas decepções e sofrimentos, suportando-os como se eles vissem *Aquele que é invisível* (Hb. 11:27).

Às qualidades que precedem, devemos juntar a Tolerância – para ser filhos d*Aquele que faz nascer o Sol sobre os maus como sobre os bons, fazendo cair a chuva sobre justos e injustos* (Mt. 5:45) – discípulo d*Aquele* que pediu aos Apóstolos que não impedissem de fazer uso do seu nome, mesmo a quem não o tomasse como Mestre (Lc. 9:49,60).

O postulante deve ainda adquirir a *Fé*, para a qual nada é impossível (Mt. 17:20) e o *Equilíbrio* descrito pelo Apóstolo (2 Co. 6:8-10). Deve enfim desejar *as coisas que estão no alto* (Cl. 3:1) e ansiar com ardor pela felicidade de ver Deus e de se unir a Ele (Mt. 5:8; Jo. 17:21).

Quando já fez entrar estas qualidade em seu caráter, a pessoa é considerada prestes à Iniciação, e os Guardiães dos Mistérios lhe abrirão a Porta Estreita. É assim – mas unicamente assim – que ela se torna candidato pronto para ser aceito.

O Espírito que habita o homem é o dom do Deus Supremo, que em si contém os três aspectos da Vida Divina – Inteligência, Amor e Vontade – por ser a imagem de Deus. No curso de sua evolução, começa por desenvolver o aspecto *Inteligência*, isto é, suas faculdades mentais – e esta evolução se executa na vida diária. Este desenvolvimento, levado a um alto grau e paralelamente ao desenvolvimento moral, conduz o homem à condição de candidato.

O segundo aspecto do Espírito é o Amor; sua evolução é a do Cristo.

Nos verdadeiros Mistérios é que se pode obter esta evolução; a vida do discípulo é o Drama dos Mistérios, e as frases são assinaladas pelas Grandes Iniciações. Para mostrar os Mistérios no plano físico, costumava-se representá-los de um modo dramático, e as cerimônias copiavam, sob diferentes aspectos, "o modelo" sempre seguido "sobre a Montanha" – porque elas eram sombras, numa época de decadência, das formidáveis Rivalidades do mundo espiritual.

O Cristo Místico é, portanto, duplo – a princípio o Logos, Segunda Pessoa da Trindade, que desce à matéria – em seguida, o Amor ou segundo aspecto do Espírito Divino evoluindo no homem. Um representa os processos cósmicos executados outrora; é a raiz do Mito Solar; o outro representa um processo que se passa no indivíduo – fase última da evolução humana, que determinou a aparição, no mito, de novos, e numerosos detalhes; ambos se encontram na narração dos Evangelhos, e sua união nos apresenta a Imagem do "Cristo Místico".

Consideremos, primeiro, o Cristo Cósmico, isto é, a Divindade que se envolve de matéria, a encarnação do Logos, o Deus feito "carne".

A matéria destinada a formar nosso sistema solar, tendo sido separada da que enche o oceano incomensurável do espaço, recebe, da Terceira Pessoa da Trindade, o Espírito Santo, sua vida que a anima e lhe permite tomar forma. A matéria, condensada, é, em seguida, modelada pela vida do Segundo Logos ou Segunda Pessoa da Trindade que se sacrifica, encerrando-se nos limites materiais e assim se tornando o "Homem Celeste"; em Seu Corpo todas as formas existem – de Seu Corpo, todas as formas fazem parte. Tal é o processo cósmico representado dramaticamente nos Mistérios; nos verdadeiros Mistérios é mostrado tal como se deu no espaço; nos Mistérios do plano físico é representado por meio de métodos mágicos ou outros, e para certos detalhes mesmo por atores.

Os processos são claramente indicados na Bíblia. *Quando o Espírito de Deus se movia sobre as águas* – nas trevas que *estavam na face do abismo* (Gn. 1:2,3) – o imenso abismo da matéria não tinha forma alguma, estava vazio no princípio. A Forma lhe foi dada pelo Logos – a Palavra, da qual se escreveu: *Todas as coisas foram feitas por Ela, e nada foi feito sem Ela* (Jo. 1:3). Como disse Leadbeater em termos admiráveis: "O resultado desta primeira grande emanação é o aceleramento dessa admirável e gloriosa vitalidade, que interpenetra toda matéria, por mais inerte que ela pareça aos nossos imperfeitos olhos físicos. Eletrizados por essa vitalidade, os átomos dos diversos planos desenvolvem toda espécie de atrações e repulsões, até então latentes, e entram em combinações mais variadas"[5].

Só quando termina o trabalho do Espírito, o Logos, o Cristo Cósmico e Místico, pode revestir-se de matéria; entra, então, verdadeiramente, no seio da Virgem – no seio da Matéria ainda virgem e improdutiva. Esta matéria fora vivificada pelo Espírito Santo, que – pairando acima da Virgem – nela verteu sua vida, preparando-a, assim, para receber a vida do Segundo Logos. Este toma-a, então, para veículo de Sua energia. É assim que o Cristo se encarna e se faz carne; – "Você não desprezou o seio da Virgem."[6]

Nas traduções latina e inglesa do texto original grego do Símbolo de Niceia, na passagem que exprime o período da descida do Cristo, as preposições foram trocadas e, com elas, o próprio sentido. O texto original diz: "...e foi encarnado *do* Espírito Santo e da Virgem Maria",[7] enquanto que a tradução diz: "...e foi encarnado *pelo* Espírito Santo, *da* Virgem Maria"[8].

O Cristo "não se reveste apenas da matéria virgem, mas também da matéria já impregnada, palpitante de vida do Terceiro Logos (o Espírito Santo); e de tal forma que a vida e a matéria o envolvem como de uma dupla vestimenta"[9]. Tal é a descida do Logos na matéria, descrita como o nascimento do Cristo de uma Virgem; ela se torna, no Mito Solar, o nascimento do Deus-Sol, no momento em que se levanta o signo Virgo.

Então começa a ação do Logos sobre a matéria. No Mito, o símbolo deste período primitivo é a infância do Herói. O majestoso poder do Logos curva-se a todas as debilidades da infância, manifestando-se quase nada nas formas frágeis de que ela é a alma.

A matéria aprisiona e parece querer sufocar seu Rei-criança, cuja glória é velada pelos limites impostos por Ele mesmo. Lentamente, Ele a modela para um destino sublime. Ele a conduz à maturidade e estende-se sobre a cruz da matéria, a fim de poder derramar, da cruz, todas as energias da Sua vida sacrificada.

Eis o Logos do qual Platão diz que é como uma cruz estendida sobre o universo:[10] o Homem Celeste de pé no espaço, os braços abertos para abençoar; o Cristo crucificado, cuja morte na cruz da matéria impregna toda a matéria de Sua Vida.

Parece morto e sepultado, mas se levanta, revestido da própria matéria no seio da qual parecia ter sucumbido, e transporta ao céu Seu corpo material, agora radioso, onde recebe a vida que emana do Pai, tornando-se o veículo das vidas humanas imortais. É a vida do Logos que forma a vestimenta da alma humana; esta vestimenta lhe é dada para que o homem viva através das idades e alcance "o estado de homem feito", atinja a Sua própria estatura. Somos, na verdade, revestido por Ele – a princípio materialmente, depois espiritualmente. Ele sacrificou-se para levar muitos dos seus filhos à glória e, por isso, está sempre conosco até o fim das idades.

A crucificação de Cristo é, portanto, uma parte do grande sacrifício cósmico. A representação alegórica desta crucificação, nos mistérios do plano físico, e o símbolo sagrado do homem crucificado no espaço, se materializam a ponto de tornar-se uma verdadeira morte sofrida na cruz e em um crucifixo trazendo um ser humano expirando.

Foi então que esta história – hoje a de um homem – foi aplicada ao Instrutor Divino, Jesus, e se tornou a história de sua morte física – enquanto que o nascimento da criança de uma virgem, a infância cercada de perigos, a ressurreição e ascensão tornaram-se igualmente incidentes de Sua vida humana. Os Mistérios desapareceram, mas suas representações grandiosas e empolgantes da obra cósmica executada pelo Logos realçaram a figura venerada do Instrutor da Judeia; o Cristo Cósmico dos Mistérios fica, assim, sob os traços do Jesus histórico – a Figura Central da Igreja Cristã. Há ainda mais. Outro fato dá à História do Cristo um caráter de fascinação suprema: é que, nos Mistérios, ele é ainda um Cristo, intimamente ligado ao coração humano – o Cristo do Espírito humano – o Cristo que existe em cada um de nós, que aí nasce e aí vive, é crucificado, ressuscita dentre os mortos e sobe ao céu, no meio dos sofrimentos e do triunfo de todo o "Filho do Homem".

A vida de todo o iniciado nos verdadeiros Mistérios – nos Mistérios Celestes – está consignada, em suas grandes linhas, na biografia dos Evangelhos. Eis por que S. Paulo fala, como já vimos,[11] do nascimento, da evolução e da completa maturidade do Cristo no discípulo. Todo homem é potencialmente um Cristo; e o desenvolvimento, nele, da vida do Cristo, segue, de um modo geral, a narração dos Evangelhos nos incidentes principais; mas estes, como vimos, têm um caráter universal e não particular.

Cinco grandes Iniciações se sucedem na vida de um Cristo; cada uma marca um grau atingido, em seu desenvolvimento, pela Vida do Amor. Estas Iniciações são ainda hoje concedidas como o foram no passado; a última indica o triunfo final do Homem que, atingindo a Divindade, já ultrapassou o nível da humanidade, tornando-se um Salvador do mundo.

Acompanhemos a história desta carreira ou curso que, sem cessar, se repete no domínio das experiências espirituais e contemplemos o Iniciado reproduzindo em sua própria vida a existência do Cristo.

A primeira grande Iniciação marca o nascimento do Cristo no discípulo, que realiza pela primeira vez, *em si mesmo*, a efusão do Amor Divino e experimenta esta transformação, estranhamente maravilhosa, na qual ele se sente *um* com tudo o que vive. É o *segundo nascimento* com o qual se regozijam as hostes celestiais, pois o discípulo nasce no "Reino de Deus" como uma criancinha. Tais são os nomes sempre dados aos novos Iniciados. Assim o entendia Jesus, quando dizia: *Se vocês não se tornarem criancinhas, não irão entrar no Reino dos Céus* (Mt. 18:3).

Certos autores cristãos do começo de nossa era dizem, em termos significativos, que Jesus "nasceu em uma caverna" – o estábulo dos Evangelhos. Ora, a "Caverna da Iniciação" é um termo antigo bastante conhecido, e é sempre lá que nasce o Iniciado. Acima da caverna, *onde está a criancinha*, brilha a "Estrela da Iniciação", esta estrela que resplandece sempre no Oriente quando nasce um Cristo-criança. Cada uma destas crianças está cercada de perigos e ameaças, perigos estranhos aos quais não estão sujeitas as outras crianças, porque ela é ungida pela confirmação do novo nascimento e por isso as Potências Tenebrosas do mundo invisível procuram sua perda. Apesar destas provações, atinge a idade viril – porque o Cristo, tendo nascido, não pode morrer, tendo que terminar sua evolução. Sua vida se expande em beleza e força, crescendo em sabedoria e espiritualidade, até o momento da segunda grande Iniciação – o Batismo do Cristo pela Água e pelo Espírito – que lhe confere os poderes necessários a um Instrutor destinado a percorrer o mundo e a executar a tarefa do "Filho bem-amado".

Então, o Espírito divino desce, em ondas, sobre ele e a glória do Pai invisível o ilumina com sua pura luz. Mas, ao deixar este lugar bendito, é conduzido pelo Espírito ao deserto e de novo exposto à prova de tentações terríveis. Os poderes do Espírito, ao se desenvolverem nele, despertam os Seres Tenebrosos que se esforçam em lhe dificultar o caminho; eles empregam, para isto, estes mesmos poderes, convidando-o a servi-los para sua própria salvação, em lugar de repousar em seu Pai com paciente confiança. Nestas transições rápidas e bruscas que as provas trazem, sua fé e sua força não vacilam e, ao sussurro malicioso do Tentador encarnado, sucede sempre a voz consoladora do Pai. Vencedor destas tentações, volta ao seio dos homens, a fim de consagrar seus poderes ao serviço dos que sofrem, poderes que não quis empregar em seu próprio benefício, recusando-se em mudar em pão a pedra bruta para vencer a própria fome, antes alimentando com alguns pães a *cinco mil homens sem contar mulheres e crianças*.

Sua vida de incessante serviço atravessa, então, novamente, um curto período de glória, ao galgar uma montanha – a Montanha sagrada da Iniciação. Lá é transfigurado e encontra alguns dos seus predecessores – Seres poderosos que outrora tinham trilhado o mesmo caminho.

Recebe, assim, a terceira grande Iniciação, e, logo em seguida, a sombra da sua Paixão se aproxima, estendendo sobre ele o seu manto doloroso; mas ele volta resolutamente sua face para Jerusalém e, repelindo as palavras tentadoras dos seus discípulos – vai a Jerusalém, onde o espera o batismo do Espírito Santo e do Fogo. Após a Natividade – a perseguição de Herodes; após o batismo – a tentação no deserto; após a Transfiguração – a entrada na última etapa do Caminho da Cruz. É assim que a provocação sempre sucedeu ao triunfo, até o fim a ser atingido.

A vida de amor não cessa de crescer – sempre mais rica e mais perfeita, até que a presença luminosa do Filho de Deus se revele no Filho do Homem; e, ao aproximar-se o momento da batalha, a quarta Iniciação o leva em triunfo a Jerusalém, de onde Ele contempla o Getsêmani e o Calvário. Neste instante, está o Cristo pronto a se oferecer no sacrifício da cruz, prestes a afrontar a agonia do Jardim, onde adormecem aqueles que escolheu, enquanto ele se debate na mais terrível angústia. Pede, um instante, que o copo se afaste, mas sua vontade poderosa triunfa. Estende a mão, toma o copo e bebe, enquanto o anjo o fortifica e consola, como fazem os anjos quando veem o filho do Homem curvado sob a dor. Bebe o copo amargo da traição, do abandono, renegado de todos, escarnecido e só, no meio de seus inimigos que o insultam. Caminha para a suprema prova. Torturado pela dor física, ferido pelo espinho cruel da dúvida, despojado de suas imaculadas vestes, atirado às mãos dos seus inimigos, desprezado, aparentemente, por Deus e pelos homens, suporta tudo com paciência e, na angústia máxima, espera resignado o socorro no último transe. Mas ainda lhe resta o sacrifício da cruz, em que morre a vida da forma, onde renuncia inteiramente à vida do mundo inferior. Cercado de inimigos triunfantes e zombadores, sentindo o horror da grande obscuridade que o envolve, sofre o assalto de todas as forças do mal, e sua visão interior se vela. Encontra-se, neste momento supremo, só, inteiramente só. Finalmente, seu coração heróico, esmagado pelo desespero, lança um grito para o Pai que parece tê-lo abandonado. A alma humana afronta, na solidão absoluta, a intolerável tortura de uma aparente derrota. Mas, fazendo apelo a toda a sua força indomável, fazendo o sacrifício da vida inferior, aceitando a morte voluntariamente, abandonando o corpo dos desejos, o Iniciado *desce aos infernos* para que possa conhecer todas as regiões do Universo, onde existem almas pedindo auxílio: os mais deserdados devem ser atingidos por seu amor infinito. Surgindo, então, do seio das trevas, ele revê a luz, sentindo-se de novo o Filho, inseparável do Pai. Levanta-se para a vida que não tem fim, irradiando alegria, com a certeza de ter afrontado e vencido a morte, sentindo-se bastante forte para prestar a toda a criatura um socorro infinito, capaz de derramar sua vida em toda a alma que luta. Permanece algum tempo ainda com os discípulos, instruindo-os, explicando-lhes os mistérios dos mundos espirituais, preparando-os a seguir o caminho que acaba de percorrer; depois, terminada sua vida terrestre, sobe ao Pai e, por meio da quinta Grande Iniciação, torna-se o Mestre triunfante – o traço de união entre Deus e o homem.

Tal era a história, vivida nos verdadeiros Mistérios antigos, como nos de hoje, história representada sob forma dramática e simbólica nos Mistérios do plano físico, que apenas levantam uma ponta do véu. Tal é o Cristo dos Mistérios sob seu duplo aspecto – Logos e homem – cósmico e individual.

Como nos admirar que essa história, vagamente compreendida pelos místicos, sem que eles a conhecessem, esteja intimamente unida ao coração humano e seja a inspiração das vidas nobres? O Cristo do coração humano é, quase sempre, Jesus considerado como o Cristo místico e humano, que luta, sofre, morre e, finalmente, triunfa: o Homem em quem a humanidade se vê crucificada e ressuscitada, cuja vitória promete a vitória a todos os que, semelhantes a ele, sejam fiéis na morte e mais além – o Cristo que jamais será esquecido enquanto o mundo tiver necessidade de Salvadores e os Salvadores se sacrificarem pela humanidade.

NOTAS

1. Ver sobre este assunto o começo do Evangelho de S. João: 1:1-5. O termo Logos (a Palavra) aplicada ao Deus manifestado que modela a matéria – todas as coisas foram feitas por Ele – é platônico e deriva-se diretamente dos Mistérios. Mesmo antes de Platão, a palavra Vak – a voz – teve a mesma origem na Índia.
2. Ver ante., p. 87.
3. Ver ante., p. 68-9.
4. Ver ante., pp. 64-5.
5. C. W. Leadbeater, *O Credo Cristão*, p. 42. Este é o livro mais valioso e fascinante sobre o significado místico dos credos, publicado pela Editora Pensamento, São Paulo, 1984.

6. Extraído de Ordem para a Oração Matinal, do Livro de Oração Comum anglicano.
7. Em grego, nessa passagem do Credo Niceno lê-se: *Sarkothenta ek pneumatos hagiou kai Marias tes parthenou.* Na versão latina, a passagem é: *Et incarnatus est de Spiritu Sancto ex Maria Virgine* (<http://www.thenazareneway.com/nicene_niceno_constantinopolitan_creed.htm>). Podem ser traduzidas conforme Besant o faz aqui.
8. *Ibid.*, p. 42.
9. *Ibid.*, p. 43.
10. Besant provavelmente pensa na passagem de *Timeu,* em que Platão trata de dois círculos que envolvem o universo de forma a se cruzarem, "unidos no centro como na letra X". Platão, *Timeu* 36b-c, em Platão, *The Collected Dialogues,* Edith Hamilton e Huntington Cairns, orgs. (Princeton, Nova Jersey: Princeton/Bollingen, 1961), p. 1166.
11. Ver ante; p. 87.

CAPÍTULO

7

A REDENÇÃO

Vamos agora estudar certos aspectos da Vida do Cristo, tais como nos aparecem nas doutrinas cristãs. Tais aspectos figuram nos ensinos exotéricos atribuídos unicamente à Pessoa do Cristo; nos ensinos esotéricos aplicam-se certamente a Ele, pois, no seu sentido primário, o mais extenso e profundo, fazem parte dos modos de ação do Logos, mas não estão presentes no Cristo senão por ação reflexa, e, por consequência, em toda a Alma-Cristo que segue o caminho da Cruz. Assim considerados, se verá a profunda verdade que encerram; mas sob a forma exotérica, ao contrário, perturbam a nossa inteligência e irritam os nossos sentimentos.

Apresenta-se, em primeira linha, a doutrina da Redenção. Não somente ela provocou encarniçados ataques por parte dos que estão de fora; mas também constitui o tormento, no seio do Cristianismo, de muitas consciências sensíveis.

Certos espíritos profundamente cristãos, pertencentes à segunda metade do século XIX, sentiram-se torturados pelas angústias da dúvida por causa do ensino da Igreja sobre este ponto, e se esforçaram para poder explicá-lo, procurando apresentá-lo sob forma atenuada e acessível, engendrando interpretações ingênuas e ininteligíveis de textos que são extremamente místicos. É oportuno recordar a advertência de S. Paulo: *Paulo, nosso amado irmão, segundo a sabedoria que lhe foi dada, em todas as epístolas em que aborda estes assuntos, trata de certas passagens difíceis de compreensão e que pessoas ignorantes procuram torcer para sua própria ruína, como torcem também as outras Escrituras* (2 Pe. 3:15-6).[1] Porque os textos que nos falam da identidade do Cristo com os homens Seus irmãos foram *torcidos* de maneira a mostrá-lO substituído legalmente por eles; e, por conseguinte, vimos uma maneira de evitar as consequências do pecado, em lugar de um encorajamento à virtude.

Conforme o ensino geralmente dado, na Igreja Primitiva, com relação à Redenção, Cristo, representando a humanidade, enfrentou e venceu Satã, o representante dos poderes tenebrosos, que mantinha a humanidade escrava, arrancando-a do cativeiro e dando-lhe liberdade.[2] Pouco a pouco, à medida que os doutores cristãos perdiam o sentimento das verdades espirituais, as quais alteravam, com sua intolerância e durezas crescentes, a ideia do Pai amante e puro, desaparecia, e eles O mostravam irritado contra o homem que o Cristo já não poderia salvar dos laços do mal, mas sim da cólera divina.

Em seguida, algumas expressões jurídicas modificaram os textos e materializaram ainda mais esta ideia outrora espiritual, até que o plano da Redenção foi esboçado em termos forenses. "Foi Anselmo, em sua grande obra – *Cur Deus Homo* – que deu corpo à ideia do plano da Redenção; e a doutrina que, lentamente, crescera na teologia cristã, recebeu, daí em diante, o selo da Igreja."

Na época da Reforma, católicos e protestantes viam igualmente, na redenção operada pelo Cristo, apenas uma substituição. Dou a palavra aos teólogos cristãos, que vão expor, com palavras suas, os caracteres da redenção.

Segundo Lutero: *Cristo, verdadeira e efetivamente experimentou, por toda a humanidade, a cólera de Deus, a maldição e a morte.* Foi à cólera, *diz Flavel, à cólera de um Deus infinito, aos tormentos do inferno que Cristo foi entregue, e isto pela mão do seu próprio Pai.* Segundo a homilia anglicana: *O pecado arrancou Deus do céu para lhe fazer sofrer os horrores e os sofrimentos da morte. O homem, tocha do inferno e escravo do diabo, foi resgatado pela morte de seu amado e único filho; sua ardente cólera não podia ser aplacada senão por Jesus, tanto Lhe eram agradáveis o sacrifício e a oferenda da vida do seu filho.*

Edwards, espírito mais lógico, compreendeu toda a injustiça em ser o pecado punido duas vezes; primeiro a Jesus, substituto da humanidade, e depois aos condenados, à humanidade pecaminosa e perdida. Assim, Edwards se vê forçado, como a maioria dos calvinistas com ele, a reservar a redenção somente para os eleitos. Conforme sua expressão, Cristo não resgatou os pecados do mundo, mas apenas dos eleitos, *"sofrendo, não pelo mundo, mas por aqueles que me foram colocados nas mãos"*. Edwards concorda, contudo, com a ideia da substituição e rejeita a redenção universal, fundado em que *"crer que Cristo morreu por todos é o modo mais seguro de provar que Ele não morreu por ninguém, no sentido em que os cristãos o têm compreendido"*. Cristo, declara ele, *sofreu a cólera de Deus pelos pecados dos homens*.

Owen considera os sofrimentos do Cristo *como uma completa e valiosa compensação oferecida à justiça de Deus por todos os pecados dos eleitos, e diz que o Cristo sofreu a mesma punição que eles estavam condenados a sofrer*[3]. Para mostrar que essas doutrinas continuam a ser pregadas nas igrejas, acrescenta: "Stroud fez o Cristo beber *o copo da cólera divina*. Segundo Jenkyns, Seus sofrimentos foram daquele *a quem Deus despoja, reprova e abandona*. Dwigt considera que *Ele sofreu o ódio e o desprezo e Deus*. O bispo Jeune diz: *Depois que o homem fez todo o mal que pôde, Cristo recebeu toda a carga do mal. As nuvens da cólera divina se condensaram sobre toda a raça humana, mas a tormenta explodiu sobre Jesus*, disse o arcebispo Thompson".[4]

Tais são as opiniões contra as quais se levanta o Dr. McLeod Campbell – erudito e profundamente religioso – na sua conhecida obra On the Atonement, livro repleto de pensamentos verdadeiros e belos. F. D. Maurice e muitos outros cristãos se esforçaram por libertar o Cristianismo do fardo de uma doutrina tão contrária à verdadeira noção referente as relações entre o homem e Deus.

Mas se lançarmos um olhar para trás sobre os efeitos produzidos por essa doutrina, verificamos que a crença nela, mesmo sob sua forma jurídica e, para nós, ingenuamente exotérica, tem conduzido muitas almas cristãs admiráveis, dando-lhes força, inspiração e paz, o que seria injusto não reconhecer.

Ora, quando um fato se nos apresenta sob uma aparência surpreendente e anormal, é bom nos determos e procurar compreendê-lo.

Se essa doutrina não encerrasse senão o que nela veem seus adversários, tanto nas Igrejas como fora, se em sua verdadeira significação fosse tão repulsiva para a consciência e para a inteligência como é para tantos cristãos refletidos, ela não teria exercido, certamente, sobre o pensamento e o coração dos homens uma fascinação irresistível, nem teria despertado tantos atos de heróica abnegação – exemplos que revelam o espírito de renúncia profundamente tocante em favor da humanidade.

Deve nela existir alguma coisa mais do que a que se vê na sua superfície – um princípio cuja vida alimentou os que nela se inspiram. E, com efeito, ao estudá-la como fazendo parte dos Mistérios Menores, nela descobrimos a vida oculta, inconscientemente absorvida por essas naturezas de eleição, por essas almas cuja união com o divino é tão estreita que a própria forma que a oculta não as detém nunca.

Estudemos essa doutrina como um Mistério Menor, e sentiremos, ao penetrá-la, palpitar o sentimento espiritual necessário para compreendê-la. É necessário, para senti-la, que o seu espírito tenha já começado a crescer em nossa vida, e somente os que possuem uma ideia prática da abnegação e da renúncia serão capazes de perceber o sentido do ensinamento esotérico que se mostra, nessa doutrina, através da manifestação típica da Lei do Sacrifício.

Nós não poderíamos compreendê-la, ao aplicá-la ao Cristo, sem aí ver a manifestação particular de uma lei universal, imagem aqui embaixo do Modelo que está no alto, nos mostrando, em uma vida humana concreta, o que significa o sacrifício.

A Lei do Sacrifício é o mandamento do nosso sistema solar, como de todos os outros. É a base de todo o universo, a raiz da evolução e a única que a torna inteligível. Na doutrina da Redenção, ela toma uma forma concreta, personificando-se nos homens chegados a um certo grau de desenvolvimento espiritual que lhes permite realizar sua iniciação com a humanidade e tornarem-se realmente os Salvadores dos homens.

Todas as grandes religiões do mundo afirmam que o universo surge com um ato de sacrifício; todas mostram a ideia do sacrifício nos seus ritos mais solenes.

Segundo o Hinduísmo, a aurora da manifestação é um sacrifício[5], e a humanidade emana de um sacrifício.[6] É a Divindade que se sacrifica,[7] tendo por objeto a manifestação. A Divindade não pode se manifestar sem executar um ato de sacrifício, e nada se manifesta antes dela, sendo chamado a este ato a "aurora" da criação[8]. A religião de Zoroastro ensinava que, na Existência ilimitada, impossível de compreender-se, um sacrifício serviu para manifestar a Divindade e Ahura-Mazda nasceu no ato do sacrifício[9].

Na religião cristã, encontra-se a mesma ideia nestas palavras – *o Cordeiro imolado desde a fundação do mundo...* imolado na origem das coisas, expressão que se refere à grande verdade: um mundo não pode ser criado, enquanto a Divindade não executar um ato de sacrifício. Este ato consiste, para a Divindade, na limitação dos seus poderes, a fim de dar à existência os mundos. "A Lei do Sacrifício deveria chamar-se mais exatamente a Lei da Manifestação, ou ainda a Lei do Amor e da Vida – porque por toda a parte, no universo, do mais alto ao mais baixo, ele é a causa da manifestação e da vida."[10]

"Ora, considerando este mundo físico como estando mais ao nosso alcance, verificamos que toda a vida que encerra, todo o progresso e desenvolvimento tem por condição primordial um sacrifício contínuo. Os minerais sacrificam-se aos vegetais, os vegetais aos animais, e tanto uns como outros aos homens; o homem aos seus semelhantes, até que as formas superiores se desagreguem novamente e venham reforçar, com seus elementos, o reino mais baixo. Os sacrifícios se sucedem de maneira ininterrupta, do mais baixo ao mais alto; e o progresso tem por signo essencial o sacrifício, a princípio involuntário e imposto, depois, voluntário e livremente aceito. Aqueles a quem a inteligência do homem considera mais elevados e os nossos corações reverenciam, são as vítimas supremas, as almas heróicas que lutaram, sofreram e morreram para que sua raça aproveitasse com suas dores. Se o mundo é obra do Logos, se o progresso do mundo tem por lei, em seu conjunto como nos seus detalhes, o sacrifício, é claro e necessário que a Lei do Sacrifício se aprofunde na própria natureza do Logos, fundamento da sua natureza Divina.

Um instante de reflexão nos mostra que a existência de um mundo ou de um universo não é possível sem esta única condição: é indispensável que a Existência Única se submeta a restrições, tornando assim possível a manifestação; é necessário que o próprio Logos seja este Deus voluntariamente limitado para poder manifestar-se, isto é, para poder trazer o universo à existência. Uma limitação voluntária e semelhante manifestação não podem ser senão um ato de supremo sacrifício; como, então, nos admirar que, por toda a parte, o mundo mostre o sinal da sua origem e que a Lei do Sacrifício seja a lei do ser – a lei das vidas filiais?"

"Esta limitação voluntária, sendo um ato de sacrifício que tem por fim chamar à existência muitas vidas individuais, fazendo-as partilhar da beatitude Divina, ela é, na verdade, um ato de substituição, um ato executado pelo amor de outras pessoas. Também, como já mostramos, o progresso tem por signo o sacrifício livre e voluntário e reconhecemos que a humanidade alcança sua perfeição no homem que se dá por seus semelhantes, em troca de seus sofrimentos, adquirindo para sua raça alguma vantagem sublime. É aqui, nestas regiões transcendentais, que se encontra a verdade essencial do sacrifício pelo outro. Este sacrifício foi apresentado de um modo que a degrada e falseia, mas a verdade espiritual, que é sua alma, não o torna indestrutível e eterno. Ele é a fonte de onde jorra a energia espiritual que, sob mil formas e maneiras, resgata o mundo do pecado, fazendo-o voltar ao seio paterno, a Deus."[11]

Quando o Logos deixou o *seio do Pai* – no dia em que se diz que foi gerado (Hb. 1:5) – na aurora do Dia da Criação ou da Manifestação – quando, por Ele, Deus *fez os mundos* (Hb. 1:2), o Logos se circunscreveu voluntariamente, modelando uma esfera que envolveu a Vida Divina e que surgiu como um astro Divinamente radioso, tendo no interior a Substância ou o Espírito, e no exterior, a Matéria. Esse véu material tornou possível o nascimento do Logos: é Maria, a Mãe do mundo, necessária para que o Eterno possa manifestar-se nos limites do tempo, manifestar-se para formar os mundos.[12] É nesta circunscrição ou limitação que reside o ato de sacrifício, ato voluntário, executado por amor, a fim de que outras vidas possam surgir no universo.

Semelhante manifestação foi considerada como uma morte, porque um tal encarceramento na matéria, ao lado da inimaginável existência do próprio Deus, pode-se, na verdade, chamar-se assim.

Foi também, como vimos acima, como que uma crucificação no seio da matéria, e assim foi representada. Tal é a verdadeira origem do símbolo da Cruz, quer se trate da cruz em forma grega, simbolizando a ação vivificadora exercida pelo Espírito Santo sobre a matéria, ou da cruz latina,[13] representando o Homem Celeste, o Cristo Superior.[14]

Remontando na noite dos tempos para investigar as origens do simbolismo da cruz latina, os investigadores pensavam ver desaparecer a figura e substituir apenas o emblema cruciforme que supunham mais antigo.

Ora, aconteceu exatamente o contrário, e constataram, com surpresa, que a cruz acabou por desaparecer, deixando isolada a figura com os braços abertos. Não há, nesta figura, nenhuma ideia de sofrimento ou pesar, embora ela revele o sacrifício; é antes um símbolo da mais pura alegria que se possa encontrar no mundo, a alegria de se dar livremente, pois representa o Homem Divino ocupando, de pé, o espaço com os braços estendidos, para abençoar, derramando seus dons sobre toda a humanidade, prodigalizando-se a Si mesmo em todas as direções, descendo a este "mar espesso" da matéria em que Ele se deixa aprisionar, a fim de que, nesta descida, *nós* possamos ser chamados à existência[15].

Esse sacrifício é perpétuo, porque, neste universo infinitamente variado, não existe forma que não encerre esta vida e não a possua por alma: é o "Coração do Silêncio" do Ritual Egípcio, o "Deus oculto".

Esse sacrifício é o segredo da evolução. A Vida Divina, aprisionada numa forma, exerce para o exterior uma pressão constante, a fim de que a forma possa expandir-se; mas esta pressão é suave, com receio que a forma se parta antes de ter atingido o extremo limite de expansão de que ela é suscetível.

Com paciência, tato e infinita prudência, o Ser Divino mantém seu contínuo impulso, sem que intervenha um poder que possa destruí-la. Em qualquer forma, mineral, vegetal ou no homem, esta energia expansiva do Logos atua sem cessar.

Tal é a força evolutiva, a vida que habita as formas, fazendo-as progredir; a ciência a percebe, sem conhecer-lhe a origem.

O botânico nos fala de uma energia que reside na planta e a faz crescer, embora ignore o *porquê*. Ele limita-se a chamar esta energia *vis a fronte*,[16] porque verifica sua presença ou antes seus resultados. Ela existe em todas as formas, tal como no mundo vegetal, tornando-as cada vez mais aptas para exprimir a vida que elas contêm. Uma forma qualquer, ao atingir o limite do desenvolvimento de que é suscetível, não mais apresenta alguma vantagem à sua alma – este gérmen do Logos que paira sobre ela. Ele retira, então, Sua energia, e a forma se desagrega: eis o que chamamos morte e decomposição.

Mas a alma fica com Ele, que vai modelar para ela uma nova forma, e a morte da antiga é o nascimento da alma para uma vida mais larga. Se pudéssemos ver com os olhos do Espírito e não com os da carne, não choraríamos a forma que perece – que é um cadáver que volta aos elementos com que foi construído – mas contemplaríamos, com alegria, a vida em marcha para a frente, passando para uma forma mais alta, a fim de desenvolver, sob ação de um processo invariável, as forças ainda latentes nela.

Mediante este perpétuo sacrifício do Logos, todas as vidas existem: é este o princípio vivo que permite a eternidade do universo, e a cujo influxo tudo avança continuamente.

A vida é única, embora revestindo formas inumeráveis que ela procura manter unidas, dominando com doçura sua resistência. Assim, Ela é a força unificadora que permite às vidas separadas tornarem-se gradualmente conscientes da sua unidade, e trabalhando para desenvolver em cada unidade de consciência a noção que a faz *uma* com todas as outras, como ele reconhecerá a Unidade e a divindade de sua raiz.

Tal é o grande, o incessante sacrifício. Vemos que ele consiste em uma efusão de Vida, determinada pelo Amor, efusão voluntária e jubilosa de Si mesma, a fim de criar outros centros individuais. É esta *a alegria do Senhor* (Mt. 25:21, 23, 31-45), na qual penetra o servo fiel, e estas palavras são seguidas pela significativa declaração: que Ele tem fome, sede, está nu e prisioneiro, e sofre em cada um dos filhos dos homens.

Para o Espírito liberado de todo o entrave, o fato de *se dar* é uma alegria, e ele sente-se viver de um modo tanto mais intenso, quanto mais difunde sua vida generosamente. Quanto mais se dá, mais ele se desenvolve, pois a expansão da vida aumenta com as dádivas da alma, e não tomando-as.

O Sacrifício é, portanto, uma causa de alegria. O Logos se difunde e reparte para criar um mundo, e, ao ver o trabalho de Sua alma, fica satisfeito (Is. 53:11). Mas, a esta ideia veio associar-se uma noção de sofrimento e de dor. Todo o rito de sacrifício religioso apresenta um elemento de sofrimento, mesmo que seja uma simples perda sofrida pelo sacrificador.

Convém saber como a expressão "Sacrifício" chegou a evocar distintamente uma ideia de sofrimento. Encontramos a explicação colocando-nos no ponto de vista, não da Vida que se manifesta, mas das formas que ela reveste, encarando apenas a questão do sacrifício como ela nos aparece, vista do lado das formas. Dar-se é a vida mesma da Vida, enquanto receber é a vida ou a conservação da forma; porque a forma se gasta pela ação, diminui com o exercício, e, para continuar a existir, é obrigada a tomar em torno dela novos elementos e reparar as perdas que experimenta; do contrário, diminui e termina desaparecendo.

A forma não poderia se manter sem receber e guardar, sem assimilar o que ela colheu, e é condição mesmo do seu desenvolvimento tomar e absorver o que ela encontra ao seu alcance nas regiões do universo que se estendem em torno dela. À medida que a consciência se identifica cada vez mais com a forma e a considera gradualmente como a si mesma, o sacrifício toma um aspecto penoso. O homem sente que a dádiva, a cessão, a perda do que ele adquiriu é incompatível com a manutenção da forma; por isso, a Lei do Sacrifício perde seu caráter de alegria para revestir um caráter doloroso.

O homem deve aprender, pela destruição contínua das formas e pelos sofrimentos inseparáveis desta destruição, que não deve identificar-se com as formas passageiras e mudáveis, mas com a vida crescente e duradoura. O homem não recebe esta lição apenas da natureza exterior; deve-a, ainda, aos ensinamentos perfeitos dos Grandes Instrutores, dados pelas religiões.

As religiões permitem reconhecer quatro grandes etapas no ensino da Lei do Sacrifício. Primeiramente, o homem aprende a sacrificar uma parte dos seus bens materiais para assegurar maior prosperidade material; sacrifica, aos homens, sob a forma de esmolas; aos deuses, sob a forma de oferendas.

As Escrituras hindus, zoroastriana, hebraica – que digo? – todas as Escrituras do mundo nos falam desses sacrifícios. O homem renuncia a algo do que estima, a fim de garantir uma prosperidade futura, para si, sua família, sua comunidade, seu povo. Ele adquire, pelo sacrifício presente, uma vantagem futura.

A segunda lição é um pouco mais difícil. Em vez da prosperidade física e dos bens terrestres, é a felicidade celestial o fruto que deve ganhar com o sacrifício. É preciso conquistar o céu e obter a felicidade do além-túmulo, porque é lá que os sacrifícios feitos na vida terrestre encontram sua recompensa.

Grande foi o passo dado pelo homem, no dia que aprendeu a renunciar aos objetos de sua cobiça, por consideração de um futuro benéfico, que não pode ver nem provar a existência. Aprendeu, assim, a sacrificar o visível ao invisível e, por aí, se elevou de um grau na escala do Ser; porque tal é a fascinação exercida pelos objetos visíveis e tangíveis, que o fato de preferir um mundo invisível, no qual crê, é uma prova de energia considerável e de acentuado progresso para a realização deste mundo invisível.

Quantas vezes os homens têm sofrido o martírio, afrontado a calúnia, levando para a solidão o fardo de todos os sofrimentos e humilhações que seus semelhantes lhes têm infligido, diante da perspectiva do que está para além do túmulo?

Certamente, subsiste um ardente desejo de obter a glória celeste; mas é grande coisa suportar aqui a solidão, tendo por companhia apenas o mundo espiritual, persistindo na vida interior, quando a vida exterior não é senão uma tortura sem fim.

A terceira lição vem quando o homem verifica que faz parte de uma vida mais vasta e sente-se disposto a sacrificar-se pelo bem geral. Adquire, assim, a força necessária para reconhecer que o sacrifício é bom e útil, e que o fragmento, a unidade da Vida total deve subordinar-se ao conjunto. O homem aprende a bem agir, sem se preocupar com o que resultará para si mesmo, fazendo seu dever sem pensar nas consequências pessoais; sofrendo porque é bom sofrer, sem pensar em recompensas, dando porque a humanidade tem direito aos seus dons, sem ter em mente a ideia de que o Senhor os restituirá.

A alma heróica está, então, prestes a receber a quarta lição, em que aprende que todas as suas posses, o sacrifício de tudo quanto possui este fragmento deve ser feito, porque o Espírito não está realmente separado, mas faz parte de toda a Vida Divina, pois o homem é um fragmento da Vida Universal e deve partilhar da alegria do Senhor.

É nas três primeiras etapas que o sacrifício apresenta um caráter penoso. Na primeira, os sofrimentos são mínimos; na segunda, a vida física e todos os bens terrenos podem ser sacrificados; a terceira é o período crítico em que o crescimento e a evolução da alma são postos em provação. Porque, neste período, o dever pode exigir tudo o que parece constituir a vida, e o homem que se identifica com a forma, embora sabendo, em teoria, que paira acima dela, vê que tudo o que conhece como sendo sua vida, é dele exigido, e faz a si esta pergunta: "Se eu tudo abandono, o que vai ser de mim?"

Parece que a própria consciência quer evitar esse sacrifício, pois lhe é necessário renunciar a tudo o que considera como real, sem que, do outro lado, ela veja alguma coisa que possa tomar em troca. Uma convicção irresistível e uma voz imperiosa exigem do homem o abandono da sua própria vida. Recuar é persistir na vida da sensação, na vida intelectual, na vida do mundo; mas como só ali encontra os prazeres que não teve coragem de abandonar, o homem experimenta um desencanto constante, decepção nos desejos, compreendendo, enfim, quão verdadeiro é o dito do Cristo: *Aquele que quer salvar sua vida, a perderá* (Mt. 16:25), e que a vida que amava e pela qual tanto apego sentia, desapareceu definitivamente. É então que o homem tudo arrisca para obedecer à voz imperiosa; mas, se renuncia à existência, perdendo-a, ele a encontra na vida eterna (Jo. 12:25).

Verifica, ao mesmo tempo, que a vida que sacrificou não era senão uma morte na vida, e que todos os objetos abandonados eram uma ilusão, um caminho para encontrar a realidade.

Nessa determinação a tomar é que se experimenta o metal da alma, e só o ouro puro se liberta do cadinho onde se queimam as escórias; a vida da matéria perece, mas a verdadeira tem seu nascimento.

Em seguida, descobre, com alegria, que a vida assim achada é para todos e não só para ele, e que o abandono do *eu* separado lhe permitiu conhecer-se verdadeiramente a si mesmo; e que, sacrificando os limites que pareciam ser a condição mesma da vida, ele se encontra difundido em infinitas formas, em virtude de uma vida que não acaba nunca (Hb. 7:16).

Tal é, em suas grandes linhas, a Lei do Sacrifício, fundada no sacrifício primário do Logos, do qual são reflexos todos os demais sacrifícios. Vimos como o homem Jesus, o discípulo hebreu, fez jubilosamente o abandono do seu corpo, a fim de que uma Vida mais augusta pudesse descer e encarnar-se na forma voluntariamente sacrificada, e como, em virtude deste ato, Ele se tornou um Cristo perfeito, o Protetor do Cristianismo, derramando Sua vida na grande Religião fundada pelo Ser Poderoso, com o qual Ele se identificou no Sacrifício. Vimos a Alma-Cristo receber sucessivamente as Grandes Iniciações, nascendo como uma criancinha, para, em seguida, entrar no rio, na torrente dos sofrimentos terrestres, cujas águas lhe conferem o batismo do ministério ativo. Transfigurado na Montanha, teatro do seu último combate, triunfa, enfim, da morte. Resta-nos investigar o modo de sua ação redentora e como a Lei do Sacrifício encontra, na vida do Cristo, sua expressão perfeita.

O começo do que podemos chamar o ministério do Cristo, ao alcançar a virilidade, é assinalado por esta compaixão profunda e incansável pelos sofrimentos do mundo, simbolizada na descida do rio. A vida do Cristo deve, daqui em diante, resumir-se na frase: *Ele ia, de lugar em lugar, fazendo o bem*, porque os que sacrificam sua vida a fim de se tornarem canais da Vida Divina não podem ter, neste mundo, outro interesse senão servir aos seus semelhantes. O Cristo aprende a identificar-se com a consciência dos que o cercam, a sentir como eles sentem, a pensar como eles pensam, partilhando suas alegrias e dores; traz para a vida diária este sentimento de *unidade com tudo o que existe*, que ele observa nos mundos invisíveis. Sua simpatia vibra em harmonia perfeita com o acorde múltiplo da vida humana, reunindo em si as vidas humana e divina, a fim de se tornar um mediador entre o céu e a terra. Manifestam-se, então, poderes em sua pessoa, porque nele mora o Espírito e começa a aparecer aos homens como um ser capaz de ajuntar seus irmãos mais jovens no caminho da vida. Eles o cercam, sentindo a força que emana dele, a Vida divina trabalhando no Filho, o Enviado do Altíssimo. As almas esfaimadas vão a ele, que as alimenta com o pão da vida; os pecadores se aproximam e ele os cura, pronunciando a palavra de vida que afasta a doença e torna a alma sã; as almas cegas pela ignorância buscam sua presença e ele abre seus olhos à luz da sabedoria.

O que caracteriza, antes de tudo, o seu ministério é que os mais humildes e pobres, os mais desesperados e degradados sentem, ao aproximar-se dele, que não existe barreira que os separe dele e experimentam um benévolo acolhimento e nunca a repulsa. Porque, de sua pessoa, irradia um amor que tudo envolve, e, assim, ninguém pode ser repelido. Por mais atrasada que seja uma alma, jamais sente no Cristo um ser acima de si, mas sente-o ao seu lado, pisando com pé humano o pó da terra, tendo, contudo, um poder estranho e formidável que faz nascer, nas almas pecaminosas, desconhecidos anseios e inspirações sublimes.

Assim vive e trabalha o Cristo, verdadeiro salvador de homens até o dia em que deve aprender outra lição, perdendo momentaneamente a consciência desta Vida divina que sente dentro de si mesmo. E esta lição é a seguinte: o verdadeiro centro da Vida Divina está em nós e não fora. *O Eu Supremo tem seu centro em toda a alma humana*, porque o centro está em toda a parte, o Cristo está em nós e Deus no Cristo.

Nenhuma vida, nada "do que está fora do Eterno"[17] poderia ajudar o Cristo em sua agonia. Ele deve aprender que a verdadeira unidade do Pai e do Filho se encontra dentro e não fora, e esta lição exige absoluto isolamento na hora em que se vê abandonado pelo Deus que está fora de sua alma. O momento amargo aproxima-se e ele implora aos que o rodeiam, nesta hora obscura; mas as simpatias humanas falham, as afeições dos homens o traem. Resta-lhe apenas o refúgio no Espírito divino. Lança o grito ao Pai, ao qual sente-se conscientemente unido, e lhe dirige esta prece: "Se for possível, que este cálice se afaste de mim!"

Tendo suportado essas angústias na solidão, sem outro apoio senão o auxílio Divino, o Cristo é digno de enfrentar a última provação. O Deus exterior desaparece; resta-lhe o Deus interior. *Meu Deus, meu Deus, por que me abandonastes!*, tal é o grito doloroso de seu amor inquieto, do seu terror. O isolamento supremo desce sobre ele; e sente-se abandonado e só. Entretanto, nunca o Pai está tão perto do Filho como nesta hora suprema; e, ao passo que o Cristo toca o fundo deste abismo doloroso, a alvorada do triunfo vem nascendo. Ele compreende que, para se tornar o Deus que implora, enquanto sofre a última dor da separação, é necessário descobrir a unidade eterna, que sente jorrar de si mesmo esta fonte da vida que sabe que é eterna.

Ninguém pode tornar-se um verdadeiro Salvador de homens, nem partilhar, com simpatia perfeita, todos os sofrimentos humanos, sem ter enfrentado e vencido a dor, o temor e a morte, apenas com o auxílio do Deus interior. O sofrimento não existe enquanto essa consciência persiste integralmente, pois a luz do alto torna as trevas inferiores impossíveis, e a dor não é mais dor enquanto é suportada ante um sorriso de Deus!

Existe outro sofrimento que espera o homem, que espera o Salvador da humanidade: é a obscuridade que oculta a consciência humana, onde nenhum raio de luz penetra. É preciso ter conhecido o desespero horrível experimentado pela alma humana, quando as trevas a rodeiam e quando a consciência, procurando no escuro, não encontra uma mão caridosa que possa apertar. Estas trevas envolvem todo o Filho do Homem, antes que possa alcançar a hora do triunfo; por essa experiência, talvez a mais dolorosa, tem que passar todo o Cristo, antes de adquirir o *poder* de salvar perfeitamente (Hb. 7:25) os que, por ele, procuram o Divino. Semelhante ser se fez, na verdade, divino, um Salvador de homens, consagrando-se, daí em diante, no mundo, à tarefa para a qual todas estas provações o prepararam.

Sobre ele devem se concentrar todas as forças hostis à humanidade, a fim de que sejam transformadas em forças protetoras. Ele deve ser, na terra, um centro de Paz, transmutando as forças agressivas, a cujo assalto o homem não resistiria. Na verdade, os Cristos deste mundo são outros tantos centros de Paz, sobre os quais se derramam todas as forças tumultuosas, onde são transformadas, e voltam para produzirem harmonia.

Os sofrimentos do Cristo, que ainda não atingiu a perfeição, são causados, em parte, por este trabalho de harmonizar as forças que fazem a discórdia do mundo.

Embora seja um Filho, deve, entretanto, atingir o Amor pelo sofrimento e assim chegar à perfeição (Hb. 5:8-9).

A humanidade seria presa de lutas infinitas, ainda mais terríveis, se não fossem os discípulos, os Cristos futuros, que vivem no seu meio, pacificando-a e tornando harmônica muitas forças perigosas.

Quando se diz que o Cristo sofre "pelos homens"; que sua fortaleza, sua pureza e sabedoria infinitas substituem as debilidades humanas, afirma-se, de fato, uma verdade. Nada é mais verdadeiro, pois o Cristo de tal forma se identificou com os homens, *que eles fazem parte dEle e Ele vive com eles.*

Ele não se substitui aos homens, tomando o seu lugar, mas toma suas vidas na Sua e derrama Sua Vida nas deles. Tendo atingido o plano da unidade, Ele pode fazer partilhar com os outros tudo o que tem adquirido, dando a todos o que já conseguiu. Ele domina o plano onde reina a separatividade, lançando os olhos sobre as almas separadas, atingindo cada uma, enquanto elas não podem se aproximar. A água, vindo dos níveis superiores, pode se derramar em numerosos condutores que, no entanto, não se comunicam entre si.

Assim também o Cristo pode difundir Sua vida para muitas almas, apenas com esta condição: que cada alma queira abrir sua consciência humana à consciência divina, que queira se fazer receptiva à vida que se lhe oferece, mostrando-se capaz de receber com liberalidade este dom divino.

E com tal reverência respeita Deus esse espírito, que Ele próprio, no homem, não derrama corrente alguma de força e de vida na alma humana que se negue a recebê-la.

Deve haver, no homem, receptividade, como há vontade de dar, no divino. Eis o laço que existe entre o Cristo e o homem, chamado, nas igrejas, a "graça divina", e que exige a *fé* necessária para que a graça seja eficiente. Conforme a expressão de Giordano Bruno, a alma humana possui janelas que ela pode fechar hermeticamente. Fora, o Sol brilha, a luz é constante.

Mas, é necessário que as janelas se abram para que o Sol entre triunfante. A luz de Deus vem bater nas janelas de todas as almas humanas e, quando estas janelas a deixam entrar, a alma fica iluminada. Deus jamais se altera, mas o homem muda a cada instante, e sua vontade deve permanecer livre; de outro modo, a Vida divina que nele reside ficaria entravada em sua evolução regular.

Assim, portanto, com cada Cristo que surge, toda humanidade se eleva também e, por sua sabedoria, a ignorância do mundo diminui. Cada homem sente-se menos fraco, graças à Sua força, que desce sobre a humanidade inteira, penetrando todas as almas separadas. Desta doutrina, interpretada de um modo estreito e, portanto, mal compreendida, saiu a ideia da Redenção por substituição, como transação legal entre Deus e o homem, transação em virtude da qual Jesus se coloca no lugar do pecador.

As Igrejas não souberam compreender que um Ser, que alcança tal altura, é, na verdade, *um* com seus irmãos; a identidade de natureza foi tomada por uma substituição pessoal e a verdade espiritual desapareceu na doutrina cruel de uma troca jurídica.

Desde então, Ele compreende seu posto aqui embaixo e quais suas funções na natureza: ser um Salvador, expiar os pecados dos homens, mantendo-se no coração central do mundo, o Santo dos Santos, como Grande Sacerdote da Humanidade. Ele é um com todos os Seus irmãos – não por substituição, mas por identidade de uma vida comum. Há alguém pecaminoso? O Cristo se faz pecador com ele, a fim de, com sua pureza, limpar suas máculas. Sente alguém tristeza? O Cristo, o Homem da dor vem, com o coração despedaçado, para consolá-lo. As almas sentem alegria; Ele sente-se alegre com elas, enchendo-as com a Sua felicidade. Mostra-se alguém necessitado? É Ele quem sente a necessidade, sofrendo com ele, a fim de cumulá-lo com suas riquezas superabundantes. Tudo Ele possui, e todos nós podemos possuir como Ele. Ele é o Perfeito e o Forte, e, ao Seu lado, todos podemos ser perfeitos e fortes. Ele se elevou para poder derramar as Suas graças sobre todos os que estão abaixo dele, para que todos possam partilhar Sua Vida. O mundo inteiro eleva-se com Ele, à medida que Ele ascende, e o caminho é, para todos, mais fácil de seguir, porque Ele nos precedeu.

"Todo o filho do homem pode, assim, tornar-se um Filho de Deus manifestado, um Salvador do mundo; cada um destes Filhos é Deus manifestado em carne" (1 Tm. 3:16), o redentor que ajuda a humanidade inteira, o poder vivo que renova todas as coisas.

Uma única condição é necessária para permitir que este Poder possa manifestar-se na alma individual: a alma deve abrir a porta e deixar entrar o

Cristo, que, tudo penetrando, não poderia, entretanto, entrar à força e contra a vontade de Seu irmão.

A vontade humana possui a faculdade de se opor a Deus, como se opõe ao homem; ora, é indispensável que ela se associe à ação divina espontaneamente, sem nenhuma violência exterior.

Assim o exige a lei da evolução. Que a vontade abra a porta, e a vida inundará a alma. Enquanto a porta permanecer fechada, a vida só exala ligeiros perfumes, e este aroma delicado às vezes consegue transpor a barreira que a força não pôde atravessar.

Eis o que devemos entender por um Cristo. Mas como pode a pena, que é material, dar uma imagem do que é imortal?

Como descrever com vocábulos o que desafia a própria palavra?

Não há língua que possa exprimir, nem mente não iluminada que possa conceber o mistério do Filho que se fez um com o Pai, trazendo em seu seio os filhos dos homens[18].

Aos que aspiram preparar-se para escalar a uma altura como esta, é necessário, desde agora, nesta vida inferior, começar a caminhar à sombra da Cruz, sem duvidar das possibilidades desse futuro sublime, porque seria duvidar do Deus interior. Há um modo de colocar a vida diária à sombra da vida do Cristo: é fazer de toda ação, de todo ato um sacrifício, executando-o não pelo que possa nos aproveitar, mas para vantagem e progressos dos outros; e nesta vida terra-a-terra, vida de humildes deveres, de ações mesquinhas, de interesses vulgares, procuremos mudar o motivo da nossa vida diária e, assim, transformá-la. Não é preciso variar coisa alguma da nossa vida externa. Qualquer que seja o gênero de vida, o sacrifício é possível; qualquer que seja o meio, Deus pode ser servido. O despertar da espiritualidade não é assinalado pela ação, mas pela maneira como é feita esta ação.

Não são das circunstâncias, mas da nossa atitude diante delas que depende o nosso desenvolvimento. "Na verdade, este símbolo da Cruz pode nos servir de pedra de toque, aqui embaixo, para distinguir o bem do mal, em muitos momentos difíceis. *Somente aquelas ações em que a luz da cruz penetra, são dignas da vida do discípulo.* Devemos entender, por isto, que o aspirante deve ter por móvel o fervor de uma bondade pronta a todos os sacrifícios. O mesmo pensamento aparece neste versículo: *Quando o homem entra no caminho, põe seu coração na cruz; e quando o coração e a cruz se enlaçam estreitamente, o fim foi alcançado.* Isto nos permite determinar o nosso grau de progresso, examinando se é o egoísmo ou a renúncia de nós mesmos que domina nossa vida".[19]

Toda a vida, que assim começa a se formar, prepara a caverna em que o Cristo-Criança deverá nascer; ela não será senão uma redenção contínua, divinizando cada vez mais os elementos humanos.

Tal vida crescerá até alcançar as proporções de um "Filho bem-amado" e um dia irradiará a glória do Cristo.

Todo o homem pode caminhar para este fim, fazendo o sacrifício de todos os seus atos e todas as suas faculdades, até o momento em que o ouro seja separado de qualquer impureza, substituindo apenas o metal puro.

NOTAS

1. Atualmente, 2 Pedro é geralmente reconhecido como último livro do Novo Testamento a ser escrito – provavelmente por volta de 130 d.C. (Brown, pp. 761-62). Em razão disso, não pode ser obra do apóstolo Pedro em pessoa.
2. Há, em essência, três perspectivas principais da Redenção de Cristo no Cristianismo convencional. A primeira, conhecida como a teoria "corporal", sustenta que Cristo enobreceu a raça humana simplesmente com a sua encarnação como pessoa. A segunda é conhecida como a teoria do "resgate". Essa perspectiva sustenta que, em razão da Queda, Satã "legitimamente manteve a raça humana aprisionada", de modo que "Deus ofereceu-se para resgatar a nossa liberdade. O preço só poderia ser pago por Deus. Somente Deus poderia submeter-se livremente. [...] Ao submeter-se ao poder de Satã por seu próprio livre-arbítrio e por sua escolha, Cristo nos libertou do poder do Diabo": Jeffrey Burton Russell, *Satan: The Early Christian Tradition* (Ithaca, Nova York: Cornell University Press, 1981), p. 83. Conforme Besant afirma, essa perspectiva foi a que mais se destacou nos primeiros séculos do Cristianismo. Posteriormente, foi suplantada pela doutrina da redenção vicária, segundo a qual Cristo submeteu-se ao sacrifício para mitigar a ira do Pai. Essa tem sido a perspectiva mais comum no Cristianismo convencional desde que foi elaborada de forma completa por Anselmo de Cantuária (1033-1109) no seu *Cur Deus Homo* ("Por que o Deus-Homem?"). Veja *The Internet Encyclopedia of Philosophy*, s.v. "Anselm", <http://www.iep.utm.edu/a/anselm.htm#Theology>. Para um resumo das perspectivas sobre a redenção no Cristianismo primitivo, veja Kelly, pp. 163-88.
3. A. Besant, "Essay on the Atonement".
4. *Ibid.*

5. Briadaranyakopanishad, 1:1,1.
6. Bhagavad-Gita, 3,10.
7. Briadaranyakopanishad, 1:2,7.
8. Mundakopanishad, 2, 10.
9. Hang, *Essais sur les Parsis*, p. 12-4.
10. W. Williamson, *The Great Law*, p. 406.
11. A. Besant, "The Atonement", *Nineteenth Century*, junho de 1895.
12. Maria, cujo nome latino, *Maria,* literalmente significa "mar", simboliza a matéria primordial que possibilita a encarnação do espírito. Essa *prima materia* também é conhecida esotericamente como a "água": C. W. Leadbeater, em uma passagem que Besant cita imediatamente a seguir, refere-se a ela como um "mar denso". Veja o meu livro, *Inner Christianity. A Guide to the Esoteric Tradition* (Boston: Shambhala, 2002), pp. 144-48.
13. A cruz grega tem os braços iguais; na cruz latina, a travessa fica acima da metade da haste. Esta última é a mais comum nas igrejas ocidentais.
14. Leadbeater – *O Credo Cristão*, pp. 74-6.
15. *Ibid.*, pp. 76-7.
16. Significando literalmente "a força que atua pela frente".
17. *Luz no Caminho*, sec. 8.
18. A. Besant, *Theosophical Review*, dezembro de 1893, pp. 344, 346.
19. Leadbeater, *O Credo Cristão*, pp. 61-2.

CAPÍTULO

8

RESSURREIÇÃO E ASCENSÃO

As doutrinas da Ressurreição e Ascensão fazem parte também dos Mistérios Menores e constituem elementos integrais do "Mito Solar" e da vida do Cristo no homem.

É fundamento histórico dessas doutrinas, na parte que se refere ao próprio Cristo, o fato de haver continuado a ensinar aos seus apóstolos, depois de Sua morte física, e, tendo terminado Seu ensinamento direto, tornou-se o Hierofante dos Mistérios Maiores até o momento em que Jesus o substituiu. Nas lendas místicas, a ressurreição e a apoteose do herói sucedem invariavelmente à narração de sua morte. Nos Mistérios, o corpo do candidato era sempre mergulhado em sono letárgico, durante o qual a alma, libertada, percorria o mundo invisível, voltando ao corpo, no fim de três dias de ausência, a animá-lo novamente. Por fim, estudando a vida do homem que vai tornar-se um Cristo, aí encontramos, igualmente, os dramas da Ressurreição e da Ascensão. Mas, antes de poder seguir essa descrição, é necessário possuir algumas noções referentes à constituição do homem e compreender o que são seus corpos natural e espiritual. "Há um corpo natural e há um corpo espiritual", disse São Paulo, em 1 Coríntios, 15, 44.

Certas pessoas pouco instruídas consideram o homem como um simples composto de dois princípios: "alma e corpo", e empregam as palavras "alma" e "espírito" como sinônimos, dizendo indiferentemente "alma do corpo" ou "espírito do corpo", exprimindo, assim, que o homem é dual, perecendo uma na hora da morte e sobrevivendo a outra.

Para os espíritos simples e ignorantes, esta divisão geral basta; mas não nos permite compreender os mistérios da Ressurreição e da Ascensão.

Todo o cristão que tenha estudado, embora superficialmente, a constituição do homem, admite a existência de três elementos distintos: espírito, alma e corpo. Esta divisão é exata, embora um estudo mais profundo exija uma análise mais completa; nós a encontramos nesta prece de S. Paulo: *"Para que todo o vosso espírito, e a alma e o corpo se conservem sem repreensão"* (1 Ts. 5:23). Esta divisão ternária é adotada pela Teologia Cristã.[1]

O Espírito é realmente uma Trindade, reflexo e imagem da Trindade Suprema, como veremos depois.

O homem verdadeiro, o princípio imortal é consciência que tem como invólucro o corpo espiritual. Cada um dos aspectos da Trindade tem seu Corpo especial; a Alma é dupla, pois compreende o mental e a natureza emocional, com seus respectivos envoltórios.

O Corpo é o instrumento material do Espírito e da Alma. Segundo uma classificação cristã dos princípios constituintes do homem, este apresenta doze elementos, dos quais seis formam o homem espiritual e seis o homem natural. Outra classificação apresenta quatorze divisões, sete modificações da consciência e sete tipos de forma correspondentes.

Encontram-se, em suma, nesta última os princípios estudados pelos místicos. É chamada a divisão setenária, porque, realmente, existem sete divisões, em que cada uma apresenta dois aspectos: vida e forma.

Estas divisões e subdivisões são, para as inteligências rudes, causa de confusão e perplexidades. Eis por que Orígenes e Clemente, como vimos acima[2], afirmavam com tanta insistência que a inteligência era necessária à pessoa que desejasse alcançar a gnose.

Nada impede às pessoas a quem esta classificação assusta, de a deixarem de lado; mas que elas reconheçam ao investigador o direito de adotá-la, porque não só nela encontramos uma fonte de inspirações, mas, ainda, a consideramos como indispensável a quem quer compreender claramente os Mistérios da Vida e do Homem.

A palavra Corpo significa um veículo ou instrumento de consciência, o invólucro no qual a consciência entra em contato com o mundo exterior. Ela o utiliza como um operário usa da ferramenta.

Podemos ainda comparar o Corpo a um recipiente contendo a consciência, como um frasco encerra um líquido. É uma forma empregada por uma vida; e a consciência manifesta-se, sempre e por toda a parte, por meio de formas semelhantes. A forma pode ser da mais rara e sutil natureza, tão diáfana que a vida que a habita parece não existir; entretanto, a forma está presente e sua composição é material. A forma pode, pelo contrário, ser tão densa que oculte a vida latente; então, somos apenas conscientes da forma, mas a vida está presente e tem por essência o oposto à Matéria – o Espírito.

É indispensável que o estudante se convença deste fato fundamental, a coexistência do Espírito e da Matéria, inseparáveis no menor fragmento de poeira como no Logos, o Deus manifestado. Sem esta noção, o estudo dos Mistérios Menores será impossível.

O Cristo, como Deus e homem, não faz senão apresentar em proporções cósmicas, a qualidade que se encontra em toda a natureza. Tudo o que o universo contém, oferece, em sua constituição, esta qualidade fundamental.

O homem possui um "corpo natural" composto de quatro elementos distintos e separáveis, destinados a perecer. Dois destes elementos são formados de matéria física e jamais se separam completamente antes da morte, embora a separação parcial possa ser feita por substâncias anestésicas ou pela doença: este conjunto é designado por *Corpo Físico*. O homem, na vigília, age conscientemente neste corpo, que é para ele, conforme a expressão técnica, seu veículo de consciência no mundo físico.[3]

O terceiro elemento é o *Corpo dos Desejos*, assim chamado porque os sentimentos e as paixões do homem nele encontram seu instrumento especial. Durante o sono, o homem, abandonando o corpo físico, prossegue suas atividades conscientes neste outro corpo que tem por meio normal o mundo invisível mais próximo da terra e que representa seu veículo de consciência no menos elevado dos mundos hiperfísicos, o *mundo astral*, o primeiro no qual o homem ingressa após a morte.

O quarto elemento é o *Corpo Mental*, assim chamado porque é empregado pela natureza intelectual do homem, o pensamento concreto. É para nós o veículo de consciência no segundo dos mundos hiperfísicos e o menos elevado dos mundos celestes onde os homens passam após a morte, quando deixam o mundo astral.

Estes quatro elementos da forma humana exterior, corpos *físico*, *etéreo*, *astral* e *mental*, eis o que se deve entender por corpo natural, de que fala S. Paulo.

Os ensinos cristãos ordinários, neste ponto, tem falta de precisão e de clareza, neles não se encontrando essa análise científica. Eu não quero dizer, com isto, que as Igrejas não o tenham conhecido, pois essa classificação da constituição humana fazia parte dos Mistérios Menores. A divisão em Espírito, Alma e Corpo era exotérica, geral e superficial, e era dada como ponto de partida.

A dupla natureza do *corpo* era ensinada mais tarde, de modo a preparar o discípulo a separar os dois princípios e a empregar cada um como veículo de consciência em cada região particular.

É fácil perceber esta ideia. Quando alguém quer viajar, emprega como veículo uma carruagem ou um trem; no mar, muda de condução e emprega o navio; no ar, muda ainda de veículo e emprega o avião.

O homem é sempre o mesmo, embora empregando três conduções diferentes, conforme o gênero de matéria que deseja atravessar. Embora imperfeita, esta comparação não conduz ao erro.

Quando o homem atua no mundo físico, tem para veículo o corpo físico e sua consciência acha-se desperta neste corpo, que é seu instrumento. Quando, seja dormindo ou ao morrer, passa ao mundo que nos fica mais próximo, seu veículo é o corpo de desejos, o astral, o qual deve aprender a empregar conscientemente, tal como faz com o corpo físico. Ele o emprega, aliás, inconscientemente todos os dias, ao experimentar os sentimentos e os desejos, como também quando dorme.

Após a morte, quando se entra no mundo celeste, o veículo é o corpo mental, que empregamos também quando pensamos, pois não há pensamento no cérebro que não tenha passado antes pelo corpo mental.

Finalmente, o homem possui um corpo espiritual, composto de três partes separáveis, pertencentes respectivamente às três pessoas da Trindade no Espírito humano.

S. Paulo nos diz que "foi arrebatado até ao terceiro céu", onde ouviu segredos e mistérios que o homem não deve revelar (2 Co. 12:2,4). Os iniciados conhecem perfeitamente essas regiões dos mundos invisíveis, e sabem que, para ir além do primeiro céu, é necessário empregar como veículo o corpo espiritual propriamente dito e que, segundo o desenvolvimento das três divisões, determinará o céu em que se pode penetrar.

O menos elevado destes três elementos é geralmente chamado *Corpo Causal*, por uma razão que só pode ser compreendida por quem estudou a Reencarnação – aliás ensinada na Igreja primitiva[4] – e quem saiba que a evolução humana reclama muitas vidas sucessivas antes que a alma embrionária do selvagem possa tornar-se um Cristo e ser perfeita como o *Pai celeste* (Mt. 5:48), realizando, assim, a união do *Filho com o Pai* (Jo. 17:22, 23). Este corpo sobrevive de existência em existência, acumulando toda a memória do passado e determinando as causas que dão nascimento aos corpos inferiores. É ele o receptáculo das experiências humanas, onde se conservam todos os tesouros que colhemos em nossas existências, a sede da Consciência e o princípio da Vontade.

A segunda das três divisões do corpo espiritual é mencionada por S. Paulo em termos significativos. *Temos nos céus um edifício que nos vem de Deus, uma morada eterna que não foi feita pela mão do homem* (2 Co. 5:1). É o corpo de Beatitude, o corpo glorificado do Cristo – "o corpo que ressuscita". Ele não foi feito *pela mão do homem*, isto é, pela ação da consciência sobre os veículos inferiores. Não foi formado pela experiência nem construído com materiais acumulados pelo homem no decurso de sua longa peregrinação; é próprio à vida do Cristo, a vida do Iniciado, ao desabrochar divino no homem; é construído por Deus, pela atividade do Seu Espírito e não cessa de crescer durante todas as vidas do Iniciado; para atingir seu apogeu com a Ressurreição.

O terceiro elemento do corpo espiritual é esta película impalpável, de natureza sutil, que individualiza o Espírito, fazendo dele um Ser distinto, não se opondo, entretanto, à interpenetração do todo em si, sendo, por isto, a expressão da unidade fundamental.

Quando *o Filho se submeter àquele que sujeitou todas as coisas, a fim de que Deus seja tudo em todos* (1 Co. 15:28), esta película desaparecerá. Mas, para nós ainda permanece o elemento superior do corpo espiritual, com o qual subimos ao Pai para nos unirmos a Ele.

O Cristianismo sempre reconheceu a existência dos três mundos ou regiões que o homem deve atravessar: primeiro, o mundo físico; depois, um estado intermediário onde fica após a morte; finalmente, o mundo celeste.

Só ignorantes podem supor que o homem passa diretamente do seu leito de morte a um estado de beatitude definitiva. As opiniões variam, entretanto, sobre a natureza do mundo intermediário. Os católicos romanos chamam-no Purgatório, admitindo que toda a alma deve atravessá-lo, salvo a do Santo e quem já chegou à perfeição, ou a do homem morto em "pecado mortal".

A grande maioria passa por uma região purificadora, onde o homem demora mais ou menos tempo, conforme os pecados cometidos; não o deixa para entrar no mundo celeste senão depois de ter sido purificado.

As diferentes confissões ditas Protestantes divergem em pontos secundários e repudiam a ideia de uma purificação póstuma; mas, em geral, admitem a existência de um estado intermediário, às vezes chamado "Paraíso" ou "período de espera". O mundo celeste é quase universalmente encarado, na Cristandade moderna, como um estado final, sem que existam noções bem nítidas sobre sua natureza e o estado progressivo ou estacionário dos que nele penetram.

A Igreja Primitiva via, no céu, o que na realidade ele é, uma etapa da alma na sua peregrinação ascendente, como também a reencarnação e a preexistência da alma eram ensinadas. Resultava, naturalmente, desta doutrina que o estágio no céu era temporário, embora bastante prolongado.[5] De acordo com o termo grego do Novo Testamento, a duração desta permanência era de um "Íon" ou idade que acabava pela volta do homem a nova existência. Não era, pois, eterna.

A fim de completar este esboço, necessário para se compreender a Ressurreição e a Ascensão, examinemos, agora, como se desenvolvem, na sua evolução superior, os diferentes corpos de que acabamos de falar.

O *corpo físico* se transforma sem cessar, substituindo continuamente as partículas imperceptíveis de que é composto, restaurando-se por um trabalho sem fim. Ora, o corpo sendo formado por nossa alimentação, por líquidos, pelo ar atmosférico, por partículas dos seres animados e das coisas que nos cercam, aqui embaixo, é possível purificá-lo metodicamente, escolhendo com critério seus elementos constitutivos, e assim fazendo dele um veículo, um instrumento cada vez mais puro, suscetível de vibrações mais sutis, e mais apto para responder aos desejos puros e pensamentos nobres e elevados.

Eis por que o aspirante aos Mistérios era submetido, em alimentos, abluções, etc., a regras determinadas, e resguardo no tocante às pessoas e lugares por ele frequentados.

O corpo de desejos se transforma igualmente e de maneira semelhante, mas aqui os materiais expulsos ou absorvidos o são pela ação dos desejos, que tem sua origem nos sentimentos, paixões e emoções. Se estas forem grosseiras, o corpo dos desejos o é igualmente; se forem puras, o corpo de desejos torna-se sutil e muito mais sensível às influências do alto. O homem consegue purificar tanto mais este veículo superior da consciência, quanto mais dominar sua natureza inferior, esquecendo-se completamente de si mesmo nos seus desejos, sentimentos e emoções, amando o próximo com menos egoísmo e cálculo.

Também, quando abandona, durante o sono, seu corpo físico, suas experiências são mais elevadas, puras e instrutivas. E, ao morrer, rejeita o corpo físico, passa rapidamente pelo estado intermediário, pois rapidamente se decompõe seu corpo de desejos, que deixa de ser causa de atraso.

O corpo mental se forma de maneira semelhante, mas pela ação dos pensamentos. Ele será o veículo de consciência a ser empregado no mundo celeste; mas, agora, sua construção é feita pela imaginação, pela razão, aspirações e faculdades artísticas e, em geral, por todos os poderes mentais em exercício. O homem não pode empregar senão o corpo mental que ele mesmo criou. A duração e a intensidade de sua vida celeste dependem do gênero de corpo mental que ele construiu aqui embaixo. Este, quando o homem alcança um grau superior de evolução, começa a exercer, durante a vida terrestre, uma atividade independente. Gradualmente o homem se torna consciente de sua vida celeste, mesmo no turbilhão da sua existência cotidiana; fica sendo, então, o *Filho do homem que está no céu*, capaz de falar com autoridade das coisas celestes.

Quando o homem começa a viver a vida do Filho, ao tocar no caminho da Santidade, vive no céu sem deixar a terra, porque emprega conscientemente seu corpo celeste. O céu não está afastado de nós, antes nos rodeia por todos os lados. O que o oculta aos nossos olhos é a nossa incapacidade em sentir suas vibrações, e não a sua ausência, vibrações que nos ferem de modo contínuo e que bastaria as percebermos para que nos encontrássemos no céu. E aí chegaremos quando tivermos despertado a atividade do corpo celeste, organizando-o e desenvolvendo-o convenientemente. Por que se for formado de materiais celestes, responderá às vibrações do céu. Eis por que o *Filho do homem* está sempre no céu. Ora, nós sabemos que o termo *Filho do homem* se aplica ao Iniciado, não ao Cristo ressuscitado e glorioso, mas ao Filho que ainda não alcançou inteiramente a *perfeição* (Hb. 5:9).

Durante as etapas evolutivas que conduzem ao Caminho de Provação, o primeiro elemento do corpo espiritual, o *corpo causal*, se desenvolve rapidamente, permitindo ao homem, após a morte, elevar-se até o segundo céu. Depois do Segundo Nascimento, nascimento do Cristo no homem, começa a constituir-se o corpo de beatitude, que *está nos céus*. É o corpo do Cristo que se desenvolve no decurso de Sua missão na terra. À medida que ele avança, a consciência do *Filho de Deus* se amplia cada vez mais, e a união com o Pai ilumina o Espírito vencedor.

Nos Mistérios Cristãos, como nos do Egito antigo, da Caldeia e outros, existia um simbolismo exterior marcando os estágios que o homem devia atravessar. O candidato era levado à sala da Iniciação e lá, deitado, com os braços estendidos – ora numa cruz de madeira, ora no chão do pavimento – na atitude de um crucificado. O tirso – a lança da crucificação – tocava-lhe o coração e, deixando seu corpo, passava aos mundos invisíveis; seu invólucro físico ficava em profunda letargia, a morte do crucificado; transportado para um sarcófago de pedra, aí ficava encerrado, submetido a cuidadosa vigilância. Durante isto, o homem real percorria as sombrias regiões chamadas "o coração da terra", para, depois, galgar a montanha celeste, revestida do seu corpo de beatitude – corpo para sempre perfeito – veículo da consciência perfeitamente organizada.

Revestido deste invólucro novo, ele voltava ao seu corpo de carne, tornando à vida. A cruz que sustentava o corpo, ou, quando não havia cruz, o corpo adormecido e rígido era retirado do sarcófago e colocado numa superfície inclinada, na direção do oriente, antes do levantar do sol, na manhã do terceiro dia.

No momento em que os raios do Sol tocavam-lhe o rosto, o Cristo – o Iniciado perfeito ou o Mestre – entrava em Seu corpo, glorificando-o com o novo invólucro com o qual estava revestido, transformando o corpo carnal ao contato do corpo de beatitude, dando-lhe propriedades, faculdades e aptidões novas, isto é, transformando-o em Sua própria imagem.

Tal é a ressurreição do Cristo, depois da qual o corpo carnal transformado adquiria uma nova natureza.

Eis por que o Sol foi sempre tomado como símbolo do Cristo ressuscitado e por que, nos hinos da Páscoa, se faz constantemente alusão ao Sol de Justiça.

Por isso, as palavras com relação ao Cristo triunfante: "Eu estou vivo, e estive morto, mas eis que estou vivo para todo o sempre. Amém! E tenho as chaves da morte e do inferno" (Ap. 1:18). O Filho pode dispor, de agora em diante, de todos os poderes dos mundos inferiores, em virtude do Seu triunfo glorioso. A morte já não tem mais poder sobre Ele: "Ele tem a vida e a morte em Sua mão poderosa"[6]. Ele é o Cristo ressuscitado, o Cristo triunfante.

A Ascensão do Cristo era o Mistério do terceiro elemento do corpo espiritual ao adquirir a Vestidura de glória. Ela preparava a união do Filho com o Pai, do homem com Deus – quando o Espírito readquire a glória que possuía *antes que o mundo existisse* (Jo. 17:5).

É então que o tríplice Espírito se torna um. Sente-se eterno; o Deus oculto foi achado. É esta união que apresenta, sob forma imaginária, a doutrina da Ascensão, pelo menos quanto ao homem encarado individualmente.

Para a humanidade, a Ascensão não tem lugar senão quando a raça inteira alcança "a condição de Cristo" – a condição filial em que o Filho se une ao pai e Deus é tudo em todos.

Eis a meta representada pelo triunfo do Iniciado, que, para ser alcançada, é necessário que o gênero humano tenha chegado à perfeição e que a Humanidade, "esta grande órfã", cesse de o ser, reconhecendo-se, com plena consciência, como Filha de Deus.

Estudando, assim, as doutrinas da Redenção, da Ressurreição e da Ascensão, descobrimos as verdades que, sob forma velada, apresentam os Mistérios Menores. Começamos a compreender, em sua plenitude, a verdade do ensino apostólico; Cristo não foi uma personalidade, mas *as primícias dos que estão mortos* (1 Co. 15:20). Todo homem pode tornar-se um Cristo.

O Cristo não é, portanto, considerado como um Salvador de natureza diferente da nossa, cujos méritos salvaram, por substituição, o homem da cólera divina. Conforme a gloriosa e consoladora doutrina, então ensinada pela Igreja, o Cristo era *as primícias* da humanidade, o modelo que todo o homem deve reproduzir em si. Os Iniciados foram sempre considerados como as primícias, o penhor de segurança da humanidade em sua perfeição futura.

Para os cristãos dos primeiros séculos, Cristo era o símbolo vivo da própria divindade neles, o fruto glorioso do gérmen que eles traziam no próprio coração. A doutrina do Cristianismo Esotérico ou dos Mistérios

Menores não era a salvação por um Cristo *exterior*, mas a glorificação e a perfeição de todos no Cristo interior. O Noviço era chamado a tornar-se um Filho. A vida do Filho passava-se entre os homens até o dia em que a Ressurreição marcava o seu termo. Então, o Cristo glorificado tornava-se, para o mundo, um Salvador *perfeito*.

Que grandioso Evangelho perante o qual a nossa época nos expõe!

Em presença do ideal majestoso do Cristianismo esotérico, a doutrina exotérica das Igrejas nos parece bastante estreita e sem vida.

NOTAS

1. Seria mais exato dizer que essa divisão tríplice era aceita na teologia cristã, especialmente nos primórdios, conforme afirma Besant. Nos séculos posteriores, a distinção entre alma e espírito obliterou-se gradualmente, e os teólogos cristãos tendem hoje a considerar a estrutura humana como dual, consistindo meramente de alma e corpo. No entanto, conforme mostra Besant, essa visão é extremamente simplista e inexata, em termos tanto da verdadeira constituição dos corpos sutis do homem quanto dos ensinamentos do Cristianismo primordial.
2. Ver ante., pp. 64-5, 71, 107, 122 e 123.
3. A distinção dos corpos sutis do homem pode facilmente tornar-se confusa. Besant baseia a sua imagem sétupla nas perspectivas teosóficas clássicas, que retratam a estrutura humana da seguinte maneira:

> A Tríade Superior: Os Constituintes Imortais
> *Atman:* A Centelha Divina
> *Buddhi:* O Princípio Discriminador
> *Manas:* O Princípio Mental
> O Quaternário Inferior: Os Constituintes Mortais
> *Kama:* O Princípio do Desejo
> *Prana:* O Princípio Vital
> *Linga-Sharira:* O Corpo Etérico
> *Sthula-Sharira:* O Corpo Físico

Para uma exposição mais extensa desse quadro, veja Geoffrey A. Barborka, *The Divine Plan,* 2ª ed. (Adyar, Chennai, Índia: Theosophical Publishing House, 1964), p. 179; e também Edward Abdill, *The Secret Gateway:*

Modern Theosophy and the Ancient Wisdom Tradition (Wheaton, Illinois: Theosophical Publishing House, Quest Books, 2005), cap. 4-5.

O "corpo natural", conforme comentado por Besant aqui, corresponde mais ou menos às quatro partes inferiores; o "corpo espiritual", aos três níveis superiores. Nesse contexto, é interessante observar que a expressão nos textos de Paulo traduzida como "corpo natural" em grego é *soma psychikon* – literalmente, o "corpo psíquico".

Naturalmente, o Cristianismo esotérico não empregou esses termos sânscritos. Os equivalentes mais comuns no contexto cristão são os seguintes:

Atman: "Eu sou"; o espírito; o reino do céu
Buddhi: Intelecto (*intellectus*, em latim)
Manas: O consciente ou ego
Kama: Mente carnal
Prana: Em geral, simplesmente *psique*
Linga-Sharira: Corpo etérico
Sthula-Sharira: Corpo físico

Mais simplesmente, o "eu" é o *espírito;* os níveis do intelecto que constituem o corpo etérico, agrupados, são a alma; o corpo físico é o *corpo,* dando a divisão tripartite que Besant menciona aqui. Veja também o meu livro, *Inner Christianity,* pp. 195-97.

4. As evidências da crença na reencarnação no Cristianismo primitivo na verdade são escassas e ambíguas. A alusão mais conhecida a esse assunto no Novo Testamento acha-se na referência a João Batista, o qual, Jesus parece sugerir, seria uma reencarnação do profeta Elijah ou Elias (Mateus 11:14); e na história do homem nascido cego: "E os seus discípulos perguntaram: Mestre, quem pecou, este ou seus pais, para que nascesse cego? Respondeu Jesus: Nem ele pecou, nem seus pais; mas foi para que se manifestem nele as obras de Deus" (João 9:2-3). Especialmente neste último caso, a resposta de Jesus, sendo tão equívoca, não pode ser mantida como evidência para a crença cristã na reencarnação, embora sugira que a ideia fosse corrente naquela época. Para uma discussão abrangente sobre o assunto, veja Geddes MacGregor, *Reincarnation in Christianity* (Wheaton, Illinois: Theosophical Publishing House, Quest Books, 1978).
5. A palavra a que Besant alude é grega, *aion,* ou "era".
6. Blavatsky – *A Voz do Silêncio*, p. 90, publicado pela Editora Pensamento, São Paulo, 1976.

CAPÍTULO

9

A TRINDADE

Para ser proveitoso o estudo da Existência Divina, devemos partir da sua Unidade: todos os Sábios a têm proclamado, todas as religiões a têm afirmado, todas as filosofias lhe reconhecem este caráter. É o "Único sem segundo"[1]. "Escuta, ó Israel, o Eterno, nosso Deus é o único Senhor" (Dt. 6:4). Diz S. Paulo: "Para nós não há senão um Deus" (1 Co. 8:6). Afirma o fundador do Islamismo: "Não há outro Deus senão Deus", fazendo destas palavras o símbolo de sua religião. Uma existência Única, sem limites, somente dEla conhecida em toda a sua plenitude, tal é a Noite Eterna, de onde nasce a Luz. Mas, como Divindade manifestada, o Único aparece sob tríplice aspecto, formando uma Trindade de Seres Divinos, que são Um como Divindade, mas Tríplices como Poderes manifestados.

Sob esse ponto de vista, as grandes religiões estão de acordo. Essa verdade, em suas relações com o homem e com a evolução humana, é de importância capital; por isso, sempre teve lugar destacado nos Mistérios Menores.

Entre os hebreus, inclinados ao antropomorfismo, a doutrina manteve-se secreta, embora os rabinos estudassem e adorassem o Antigo dos Dias, Fonte da Sabedoria, Causa de toda Inteligência e que formava – *Kether*, *Chochmah* e *Binah*, a Trindade Suprema, irradiando no Tempo o Único que é superior ao tempo.[2] O Livro da Sabedoria de Salomão faz menção desta doutrina, exibindo a Sabedoria como única Pessoa.

Segundo Maurício, "O primeiro Sefiró, chamado Kether ou a Coroa; Kadmon, a Luz pura e Eu Soph, o Infinito[3] é o Pai Todo-Poderoso do Universo. O segundo é Chochmah, cuja identidade já demonstramos com a Sabedoria criadora apoiando-nos nas Escrituras sagradas e nas obras dos rabinos. O terceiro é Binah, a Inteligência celeste: é o *Kneph*, dos egípcios e o *Nous Demiurgos*, de Platão. É ainda o Espírito Santo que enche, anima e governa o universo infinito"[4].

O Deão Milman, na sua *História do Cristianismo*, mostra a influência que ela exerceu nos ensinos cristãos. "Este Ser", diz ele, "o Verbo ou a Sabedoria", era mais ou menos impessoal, conforme as ideias da época ou da raça eram mais populares ou filosóficas, mais materialistas ou espiritualistas. Estendia-se esta doutrina do Ganges, das margens do mar Amarelo até o Ilisso; era a alma da religião e da filosofia da Índia, como também a base do zoroastrismo e do platonismo puro e do próprio platonismo judaico da Escola de Alexandria. Poderíamos citar muitas páginas de Fílon em que ele mostra a impossibilidade, para os sentidos humanos, de alcançarem o conhecimento do Ser Primordial, existente no Ego. É provável que, na Palestina, João Batista e mesmo Nosso Senhor não divulgassem uma doutrina nova, mas antes ideias comuns a todos os espíritos esclarecidos, quando declaravam que *nenhum homem jamais viu Deus*. Em virtude deste princípio, os judeus, na interpretação das Escrituras antigas, renunciavam à ideia de uma comunicação direta com o grande Único e admitiam a existência de um ou vários Seres intermediários que O ligam à humanidade. De acordo com uma tradição, à qual S. Estevão[5] faz alusão, *a lei foi dada por determinação dos anjos*. Aliás, esta função é cometida a um só anjo, chamado o anjo da Lei (Gl. 3,19), ou também, metatron.

Mas, o que mais comumente representava Deus para a inteligência humana era menra, a Palavra Divina. É de notar que esta mesma expressão se encontra nos sistemas da Índia e da Pérsia, em Platão e na Escola de Alexandria. O targum, o mais antigo comentário judaico das Escrituras, já tinha aplicado este termo ao Messias. É inútil salientar o caráter sagrado que a palavra tomou ao passar para a doutrina cristã[6].

Como diz o erudito Deão, a ideia de um Logos era universal, fazendo parte da concepção *trinitária*.

Entre os hindus, os filósofos dão a Brama manifestado os nomes de Sat-Chit-Ananda, a Existência, a Inteligência e a Beatitude. Para a multidão, o Deus manifestado é uma Trindade: Brama, Vixenu e Siva, isto é, o Criador, o Preservador e o Destruidor do Universo.

A religião de Zoroastro apresenta uma Trindade semelhante: Ahura-Mazda, o Grande Ser, o Primeiro; os "Gêmeos", a Segunda Pessoa sob seu duplo aspecto (a Segunda Pessoa de uma Trindade é sempre dual, o que levou a ignorância moderna a transformá-la em duas Personalidades inimigas, Deus e o Demônio); finalmente, a Sabedoria Universal, Armaiti.

No Budismo do Norte, encontramos Amithaba, a luz sem limites; Avalokiteshvara, origem das encarnações, e Mandjusri, a Inteligência Universal.

No Budismo do Sul, a ideia de Deus desapareceu, mas, com uma tenacidade significativa, a triplicidade se encontra, como refúgio, neste trecho: o Buda, o Dharma, o Sanga (a Ordem).[7] E o próprio Buda é, às vezes, adorado como Trindade.

Em uma pedra achada em Buda Gaia, lê-se esta inscrição: "Om! Tu és Brama, Vixenu e Siva... Eu Te adoro, a Ti que se celebra sob mil nomes e formas diferentes, na figura de Buda, o Deus de Misericórdia".[8]

Nas religiões desaparecidas, encontra-se a mesma ideia da Trindade. Ela dominava todo o culto religioso do Egito.

O "British Museum" possui uma inscrição hieroglífica datando do reino de Senechus (século VIII a.C.), que mostra já existir, nesta época, a doutrina da Trindade na Unidade, fazendo parte da religião dos egípcios[9].

O mesmo se poderia dizer de uma época muito mais remota. Rama, Osíris e Horo formavam a Trindade, por toda a parte venerada. Osíris, Ísis e Horo eram adorados em Abidos. Outras cidades prestavam culto a outros nomes, e o triângulo é frequentemente empregado como símbolo do Deus Tríplice e Único. Quaisquer que sejam os Nomes Divinos, veremos, em uma citação de Manethon,[10] a ideia sobre a qual repousavam essas Trindades: "Primeiro, Deus; em seguida, o Verbo, e, com Eles, o Espírito", assim disse um oráculo censurando o orgulho de Alexandre, o Grande.[11]

Entre os caldeus, formavam a Trindade: Anu, Ea e Bel. Anu representava a origem de tudo, Ea, a Sabedoria, e Bel, o Espírito Criador.

Williamson observa entre os chineses: "Na antiga China, os imperadores tinham por costume oferecer, de três em três anos, um Sacrifício *Àquele que é um e tríplice.* Assim se dizia: *Fô é uma única pessoa, mas possui três for-*

mas. Igualmente, uma trindade figura no taoismo, o grande sistema filosófico da China. *A Razão Eterna produziu o Único; o Único produziu Dois; os Dois produziram os Três e os Três produziram todas as coisas*; o que prova que eles tinham alguma noção da Trindade, diz Le Compte".[12]

A doutrina cristã da Trindade concorda perfeitamente com a das outras religiões, no que se refere ao papel representado por cada uma das Pessoas Divinas. A palavra Pessoa vem de *persona* (máscara, o que cobre um objeto) e significa a máscara da Existência Única, o modo como Ela se revela sob uma forma. O Pai é a Origem e o Fim de tudo; o Filho é duplo em sua natureza, é o Verbo ou Sabedoria. O Espírito Santo é a inteligência Criadora que, pairando sobre o caos da matéria primordial, a tornou apta para servir à elaboração das formas.

Essa identidade dos papéis, apesar da grande variedade dos nomes, mostra a existência não só de uma semelhança exterior, mas também de uma verdade profunda. Existe um princípio do qual essa triplicidade é a manifestação, um princípio que é possível de descobrir na natureza e na evolução e que, por todos reconhecido, permitirá compreender o desenvolvimento do homem e as fases evolutivas de sua vida.

Verificamos mais que, na linguagem universal dos símbolos, as Pessoas têm emblemas distintivos que nos permitem reconhecê-lAs na variedade das formas e dos nomes.

Mas resta um ponto a tocar, antes de deixarmos a doutrina exotérica da Trindade. A todas essas Trindades liga-se uma quarta manifestação fundamental – o Poder de Deus – que sempre se apresenta sob uma forma feminina.[13] No hinduísmo, cada uma das Pessoas da Trindade possui um Poder distinto de manifestação; o Único e seus seis aspectos constituem o Setenário sagrado. Em muitas Trindades, aparece uma forma feminina, que se prende sempre à Segunda Pessoa, e daí resulta o Quaternário sagrado.

Passemos, agora, à verdade interior.

O Único manifesta-se como o Ser primordial, o Senhor que existe por Si mesmo, a Raiz de todas as coisas, o Pai Supremo. A palavra Vontade ou Poder parece melhor exprimir esta Revelação primária, pois nenhuma manifestação é possível antes da aparição da Vontade, mesmo porque, sem a Vontade manifestar-se, não poderia existir nenhuma impulsão que tornasse possível um desenvolvimento ulterior.

O universo, pode-se dizer, tem sua raiz na Vontade Divina. Vem, em seguida, o segundo aspecto do Único, a Sabedoria. Eis por que foi escrito: *Nada do que foi feito se fez sem ela* (Jo. 1:3). A Sabedoria é de natureza dupla, como veremos em breve. Depois de revelados os aspectos da Vontade e da Sabedoria, seguia-se um terceiro aspecto que as tornou eficazes, a Inteligência Criadora, o Intelecto Divino em ação. *Foi ele que fez a terra por Sua virtude*, diz um profeta judeu, *quem compôs o mundo com Sua Sabedoria a estendeu aos céus com Sua Inteligência* (Jr. 51:15). É evidente, aqui, a alusão às três atividades distintas.[14] As três Pessoas são aspectos inseparáveis, indivisíveis do Único. Para mais clareza, podemos admitir isoladamente Suas atividades, que não podem ser dissociadas; elas são necessárias umas às outras e cada qual está presente nas outras duas.

No Ser Primordial, a Vontade ou Poder é predominante e característico, mas a Sabedoria e a Ação Criadora também estão presentes. Na Segunda Pessoa, a Sabedoria predomina, mas o Poder e a Ação Criadora não deixam de ser inerentes. Na Terceira Pessoa, enfim, a Ação predomina, mas a Sabedoria e o Poder mostram-se sempre em tudo.

Empregamos as palavras Primeira, Segunda, Terceira, porque, no tempo, as Pessoas da Trindade manifestam-se e se sucedem nesta ordem; mas, na Eternidade, dependem umas das outras e são iguais. "Nenhuma é maior ou menor que a Outra."[15]

Esta Trindade é o Ego divino, o Espírito Divino, o Deus manifestado. *O que foi, que é e que virá* (Ap. 4:8), a tríplice raiz fundamental da existência e da consciência.

Mas, como já verificamos, existe ainda uma Quarta Pessoa, ou, em certas religiões, uma segunda Trindade feminina, a Mãe. É o princípio que torna possível a manifestação; eternamente presente no Único é a raiz da limitação e da divisão. Sob sua forma manifestada, é a Matéria, o Não Eu divino, a Natureza manifestada. Considerada isoladamente, a Pessoa feminina vem em Quarto lugar. Ela torna possível a atividade das Três; é em virtude de sua divisibilidade infinita, o Campo de Trabalho da Trindade. Ela é, simultaneamente, a serva do Senhor (Lc. 1:38) e a Mãe do Senhor, porque dá sua própria substância para formar o Corpo de Seu Filho, quando o Poder Divino a vem cobrir com sua sombra (Lc. 1:35).

Um exame atento nos mostra que a Quarta Pessoa é, também, tríplice; Ela se apresenta sob três aspectos inseparáveis, sem os quais Sua existência seria impossível! Estes aspectos são a Estabilidade (a Inércia ou Resistência), a Mobilidade e o Ritmo.

Eis as qualidades essenciais da Matéria que permitem a ação efetiva do Espírito e que são consideradas como os Poderes manifestados na Trindade. A Estabilidade ou Inércia dá uma base à alavanca, o ponto de apoio; o Movimento manifesta-se então, mas só ele produziria o caos. O Ritmo intervém, em seguida, e a Matéria entra em vibração, tornando-se plástica e maleável. Quando as três qualidades estão em equilíbrio, reina a Unidade, a Matéria Virgem é infecunda. Mas quando o Supremo Poder a cobiça e a cobre com sua sombra, insuflando-lhe o Espírito, o equilíbrio rompe-se e Ela se torna a Mãe divina dos mundos.

A princípio, ao entrar em contato com a Terceira Pessoa da Trindade, Ela recebe a faculdade de dar nascimento às formas. Aparece então a Segunda Pessoa, que se reveste da substância assim modelada e se torna a Mediadora, unindo o Espírito e a Matéria: é o Arquétipo de todas as formas. Pela Segunda Pessoa, somente se manifesta a Primeira, como Pai de todos os Espíritos. Agora se pode compreender por que, na Trindade Espiritual, a Segunda Pessoa é sempre dupla. Ela é o Único revestido de Matéria em que as duas metades gêmeas da Divindade aparecem unidas, mas não idênticas. Por isso, Ela é a Sabedoria, porque, encarada sob o lado do Espírito, a Sabedoria é a Razão Pura que a si mesmo se reconhece como a Existência Única, envolvendo a compreensão de todas as coisas. Encarada do lado da Matéria, Ela é o Amor que, agrupando a infinita variedade das formas, faz de cada forma uma unidade distinta e não uma simples aglomeração de partículas, o princípio da atração que mantém os mundos e tudo o que eles contêm, numa ordem e equilíbrio perfeito. Tal é a Sabedoria que *ordena todas as coisas com poder e doçura* (Livro da Sabedoria 8, 1), a Sabedoria que mantém e conserva o universo.

Nos símbolos que se encontram em todas as religiões, o Ponto – que só tem posição – representa a Primeira Pessoa da Trindade. Falando deste símbolo, S. Clemente de Alexandria observa que podemos subtrair de um corpo suas propriedades, em seguida, suas dimensões, comprimento, largura e profundidade, "o ponto que fica é uma unidade possuindo uma certa posição. Suprimindo a ideia de posição, atingimos a concepção da unidade"[16].

A Primeira Pessoa faz irradiar, nas trevas sem limites, um Ponto luminoso, centro de um futuro universo, Unidade que encerra, em seu conjunto, todas as coisas. A matéria destinada a formar um universo, campo de Sua atividade, é determinada pela vibração oscilatória do Ponto, agindo em todas as direções e determinando uma esfera imensa, limitada por Sua Vontade, por seu Poder.

É a criação *da Terra por Seu Poder*, de que fala Jeremias.[17] O círculo contendo o Ponto central, eis o símbolo completo.

A Segunda Pessoa é representada por uma linha, diâmetro deste círculo, figurando uma das vibrações completas do Ponto e irradiando igualmente em todas as direções, no interior da esfera. Esta linha, que divide o círculo em duas partes, indica que a Matéria e o Espírito, confundidos em um só princípio na Primeira Pessoa, são visivelmente distintos, embora unidos.

A Terceira Pessoa é representada por uma Cruz formada por dois diâmetros perpendiculares entre si, em que a segunda linha da Cruz divide as partes superiores e inferiores do círculo. É a Cruz grega.[18]

Quando a Trindade é representada como Unidade, o símbolo empregado é o Triângulo, seja inscrito, seja isolado. O Universo é representado por dois triângulos entrelaçados, a Trindade Espiritual no triângulo, de vértice para cima; a Trindade Material com o vértice para baixo. Quando se empregam cores, o primeiro é branco ou amarelo cor de ouro, e o segundo, negro ou de uma cor escura.

Podemos, agora, acompanhar o processo cósmico. O Único se fez Dois, e o Dois, Três, nascendo, assim, a Trindade. A Matéria cósmica delimitada aguarda a ação do Espírito. Tal foi o *começo* de que fala a Gênese, quando Deus *criou o céu e a terra* (Gn. 1:1). Esta declaração é elucidada por muitas passagens bíblicas, quando dizem que Ele fundou a terra (Jó 38:4; Zc. 12:1). Os materiais cósmicos estão prontos para servir, mas é ainda o caos sem forma e vazio (Gn. 1:2). Então entra em cena a Inteligência Criadora, o Espírito Santo que *se movia sobre as águas* (Gn. 1:2), sobre o imenso oceano da matéria. O Espírito, embora seja a Terceira Pessoa, age em primeiro lugar. O fato é da maior importância.

Os Mistérios mostravam, de maneira detalhada, o trabalho do Espírito ao preparar a Matéria Cósmica, formando os átomos e os aglomerando entre si, agrupando-os na composição dos gases, dos líquidos e sólidos. Este trabalho não se limita à matéria física: estende-se a todos os estados de matéria, no domínio dos mundos invisíveis.

A Terceira Pessoa, como *Espírito de Inteligência*, concebe, em seguida, as formas que devem revestir a matéria preparada; Ela não edifica estas formas, mas, pela ação da Inteligência Criadora, produz as Ideias e os Protótipos celestes, assim chamados muitas vezes. É a este trabalho que se refere a passagem: – *Ele estendeu os céus com Sua Inteligência*[19].

A Segunda Pessoa começa Seu trabalho depois da Terceira. Por Sua Sabedoria, Ela *edificou o mundo*,[20] compondo os globos e tudo o que encerram. Todas as coisas foram feitas por Ele (Jo. 1:3); Ela é a vida que organiza os mundos, nEla todos os Seres têm sua origem.[21]

A vida do Filho, assim manifestada na matéria preparada pelo Espírito Santo (é o grande *mito* da Encarnação) é a vida que constrói, guarda e mantém todas as formas, porque o Filho é o Amor, o poder que atrai, que dá às formas a coesão, permitindo-lhes se desenvolverem sem que se dissolvam, o Preservador, o Conservador, o Salvador.

Eis por que *tudo deve estar submetido* ao Filho (1 Co. 15: 27-8), tudo nEle se encontra e que nada vem ao Pai senão por Ele (Jo. 14:6)[22].

O trabalho da Primeira Pessoa segue, com efeito, o trabalho da Segunda, como o da Segunda já seguiu o da Terceira.

A Escritura chama-O o *Pai dos Espíritos* (Hb. 12:9), o *Deus dos espíritos de toda a carne* (Nm. 16:22). O homem deve-lhe o Espírito Divino, o eu verdadeiro. O espírito humano é a vida divina do Pai, emanando dele e derramada no vaso preparado pelo Filho, com materiais vivificados pelo Espírito. O Espírito humano, vindo do Pai é um com Ele e oferece os três aspectos da Unidade. O homem é verdadeiramente feito *à nossa imagem, à nossa semelhança* (Gn. 1:26) e pode tornar-se *perfeito como vosso Pai celestial é perfeito* (Mt. 5:48).

Tal é o processo cósmico, que se repete na evolução humana, porque "o que está em cima é semelhante ao que está embaixo".

No homem, a Trindade espiritual, sendo formada à semelhança divina, deve apresentar os atributos divinos. Também encontramos nele o Poder que, quer na sua forma superior da Vontade, ou na inferior do Desejo, dá impulso à sua evolução.

Ainda encontramos nele a Sabedoria, a Razão Pura, cuja expressão, no mundo das formas, é o Amor; finalmente, a Inteligência ou Mental, a energia ativa ou criadora. Verificamos que, na evolução humana, o terceiro destes atributos se manifesta em primeiro lugar, depois o segundo, em seguida o primeiro.

A maioria dos homens desenvolve o mental, a inteligência, da qual vemos, por toda a parte, a ação separadora, a desunião dos átomos humanos para que possam evoluir isolada e individualmente e formar materiais próprios à construção de uma Humanidade Divina. Nossa raça está neste ponto e nele está trabalhando.

Se considerarmos, agora, uma fraca minoria humana, notaremos a aparição do segundo aspecto do Espírito Divino. Os cristãos chamam-no "O Cristo no homem". Sua evolução, como já dissemos, só começa após a primeira Grande Iniciação. A Sabedoria e o Amor são as características do Iniciado, que brilham cada vez mais nele, à medida que desenvolve este aspecto do Espírito.

Ainda aqui é verdade que *ninguém vai ao Pai senão por Mim*, porque é só no momento em que a vida do Filho chega ao seu termo que Ele pode pronunciar esta prece: "E agora glorifica-me tu, ó Pai, junto de ti mesmo, com aquela glória que tinha contigo antes que o mundo existisse" (Jo. 17:5). O Filho vai para Pai e torna-se Um com Ele, na glória divina. Manifesta, de agora em diante, a existência própria, a existência inerente à sua natureza divina que se desenvolveu do gérmen à flor, porque "assim como o Pai tem a vida em si mesmo, assim deu Ele ao Filho o mesmo poder" (Jo. 5:26). Ele se torna um Centro vivo e consciente na Vida de Deus, um Centro capaz de subsistir como tal, livre de condições limitativas de Sua existência passageira, ampliando-se até a consciência divina, embora conservando plenamente a Sua identidade, mas um Centro vivo e ardente na *Chama Divina*.

Depende, agora, desta evolução a possibilidade, no futuro, de Encarnações divinas, como no passado ela as tornou possível em nosso próprio mundo. Estes centros de vida não perdem sua identidade, nem a recordação do passado, nem o fruto de nenhuma experiência recolhida no decorrer de Sua longa peregrinação.

Um desses Grandes Seres pode descer e revelar-se ao mundo, embora conservando, reunidos em si, o Espírito e a Matéria, o duplo aspecto da Segunda Pessoa (eis por que todas as Encarnações divinas se ligam à Segunda Pessoa da Trindade); assim pode Ele tomar facilmente o revestimento físico necessário à manifestação neste mundo e tornar-se Homem. Tendo conservado esta natureza de Mediador, Ele forma um laço entre as Trindades celeste e terrestre; daí o seu nome: *Deus conosco* (Mt. 1:22).

Semelhante Ser, fruto glorioso de um universo passado, pode aparecer em toda a perfeição de Sua Sabedoria e do Seu Amor divino, conservando intacta a memória do passado, capaz de ser, em virtude desta memória, um Auxílio vivo para toda a criatura, conhecendo cada uma das fases da evolução porque as viveu, e capaz de ajudar os homens com sua vasta experiência.

É porque sofreu, depois de ter sido tentado, que Ele pode socorrer os que são tentados (Hb. 2:18).

Esta Encarnação divina é possível, graças à Sua passada humanidade. Ele desce para ajudar a outros homens e subir também. À medida que vamos compreendendo estas verdades, a significação da Trindade, tanto a de cima, como a de baixo, o que outrora era um simples dogma ininteligível, torna-se uma verdade vivificadora.

Somente a existência da Trindade no homem pode fazer compreender a evolução humana, deixando perceber como se desenvolve primeiro a vida intelectual, depois a vida do Cristo. Este fato é a própria base do misticismo e da nossa firme esperança de alcançar o conhecimento de Deus. Assim o têm ensinado os Sábios. E, à medida que avançamos no Caminho que Eles nos mostraram, reconhecemos a verdade do Seu testemunho.

NOTAS

1. Chandogiopanishad, 6:2,1.
2. A evidência de uma Trindade Hebraica pode ser mais palpável do que Besant acreditava. Margaret Barker, no seu livro *The Great Angel*, sugere que na época do Primeiro Templo (c. 940-586 a.C.), os Hebreus adoravam uma Trindade divina constituída do Deus Supremo, o "Altíssimo"; Yahweh, o deus nacional de Israel; e a deusa Asherah, a consorte de Yahweh. Sob tal perspectiva, essa fé antiga teria sido expurgada durante as chamadas reformas perpetradas pelo rei Josias, que governou no reino de Judá de 640 a 609 a.C. (veja 2 Reis 22-23). Assim sendo, o Kerber cabalístico corresponderia ao Altíssimo na antiga Trindade Hebraica; Chochmah a Yahweh; e Binah a Asherah.
3. Isso é erro. En on Ain Soph não faz parte da Trindade. Ela é a existência única que revela a tríplice manifestação. Kadmon ou Adão Kadmon também não é um Sefiró, mas o conjunto de todos.
4. Citado por Williamson, *The Great Law*, pp. 201-2.
5. Atos 7:53.
6. H. H. Milman, *The History of Christianity*, 1867, pp. 70-2.
7. O Buda, o Dharma e o Sanga costumam ser relacionados ao budismo como as "Joias Tríplices", ou a "Gema Tríplice".

8. *Asiatic Researches* 1, p. 285.
9. Sharpe: *Egyptian Mythology and Egyptian Christianity*, p. 14.
10. Este é provavelmente um erro tipográfico por "Manetho", o sacerdote e historiador egípcio (280 a.C.).
11. Ver Williamson, *The Great Law*, p. 196.
12. *Ibid.*, pp. 208-9.
13. Na discussão que segue, Besant possivelmente tem em mente o comentário sobre as quatro vogais do Tetragrama (YHWH) dado pelo ocultista francês Papus (Gérard Encausse) no seu livro *Tarot of the Bohemians*, trad. de A. P. Morton (Londres: Chapman and Hall, 1892), pp. 17-25. Seja como for, o texto de Papus oferece uma clara exposição das ideias que Besant discute aqui. De acordo com Papus, a Trindade é representada pelas três primeiras letras do Tetragrama hebraico (*yod-heh-waw:* YHW); a quarta, o princípio feminino, é representada pela segunda *heh* ou H.
14. Ver ante. p. 114.
15. Credo de Atanásio.
16. Clemente de Alexandria, *Stromata*, 5:2.
17. Ver ante. p. 154.
18. Ver ante. p. 126.
19. Ver ante. p. 154.
20. *Ibid.*
21. Bhagavad-Gita 9,4.
22. Ver o significado desse texto na p. 158.

CAPÍTULO

10

A PRECE[1]

O espírito "moderno", assim chamado algumas vezes, mostra a mais viva antipatia pela prece, pois não consegue ver a relação de causa e efeito entre a emissão de uma súplica e a sua realização como acontecimento. O espírito religioso, ao contrário, dá todo o seu fervor à prece, porque sua vida é orar.

Entretanto, o próprio religioso se deixa levar, com inquietação, a um exame sobre a prece, onde a dúvida penetra. "Posso ter a pretensão de advertir o Todo-Poderoso, impor a benevolência à Suma Bondade, procurando modificar a vontade dAquele em quem *não há mudança, nem sombra de variação?*" (Tg. 1:17). Sua própria experiência e a alheia oferecem-lhe, entretanto, exemplos em que a prece é atendida e tem sido coroada de êxito. Trata-se, muitas vezes, não de experiências subjetivas, mas de fatos muito prosaicos, acontecidos em nosso mundo objetivo. Um homem em suas preces, pede dinheiro e o correio lhe traz o que ele tinha necessidade. Uma mulher deseja alimentos e estes são colocados à sua porta. Sobretudo nas obras de caridade, encontramos numerosos exemplos de assistência pedida por preces, nos momentos de urgência extrema e obtida pronta e liberalmente.

Por outro lado, não faltam exemplos de preces que ficaram sem resposta: famintos que sucumbem, crianças arrancadas aos braços maternos, apesar das súplicas comoventes dirigidas a Deus. Um estudo sério e imparcial da prece deve consignar tais fatos.

Mas não é tudo. Encontramo-nos, muitas vezes, em presença de casos estranhos e difíceis de compreensão. Uma prece, talvez insignificante, obtém uma resposta; outra, determinada por motivos imperiosos, não é deferida. Uma dificuldade passageira é aplainada; uma prece ardente, que deveria salvar um ser adorado, permanece sem resposta.

Parece quase impossível, para o investigador ordinário, descobrir a lei determinante do sucesso ou insucesso da prece.

Para determinar esta lei é necessário, antes de tudo, analisar a própria prece, porque se dá esse nome às mais variadas atividades da consciência. Os diferentes gêneros de prece não poderiam formar um só e mesmo assunto de estudo.

Certas preces têm por finalidade bens terrestres, particulares, a aquisição de vantagens físicas, como alimentos, roupas, dinheiro, lugares, curas, posições sociais, etc.

Podemos formar, com estas, uma classe A. Em seguida, vêm as súplicas de socorro nas horas de dificuldades morais e intelectuais, anseios de desenvolvimento espiritual, domínio nas tentações de compreensão e de luz; formam a classe B. Finalmente, temos as preces que nada pedem, que se limitam à meditação sobre a Perfeição divina e a adorá-la num transporte apaixonado de se unir a Deus: é o êxtase do místico, a meditação do sábio, os arroubos de exaltação do santo. A verdadeira comunhão entre o Divino e o Humano consiste na fusão destes dois princípios, cuja essência é a atração mútua. Este gênero de prece forma a classe C.

Existem, nos mundos invisíveis, numerosas categorias de inteligências em relações com o homem, verdadeira escada de Jacó, em que os Anjos de Deus sobem e descem, e sobre a qual o próprio Senhor se apoia (Gn. 28: 12-3). Muitas dessas inteligências são Poderes Espirituais imensos; outras são seres pouco desenvolvidos, dotados de consciência inferior à do homem. Este lado oculto da natureza, de que, dentro em pouco, trataremos, é um fato reconhecido por todas as religiões.

O mundo inteiro está cheio de seres vivos, invisíveis aos olhos da carne. Os mundos invisíveis penetram o mundo visível, e multidões de seres inteligentes se comprimem em todas as direções em torno de nós. Uns se deixam enternecer pelas súplicas humanas, outros são suscetíveis de obedecer à nossa vontade. O Cristianismo reconhece a existência de Inteligências Superiores e lhes dá o nome de Anjos, ensinando-nos que são *espíritos empregados no serviço de Deus* (Hb. 1:14). O caráter do seu ministério, a natureza da sua missão, suas relações com a humanidade, tudo isto fazia parte dos ensinos dados nos Mistérios Menores. Nos Mistérios Maiores, o homem adquiria a possibilidade de entrar em contato direto com eles. Atualmente, essas verdades se acham perdidas de vista, com exceção do pouco que ainda se ensina nas Igrejas grega e romana. Para os protestantes, o *ministério dos anjos* é apenas uma palavra.

Além disso, outros seres invisíveis são constantemente criados pelo homem, porque as vibrações dos seus pensamentos e de seus desejos determinam forma de matéria sutil, cuja vida é simplesmente o pensamento ou desejo que os anima. O homem cria, assim, um exército de servidores invisíveis que percorrem os mundos sutis, procurando executar a sua vontade.[2] Nestes mundos, encontram-se igualmente auxiliares *humanos* que lá trabalham, enquanto seus corpos físicos dormem; e acontece, às vezes, que seus ouvidos atentos são atraídos por um grito de agonia. Finalmente, como remate de tudo, há a vida, sempre presente e consciente, do próprio Deus, atendendo a todos os pontos do seu reino, a Providência divina, sem o conhecimento da qual *nem um passarinho cai* (Mt. 10:29), nenhuma criança ri ou soluça, esta Vida e o Amor que penetram todas as coisas e da qual nós *recebemos* a vida, o movimento e o ser (At. 17:28).

Assim como nenhum contato de prazer ou dor poderia ferir o corpo humano, sem que os nervos sensitivos comunicassem a mensagem aos centros cerebrais e estes, por sua vez, trouxessem a resposta por intermédio dos nervos motores; assim também, no universo, que é o corpo de Deus, toda a vibração que fira a consciência Divina determina uma certa atividade de resposta.

As células nervosas, os filamentos nervosos e as fibras musculares são os agentes da sensação e do movimento, mas é o *homem* que sente e age. Inteligências inumeráveis podem servir de agentes, mas é Deus que sabe e que responde. Nada, por menor que seja, deixa de afetar Sua Delicada Consciência onipresente e nada pode haver, por mais vasto que seja, que a transcenda. Nós somos tão pouco desenvolvidos que a ideia de uma consciência universal nos embaraça e confunde. Entretanto, um mosquito encontraria, talvez, a mesma dificuldade se tentasse medir a consciência de Pitágoras.

Em uma página notável, o professor Huxley julgou possível a existência de seres intelectualmente mais elevados, cuja consciência se iria ampliando até um grau em que transcendesse a consciência humana, como esta excede a consciência de um inseto[3].

Isto não é uma simples hipótese científica, mas a expressão de um fato concreto. Na verdade, um Ser existe cuja consciência está presente em todos os pontos do Seu universo e que cada um destes pontos pode, por consequência, afetá-lO. Esta consciência é não somente de uma imensa extensão, mas ainda de uma perspicácia inconcebível; sua extensão em todas as direções em nada diminui sua extrema impressionabilidade, respondendo aos abalos exteriores com mais vivacidade do que uma consciência mais limitada, e compreendendo-os infinitamente melhor do que uma consciência restrita. A dificuldade em atingir a consciência de um Ser não está na razão direta da sua elevação; ao contrário: quanto mais exaltado e elevado for o Ser, mais facilmente impressionável é a sua consciência.

Ora, esta Vida, imanente em tudo, serve-se das vidas por Ela criadas como canais de Sua energia, instrumentos da Sua Vontade oniconsciente.

Para que esta Vontade possa agir no mundo exterior, é necessário um modo de expressão, e estes diferentes seres servem-nA na proporção em que são receptivos a Ela, tornando-se trabalhadores intermediários entre os diversos pontos do universo, como se fossem os nervos motores de Seu corpo, levando ao termo a ação requerida.

Examinemos, agora, as diferentes categorias de preces e os vários métodos que podem ser empregados para se obter resposta à prece.

Quando um homem emprega uma prece da categoria A, pode ser atendido de diversas maneiras. Este homem é ainda ingênuo e cândido; sua maneira de conceber Deus é simples, segundo o seu grau de evolução, esperando dEle bens materiais que lhe são necessários, supondo-O a par da sua vida diária, pedindo-Lhe pão, tão naturalmente como o filho se dirige ao pai e à mãe. Um exemplo típico deste gênero de prece nos é dado por George Müller, de Bristol, antes de ser conhecido como filantropo, na época em que começava sua obra de caridade, sem amigos e sem dinheiro. Suplicava a fim de obter o alimento das crianças, cuja existência dependia dele, obtendo sempre a soma necessária às necessidades do momento. Que acontecia, então? A prece de Müller era um vivo e enérgico desejo, e este desejo criava uma forma da qual era a energia diretora. Esta entidade viva e vibrante só tinha uma ideia: "É preciso auxílio, é preciso pão", e percorrendo o mundo invisível, procurava a resposta. Em certo lugar, uma pessoa caridosa anseia por auxiliar os necessitados, esperando os momentos para dar. Tal pessoa está para a *forma-desejo* como o ímã está para o ferro: atrai-o. A forma desperta no seu cérebro vibrações idênticas às suas (George Müller, seus órfãos, suas necessidades). Vê uma saída para seus impulsos caritativos, assina um cheque e coloca-o no correio. É natural, para Müller, pensar que Deus tocou o coração deste homem para lhe dar a necessária assistência. Esta explicação é certamente exata, se dermos às palavras seu sentido profundo, pois que não existe vida nem energia no universo que não proceda de Deus; mas o agente intermediário, em virtude das leis divinas, foi a *forma-desejo* criada pela prece.

O mesmo resultado pode-se obter sem prece, por um esforço metódico da vontade, apenas conhecendo-se o mecanismo a empregar e o modo de o pôr em movimento. Uma pessoa esclarecida começaria por formar uma ideia bem nítida do que lhe é necessário, reunindo, para servir de envoltório à sua ideia, o gênero de matéria sutil mais apropriada, e, por um esforço de vontade, enviaria esta forma a determinada pessoa, para lhe fazer conhecer sua angústia; ou a deixaria vaguear na vizinhança para que pudesse ser atraída por uma pessoa caritativa. Não há, aqui, prece, mas o emprego consciente da vontade e do conhecimento.

A grande maioria dos homens, nada conhecendo das forças próprias aos mundos invisíveis e não possuindo vontade exercitada, consegue muito mais facilmente pela prece do que pelo esforço mental deliberado, que poria em jogo sua própria força pela concentração mental e pela energia do desejo, dos quais depende a eficácia de sua ação.

Compreender a teoria nada vale, quando se duvida de si mesmo e a dúvida é fatal ao exercício da vontade. O fato de uma pessoa que ora não compreender o mecanismo posto em movimento, pela prece, em nada altera o resultado. Uma criança que estende a mão e pega um objeto, não tem necessidade de conhecer, para isto, nem o trabalho dos músculos, nem as modificações elétricas e químicas produzidas pelo movimento nos músculos e nervos. A criança quer tomar o objeto de que tem necessidade, e o mecanismo físico obedece sem que a criança conheça a sua existência.

Assim também o homem que ora sem conhecer a força criadora do seu pensamento, sem perceber que enviou ao longe uma entidade viva, encarregada de executar suas ordens, age com a inconsciência da criança e, como ela, obtém o que necessita.

Tanto num como noutro caso, Deus é o Agente Primário, já que toda a força procede dEle; e, em ambos os casos, o trabalho é determinado pelo mecanismo preparado por Suas leis.

Mas não é esta a única maneira com que as preces desta categoria podem ser atendidas. Um homem ausente, temporariamente, de seu corpo físico, um Anjo que passa, podem ouvir o grito de angústia e inspirar a alguma pessoa caridosa o pensamento de enviar o necessário. "Pensei em Fulano esta manhã; é possível que necessite de dinheiro." Um grande número de súplicas são assim mantidas, em virtude do laço formado entre o necessitado e o socorro. É esta, aliás, uma parte da tarefa dos Anjos inferiores que acodem às necessidades pessoais ou cooperam nas empresas caritativas.

Contudo, algumas dessas preces fracassam por uma causa oculta. Todo o homem contrai dívidas que deve resgatar; seus maus pensamentos e desejos levantam obstáculos em seu caminho e o encerram entre as paredes de uma prisão. Uma dívida constituída por uma ação má se paga em sofrimento; o homem deve sofrer as consequências do mal que praticou. Merece, pelo mal produzido outrora, morrer de fome? Nenhuma prece modificará sua sorte. A forma-desejo por ele criada procura em vão alguém, mas apenas encontra correntes contrárias que a repelem. Aqui, como em toda a parte, vivemos sob o império da lei e certas forças podem ser modificadas ou inteiramente anuladas pela ação de forças contrárias com que se chocam.

Suponhamos duas bolas exatamente iguais, submetidas a forças idênticas. A primeira atinge o alvo, não encontrando obstáculos; mas a segunda, sofrendo a ação de uma força modificadora, se desvia. Assim são suas preces semelhantes: uma segue seu caminho sem encontrar resistência e chega ao fim; a outra, chocando-se contra as más ações do passado, é rejeitada. A primeira foi atendida, a segunda fica sem resposta. Em ambos os casos, o resultado é conforme a lei.

Consideremos, agora, a categoria B. As preces pedindo auxílio nas dificuldades morais ou intelectuais apresentam duplo resultado: agem diretamente, provocando o socorro esperado e reagem sobre a pessoa que suplica, atraindo a atenção dos Anjos e discípulos que trabalham fora do corpo, procurando incansavelmente levar a assistência ao pensamento desolado.

Conselhos, estímulos, luz, coragem são levados à consciência cerebral e a prece é atendida do modo mais direto. "*E, ajoelhando, rezou... Um anjo vindo do céu, apareceu para o confortar*" (Lc. 22:41,43).

Ideias são inspiradas, dificuldades intelectuais desaparecem, problemas obscuros da vida moral ficam elucidados, o mais doce conforto é prodigalizado às almas agoniadas, a prece tudo acalma e tranquiliza. Na verdade, se nenhum Anjo se encontra no caminho, o grito da alma sofredora irá até "ao Coração invisível do Céu" e um mensageiro lhe será enviado, portador de consolação, ou algum Anjo, sempre pronto, sentindo agir sobre ele a vontade divina, parte com o lenitivo confortador.

Estas preces recebem também o que, às vezes, chamamos a resposta subjetiva. Quero me referir à reação da prece sobre a pessoa que a faz. Pelo fato de orar, seu coração e o seu mental se tornam receptivos, o que acalma a natureza inferior e, ao mesmo tempo, permite descerem sobre o homem luzes e forças dos mundos invisíveis, sem que encontrem obstáculos. As correntes normais de energia que fluem do Homem Interior são, geralmente, encaminhadas para o mundo externo e aproveitadas pela consciência cerebral no funcionamento de sua atividade, na realização dos assuntos ordinários da vida. Mas quando esta consciência abandona o mundo exterior, fechando as portas que para ele se abrem, e fixa sua atenção no interior, o homem se converte num vaso capaz de receber e guardar, cessando de ser um simples canal que liga os mundos interno e externo. Nos momentos de silêncio que sucedem aos ruídos da atividade externa, a "Voz fraca e sutil" do Espírito se faz ouvir, e a atenção concentrada no mental é capaz de surpreender o doce murmúrio do Ego interior.

Mais admirável é o auxílio, tanto exterior como interior, quando a prece pede luz e crescimento espiritual. Não só há desejo por parte dos auxiliares angélicos e humanos de favorecer todo o progresso espiritual, para o qual aproveitam todas as oportunidades, como também estas aspirações despertam energias de uma natureza superior, pois o desejo espiritual ardente provoca uma resposta que emana do plano do Espírito. Mais uma vez se confirma a lei das vibrações simpáticas: às nobres aspirações corresponde uma vibração semelhante, uma nota sincrônica.

A Vida Divina não cessa de exercer, de cima, uma pressão constante, sobre os limites que a cercam, e quando a força que vem de baixo choca estes limites, o muro divisório se quebra e a Vida Imortal inunda a alma.

Quando o homem é consciente deste influxo de vida espiritual, exclama: "Minha prece foi atendida; Deus enviou ao meu coração o seu Espírito." Nós esquecemos, entretanto, que o Espírito procura sempre penetrar na alma: *Vindo para o que era seu, os seus não o reconheceram* (Jo. 1:11). – *Eis que estou à porta e bato; se alguém ouve minha voz e abre a porta, entro* (Ap. 3:20).

Pode-se dizer, de um modo geral, de todas as preces desta categoria que a vida mais ampla, que nos envolve e penetra, se exalta com eficácia tanto mais real quanto maior for o esquecimento da personalidade e a aspiração mais ardente. Ao nos unirmos ao que é maior do que nós, vencendo o nosso isolamento, verificamos que a luz, a força e a vida se derramam sobre nós. Quando a vontade separada se desvia dos objetos preferidos e aplica-se em servir as intenções divinas, a Força Divina desce em ondas sobre ela. Um nadador avança lentamente, quando sobe a corrente; mas, quando a desce, toda a força do rio o ajuda a nadar.

Em todas as regiões da Natureza, as energias divinas estão operando silenciosamente e tudo o que o homem faz, utiliza estas energias que trabalham no sentido para onde tendem seus esforços. Os maiores resultados se obtêm, não pela ação pessoal, mas pela habilidade com que o homem escolhe e combina as forças auxiliares, neutralizando as forças contrárias pelas que são favoráveis.

As forças, que nos arrastam como fragmentos de palha, se tornam nossas servas submissas, quando trabalhamos com elas. Como, então, nos admirar que, na prece, como, aliás, em tudo, as energias divinas se conjuguem no homem que procura, na prece, associar-se à obra Divina?

As preces mais elevadas da classe *B* conduzem, por graus quase insensíveis, às da classe *C*. A prece perde, aqui, seu caráter de súplica; ela consiste, seja em meditar sobre Deus, seja em adorá-Lo. Meditar é fixar com calma o pensamento em Deus e aí mantê-lo.

Este exercício reduz ao silêncio o mental inferior, que não tarda em ser abandonado pelo Espírito. Ao libertar-se do mental, o Espírito eleva-se à contemplação da Perfeição Divina, reproduzindo em si, como num espelho, a Imagem divina. "A Meditação consiste em orar em silêncio, sem pronunciar palavras; ou conforme Platão, *em dirigir com ardor a Alma para a Divindade*, não solicitando bens particulares, mas por amor da mesma – o Bem Universal e Supremo."[4]

Esta prece, ao libertar o Espírito, conduz o homem à união com Deus. Em virtude das leis que governam o mental, o homem torna-se no objeto do seu pensamento, converte-se no que pensa: se medita nas perfeições divinas, reproduz gradualmente, em si mesmo, aquilo em que sua mente está fixa. Esta mente modelada pela vida superior, não mais podendo conter o Espírito, este se liberta, e lança-se para a sua fonte; a prece se perde na união e o isolamento não mais existe.

O culto, a adoração fervente que nada perde, e que procura a força de amor para a Perfeição, é igualmente um meio, o mais fácil, de se unir a Deus. Para a nossa consciência, entravada pelo cérebro, esta adoração consiste em contemplar, em mudo êxtase, a Imagem por ela formada do Ser que ela sabe, entretanto, inimaginável. Muitas vezes, arrebatado pela intensidade de seu amor além dos limites intelectuais, o homem, tornado Espírito livre, eleva-se a alturas onde estes limites são ultrapassados e quando volta não encontra palavras nem expressões que descrevem as suas visões. Eis como o Místico contempla a Visão Beatífica, como o Sábio experimenta o repouso e a paz da insondável Sabedoria; como o Santo alcança a pureza que permite ver Deus. Esta prece reveste o adorador de uma luz irradiante e quando desce a montanha em que se verificou tão alta comunhão, seu rosto carnal resplandece de uma glória celeste, tornando-se translúcido pela chama que brilha nele. Felizes os que conhecem a realidade, impossível de descrever com palavras aos que o ignoram. Os que viram o *Rei na sua Glória* (Is. 33:17) se recordarão e compreenderão.

Entendida assim a prece, fica patente sua necessidade em todos os cultos religiosos, como também se compreende agora por que tem sido ela tão recomendada por todos os que se aplicam em conhecer a vida do espírito.

Para o estudante dos Mistérios Menores, a prece deve ser a acordo com a classe B, esforçando-se em elevar-se à meditação pura e à adoração, como vimos na última classe, renunciando às preces inferiores. Lhe são úteis os ensinos dados, sobre este assunto, por Jâmblico. "As preces – diz este autor – estabelecem a indissolúvel comunhão sagrada com os deuses." Ele dá, em seguida, detalhes interessantes sobre a prece, tal como é encarada no Ocultismo prático. "É esta coisa digna de ser conhecida por tornar mais perfeita nossa ciência com relação aos deuses. Você dirá então, que a primeira espécie de prece nos conduz ao conhecimento divino; a segunda é um laço de harmoniosa comunhão, por cuja virtude se promovem os dons que os deuses nos destinam. Na terceira e mais acabada espécie, vem impresso o selo da inefável União com a Divindade, sobre quem a prece resume todo o seu poder. Nenhum culto sagrado pode ser feito sem as súplicas das preces. Sua frequência alimenta nosso espírito e aumenta o nosso poder receptivo aos deuses. A prece abre aos homens o conhecimento dos deuses, habituando-os aos esplendores da luz e nos transportando ao contato dos deuses.

Aumentando o amor divino, inflamando a parte divina de nossa alma, purificando a alma de todos os elementos contrários, destruindo pelo sopro etéreo tudo o que conduz à geração, eis a prece do sábio que a ela recorrem são familiares aos deuses."[5]

"Aqui estou; venho cumprir Sua Vontade, ó Deus! E a executarei com alegria. Sim, Sua Lei está em meu coração" (Sl. 40:7-8, versão da Igreja Anglicana).

Deste ponto em diante, nenhuma prece é mais necessária; toda solicitação parece ser uma impertinência. Torna-se impossível para o homem ter outros desígnios senão os da Vontade Suprema.

E à medida que os agentes desta Vontade puderem executar melhor sua tarefa, todos os seus desígnios entrarão em harmonia e despertarão uma nova era de manifestação ativa.

NOTAS

1. Muitos trechos deste capítulo já foram publicados num trabalho anterior do autor, intitulado *Some Problems of Life*.
2. A ideia de que os seres humanos criam as formas-pensamento que têm uma existência semi-independente pode ser encontrada em muitos ensinamentos esotéricos. Na Cabala, por exemplo, é dito que cada ação justa cria um anjo: veja Adin Steinsaltz, *The Thirteen-Petalled Rose* (Nova York: Basic Books, 1980), pp. 9-11. Para uma discussão mais aprofundada sobre o tema, veja o meu artigo "Man as God and Creator" [Deus como Homem e Criador], em *Gnosis* 28 (julho de 1993), 56-60.
3. T. W. Huxley, *Essays on Some Controverted Questions*, p. 36.
4. H. P. Blavatsky, *Chave da Teosofia*, p. 10.
5. Jâmblico, *Sobre os Mistérios*, 5, 26.

CAPÍTULO

11

O PERDÃO DOS PECADOS

"Creio no perdão dos pecados." "Reconheço um só batismo para a remissão dos pecados." Estas palavras caem, sem dificuldades, dos lábios dos fiéis, em todas as igrejas da cristandade, durante a recitação dos credos familiares, o dos apóstolos e o de Niceia.

Seus pecados lhe são perdoados: é frequente citar estas palavras emprestadas a Jesus, e devemos observar que esta expressão acompanha, constantemente, o exercício de Suas faculdades curativas, resultando simultaneamente a libertação das doenças, tanto físicas como morais.

Certo dia, quis Jesus demonstrar, pela cura de um paralítico, que tinha o direito de declarar a um homem que seus pecados lhe estavam perdoados (Lc. 5:18-26). Outra vez disse de uma mulher: *Seus pecados, que são numerosos, lhe são perdoados, porque muito amou* (Lc. 7:47). No célebre tratado gnóstico, *Pistis Sophia*, encontramos a afirmação de que a remissão dos pecados é o objetivo dos Mistérios: "Embora tenham sido pecadores e tenham vivido em todos os pecados e iniquidades do mundo, contudo, se mudassem de vida e se arrependessem, fazendo ato de renúncia, receberiam os Mistérios do reino da luz, o que se não lhes poderia ocultar de forma alguma. Foi por causa do pecado que Eu trouxe estes Mistérios ao mundo, para a remissão de todas as faltas cometidas desde o começo. Eis por que Eu lhes disse outrora: "Não vim chamar os justos. Trouxe, portanto, os Mistérios para remir todos os homens de seus pecados, fazendo-os entrar no reino da luz. Porque são estes Mistérios a dádiva do primeiro mistério: a destruição das faltas e iniquidades de todos os pecadores"[1].

Nestes Mistérios, a remissão do pecado se faz pelo batismo, conforme o credo de Niceia. Jesus disse: "Escutem ainda e Eu lhes direi, na verdade, de que tipo é o mistério do batismo que redime os pecados... Quando um homem recebe os mistérios dos batismos, estes mistérios tornam-se um fogo poderoso, de uma violência e sabedoria extremas, que consomem todos os pecados; eles penetram na alma de um modo oculto e devoram todos os pecados que o impostor nela implantou."

Jesus completa a descrição deste processo purificador e acrescenta: "Tal é a maneira pela qual os mistérios dos batismos redimem os pecados e toda a iniquidade"[2].

Sob uma ou outra forma, o "perdão dos pecados" se encontra na maioria das religiões, senão em todas. Ora, todas as vezes que se apresenta uma semelhante unanimidade, podemos concluir, sem receio, em virtude de um princípio do qual já falei, que ela tem por base um fato natural.

Essa ideia do perdão dos pecados desperta, aliás, um eco na alma humana. Verificamos que, para certas pessoas, o sentimento de suas faltas lhes é um sofrimento; e quando o homem se liberta do peso do passado, desatando as prisões do remorso, ele caminha com o coração alegre e a cabeça erguida, vendo brilhar a luz de uma esperança, como se lhe tivessem tirado um fardo doloroso das costas magoadas.

O "sentimento do pecado" desapareceu, e, com ele, o sofrimento que o minava. Desde então, o homem conhece a primavera da alma, a palavra soberana que renova todas as coisas. Um hino de reconhecimento brota de seu coração e *sente a alegria que inunda os Anjos.*

Essa transformação, muito frequente, não deixa de ser difícil de explicar, quando a pessoa que a experimenta em si ou observa nos outros, pergunta: "Que foi que se passou? De onde vem essa modificação da consciência, cujos efeitos são tão manifestos?"

Os modernos pensadores, identificados com a ideia de que todos os fenômenos repousam em leis invariáveis, e convencidos do funcionamento destas leis, repelem à primeira vista toda a doutrina do perdão dos pecados, declarando-a incompatível com aquela verdade fundamental, na mesma forma que os homens de ciência, compenetrados da ideia da inviolabilidade da lei, recusam todo o conceito que com ela seja incompatível. Uns e outros estão certos ao se apoiarem na ação infalível da lei, porque a lei não é senão a expressão da Natureza divina que se apresenta sem variação nem sombra de alteração. Qualquer que seja nossa maneira de encarar o perdão dos pecados, ela deve concordar com esta ideia essencial, tão necessária às ciências éticas como às físicas.

Sem esta estabilidade, jamais poderíamos repousar com segurança nos braços eternos da Boa Lei. Mas, levemos o nosso exame mais longe. Ficaremos surpreendidos com os Mestres que, com insistência, proclamam o funcionamento invariável da Lei, e, ao mesmo tempo, afirmam com energia o perdão dos pecados.

Jesus disse: *No dia do Juízo, os homens prestarão conta de toda a palavra má que tiverem dito* (Mt. 12:36). Entretanto, noutra passagem, diz: "*Tem coragem, meu filho, seus pecados lhe são perdoados*" (Mt. 9:2). Também o Bhagavad-Gita nos diz constantemente que a ação nos prende. "O mundo está preso pela ação."[3] "O homem readquire um corpo com os mesmos caracteres do que tinha anteriormente."[4] Entretanto, em outra passagem, diz: "Se o maior pecador me adora com todo o coração, este também deve ser considerado como justo"[5]. Qualquer que seja o sentido dado à expressão "perdão dos pecados", nas diferentes Escrituras, parece que esta ideia não está, para os que melhor conhecem a lei, em contradição com a sequência infalível da causa e efeito. De resto, se examinarmos, mesmo em sua forma elementar, a ideia que se faz do perdão dos pecados em nossos dias, verificamos que os crentes não entendem, com isto, que o pecador perdoado deve, aqui embaixo, escapar às consequências de seu pecado. O bêbado arrependido, com seus pecados perdoados, sofre evidentemente ainda o tremor nervoso, a perturbação de suas funções digestivas enfraquecidas, e, quanto ao moral, a falta de confiança que seus semelhantes lhe testemunham.

Admite-se que as declarações referentes ao perdão se apliquem às relações entre pecador e Deus, como aos castigos póstumos que o Credo empresta ao pecado não perdoado; mas não compreendem, de modo algum, a ideia de escapar na terra às consequências do pecado. Os cristãos perderam a fé na reencarnação e, com ela, o modo racional de encarar a continuidade da existência, seja neste mundo, seja nos dois mundos que o sucedem, o que deu causa a muitas afirmações insustentáveis, como a ideia blasfematória e terrível dos eternos tormentos da alma humana pelos pecados cometidos na curta vida terrestre. Para escapar a este pesadelo, os teólogos conceberam a ideia de um perdão que liberta o pecador da tremenda prisão de um inferno perpétuo.

Este perdão não lhe poupa, aqui embaixo, as consequências de sua má conduta; jamais esta tese foi sustentada, e, com exceção dos protestantes, sempre se admitiu que o pecador, no Purgatório, tem os sofrimentos prolongados como efeito direto de seu pecado. A lei segue seu curso na terra, como no Purgatório e, nestes dois mundos, a aflição acompanha o pecado como as rodas da carroça seguem os bois. Só as torturas eternas – que existem na imaginação nebulosa dos crentes – são apagadas com o perdão dos pecados; e é de presumir que os teólogos, depois de terem afirmado a existência de um inferno eterno, como resultado monstruoso de erros transitórios, foram compelidos a buscar uma escapatória de tão injusto e incrível destino, afirmando a realidade de um perdão também incrível e injusto.

Os sistemas elaborados pelo pensamento humano sem levar em conta os fatos da vida, lançam o pensador em abismos intelectuais, das quais só pode sair penosamente, através do lodo e em direções contrárias. Um perdão inútil faz contrapeso a um inferno inútil, e, deste modo, procura-se trazer ao nível as desequilibradas balanças da justiça. Mas deixemos estas aberrações de espíritos ignorantes e voltemos ao domínio dos fatos e do bom-senso.

Quando o homem comete uma má ação a si próprio se impõe um pesar ou aflição, porque a aflição é sempre a planta que nasce da semente do pecado. Se poderia dizer que o pecado e o pesar são simplesmente as duas faces de um mesmo ato, e não fatos independentes. Todo o objeto apresenta duas faces, uma posterior e invisível, a outra anterior e visível.

Igualmente, todo ato tem duas faces que, em nosso mundo físico, não podem ser vistas ao mesmo tempo. Nos outros mundos, o bem e a felicidade, como também o mal e a aflição, são visivelmente as duas faces de um mesmo princípio. A esta correlação chamamos *karma*. Este termo cômodo e hoje frequentemente empregado, vem do sânscrito e traduz esta conexão ou identidade e significa, literalmente, "ação". Vem daí o nome dado ao sofrimento de consequência *kármica* do mal. O resultado, "a outra face", pode não aparecer imediatamente no curso da encarnação presente, mas, cedo ou tarde, fará sua aparição, e o pecador sentirá pesar dolorosamente a sua garra fatal.

Um resultado produzindo-se no mundo material, um efeito experimentado por nossa consciência física, são o termo final de uma causa posta em ação no passado, o fruto que amadureceu, a manifestação e a extinção de uma força determinada. Esta força se dirige do centro para a periferia, e seus efeitos estão já esgotados no mental, quando surgem no corpo. Sua manifestação corporal no mundo físico assinala o fim da sua carreira.

Eis a razão por que a paciência e a doçura cercam os doentes de natureza pura. Estas almas aprenderam a lição do sofrimento e não fazem nascer mau karma novo. Se, neste momento, o pecador, tendo esgotado o karma de sua falta, encontra um Sábio capaz de ver o passado e o presente, o visível e o invisível, este Sábio poderá verificar a terminação do karma em questão e a lei, estando satisfeita, declarará livre o cativo.

Um exemplo deste gênero é o caso do paralítico já citado. Uma doença física é a expressão última de uma má ação cometida no passado; o processo mental e moral toca ao seu termo e o homem que sofre é levado, por intermédio de um Anjo servidor da lei, à presença de um Ser em condições de aliviar a doença física, pondo em jogo uma energia superior. Imediatamente, o Iniciado declara que os pecados do doente estão perdoados e, para justificar a profundeza de sua vista interna, exprime com autoridade: *Levante-se, tome seu leito e vai para sua casa* (Lc. 5:24).

No caso de nenhum Iniciado estar presente, a doença se dissipa sob a ação reparadora da natureza, sob a influência de uma força posta em ação por Inteligências angélicas invisíveis, que são, neste mundo, os agentes da lei kármica.

Quando um Ser mais elevado se encarrega desse papel, a força é mais rápida e mais irresistível, e as vibrações físicas são imediatamente postas em harmonia com o estado de saúde. Pode-se dizer que todo o perdão dos pecados concedido nestas condições apresenta um caráter declaratório. O karma estando esgotado, "aquele que conhece o karma" declara o fato. Esta declaração produz um alívio mental comparável ao alívio que um prisioneiro experimenta quando a ordem de liberdade é dada, ordem que faz parte da lei, como a sentença de condenação anteriormente pronunciada.

O homem assim notificado do esgotamento do seu karma, experimenta, entretanto, um alívio mais profundo, porque compreende que seria, por si mesmo, incapaz de prever o seu final.

Essas declarações de perdão – é bom notar – são constantemente seguidas da seguinte observação: elas não se dão sem que o paciente tenha fé, porque o verdadeiro agente determinante do esgotamento do karma é o próprio pecador. Na passagem relativa à mulher *que levava uma vida desregrada*, encontramos reunidas as duas exclamações: "Seus pecados lhe são perdoados... Sua fé lhe salvou; vá em paz" (Lc. 7:48, 50). A fé faz surgir, no homem, a sua própria essência divina que procura o oceano divino que lhe é semelhante. E quando irrompe através da natureza inferior que o aprisiona, como a fonte oculta que rebenta os detritos e a terra que a encobre, a força assim libertada age sobre toda a natureza humana, despertando vibrações idênticas.

O homem só se torna consciente desse trabalho no momento em que a camada kármica do mal é despedaçada; e esta alegre certeza de um poder dentro de si, até então desconhecido, manifestando-se ao terminar o mau karma, forma a sua felicidade, dando-lhe alívio e novas forças nascidas do sentimento do perdão do pecado.

Isto nos conduz ao coração do nosso estudo: quero falar dessa transformação que se opera na natureza interior do homem, desconhecida dessa parte da consciência que age dentro dos limites do cérebro, até o momento em que ela se manifesta subitamente nestes limites, vindo não se sabe de onde, como um relâmpago no céu azul.

Como nos admirar que o homem, perplexo desta invasão, ignorando todos os mistérios de sua própria natureza e do "Deus interior", que é ele próprio, julgue receber do exterior o que lhe vem realmente de dentro e, inconsciente da sua própria divindade, possa apenas conceber, no mundo, Divindades exteriores a si?

E quase todos esses casos são obra exclusiva do Deus interior. Uma explicação dada por pessoa mais instruída do que nós pode elucidar uma dificuldade intelectual, e, no entanto, foi a nossa própria inteligência que, assim auxiliada, chegou à solução; uma palavra de ânimo dada por pessoa mais pura do que nós pode ajudar a fazer um esforço moral de que nos julgávamos incapazes; no entanto, este esforço é nosso. Um Espírito mais elevado do que nós e mais consciente de sua Divindade pode, também, nos ajudar na manifestação da nossa energia divina, embora tenha sido esse esforço de energia que nos levou a um plano superior. Todos vivemos ligados por laços de fraternal serviço que nos prendem aos que estão acima, como aos que estão abaixo.

Por que, então, duvidar das possibilidades de recebermos ajuda dos que estão mais adiantados e que estão em condições de acelerar consideravelmente o nosso progresso?

Entre as transformações que se operam nas profundezas da natureza humana à revelia da consciência inferior, há as que afetam o exercício da vontade. O *Ego*[6] lança um olhar ao seu passado e, ao balancear seus resultados e as faltas cometidas, resolve mudar o modo de sua atividade.

O veículo inferior continua, sob a influência dos antigos impulsos, a se chocar violentamente contra a lei. Mas o Ego decidiu que ele siga uma linha de conduta diferente. Até então, ele cedeu à atração da animalidade; os prazeres do mundo inferior o acorrentaram. Agora, vira-se para o fim verdadeiro da evolução e toma a resolução de trabalhar com fins mais elevados. Vendo o mundo inteiro no caminho da evolução e compreendendo que, opondo-se a essa corrente formidável, seria lançado à margem, ele resolve auxiliar a corrente que o conduz ao porto desejado.

O Ego decide, portanto, transformar sua vida, voltando sobre seus passos, e procura levar sua natureza inferior em nova direção, embora traga essa resolução bastante angústia e sofrimentos. Os hábitos contraídos sob a influência de ideias antigas resistem obstinadamente à ação das ideias novas e um conflito cruel se produz. Pouco a pouco, a consciência que se manifesta através do cérebro aceita a decisão tomada nos planos superiores e sente nascer nela, pelo fato de se inclinar diante da lei, o "sentimento do pecado". A convicção do erro cresce, o remorso apodera-se do mental, esforços mal dirigidos são feitos para o aperfeiçoamento, mas tudo se choca contra os velhos hábitos, até que o homem, esmagado pela dor, pensando no passado, desesperado ao ver o presente, fica mergulhado em trevas, sem esperança de libertar-se.

Enfim, o sofrimento sempre crescente arranca do Ego um grito de socorro, e das profundezas íntimas da sua natureza angélica vem a resposta: é o Deus que vive nele, como em tudo, é a Vida de sua vida.

Abandona, então, o que é inferior e volta-se para a natureza superior, que é seu íntimo, deixando o eu separado que o tortura, pelo *Eu* único que é o Coração de tudo.

Ora, mudar assim de objetivo é desviar-se da obscuridade para enfrentar a luz. Jamais a luz cessou de brilhar, mas o homem lhe voltava as costas. Agora, ele vê o sol, cujo brilho alegra seu olhar e inunda de júbilo todo o seu ser. Seu coração estava fechado, mas agora se abre sem reserva e o oceano da vida, semelhante ao fluxo possante da maré, penetra nele, inundando-o de felicidade. A alegria de uma nova alvorada irradia e ele compreende que seu passado jamais voltará, porque o caminho que está decidido a seguir o leva às regiões mais altas; agora, não se preocupa mais com o sofrimento que o passado pode lhe legar, pois sabe que o presente não transmitirá mais ao futuro semelhantes angústias.

O sentimento de paz, alegria, liberdade, eis o que significa o resultado do perdão dos pecados. Os obstáculos opostos pela natureza inferior ao Deus interior, como ao Deus exterior, são removidos e esta natureza ainda custa admitir que a transformação se tenha operado em si mesma e não na Alma Suprema.

Uma criança repele a mão materna que tentava guiá-la e volta-se para a parede; então se julga só e abandonada; mas, ao voltar-se, lança um grito e se acha rodeada dos braços protetores que ainda estavam lá, tão perto dela.

Tal é o homem, na sua presunção, repelindo os braços protetores da Mãe divina dos mundos, mas descobre, ao olhar para trás, que jamais esteve sem abrigo, e quaisquer que tenham sido seus desvios, nunca perdeu esse amor vigilante.

A passagem de *Bhagavad-Gita* já citada nos dá explicação dessa transformação que conduz "o perdão". "Mesmo o maior dos pecadores, se me adora sem reserva, também deve ser considerado como um justo, porque a resolução por ele tomada é boa." Esta resolução traz uma consequência inevitável: "Em breve ele se torna submisso e encontra a paz"[7].

O pecado está na oposição da vontade da parte à vontade do todo, do princípio humano ao princípio Divino. Quando a mudança se operou e o Ego uniu sua vontade separada à vontade que age no sentido evolutivo, então, na região em que querer é agir, onde os efeitos se mostram inseparáveis das causas, o homem é "considerado como um santo".

Ora, nos planos inferiores manifestam-se efeitos correspondentes, e em breve ele se converterá em *cumpridor do dever de fato*, depois de ter-se convertido em vontade.

Aqui embaixo, julgamos de acordo com as ações, folhas mortas do passado; lá em cima, o julgamento se faz pelas determinações da vontade, sementes em germinação de onde sairá o futuro.

Eis por que, no mundo inferior, o Cristo exorta sempre os homens: *Não julguem* (Mt. 7:1).

Mesmo depois de adotada a nova direção e constituída em hábito normal, sobrevêm desfalecimentos, aos quais *Pistis Sophia* faz alusão na pergunta a Jesus, *se um homem, ao arrepender-se*, será de novo admitido nos Mistérios, depois de uma queda. A resposta de Jesus é afirmativa, embora declare que, num certo momento, a readmissão torna-se impossível, salvo para o Supremo Mistério, que perdoa sempre. "Amém, amém, lhe digo, que quem recebe os mistérios do primeiro mistério e tropeça mesmo doze vezes, mas, arrependendo-se, em seguida, doze vezes, ao invocar o mistério do primeiro mistério, será perdoado. Mas, se comete mais de doze transgressões, recai e peca ainda, não poderá obter remissão para voltar ao mistério. Ele não tem meio para arrepender-se, a menos que haja recebido os mistérios do Inefável, que tem sempre compaixão e perdoa a todos os pecados."[8]

Quando alguém se levanta após a queda, trazendo a "remissão dos pecados", observamos na sua vida, principalmente nas fases mais adiantadas, estas alternativas dolorosas. Nem sempre o homem consegue se manter no nível atingido. Em certo momento, qualquer progresso lhe é interdito; é obrigado a reunir suas forças e novamente percorrer, desfalecido, o terreno já conquistado, para subir e retomar pé na posição da qual tombou.

Só então é que se ouve uma Voz suave que lhe anuncia a morte do passado, que sua fraqueza se mudou em força e que a porta de novo está aberta. Uma vez mais, a declaração do "perdão" é feita por autoridade competente, que dá permissão para entrar onde só entram os dignos.

Para o homem que tropeça, essa declaração lhe dá a impressão "de um batismo para a remissão dos pecados", restituindo-lhe o privilégio perdido por sua própria falta. Disto, certamente, resultará para ele alegria e paz, e o sentimento que os grilhões do passado caíram de seus pés.

Há uma coisa que jamais devemos esquecer: vivemos num oceano de luz, de amor e de beatitude que, sem cessar, nos envolve – a Vida de Deus. Semelhante ao sol inundando a terra com sua claridade, esta Vida ilumina todas as coisas, mas num Sol que jamais se deita. É com nosso egoísmo, nossa intolerância e nossa impureza que impedimos a luz de penetrar na consciência, e, contudo, ela não brilha menos, nos rodeando e exercendo, sobre as muralhas construídas por nós mesmos, uma doce pressão, mas, ao mesmo tempo, forte e contínua. Que a alma lance por terra estas muralhas e a luz penetrará vitoriosa, inundando a alma e forçando o homem a respirar com felicidade a atmosfera celeste, porque o *Filho do Homem está no céu*, embora ele nada saiba. Deus respeita sempre a individualidade do homem, não querendo entrar em sua consciência senão quando ela se abre para O receber.

Eis-me aqui; estou à porta e bato (Ap. 3:20): tal é a atitude de todas as Inteligências do mundo espiritual diante da alma que se desenvolve. Se Elas esperam que a porta se abra, não é por falta de simpatia, mas efeito de Sua profunda sabedoria.

O homem não deve ser submetido a nenhuma violência. É livre. Não é escravo, mas potencialmente um Deus. Seu crescimento não poderia ser forçado, mas deve nascer de uma vontade interior. Deus não influencia o homem, dizia Giordano Bruno, senão com o seu consentimento. Entretanto, Deus está "por toda a parte, prestes a socorrer todos os que apelam a Ele, por um ato de sua inteligência e se dão a Ele sem reserva e espontaneamente"[9].

"O poder divino que está todo em nós não se oferece nem recusa; somos nós que o assimilamos ou o rejeitamos."[10]

"Obtém-se, este poder, com a rapidez da luz solar, sem vacilação, e se faz presente àquele que para ele se torna, abrindo-se à sua influência... Quando as janelas estão abertas, o Sol entra instantaneamente; o mesmo se dá neste caso."[11]

É, portanto, ao sentimento de perdão que se deve a alegria que enche o coração com o Divino e que a alma, tendo aberto suas janelas, o Sol do amor e da luz se difunde nela; em que a parte sente que pertence ao todo, em que a Vida Única faz estremecer todas as veias, inundando-as. Tal é a verdade sublime que dá valor aos conceitos ingênuos do "perdão dos pecados" e que, a despeito de sua insuficiência intelectual, permite levar os homens a uma vida mais pura e espiritual. Tal é a verdade mostrada nos Mistérios Menores.

NOTAS

1. *Pistis Sophia*, 2, 260, 261. [É Jesus quem fala nesta passagem. – R.S.]
2. *Ibid.*, 2, 299, 300.
3. Bhagavad-Gita, 3, 9.
4. *Ibid.*, 6, 43.
5. *Ibid.*, 9, 30.
6. O emprego que Besant faz do termo "Ego" difere do que é comumente usado no início do século XXI. Hoje, ele costuma ser usado (quase sempre com a inicial minúscula) em referência ao eu corriqueiro ou à personalidade comum. Para Besant, tanto quanto para os outros escritores teosóficos da época, o Ego é o núcleo central do eu que permanece o mesmo ao longo de muitas encarnações: "A doutrina central da filosofia Esotérica não admite privilégios ou dons especiais no homem, salvo aqueles auferidos pelo seu próprio Ego por meio do esforço e do mérito pessoal ao longo de uma extensa série de metempsicoses e reencarnações": Blavatsky, *The Secret Doctrine*, vol. 1, p. 21.
7. *Ibid.*, 9, 31.
8. *Pistis Sophia*, 2, 305.
9. G. Bruno, trad. L. Williams, em *The Heroic Enthusiasts*, vol. 1, p. 133.
10. *Ibid.*, vol. 2, pp. 27-8.
11. *Ibid.*, pp. 102-3.

CAPÍTULO

12

OS SACRAMENTOS

Em todas as religiões, existem certas cerimônias ou ritos, aos quais os crentes ligam importância capital, afirmando que conferem benefícios e vantagens aos que deles participam. O nome *Sacramento* ou expressão equivalente foi dado a estas cerimônias e todas apresentam o mesmo caráter. Quanto à sua natureza e significação, poucas tem sido as explicações exatas que até hoje foram dadas, por ser assunto reservado aos Mistérios Menores.

As características peculiares de um Sacramento residem em duas de suas propriedades: primeiramente, a cerimônia exotérica, que é uma alegoria, uma representação por meio de ações e substâncias e não uma alegoria verbal, nem um ensinamento dado de viva voz, encerrando uma verdade.

É uma representação por um "ator", o emprego de certos objetos materiais, conforme determinadas regras. A escolha destes objetos, as cerimônias que acompanham sua manipulação, têm por fim representar, como em um quadro, uma verdade destinada a impressionar intelectualmente os assistentes. Tal é o primeiro caráter, o caráter evidente de um Sacramento, que o distingue de qualquer outra forma de culto ou meditação. O Sacramento exerce uma ação sobre as pessoas que seriam incapazes de aprender sem imagens uma verdade sutil, apresentando-lhes sob forma impressionante a verdade que, de outro modo, lhes escaparia.

É indispensável, antes de mais nada, ao estudar um Sacramento, compreender que ele é apenas uma imagem alegórica.

Os pontos essenciais a examinar são, portanto: os objetos materiais que formam a alegoria, o modo de empregá-los, enfim, o pensamento ou a significação que se quer dar ao conjunto.

A segunda característica de um Sacramento liga-se aos fatos do mundo invisível e pertence à ciência oculta. O oficiante deve possuir esses conhecimentos, porque do seu saber depende, em grande parte, senão completamente, a eficácia do Sacramento, cuja finalidade é estabelecer um laço entre o mundo material e as regiões invisíveis.

Ainda mais: constitui um método que transmuta as energias do invisível em ações no mundo físico, método real de mudar as energias de uma certa ordem em energias de ordem diferente, tal como, numa pilha, a energia química se transforma em elétrica.

As energias têm, todas, uma única base, quer sejam visíveis ou invisíveis. Entretanto, diferem conforme o grau de materialidade do meio no qual operam sua manifestação. Um Sacramento assemelha-se a um cadinho, no qual se elabora a alquimia espiritual. Uma energia, colocada neste cadinho e submetida a certas operações, sai transformada. É assim que uma energia de ordem sutil, pertencente às regiões elevadas do universo, pode ser posta em relação direta com pessoas vivendo no mundo físico, afetando-as tão bem como se agissem no seu domínio. O Sacramento constitui a ponte suprema entre o invisível e o visível e permite que estas energias possam atuar diretamente sobre as pessoas, desde que estas satisfaçam as condições necessárias e participem do Sacramento.

Os Sacramentos da Igreja Cristã perderam muito de sua dignidade e da consciência do seu poder oculto entre os que se separaram da Igreja Católica Romana, na época da Reforma.

O primeiro cisma que afastou o Oriente do Ocidente, formando a Igreja Grega Ortodoxa e a Romana, em nada enfraqueceu a fé nos Sacramentos, que continuaram a ser, para estas duas grandes comunidades, o laço reconhecido entre o visível e o invisível, santificando a vida do crente, desde o berço até o túmulo. Os sete Sacramentos do Cristianismo envolvem a vida completamente, desde o Batismo, que recebe o fiel no mundo, até a Extrema

Unção, que marca sua partida. Foram instituídos por ocultistas, por homens que conheciam os mundos invisíveis. As substâncias empregadas, as palavras pronunciadas, os sinais feitos pelo oficiante, tudo foi escolhido com conhecimento de causa e combinado, a fim de determinar certos efeitos.

Na época da Reforma, as Igrejas que acudiram a autoridade de Roma eram dirigidas, não por ocultistas, mas por homens vulgares, ignorando absolutamente os fatos dos mundos invisíveis e vendo apenas, no Cristianismo, o seu invólucro externo, seu ensino literal e seu culto exotérico. Por isso, os Sacramentos perderam o lugar preponderante que ocupavam no culto cristão, e, na maioria das confissões protestantes, reduziram-se a dois: batismo e eucaristia.

As principais Igrejas dissidentes não recusaram absolutamente aos outros seu caráter sacramental, mas os dois citados foram considerados obrigatórios para todos os que aspiravam pertencer à Igreja.

A definição geral de Sacramento é dada de modo exato, salvo os termos "instituídos pelo próprio Cristo", no catecismo da Igreja Anglicana. Estas mesmas palavras poderiam ser conservadas, se o termo "Cristo" fosse tomado no sentido místico. Lemos, ali, que um Sacramento é "um sinal exterior e visível de uma graça interior e espiritual que nos é concedida pelo próprio Cristo, como meio de descer até nós esta graça e como penhor de havê-la recebido".

Essa definição mostra os dois caracteres distintivos de que acima falamos. "O sinal exterior e visível" e a imagem alegórica. Quanto às palavras "um meio de nos fazer receber esta graça... interior e espiritual", indicam a segunda propriedade. Esta última frase merece a atenção dos membros das Igrejas Protestantes, que consideram os Sacramentos como simples fórmulas do cerimonial exterior, porque declara, com nitidez, que o Sacramento é realmente um canal da graça, isto é, sem ele a graça não poderia descer do mundo espiritual ao mundo físico. É reconhecer, da maneira mais clara, que o Sacramento, encarado sob seu segundo aspecto, é um meio de atrair à terra a atividade dos poderes espirituais.

Para bem compreender um Sacramento, é necessário admitir firmemente que a Natureza oferece um lado oculto; é o que se chama *o lado vida, o lado da consciência*, ou mais exatamente, o intelecto da Natureza. Todo o ato sacramental tem por base a crença que o mundo invisível exerce uma ação poderosa sobre o mundo visível, e, para compreender um Sacramento, é necessário possuir algumas noções sobre as Inteligências invisíveis que administram o Universo. Vimos, ao estudar a doutrina da Trindade, que o Espírito se manifesta sob o aspecto de um Ego tríplice, e que o Campo de Sua manifestação ativa é a Matéria, o lado-forma da Natureza, considerado quase sempre a própria Natureza. É necessário estudar estes dois aspectos, o da vida e o da forma, para compreender um Sacramento.

Entre a Trindade e a humanidade, escalam-se numerosas hierarquias de seres invisíveis. Os mais elevados são os Sete Espíritos de Deus, as Sete Chamas que *se levantam diante do trono de Deus* (Ap. 4:5). Cada um deles é o Chefe de um exército de Inteligências que participam de Sua natureza e agem sob sua direção. Estas Inteligências formam também uma hierarquia: são os *Tronos*, as *Potestades, Principados, Dominações*, os *Arcanjos*, os *Anjos* mencionados nos trabalhos dos Padres da Igreja, que eram iniciados nos Mistérios.

Existem, pois, sete grandes exércitos de seres, cuja Inteligência representa, na Natureza, a Mente Divina; estes Seres estão presentes em todas as regiões da Natureza e são a alma de suas energias. No ponto de vista do ocultismo, nem a força, nem a matéria podem morrer; elas são eternamente vivas e ativas. Uma energia, ou um agrupamento de energias, é um véu que envolve uma Inteligência ou Consciência da qual esta energia é a expressão exterior. A matéria que serve de veículo a esta energia fornece-lhe uma forma que ela dirige ou anima. Qualquer ensinamento esotérico será um livro fechado para quem não olhar para a Natureza desta maneira. Sem essas Vidas angélicas, essas inumeráveis inteligências invisíveis, estas Consciências que servem de alma à força e a matéria[1], que constituem a Natureza, esta permaneceria ininteligível e não se ligaria nem à Vida Divina que em torno dela se move, nem às vidas humanas que evoluem em seu seio. Estes Anjos inumeráveis servem de laço entre os mundos.

E o fato das categorias humanas fazerem parte destas hierarquias inteligentes, lança uma luz nova sobre o problema da Evolução. Esses Anjos são os filhos de Deus, que nos precederam na vida divina e que *cantam em triunfo* quando as Estrelas da Manhã soltam gritos de alegria (Jó 38:7).

Outros seres existem que nos são inferiores em evolução, as vidas animais, vegetais, minerais e as vidas elementais; estes estão abaixo de nós, como nós estamos abaixo dos Anjos, e assim chegaremos a conceber a Existência como uma imensa roda, formada de existências inumeráveis, solidárias entre si, necessárias umas às outras, ocupando o homem, como um ser consciente de si mesmo, seu lugar respectivo nesta roda. A Vontade divina não cessa de girar a roda, e as Inteligências vivas que a formam aprendem a cooperar com esta Vontade e, por sua negligência ou oposição, a roda demora, diminui de velocidade, e o carro da evolução avança penosamente.

Estas Vidas inumeráveis, superiores e inferiores ao homem, entram em contato com a consciência humana por meios perfeitamente determinados, principalmente pelos sons e pelas cores. Todo o som é representado, nos mundos invisíveis, por uma forma, e combinações de sons criam lá formas complicadas[2].

Na matéria sutil destes mundos, as cores acompanham sempre o som, o que dá lugar a formas policrômicas de extrema beleza. As vibrações que se produzem no mundo visível, quando uma nota vibra, despertam, nos mundos invisíveis, outras vibrações, tendo cada uma seu caráter próprio e cada uma sendo suscetível de produzir certos efeitos.

Para nos comunicarmos com as Inteligências subumanas pertencentes ao nível inferior dos mundos invisíveis; para exercer nossa autoridade sobre elas e as dirigir, é necessário empregar sons que tenham a propriedade de conduzir aos resultados esperados, da mesma forma que, entre nós, empregamos a linguagem que se compõe de sons determinados. Para nos comunicarmos com as Inteligências Superiores, empregamos certos sons, a fim de criar uma atmosfera harmoniosa que se preste à ação destes Seres e torne, ao mesmo tempo, nossos corpos sutis receptivos à Sua influência.

O efeito produzido sobre os corpos sutis representa um grande papel no emprego oculto dos sons. Estes corpos, como o corpo físico, estão num estado de perpétua vibração; todo o pensamento, todo o desejo modifica as suas vibrações que, por seu caráter mutante e irregular, se opõe a toda vibração nova que venha do exterior. É precisamente para tornar os corpos sutis apropriados às influências do alto, que se empregam os sons que reduzem o ritmo uniforme, as vibrações irregulares, fazendo com que a nossa natureza vibre em harmonia com a inteligência com que desejamos comunicar. Tal é o objeto de toda a frase muitas vezes repetida. Um músico dá uma mesma nota até que todos os demais instrumentos estejam no mesmo tom. Para que a influência do Ser procurado se possa sentir, sem encontrar resistência, é necessário que os nossos corpos sutis sejam postos no mesmo tom que o dEle. E, em todos os tempos, este resultado se obtém pelo emprego dos sons. Eis por que a música sempre fez parte do culto e que certas cadências foram cuidadosamente conservadas e transmitidas de século em século.

Em toda a religião existem sons e caráter especial, chamados "Palavras de Poder" ou fórmulas de autoridade, frases pertencentes a uma língua particular e cantadas de modo determinado. Qualquer religião possui um certo número destas frases, sucessões de sons particulares, chamados "mantras", no Oriente, em que a ciência dos "mantras" foi muito cultivada. Não é necessário que um "mantra", composto de sons sucessivos combinados de certo modo para se obter um resultado definitivo, pertença exclusivamente a uma só língua. Qualquer idioma pode servir para este uso; entretanto, algumas se prestam melhor do que outras, com a condição que a pessoa que componha o "mantra" possua os conhecimentos ocultos necessários. Existem, em sânscrito, centenas de "mantras" compostos, no passado, por ocultistas familiarizados com as leis dos mundos invisíveis. Estes "mantras" foram transmitidos de geração em geração e se compõem de palavras especiais que se sucedem em certa ordem, cantadas de uma certa maneira. Seu canto tem por efeito despertar vibrações – portanto, *formas* – nos mundos hiperfísicos. Quanto mais conhecimento e pureza possuir o oficiante, mais elevados serão os mundos afetados pelo canto;[3] esses conhecimentos, sendo vastos, sua vontade forte e o coração puro, poderá dispor, com a recitação destes antigos "mantras", de um poder quase ilimitado.

Repetimos não ser necessário a expressão num único idioma. Os "mantras" podem ser redigidos em sânscrito ou qualquer outra língua, escolhida por homens de experiência. Eis por que, na Igreja Católica Romana, o latim é sempre empregado para atos de adoração importantes; ele não faz, aqui, o papel de uma língua morta "que o povo não entende", mas representa, nos mundos invisíveis, uma força viva, e seu emprego não tem por objetivo manter o povo na ignorância, mas despertar, nos mundos invisíveis, certas vibrações impossíveis de se obter por meio de outros idiomas atuais, a menos que um grande ocultista saiba organizar com eles as necessárias sucessões de sons. Traduzir um "mantra" é mudar a "fórmula de Poder" em uma frase qualquer; os sons não são mais os mesmos e outras são as formas que deles resultam.

Certas combinações de palavras latinas, com a música que lhes é peculiar no culto cristão, produzem, nos mundos hiperfísicos, os mais notáveis efeitos. Uma pessoa impressionável está em condições de verificar os efeitos particulares causados por muitas frases sagradas, especialmente na Missa. Qualquer pessoa que esteja sentada e tranquila, em atitude receptiva, perceberá os efeitos vibratórios, quando algumas dessas frases são pronunciadas pelo padre ou pelos chantres.

Outros efeitos, produzidos simultaneamente nos mundos superiores, afetam de maneira direta os corpos sutis dos fiéis e constituem também, para as Inteligências destes mundos, um apelo tão claro como seriam as palavras dirigidas a uma pessoa por outra, no plano físico. Os sons produzem formas ativas e cintilantes que se transportam de mundo em mundo, atingindo a consciência das inteligências que os povoam e obrigando muitas destas entidades a levar assistência às pessoas que tomam parte nos ofícios.

Tais "mantras" são parte essencial de todo o Sacramento. Este oferece, no ponto de vista exterior e sensível, um caráter importante: o emprego de certos gestos chamados "Sinais", "Selos" ou "Marcas", três palavras que possuem a mesma significação.

Cada sinal apresenta um sentido especial e indica a direção imposta às forças empregadas pelo oficiante, quer essas forças sejam suas ou se limite a transmiti-las. De qualquer modo, os sinais são necessários para obter o resultado desejado e constituem uma parte essencial do rito sacramental. Tal sinal é chamado "Sinal de Autoridade", como o "mantra" é uma "fórmula de Autoridade".

Encontramos com satisfação, nas antigas obras ocultas, alusões a estes fatos, tão positivas e verdadeiras quanto o são ainda hoje. O *Livro dos Mortos*, dos egípcios, descreve a viagem póstuma da Alma e o modo como é detida e interpelada nos diferentes estágios desta viagem pelos Guardas que velam à porta que dá acesso a cada uma destas regiões.

Ora, a Alma não pode transpor nenhuma destas portas sem conhecer duas coisas: saber pronunciar certa palavra, a "fórmula de Autoridade", e fazer um certo sinal, o "Sinal de Autoridade". Quando a Palavra é dita e o Sinal feito, as grades que fecham a porta caem, e os Guardas afastam-se para que a Alma entre. O Evangelho místico cristão, *Pistis Sophia*, já citado, encerra uma narração semelhante[4]. Nesta, a passagem através dos mundos não é de uma Alma liberta do seu invólucro corpóreo pela morte, mas de uma Alma que o abandona no momento da Iniciação. Barram-lhe o caminho grandes Poderes, os Poderes da Natureza e, enquanto o Iniciado não der a Palavra e o Sinal, a entrada lhe é recusada.

Este duplo conhecimento é indispensável: pronunciar a fórmula e fazer o sinal; sem ele, é impossível avançar; sem ele, um Sacramento não tem o menor valor.

Há mais. Em todo o Sacramento, é empregada ou deve-se empregar uma substância física. Esta substância é um Símbolo, com o qual o Sacramento deve ser conferido, e assinala a "graça interior e espiritual" de que é veículo. Ela constitui ainda o canal material da graça, não mais simbolicamente, mas na realidade, pois uma imperceptível modificação na substância impede aplicá-la a um fim elevado.

Um objeto físico se compõe de moléculas sólidas, líquidas e gasosas, como demonstra a análise química; temos mais o éter[5] que penetra os elementos mais densos. Neste éter agem energias magnéticas; além do que, ele está em correlação com certos *duplos* de matéria sutil nos quais vibram energias mais sutis que as magnéticas, mais poderosas, embora semelhantes.

O objeto, sendo magnetizado, a sua parte etérea se modifica, alteram-se os movimentos ondulatórios, obrigados a seguir os movimentos vibratórios do éter do magnetizador; o objeto participando assim da natureza deste, anota-se que as moléculas mais densas, submetidas à ação do éter, mudam progressivamente de velocidade vibratória. E se tem a força necessária para influenciar os duplos sutis, o magnetizador os faz vibrar em simpatia com os seus. Eis o segredo das curas magnéticas.

As vibrações irregulares do doente são forçadas a acompanhar as vibrações regulares do operador com saúde, e tão real é isto que um objeto submetido a uma oscilação irregular pode ser levado, por golpes repetidos e rítmicos, a uma cadência regular.

Um médico pode magnetizar a água e, com ela, restituir ao doente a saúde; pode magnetizar um pano e despertar a saúde, colocando-o na parte dolorosa; empregar um ímã poderoso ou a corrente galvânica e dar ao nervo sua atividade. Em todos os casos, o éter é posto em movimento, e é por ele que são afetadas as moléculas físicas. Semelhante resultado se produz quando as substâncias empregadas no Sacramento são submetidas à *fórmula* ou ao *sinal* de autoridade. Produzem-se modificações magnéticas, no éter da substância física, e os *duplos* sutis são tão mais influenciados, quanto mais for a ciência, a pureza e a devoção do oficiante que magnetiza ou, conforme o termo religioso, consagra o objeto. Finalmente, a "Fórmula" e o "Sinal" atraem, à celebração, a presença dos Anjos que estão em comunicação com as substâncias empregadas e a natureza do rito. Estes Anjos prestam seu auxílio poderoso, vertendo nos *duplos* sutis a sua energia magnética e, por eles, no éter físico, e assim reforçam as energias do oficiante.

Quando se conhece o poder do magnetismo, é impossível negar a possibilidade das transformações operadas nos objetos materiais.

Um sábio, mesmo não admitindo a existência do mundo invisível, tem a faculdade de impregnar a água com a sua própria energia vital, a ponto de curar uma moléstia física. Como, então, recusar uma faculdade superior, da mesma natureza, a homens cuja vida é santa, o caráter nobre e elevado e já familiarizados com o mundo invisível?

Como muito bem o sabem as pessoas a quem são acessíveis as formas superiores do magnetismo, a virtude dos objetos consagrados é muito variável, e essas diferenças magnéticas provêm do grau variável da ciência, pureza e espiritualidade do sacerdote que os consagra. Certas pessoas negam a *existência* do magnetismo animal e não acreditam na água benta das igrejas, como na água magnetizada dos médicos. É prova de ignorância.

Quanto às pessoas que admitem a utilidade da última, se zombam da primeira, dão provas, não de sabedoria e instrução, mas de preconceitos e estreiteza de espírito, mostrando que seu ceticismo religioso falseia o julgamento, predispondo-as a rejeitar na religião o que aceitam na ciência.

No capítulo 14, acrescentamos mais algumas palavras sobre esta questão dos "objetos sagrados".

Resumindo, observamos que a forma exterior do Sacramento é de extrema importância. As substâncias empregadas experimentam verdadeiras alterações; tornam-se veículos de energias superiores às que naturalmente formam sua constituição; as pessoas que delas se aproximam ou que nelas tocam, sentem seus próprios corpos etéricos e sutis impressionados por um poderoso magnetismo, que favorece a recepção das influências do alto, e assim se encontram no mesmo diapasão dos Seres elevados aos quais se dirigem mais especialmente a "Fórmula" e o "Sinal de Autoridade" empregados na consagração. Entidades que pertencem ao mundo hiperfísico estão presentes à cerimônia e derramam suas graças e sua misericórdia sobre os assistentes. Qualquer pessoa digna de participar da cerimônia, cuja devoção e pureza forem suficientemente grandes que lhe permitam responder simpaticamente às vibrações produzidas, sentirá no coração profunda calma e o crescer de sua espiritualidade, ao tocar de tão perto nas realidades invisíveis.

NOTAS

1. Força é uma das propriedades da matéria, o que se chama movimento. V. ante., pp. 154-55.
2. Consulte-se, quanto às formas criadas pelas notas musicais, a obra da Sra. Watts-Hughes: livro ilustrado da *Voice Figures*.
3. Os efeitos dos sacramentos sobre os mundos invisíveis eram de um interesse considerável não só para Besant, mas para o seu colega C. W. Leadbeater. Leadbeater alegava ter poderes de clarividência que lhe permitiam ver as formas sutis produzidas pelos ritos do cristianismo. Seu estudo sobre o assunto pode ser encontrado no livro de sua autoria, *Science of the Sacraments*, 2ª ed. (Adyar, Índia: Theosophical Publishing House, 1929). Trabalhando com James I. Wedgwood, um bispo consagrado na antiga tradição católica (e que consagrou Leadbeater por sua vez), Leadbeater criou uma série de rituais refletindo as suas pesquisas com a clarividência. Essas tornaram-se a base dos ritos de uma nova denominação chamada Igreja Liberal Católica, fundada em 1916. Veja o *Dictionary of Gnosis and Western Esotericism*, s.v. "Leadbeater"; e também Stephan A. Hoeller, "Wandering Bishops: Not All Roads Lead to Rome" [Bispos Nômades: Nem Todas as Estradas Levam a Roma], *Gnosis* 12 (julho de 1989), 20-5.
4. Ver ante., pp. 93, 171-72.
5. "Éter" aqui não é usado no sentido científico em vigor na época de Besant. Naquela época, os cientistas propuseram a existência de uma substância hipotética conhecida como o "éter luminífero" para explicar determinados teoremas da física. (A teoria da relatividade de Einstein acabou por tornar esse conceito desnecessário.) Na Teosofia, o termo refere-se a um quinto elemento, um produto mental sutil também conhecido como *akasha*, que é considerado como subjacente à realidade física. Veja Blavatsky, *The Secret Doctrine*, vol. 1, pp. 257-58.

CAPÍTULO

13

OS SACRAMENTOS
(CONTINUAÇÃO)

*A*pliquemos, agora, esses princípios gerais a exemplos concretos e vejamos como eles explicam e justificam os ritos sacramentais que se encontram em todas as religiões. Basta tomar como exemplos três dos sete Sacramentos em uso na Igreja Católica. Dois dentre eles são considerados como obrigatórios para todos os cristãos, embora os protestantes mais adiantados neguem seu caráter sacramental, recusando-lhes um valor especial e neles vendo apenas uma declaração e uma comemoração. Entretanto, mesmo assim, quando a devoção é verdadeira, o coração recebe a graça sacramental, embora o intelecto a negue. O terceiro não é reconhecido, mesmo nominalmente, pelas Igrejas Protestantes, apesar de apresentar os sinais essenciais de um Sacramento, segundo a definição da Igreja Anglicana acima citada.

O primeiro é o Batismo, o segundo a Eucaristia, o terceiro o Casamento.

A eliminação do Casamento do número dos Sacramentos trouxe a degradação deste alto ideal, e é esta, em parte, a causa do seu desprestígio que os espíritos refletidos tanto deploram.

O Sacramento do Batismo se encontra em todas as religiões, não somente no início da vida terrestre, mas, de modo geral, como cerimônia de purificação.

A cerimônia que marca a entrada do recém-nascido ou do adulto em uma religião apresenta, como parte essencial do rito, uma aspersão de água. No passado, como em nossos dias, esta prática era universal. "A ideia de empregar a água como símbolo de uma purificação espiritual – observa o doutor Giles – é por demais natural para que se possa admirar da antiguidade do rito."

O doutor Hyde, no seu tratado que versa sobre a *Religião dos Antigos Persas*, XXXIV, 406, afirma que o Batismo existia entre eles. Não usam circuncisão para seus filhos, mas unicamente os batizam, submetendo-os a uma ablução que purifica a alma. Levam a criança ao padre, na igreja, o qual a levanta nos braços diante do Sol e do fogo; feito isto, consideram a criança como mais sagrada do que antes.

Lord conta que eles levam a água destinada ao batismo na *casca do azinheiro*. Esta árvore e o *Aum* dos magos.

Algumas vezes, o batismo é praticado diferentemente e, no dizer de Tavernier, a criança é mergulhada numa grande cuba de água. Depois destas abluções ou batismo, o padre dá à criança o nome escolhido pelos pais[1]. Algumas semanas depois do nascimento de uma criança hindu, celebra-se uma cerimônia que consiste em aspergir a criança com água; esta aspersão se encontra no culto hindu, em vários ritos.

Williamson cita textos, mostrando que o batismo era praticado no Egito, na Pérsia, no Tibete, na Mongólia, no México, Peru, Grécia, Roma, Escandinávia e mesmo entre os druidas[2]. Algumas das preces citadas são de grande beleza: "Que esta água azul-celeste possa em teu corpo penetrar, e nele viver. Possa ela destruir em você todas as coisas adversas e más, que lhe foram dadas antes do começo do mundo". – "Ó criança! Receba a água do Senhor do mundo, que é nossa vida; ela purifica e lava; possam estas gotas limpar o pecado que lhe foi dado antes da criação do mundo, pois todos nós ao seu poder estamos submetidos."

Tertuliano, em uma passagem já citada[3], diz que entre as nações não cristãs, o Batismo era de uso geral. Outros Padres da Igreja mencionam este fato. Na maioria das Igrejas, uma forma secundária do Batismo acompanha qualquer cerimônia religiosa. Neste caso, a água é empregada como símbolo de purificação, significando isto que ninguém deve tomar parte no culto sem ter purificado seu coração e sua consciência. A ablução exterior simboliza a limpeza interior.

Nas Igrejas grega e romana, coloca-se uma pequena bacia, contendo água benta, perto de cada porta, para que os fiéis, ao entrarem, molhem o dedo e façam o sinal, antes de se aproximarem do altar.

Roberto Taylor escreve: "As fontes batismais, de nossas Igrejas protestantes, e especialmente os pequenos reservatórios colocados à entrada das capelas católicas, não são imitações, mas remontam diretamente às *aqua minaria* ou *amula* que o sábio Montfaucon, em suas *Antiguidades*, mostra terem sido vasos cheios de água santa, colocados pelos pagãos à porta de seus templos, a fim de aspergir os que penetravam nestes edifícios sagrados"[4].

No Batismo administrado na admissão da Igreja, como nas purificações secundárias, o agente empregado é a água, o fluido purificador por excelência e o melhor símbolo de purificação moral. Pronuncia-se um "mantra" acima desta água, "mantra" representado no ritual anglicano pela prece: "Santifique esta água para a lavagem mística do pecado", seguida da fórmula: "Em nome do Pai, do Filho e do Espírito Santo, Amém". Tal é a fórmula de Autoridade que acompanha o "Sinal de Autoridade", o sinal da Cruz, feito acima da superfície da água. A Fórmula e o Sinal dão à água, como já explicamos, uma propriedade que não possuía antes, passando a se chamar, por isso, água benta; os poderes tenebrosos dela não se aproximam e, lançada sobre o corpo, comunica um sentimento de paz e nova vida espiritual.

No batismo da criança, a energia espiritual dada à água pela "Fórmula" e pelo "Sinal" reforça a espiritualidade da criança. A "Fórmula" é novamente pronunciada sobre a criança e o "Sinal" feito na fronte. Vibrações novas fazem-se sentir nos seus corpos sutis; e a invocação para proteger a vida assim santificada propaga-se no mundo invisível. Porque o "Sinal" é, ao mesmo tempo, purificador e protetor: purifica pela vida dada pela efusão e protege pelas vibrações despertadas nos corpos sutis. Estas vibrações formam uma muralha protetora contra as influências adversas que vêm dos mundos invisíveis, e cada vez que a água é tocada, que a fórmula é pronunciada e feito o sinal, produz-se uma renovação de energias e uma recrudescência de vibrações; tanto umas como outras exercem sua energia nos mundos invisíveis e auxiliam o oficiante.

Na Igreja Primitiva, o Batismo era precedido de uma preparação muito séria, porque as pessoas recebidas na Igreja eram, na maioria, convertidos de outras religiões.[5] Um convertido devia passar por três estágios sucessivos de instrução e não deixava um sem ter assimilado bem os seus ensinamentos. Em seguida, era recebido pelo Batismo. Depois desta cerimônia, e só então, aprendia o Credo, que se transmitia oralmente e nunca era pronunciado senão em presença de crentes. O Credo permitia aos cristãos se reconhecerem entre si e constituía, para quem o recitava, uma prova de sua posição na Igreja e sua qualidade de membro aceito.

O hábito do Batismo *in extremis*, que acabou por se generalizar, mostra o grau de fervor e de fé na graça comunicada por este Sacramento. Homens e mulheres do mundo, convencidos da realidade deste Sacramento, não querendo renunciar aos prazeres temporais para terem uma vida imaculada, retardavam a celebração do rito até que a morte sobre eles estendia sua mão, para só então aproveitar da graça sacramental e transpor as portas da morte cheios de força espiritual e sem manchas.

Muitos Padres da Igreja lutaram com energia contra esse abuso. Um deles, S. Atanásio, conta, a este respeito, pitoresca história. Homem de espírito cáustico e nem sempre desdenhando a sátira para melhor se fazer compreender, o santo referiu o seguinte. Um dia, levado por uma visão, chegou às portas do Céu, guardadas por S. Pedro. Este, em vez de o receber com benévolo sorriso, manifestou seu descontentamento com um olhar severo. "Atanásio, disse, para que me manda esses sacos vazios, cuidadosamente fechados, mas que nada guardam?" Encontramos estas palavras mordazes na antiguidade cristã, porque, para o povo, não eram simples ditos, mas realidades vivas, acreditadas por todos.

O hábito do batismo infantil foi, pouco a pouco, se estabelecendo na Igreja, e a instrução que precedia ao batismo tornou-se a preparação para a confirmação, pela qual a inteligência, na plenitude das suas faculdades, renova as promessas batismais.

A admissão de uma criança na Igreja é, evidentemente, lógica, se reconhece que a vida do homem se escoa em três mundos e quando se sabe que o Espírito e a Alma vieram habitar o corpo recém-nascido, não inconscientes e sem entendimentos, mas conscientes, inteligentes e poderosos nos mundos invisíveis.

É bom e justo que o homem invisível, oculto no coração (1 Pe. 3:4) seja recebido à entrada desta nova etapa de sua peregrinação, e que as mais saudáveis influências se exerçam sobre o veículo que vem habitar e que deve apropriar às suas necessidades.

Se os olhos dos homens fossem abertos, como foram outrora os olhos do servo de Eliseu, veriam os cavalos e os carros de fogo em torno da montanha onde estava o profeta do Eterno (2 Rs. 6:17).

Passemos, agora, a outro Sacramento, o Sacramento da Eucaristia, símbolo do eterno Sacrifício, como acima explicamos, sacrifício diariamente celebrado no mundo inteiro pela Igreja Católica, imagem do Sacrifício pelo qual os mundos foram chamados à existência e são mantidos através dos séculos. Por ser perpétua a existência do seu arquétipo, deve ser ele oferecido diariamente, e, para esta celebração, os homens põem em ação a própria Lei do Sacrifício, com ela se identificando, reconhecendo-lhe o caráter de unificação e voluntariamente se associando a ela na ação que exerce nos diferentes mundos.

Para que esta identificação seja completa, é necessário participar deste Sacramento de um modo material, recebendo a sua substância física; mas as pessoas devotas que mentalmente se associam a ele, sem sua intervenção física, podem receber os benefícios e contribuir para o aumento das influências que, por seu intermédio, se difundem. Esta grande cerimônia do culto cristão perde sua força e diminui seu alcance, quando nos limitamos a ver nela a comemoração de um sacrifício antigo, uma alegoria despojada da profunda verdade que lhe dá vida, um simples rito constituído de pão e vinho, sem a participação de um Sacrifício Eterno.

Encarar assim a Eucaristia é reduzi-la a uma representação inerte, em vez de ver nela uma realidade viva. "Porventura o cálix de bênção, que abençoamos, não é a comunhão do sangue de Cristo? O pão que partimos não é a comunhão do corpo de Cristo?" – pergunta o Apóstolo (1 Co. 10:16).

S. Paulo mostra, em seguida, que todas as pessoas que comem de um sacrifício participam de uma mesma natureza e formam um só corpo que está unido ao Ser presente ao sacrifício. Trata-se, aqui, de um fato do mundo invisível, e S. Paulo fala dele com a autoridade que lhe dá o conhecimento. Os Seres Invisíveis fazem passar sua essência nas substâncias invariavelmente empregadas no rito sacramental: todas as pessoas que absorvem estas substâncias se encontram unidas, ao mesmo tempo, aos Seres cuja essência está nelas encerrada, e assim adquirem uma natureza comum.

Isto é verdade quando recebemos das mãos de alguém nosso alimento ordinário: a sua natureza, até certo ponto, e seu magnetismo vital se misturam com o nosso. Com mais forte razão, é o caso em que o alimento foi solene e intencionalmente impregnado de magnetismo superior, que afeta, ao mesmo tempo, os corpos sutis e o físico.

Para compreender a significação da Eucaristia, é necessário comprovar estes fatos dos mundos invisíveis, vendo nela um laço entre o celestial e o terreno, como também um ato de culto universal, uma cooperação e associação com a Lei do sacrifício. Não sendo assim, a Eucaristia perde grande parte do seu sentido.

O uso do pão e do vinho, no Sacramento, é muito antigo e geral. Assim também quanto à água no batismo. Os persas ofereciam a Mitra, o pão e o vinho. Oferendas semelhantes estavam em uso no Tibete e na Tartária. Jeremias menciona os bolos e a bebida oferecidos no Egito à Rainha do Céu pelos judeus que tomavam parte no culto egípcio (Jr. 44: 17,25). A Gênese conta que Melquisedeque, o Rei-Iniciado, se serviu de pão e vinho quando abençoou Abraão (Gn. 14: 18-9). O pão e o vinho eram ainda empregados nos Mistérios da Grécia, e Williamson encontra este uso entre os mexicanos, os peruanos e os druidas[6].

O Pão simboliza, de um modo geral, o alimento que entra na formação do corpo; o Vinho simboliza o sangue, considerado como fluido vital. *Porque a vida da carne está no sangue* (Lv. 17:11).

Eis por que, aos membros de uma mesma família, se diz "do mesmo sangue". "Ser do mesmo sangue" significa íntimo parentesco. Daí as velhas cerimônias de "aliança de sangue". Quando uma pessoa estranha era admitida em uma família ou tribo, uma das pessoas da família dava algumas gotas de seu sangue que eram injetadas nas veias do estranho, ou este as bebia misturadas com água, tornando-se, assim, membro da família.

Na Eucaristia, os fiéis participavam igualmente do pão e do vinho, símbolos do corpo e do sangue de Cristo, e assim se uniam a Ele.

A Fórmula de Autoridade é: "Este é meu corpo; este é meu sangue". É ela que produz a modificação de que falaremos dentro em pouco e que transforma as substâncias em veículos de energias espirituais. "O Sinal de Autoridade" consiste em estender a mão por cima do pão e do vinho; o

Sinal da Cruz devia ser feito ao mesmo tempo, embora os protestantes o omitam. Tais são os caracteres exteriores essenciais do Sacramento da Eucaristia.

É importante compreender a modificação que se produz neste Sacramento, por ser ela mais profunda do que a magnetização, de que já falamos, embora esta também se realize. Encontramo-nos em presença de um caso particular de uma lei geral.

Para o ocultista, um objeto visível é a última expressão – a expressão física – de uma verdade invisível. Aqui embaixo tudo é a expressão física de um pensamento. Qualquer objeto é apenas uma ideia manifestada e condensada do Divino que se exprime na matéria física. Assim sendo, a realidade de um objeto não depende de sua forma exterior, mas de sua vida interior, da ideia que o modelou e amoldou na substância.

Nos mundos superiores, a matéria, sendo mais sutil e plástica, mais rapidamente responde à ideia e muda de forma como o pensamento. Tornando-se a matéria cada vez mais densa e pesada à medida que desce, o pensamento também muda de forma mais lentamente, até que, no mundo físico, as modificações atingem seu máximo de lentidão por causa da resistência da matéria espessa que compõe o nosso mundo. Contudo, esta matéria grosseira modifica-se com o tempo, sob a pressão da ideia que lhe é a alma animadora. E temos a prova na impressão que deixam no rosto os pensamentos e as emoções habituais.

Tal é a verdade que serve de base à doutrina da Transubstanciação, tão incompreendida pelos protestantes; mas é esta a maneira das verdades ocultas, quando são apresentadas aos ignorantes.

A "substância" transformada é a ideia que constitui o objeto. O "pão" não é um simples composto de farinha e água. A ideia que presidiu à mistura, à manipulação da farinha e da água, eis a substância de que é feito o pão. A farinha e a água são, empregando uma expressão técnica, os "acidentes" ou combinações materiais que dão forma à ideia.

Com uma ideia ou substância diferente, a farinha e a água tomariam forma diferente, como se dá quando são assimiladas pelo corpo. Foi por isso que os químicos descobriram que um mesmo número de átomos químicos da mesma natureza podem ser combinados de diversas maneiras e formar objetos dotados de propriedades as mais diferentes, embora os elementos não se alterem. A descoberta dos compostos "isoméricos" é uma das mais interessantes da química. O agrupamento de átomos idênticos, modelados por ideias diferentes, forma corpos diferentes.

Qual é, então, a mudança de substância que se produz nos materiais empregados na Eucaristia? A ideia que modelou o objeto foi alterada. No estado normal, o pão e o vinho são alimentos que exprimem as ideias divinas de substâncias nutritivas, de substâncias próprias para formar corpos. A ideia nova é a natureza e a vida do Cristo, próprias para formar a natureza e a vida espirituais do homem. Eis a mudança da substância. O objeto permanece o mesmo em seus acidentes,[7] em sua matéria física, mas a matéria sutil que acompanha se modificou sob a pressão da ideia transformada, tendo adquirido, por esta mudança, novas propriedades; estas afetam os corpos sutis dos comungantes, harmonizando-os com a natureza da vida de Cristo. E quanto melhor realizarem os comungantes, em si mesmos, esta harmonia, mais dignos são do Sacramento.

O participante indigno, submetido às mesmas influências, se encontra mal, porque sua natureza, resistindo à pressão, fica sujeita a forças capazes de despedaçá-la. Um objeto pode, igualmente, ser posto em pedaços por vibrações que ele não pode reproduzir. Eis por que muitos doentes morrem. O homem digno de participar do Sacramento une-se com Cristo, identificando-se com a vida divina que é o Pai de Cristo.

No ponto de vista da forma, o Sacrifício consiste em ceder a vida que ela guardava para si e restituí-la à Vida comum. A natureza inferior se dá a fim de se unir com a superior: o corpo cessa de ser instrumento da vontade separada, para se tornar instrumento da Vontade divina. É *oferecer o corpo em sacrifício vivo, santo e agradável a Deus* (Rm. 12:1).

A Igreja ensina, portanto, com razão, que os comungantes dignos da Eucaristia recebem uma parte da vida do Cristo, derramada por amor dos homens.

A transmutação dos princípios inferiores em princípios superiores, tal é o objeto deste Sacramento, como de todos os outros. Os participantes procuram transformar as forças inferiores, unindo-as às mais elevadas. É possível, conhecendo-se a verdade interior e acreditando-se na vida superior, entrar em contato mais direto e completo, pelos Sacramentos de todas as religiões, com a Vida Divina que mantém os mundos. A única condição é ter uma natureza receptiva, na celebração, e um coração aberto, do qual dependem as possibilidades sacramentais.

No Sacramento do Casamento encontram-se as características sacramentais de maneira clara e tão evidente como no Batismo e na Eucaristia. Não lhe falta nem o sinal exterior, nem a graça interior.

O objeto material é o Anel, o círculo, símbolo da eternidade. A "fórmula de autoridade", é a expressão tradicional: "Em nome do Pai, do Filho e do Espírito Santo". O "Sinal de autoridade" é a união das mãos, simbolizando a união das vidas.

Os caracteres exteriores essenciais do Sacramento estão, portanto, todos presentes. A graça interior é a união das inteligências e dos corações, que torna possível a unidade espiritual, sem a qual o Casamento não é casamento, senão mera união física e temporária. A recepção do anel, a fórmula pronunciada, as mãos juntas, tudo isso forma uma imagem alegórica.

Mas, não havendo a graça interna, se os noivos não se abrem a ela pelo desejo de uma conjunção perfeita, o Sacramento perde suas propriedades benéficas e se torna pura formalidade. O casamento apresenta, ainda, uma significação mais alta: as religiões proclamam que é a imagem, aqui embaixo, da união entre o terrestre o celeste, entre o homem e Deus. Ainda mais: o casamento representa a ligação entre o Espírito e a Matéria, entre a Trindade e o Universo.

Tais são o alcance e a profundeza espiritual, no casamento, entre o homem e a mulher. O homem representa, aqui, o Espírito ou a Trindade da Vida, e a mulher a Matéria ou a Trindade da substância, base da forma. Uma dá vida; o outro a recebe e alimenta. Seres complementares, metades inseparáveis de um só todo, não poderiam existir um sem o outro. Se o Espírito implica a Matéria e a Matéria o Espírito, o marido também implica a mulher e a mulher o marido.

A Existência abstrata manifesta-se sob dois aspectos, como dualidade – Espírito e Matéria – dependendo um do outro e se manifestando simultaneamente.

Assim também a humanidade manifesta-se sob dois aspectos, esposa e esposo, incapazes de viverem separados e formando um todo. O Casamento é a imagem de Deus e do Universo. Tal é o laço íntimo que une o marido e a mulher. Já dissemos que o Casamento simboliza igualmente a união entre Deus e o homem, entre o Espírito universal e os Espíritos individualizados. Esta imagem encontra-se nos grandes livros sagrados deste mundo, nas Escrituras hindus, hebraicas, cristãs. *Aquele que lhe formou será seu Esposo,* –

diz Isaías à nação israelita – *o Senhor dos Exércitos é o seu nome* (Is. 54:5; 62:5). – Seu Deus se alegrará de você, com a alegria que um esposo tem por sua esposa. Também S. Paulo nos diz que o mistério do Casamento representa o Cristo e a Igreja (Ef. 5:23-33).

Enquanto o Espírito e a Matéria permanecem latentes, sem se manifestarem, veremos que a produção é impossível; ao se manifestarem em conjunto, a evolução tem início. Também, não há produção de nova vida, enquanto as duas metades da humanidade não se manifestarem como marido e mulher. Sua união é necessária, a fim de produzir em cada um dos esposos uma evolução mais rápida, porquanto cada um pode dar ao outro o que lhe falta. Fundidos em *um*, dão à luz as possibilidades espirituais humanas, e mostram o Homem perfeito, em que o Espírito e a Matéria estão completamente desenvolvidos e em perfeito equilíbrio, o Homem divino que em si contém marido e mulher, os elementos masculino e feminino da natureza – como "Deus e o Homem são um único em Cristo"[8].

Ao estudar o Sacramento do Casamento com este critério, compreende-se por que as religiões sempre o consideraram como um laço indissolúvel, e preferem ver alguns casais sem harmonia sofrendo, do que permitirem ao ideal do verdadeiro Casamento sofrer, para todos, um rebaixamento permanente.

Os povos têm o direito de escolha: podem adotar como ideal nacional um laço conjugal espiritual ou um laço conjugal terrestre, nele vendo uma unidade espiritual ou simples união física.

No primeiro caso, aceitam a ideia religiosa de que o Casamento é um Sacramento; no segundo, a ideia materialista que nele vê apenas um contrato ordinário, suscetível de invalidação.

Mas o estudante dos Mistérios Menores verá sempre nele um rito sacramental.

NOTAS

1. Giles, *Christian Record*, p. 129.
2. Williamson, *The Great Law*, p. 161.
3. Ver ante., pp. 100-1.
4. *Diegesis*, p. 219.

5. Para uma introdução acessível ao batismo conforme era praticado na igreja antiga, veja Edward Yarnold, *The Awe-Inspiring Rites of Initiation: The Origins of the R.C.I.A. [Rite of Christian Initiation for Adults]*, 2ª ed. (Collegeville, Minnesota: Liturgical Press, 1994).
6. Williamson, *The Great Law*, pp. 177-81, 185.
7. "Acidentes" é um termo emprestado da filosofia de Aristóteles. Nesse sentido, "acidente" é uma propriedade que um objeto pode ter ou não ter sem afetar a sua "essência", isto é, a sua natureza essencial. Por exemplo, se um chapéu é verde, nesse sentido a cor verde é um acidente, porque o chapéu não precisa ser verde para ser um chapéu. A teologia católica usou esse conceito para explicar a doutrina da transubstanciação, segundo a qual, durante a missa, o pão e o vinho literalmente tornam-se o corpo e o sangue de Cristo. Segundo essa teoria, quando o padre consagra o pão e o vinho, os "acidentes" do pão e do vinho permanecem os mesmos; a sua forma material não muda. Mas a "essência" muda; eles se tornam imbuídos da Presença Verdadeira de Cristo. Sobre a essência em relação aos acidentes, veja Sister Miriam Joseph, *The Trivium: The Liberal Arts of Grammar, Logic, and Rhetoric* (Filadélfia: Paul Dry Books, 2002), pp. 24-7; e também Michael W. Shallo, *Lessons in Scholastic Philosophy* (Filadélfia: Peter Reilly, 1923), pp. 8, 45.
8. Credo de Atanásio.

CAPÍTULO

14

REVELAÇÃO

Todas as religiões conhecidas conservam, em sua guarda, Livros Sagrados com os quais resolvem as dúvidas que se oferecem. Estas Escrituras encerram sempre os ensinamentos dados pelo Fundador da religião ou por instrutores que vieram mais tarde, aos quais se emprestam conhecimentos sobre-humanos.

Mesmo no caso em que uma religião dá nascimento a numerosas seitas, estas continuam fiéis ao Cânon Sagrado e o interpretam da melhor maneira, acomodando-o às suas doutrinas. Assim também, por maior que seja a separação entre católicos e protestantes, tanto uns como outros adotam a mesma Bíblia. Há divergências entre o filósofo vedantino e o inculto *vallabhacharya*,[1] mas ambos consideram os mesmos *Vedas* como autoridade suprema. Qualquer que seja o antagonismo entre xiitas e sunitas[2], o Corão tem, para estas seitas, o mesmo caráter sagrado. Podem surgir controvérsias e disputas quanto à interpretação dos textos, mas o mesmo Livro continua a ser igualmente venerado. Aliás com razão, porque todo o Livro deste gênero contém fragmentos da Revelação, escolhidos por algum dos Grandes Seres que dela são os depositários; estes fragmentos se acham incorporados no que o mundo chama uma Revelação ou Escritura, e representa, para uma certa parte do mundo, inestimável tesouro. Escolhem-se os fragmentos conforme as necessidades do momento, a capacidade do povo a quem se destina, o tipo da raça que se quer instruir.

Em geral, são redigidos de maneira especial, na qual o véu da história, da narração, do canto, do salmo ou profecia parecem ser, para o leitor superficial e ignorante, a obra completa. Mas, este véu oculta um sentido mais profundo, ora por meio de números, ora nas palavras combinadas conforme um plano secreto, outras vezes com símbolos, ora em alegorias com a aparência de narrações e sob outras formas ainda.

Estes livros, certamente, têm um caráter sacramental, apresentando uma forma exterior, um símbolo por fora e uma verdade por dentro. Para lhes explicar o sentido oculto, é necessário ter recebido lições de pessoas que o possuam, como se vê em S. Pedro: *Nenhuma profecia da Escritura é de interpretação privada* (2 Pe. 1:20).

Os comentários meticulosos de certos textos sagrados, comentários que abundam nos trabalhos dos Padres da Igreja, parecem, ao nosso prosaísmo moderno, exagerados e arbitrários. As dissertações sobre números e letras, as interpretações fantásticas à primeira vista, de certos parágrafos que apresentam a aparência de simples narrações históricas e de um caráter evidente, exasperam o leitor moderno, que quer ver os fatos apresentados de maneira clara e coerente, e que, sobretudo, exige, sob seus pés, um terreno sólido. Nega-se a penetrar nos pântanos movediços a que o místico recorre como se seguisse fogos-fátuos que aparecem e se escondem, tudo confusamente.

Os autores desses tratados tão exasperadores eram, entretanto, dotados de uma inteligência luminosa e de um juízo seguro; eram os mestres-construtores da Igreja e suas obras, para quem as sabe ler, são, ainda hoje, cheias de ideias sugestivas que nos mostram muitos caminhos obscuros que conduzem ao conhecimento, caminhos que não acharíamos sem eles.

Vimos como Orígenes, o mais ponderado dos homens, versado nos conhecimentos ocultos, nos ensina que as Escrituras têm um tríplice aspecto, apresentando um Corpo, uma Alma e um Espírito[3]. O Corpo é formado das palavras que constituem as histórias e as narrações, e não vacila em afirmar que estas últimas não são literalmente verdadeiras, e apenas têm por objetivo instruir os ignorantes.

Chega até a declarar que certos fatos contidos nessas histórias são manifestamente contrários à verdade, a fim de que as contradições evidentes que se mostram à superfície levem o leitor a procurar o verdadeiro sentido desses contos impossíveis.

Enquanto os homens permanecem ignorantes, o Corpo lhes basta, diz Orígenes; o Livro traz ensinamentos e como não veem as contradições contidas no sentido literal, não experimentam perturbação alguma.

Mas, à medida que os homens se desenvolvem intelectualmente, estas contradições e impossibilidades ferem sua atenção. O investigador inquieto sente-se levado a descobrir um sentido mais profundo, e a Alma das Escrituras começa a lhe aparecer. Esta Alma vem lhe recompensar os esforços inteligentes, e assim foge aos laços da letra que mata (2 Co. 3:6).

Quanto ao Espírito das Escrituras, só o homem espiritualmente iluminado pode percebê-lo. Só aqueles em que o Espírito domina podem compreender o sentido espiritual.

"Quem saberá as coisas do homem, senão o espírito do homem que nele habita? Assim também ninguém sabe as coisas de Deus senão o Espírito de Deus" (1 Co. 2:11, 13).

Explica-se facilmente a razão que presidiu a esta maneira de expor a Revelação. É o único meio de que um mesmo ensino possa servir para inteligências que se encontram em graus diferentes de evolução, pois com o mesmo livro se consegue educar os principiantes como os que, no decurso do tempo, chegam a alcançar maiores progressos.

O homem é um ser progressivo. O sentido exterior dado outrora a homens pouco desenvolvidos não podia deixar de ser limitado, e a menos que algo de mais profundo e completo não existisse oculto, o valor das Escrituras desapareceria no fim de alguns milênios.

Mas, com o sistema dos significados sucessivos, se lhe dá um valor eterno e os homens da evolução adiantada podem nela descobrir tesouros ocultos até que, um dia, tudo possuindo, não mais precisem das verdades parciais.

As Bíblias da humanidade são fragmentos da Revelação e, por isso, com razão, recebem este nome.

A Revelação apresenta ainda um sentido mais profundo, porque encerra numerosos ensinos confiados, no interesse da humanidade, à Grande Fraternidade dos Instrutores Espirituais. Tais ensinos vêm consignados em livros escritos em caracteres simbólicos e contendo uma exposição das leis cósmicas, dos princípios sobre os quais repousa a existência do universo, dos métodos segundo os quais a evolução se executa, de todos os seres que a compõem, de seu passado, de seu presente e de seu futuro.

Tal é o tesouro inestimável do qual são encarregados os Protetores da humanidade, que conservam o depósito de onde tiram, de tempos em tempos, certos fragmentos para formar as Bíblias deste mundo. Mas há ainda uma Revelação – a mais alta, completa e de todas a mais preciosa – pela qual a própria Divindade se descobre no Cosmos, revelando todos os seus atributos, todos os seus poderes, todas as suas belezas nas diferentes formas que compõem o Universo. Ela manifesta Seu esplendor no céu, Seu infinito nos espaços siderais onde formigam as estrelas, Sua força nas montanhas, Sua pureza nos picos nervosos e no ar translúcido, Sua energia nas ondas arrogantes, Sua beleza na torrente, que atravessa os precipícios, no lago de águas tranquilas, na floresta profunda e murmurante, Sua intrepidez nos heróis, Sua paciência no Santo, Sua ternura no amor materno, Sua sabedoria no filósofo. Ela nos fala na brisa que murmura, nos sorri no raio de Sol, nos estimula, ora por nossos sucessos, ora por nossos fracassos. Em todas as coisas ela se deixa entrever, despertando-nos o desejo de amá-lA. Ela se oculta, a fim de aprendermos a caminhar sós. Reconhecê-lA em toda a parte, eis a verdadeira Sabedoria, amá-lA em tudo, o verdadeiro Desejo, servi-lA, a verdadeira Ação. Esta Revelação de Deus, por si mesmo, é a Revelação Suprema; todas as outras são secundárias e imperfeitas.

Sentir-se inspirado é receber parcialmente esta Revelação, pela ação direta do Espírito Universal sobre o Espírito separado que é seu filho; é ter sentido a influência deslumbradora que exerce o Espírito sobre o Espírito.

Ninguém conhece a verdade de modo que não possa perdê-la, nem duvidar dela, antes que a Revelação tenha descido sobre ele como se estivesse só na terra, antes que o Deus exterior tenha falado ao Deus interior no templo do seu coração e que, assim, o homem tenha conseguido saber por si e não por intermédio de outras pessoas.

Em grau menor, um homem pode ainda achar-se inspirado, quando um Ser maior do que ele estimula em sua alma faculdades normalmente adormecidas, ou toma posse dele e se serve momentaneamente de seu corpo como um veículo. Um homem assim iluminado pode, quando a inspiração dele se apodera, falar do que nunca soube e fazer conhecer verdades até então ignoradas.

Para ajudar o mundo, certas verdades são, assim, derramadas por um canal humano; um Ser, maior do que aquele que fala, comunica sua própria vida ao veículo humano, e as verdades se escapam dos lábios inspirados.

Um Grande Instrutor pode, então, dizer coisas que transcendem seus conhecimentos normais, porque o *Anjo do Eterno tocou seus lábios com carvão ardente* (Is. 6:6-7). Assim falavam os profetas que, em certas épocas, manifestaram sua irresistível convicção, seus profundos conhecimentos das necessidades espirituais da humanidade. Semelhantes palavras vivem uma vida imortal e quem as pronuncia é verdadeiramente um mensageiro de Deus. O homem a quem estes conhecimentos foram concedidos é, daí em diante, capaz de os esquecer completamente; traz em seu coração uma certeza que jamais se desvanecerá inteiramente. A luz pode desaparecer e a obscuridade descer sobre ele; o clarão celeste pode empalidecer aos seus olhos, envolto em nuvens escuras; as ameaças, a dúvida, os desafios podem assaltá-lo, mas em sua alma oculta-se o Segredo da Paz: ele sabe ou tem a certeza que soube.

Frederick Myers, em seu conhecido poema, *S. Paulo*,[4] exprimiu de maneira admirável e justa esta recordação da verdadeira inspiração, esta realidade da vida oculta. O Apóstolo fala de suas próprias experiências e se esforça por encontrar termos que possam exprimir suas reminiscências. O poeta não o mostra incapaz de chegar aí completamente, embora S. Paulo saiba, e sua certeza permaneça inquebrantável.

O homem que admite a realidade da Presença Divina em torno de si, em si como em todas as coisas, compreenderá porque um lugar ou um objeto podem tornar-se sagrados em virtude de uma ligeira "objetivação" desta Presença universal e constante, de tal modo que pessoas normalmente inconscientes desta onipresença consigam senti-la. Geralmente, sentem isto aqueles que já realizaram grandes progressos, em quem a Divindade interior já largamente se desenvolveu e cujos corpos sutis respondem às vibrações mais sutis da consciência. Por intermédio de um homem como estes, ou por sua vontade, podem se manifestar energias espirituais que se uniram ao seu puro magnetismo vital. Pode, então, comunicar estas energias a um objeto qualquer, cujo éter e os corpos de matéria sutil combinem com suas próprias vibrações, como já explicamos; enfim, a Divindade latente se manifestará mais facilmente.

Semelhante objeto se acha "magnetizado", e se a magnetização é poderosa, o próprio objeto converte-se num centro magnético capaz de, por sua vez, magnetizar os que se lhe aproximam. À semelhança de um corpo eletrizado por uma máquina elétrica, influencia todos os corpos colocados perto dele. Um objeto assim tornado "sagrado" é um dos mais úteis auxiliares para a prece e para a meditação. Os corpos sutis do adorador se põem em harmonia com as vibrações do objeto, as quais são bastante fortes para acalmar, tranquilizar e pacificar o homem, sem que ele dispenda qualquer esforço pessoal; nesta disposição de espírito, a prece e a meditação, de penosas e inúteis, tornam-se fáceis e eficazes, e estes exercícios, outrora tediosos, chegam a ser uma fonte de alegria e satisfação. Quando o objeto de que se trata representa uma pessoa sagrada, como um crucifixo, a Virgem com o menino, um anjo ou santo, ainda mais se consegue, porque se o magnetismo do ser representado ficou impresso através da Palavra ou do Sinal apropriado, tal Ser pode reforçar este magnetismo por uma leve efusão de energia espiritual, e assim influenciar o devoto ou mesmo se mostrar a ele em Sua imagem, coisa esta que de outro modo não poderia realizar, porque no mundo espiritual existe a regra de economizar as forças, fazendo-se sempre pequeno consumo de energia, onde um dispêndio maior pode ser evitado.

A aplicação destas mesmas leis ocultas pode servir para explicar o emprego de qualquer objeto consagrado, relíquia, amuleto, etc. Todos são objetos consagrados, cujo poder e utilidade estão na razão direta do saber, da pureza, da espiritualidade da pessoa que os magnetiza. Uma localidade também pode ser consagrada, quando serve de morada a algum santo, cujo magnetismo puro, irradiado em torno dele, faz reinar na atmosfera-ambiente vibrações pacíficas.

Pode acontecer que, Santos ou Seres vindos de mundos superiores, magnetizem diretamente um determinado local. É por isso que o Quarto Evangelho diz que um Anjo, ao descer do céu em certos momentos, tocou a água de uma piscina e comunicou-lhe propriedades curativas (Jo. 5:4). Em tal lugar, a influência abençoada poderá fazer-se sentir, mesmo a homens indiferentes e irreligiosos, experimentando estes momentos de emoção e placidez e uma inclinação para as coisas elevadas. A Vida Divina sem cessar se esforça, em todos os homens, para subjugar a forma, modelando-a à Sua semelhança, e estes esforços encontram mais facilidade se as vibrações da forma são levadas a se harmonizarem com as de um Ser elevado; e a Vida interior fica, assim, reforçada por um poder superior. Tudo isto se traduz, exteriormente, por um sentimento de tranquilidade, de calma e de paz: o pensamento não se agita mais e o coração esquece suas ansiedades. Quem a si mesmo se observar, verifica que certos lugares predispõem, melhor do que outros, à calma, à meditação, ao pensamento religioso e à adoração. É muito difícil sossegar o mental e concentrá-lo em assuntos elevados, quando se vive em um quarto onde dominaram por muito tempo conversações frívolas e pensamentos mundanos.

Procuremos um lugar onde o pensamento religioso se exerceu durante muitos anos, às vezes muitos séculos, onde o mental se acalme pouco a pouco e o homem consiga sem dificuldade o que, em outra parte, exigira grandes esforços.

Os lugares de peregrinação, os retiros onde se isolam almas contemplativas têm grande poder em despertar a espiritualidade, obrigando o homem a voltar-se para o seu mundo interior, onde encontra Deus. Aí é ajudado pelo ambiente onde milhares de seus semelhantes têm vivido, antes dele, trazidos pela mesma intenção. Mesmo porque, nestes lugares, não existe apenas um bom magnetismo deixado por um Santo ou por um Ser vindo dos mundos invisíveis. Cada pessoa que visita este lugar, trazendo o coração cheio de respeito e devoção, reforça, com sua própria vida, as vibrações existentes, e, ao abandoná-lo, deixa-o em melhores condições espirituais do que o encontrou. Pouco a pouco, a energia magnética se dissipa; um objeto ou um lugar sagrado pode perder gradualmente seu magnetismo, quando fica esquecido e abandonado; ao contrário, o seu magnetismo aumenta, quando é frequentado. A presença de ignorantes e zombadores é nociva aos objetos e lugares sagrados, porque põe em atividade vibrações hostis que vêm enfraquecer as vibrações antigas. Uma onda sonora, ao chocar-se com outra onda da mesma intensidade, anula-a, produzindo o silêncio; as vibrações de pensamentos zombadores enfraquecem, também, ou mesmo extinguem as vibrações de respeito e amor. É verdade que o resultado depende da amplitude relativa, mas as vibrações nocivas não ficam sem efeito, porque as leis da vibração são as mesmas nos mundos superiores quanto no mundo físico, e as vibrações mentais são a expressão de energias reais.

É este o fundamento racional sobre o qual repousa a consagração das igrejas, capelas, cemitérios. O ato da consagração não consiste apenas em reservar um certo lugar para uso determinado, mas também magnetizá-lo em benefício das pessoas que o frequentam. Porque os mundos visíveis e invisíveis estão em relação íntima, penetrando-se uns com os outros, de tal forma que, aquele que sabe manejar as energias espirituais, é quem melhor sabe servir à humanidade.

NOTAS

1. De acordo com Sri Swami Sivananda, "Os *vallabhacharins* constituem uma seita muito importante em Bombaim, Gujarat e na Índia Central. Seu fundador nasceu na floresta de Champaranya, em 1479, e é considerado como uma encarnação de Krishna. Os *vallabhacharins* veneram Krishna como Bala-Gopala. O seu ídolo é uma representação de Krishna na infância antes dos 12 anos de idade". Veja <http://www.dlshq.org/download/hinduismbk.htm#_VPID_99>. Besant provavelmente pretende contrastar a religião devocional dos *vallabhacharyans*, que acreditam na libertação pela graça de Krishna, com os ensinamentos mais austeros e filosóficos do Advaita Vedanta, que não admite a existência de um Deus pessoal.
2. Os sunitas, um dos dois maiores ramos do Islã, com cerca de 85% dos muçulmanos do mundo, acreditam que o profeta Maomé morreu sem designar um sucessor. A comunidade dos fiéis escolheu então um sucessor, conhecido como o Califa, como o líder político da comunidade. Nesse ramo, a autoridade política e religiosa repousa na comunidade, que segue o exemplo moral (*sunna*) do Profeta. A liderança cabe por direito aos eruditos e líderes coletivamente conhecidos como os *ulama*.

    O ramo xiita, que constitui cerca de 15% dos muçulmanos, sustenta que o profeta Maomé designou o seu primo Ali e os seus descendentes como os seus sucessores. Os xiitas seguem uma doutrina próxima à dos muçulmanos sunitas, mas os xiitas, em consequência da sua antiga posição minoritária, tendem a diferenciar mais do que os sunitas a autoridade sagrada da secular. Eles também consideram os sucessores de Ali, os *imames*, como sendo os transmissores infalíveis da autoridade espiritual. Considerando que a linhagem de imames cessou em 941 d.C., a autoridade religiosa tem recaído sobre juristas conhecidos como *mujtahid*. Os xiitas constituem a maioria dos muçulmanos do Irã e regiões do Iraque. Veja <http://www.muslimgateway.com/denominations/>.
3. Ver ante. pp. 71-2.
4. Frederick William Henry Myers (1843-1901) estava entre os fundadores da Society for Psychical Research em 1882. O seu poema *St. Paul*, publicado em 1867, foi muito conhecido na época de Besant, tendo sido incluído em muitas antologias, por exemplo, em *The Oxford Book of English Mystical Verse*: <http://en.wikipedia.org/wiki/Frederic_William_Henry_Myers>.

CONCLUSÃO

Chegamos ao fim deste pequeno volume que trata de um vasto assunto e apenas conseguimos levantar um canto do véu que oculta, aos olhos indiferentes dos homens, a Eterna Verdade. Vimos a orla do seu vestido, bordado a ouro e semeado de pérolas; mas este fragmento, levemente agitado diante dos nossos olhos, não deixa de difundir fragrâncias celestiais: o sândalo e a rosa de mundos mais belos do que o nosso.

Que glória inimaginável não seria se pudéssemos contemplar, no seu esplendor, o Semblante da Mãe Divina e, no seu braço, a Criança que é a própria Verdade!

Mas, os Serafins velam eternamente a face deslumbrante desta Criança; e que mortal poderia contemplá-lA e viver?

Porém, como Ela está presente no homem, quem nos impede de transpor o Véu e contemplar de frente a glória do Senhor? Da Caverna ao Supremo Céu se estende a senda, estrada do Verbo feito carne, o Caminho da Cruz. Participar da natureza humana é partilhar da natureza Divina, é poder seguir os passos daquele que disse: "O que você é, Eu o Sou".

Paz a todos os Seres

BIBLIOGRAFIA

Nota do editor: Quando disponível, a data de publicação original é incluída entre colchetes.

The Ante-Nicene Fathers. Organizado por Alexander Roberts e James Donaldson. Reimpr. 10 vols. Grand Rapids, Michigan: Eerdmans, 1994.

The Apostolic Fathers. Traduzido por J. B. Lightfoot e J. R. Harmer. Organizado por Michael W. Holmes. Grand Rapids, Michigan: Baker, 1989.

Bamford, Christopher. *The Voice of the Eagle: John Scotus Eriugena's Prologue to the Gospel of St. John.* Great Barrington, Massachusetts: Lindisfarne, 2000.

Barborka, Geoffrey A. *The Divine Plan*. 2ª ed. Adyar, Índia: Theosophical Publishing House, 1964.

Barker, Margaret. *The Great Angel: A Study of Israel's Second God.* Louisville, Kentucky: Westminster John Knox, 1992.

Besant, Annie. "The Atonement." *The Theosophist* 17 (outubro de 1895: 38).

_____. *Autobiographical Sketches*. Londres: Freethought, 1885.

_____. *Giordano Bruno*. Adyar, Índia: Theosophical Publishing House, 1913.

Blavatsky, H. P. *Isis Unveiled.* 2 vols. Wheaton, Illinois: Theosophical Publishing House, Quest Books, 1994 [1877].[*Ísis sem Véu*, publicado pela Editora Pensamento, São Paulo, 1990.]

_____. *The Secret Doctrine.* 3 vols. Wheaton, Illinois: Theosophical Publishing House, Quest Books, 1993 [1888]. [*A Doutrina Secreta*, publicado pela Editora Pensamento, São Paulo, 1980.]

Brown, Raymond E. *An Introduction to the New Testament*. Nova York: Doubleday, 1997.

Bruno, Giordano. *The Heroic Enthusiasts*. Traduzido por L. Williams. Reimpr. Kila, Montana: Kessinger, 2005.

Burnell, Arthur Coke e Edward W. Hopkins, orgs. *The Ordinances of Manu*. Reimpr. Nova Délhi: Munshiram Manoharlal, 1995 [1884].

Collins, Mabel. *Light on the Path*. Reimpr. Wheaton, Illinois: Theosophical Publishing House, 1944 [1911].

The Dictionary of Gnosis and Western Esotericism. Org. por Wouter J. Hanegraaff, et al., 2 vols., Leiden: Brill, 2005.

Frazer, J. G. *The Golden Bough*. Reimpr. Nova York: Macmillan, 1953 [1890].

Haug, Martin. *Essays on the Sacred Language, Writings, and Religion of the Parsis*. Kila, Montana: Kessinger, 2004.

Jâmblico. *On the Mysteries*. Organizado e traduzido por Thomas Taylor. San Diego: Wizards Bookshelf, 1984.

Joseph, Sister Miriam. *The Trivium: The Liberal Arts of Grammar, Logic, and Rhetoric*. Filadélfia: Paul Dry, 2002.

Kelly, J. N. D. *Early Christian Doctrines*. Ed. rev. San Francisco: Harper & Row, 1978.

Kingsford, Anna Bonus e Edward Maitland, *The Perfect Way*. 5ª ed. Londres: Watkins, 1923.

Lamsa, George M., org. e trad. *The Holy Bible from the Ancient Eastern Text*. San Francisco: Harper & Row, 1933.

Leadbeater, C. W. *The Christian Creed*. Londres/Sydney: St. Alban Press, 1978.

_____. *The Science of the Sacraments*. 2ª ed. Adyar, Índia: Theosophical Publishing House, 1929.

Lévi, Éliphas. *History of Magic*. Trad. por A. E. Waite. Reimpr. York Beach, Maine: Samuel Weiser, 1999 [1913].

_____. *The Mysteries of Magic*. Org. por A. E. Waite. Chicago: DeLaurence, Scott & Co., 1909.

_____. *Transcendental Magic: Its Doctrine and Ritual*. Traduzido por A. E. Waite. Reimpr. Londres: Bracken Books, 1995 [1896].

MacGregor, Geddes. *Reincarnation in Christianity*. Wheaton, Illinois: Theosophical Publishing House, Quest Books, 1978.

MacGregor Mathers, S. L. *The Kabbalah Unveiled.* Reimpr. Nova York: Samuel Weiser, 1974 [1884].

McIntosh, Christopher. *Éliphas Lévi and the French Occult Revival.* Nova York: Samuel Weiser, 1972.

Mead, G. R. S. *Did Jesus Live 100 B.C.?* Reimpr. New Hyde Park, Nova York: University Books, 1968 [1903].

_____. *Orpheus.* Reimpr. Londres: Watkins, 1965 [1896].

_____. *Pistis Sophia: A Gnostic Miscellany; Being for the Most Part Extracts from the Books of the Saviour, To Which Are Added Excerpts from a Cognate Literature with an Introduction and Bibliography.* Reimpr. Kila, Montana: Kessinger, 1997.

_____. *Plotinus.* Reimpr. Mokelume Hill, Califórnia: Health Research Unusual Books, 1966 [1895].

Milman, Henry H. *The History of Christianity.* 3 vols., 2ª ed., Londres: 1866.

Newman, John Henry. *Arians of the Fourth Century.* Reimpr. Eugene, Oregon: WIPF and Stock Publishers, 1966.

Orígenes. *Contra Celsum.* Traduzido por Henry Chadwick. Ed. ver. Cambridge: Cambridge University Press, 1965.

Papus (Gérard Encausse). *The Tarot of the Bohemians.* Traduzido por A. P. Morton. Londres: Chapman and Hall, 1892.

Platão. *The Collected Dialogues.* Organizado por Edith Hamilton e Huntington Cairn. Princeton, Nova Jersey: Princeton/Bollingen, 1961.

Poncé, Charles. *Kabbalah.* Wheaton, Illinois: Theosophical Publishing House, Quest Books, 1973.

Rath, Wilhelm. *The Friend of God from the High Lands.* Traduzido por Roland Everett. Stroud, Gloucestershire, Grã-Bretanha: Hawthorn, 1991.

Russell, Jeffrey Burton. *Satan: The Early Christian Tradition.* Ithaca, Nova York: Cornell University Press, 1981.

Shallo, Michael W. *Lessons in Scholastic Philosophy.* Filadélfia: Peter Reilly, 1923.

Shanks, Hershel, org. *Understanding the Dead Sea Scrolls.* Nova York: Random House, 1992.

Sharpe, Samuel. *Egyptian Mythology and Egyptian Christology.* Reimpr. Kila, Montana: Kessinger, 2005 [1863].

Smoley Richard. *Forbidden Faith: The Gnostic Legacy from the Gospels to The Da Vinci Code.* San Francisco: Harper San Francisco, 2006.

_____. *Inner Christianity: A Guide to the Esoteric Tradition.* Boston: Shambhala, 2002.

Staniforth, Maxwell, trad. *Early Christian Writings.* Ed. rev. Londres: Penguin, 1987.

Steinsaltz, Adin. *The Thirteen-Petalled Rose.* Nova York: Basic Books, 1980.

The Theologia Germanica of Martin Luther. Organizado e traduzido por Bengt Hoffman. Mahwah, Nova Jersey: Paulist Press, 1980.

Watts Hughes, Margaret. "Voice Figures." *Journal of the Royal Music Association* 13, nº 1 (1886): 133-44.

Westcott, William Wynn. *Sepher Yetzirah.* Reimpr. Kila, Montana: Kessinger, 1997.

Williamson, W. *The Great Law.* Londres: Longmans, Green, & Co., 1899.

Yarnold, Edward. *The Awe-Inspiring Rites of Initiation: The Origins of the R.C.I.A. [Rite of Christian Initiation for Adults],* 2ª ed. Collegeville, Minnesota: Liturgical Press, 1994.

Yates, Frances A. *The Rosicrucian Enlightenment.* Reimpr. Londres: Ark, 1986 [1972].

The Zohar: Translation and Commentary. Organizado e traduzido por Daniel C. Matt., 12 vols., Stanford, Califórnia: Stanford University Press, 2004.

impressão acabamento
rua 1822 n° 341
04216-000 são paulo sp
T 55 11 3385 8500
F 55 11 2063 4275
www.loyola.com.br